统计年鉴

TAIZHOU STATISTICAL YEARBOOK

2021

台州市统计局
国家统计局台州调查队 编

中国统计出版社
China Statistics Press

图书在版编目（CIP）数据

台州统计年鉴. 2021 / 台州市统计局，国家统计局台州调查队编. -- 北京 : 中国统计出版社，2021.11
ISBN 978-7-5037-9721-7

Ⅰ. ①台… Ⅱ. ①台… ②国… Ⅲ. ①统计资料－台州－2021－年鉴 Ⅳ. ①C832.553-54

中国版本图书馆 CIP 数据核字（2021）第 231123 号

台州统计年鉴—2021

作　　者 / 台州市统计局　国家统计局台州调查队
责任编辑 / 李　冲
执行编辑 / 吕仁睿
封面设计 / 李雪燕
出版发行 / 中国统计出版社有限公司
通信地址 / 北京市丰台区西三环南路甲 6 号　邮政编码 /100073
电　　话 / 邮购（010）63376909　书店（010）68783171
网　　址 / http://www.zgtjcbs.com
印　　刷 / 河北鑫兆源印刷有限公司
经　　销 / 新华书店
开　　本 / 890mm×1240mm　1/16
字　　数 / 800 千字
印　　张 / 33　0.5 彩页
版　　别 / 2021 年 11 月第 1 版
版　　次 / 2021 年 11 月第 1 次印刷
定　　价 / 300.00 元

如有印装差错，由本社发行部调换。

《台州统计年鉴－2021》

编委会与编辑人员

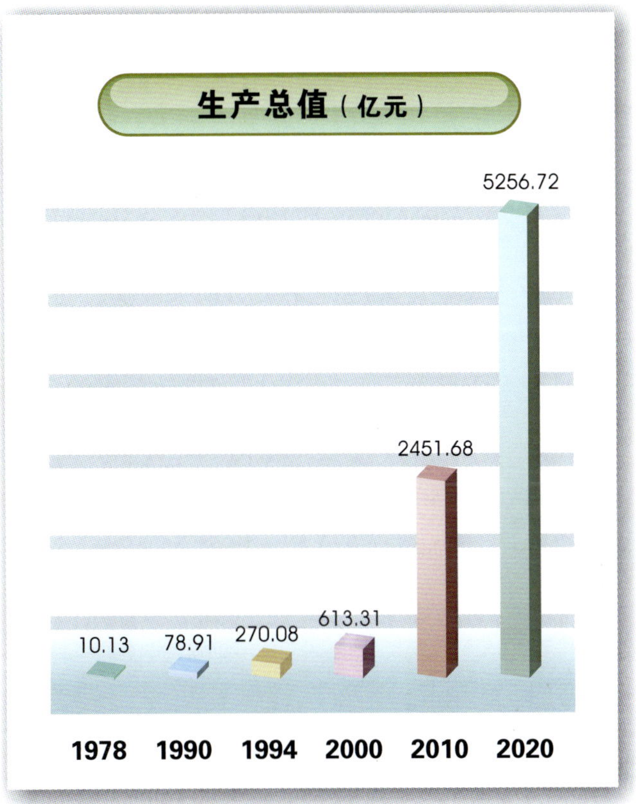

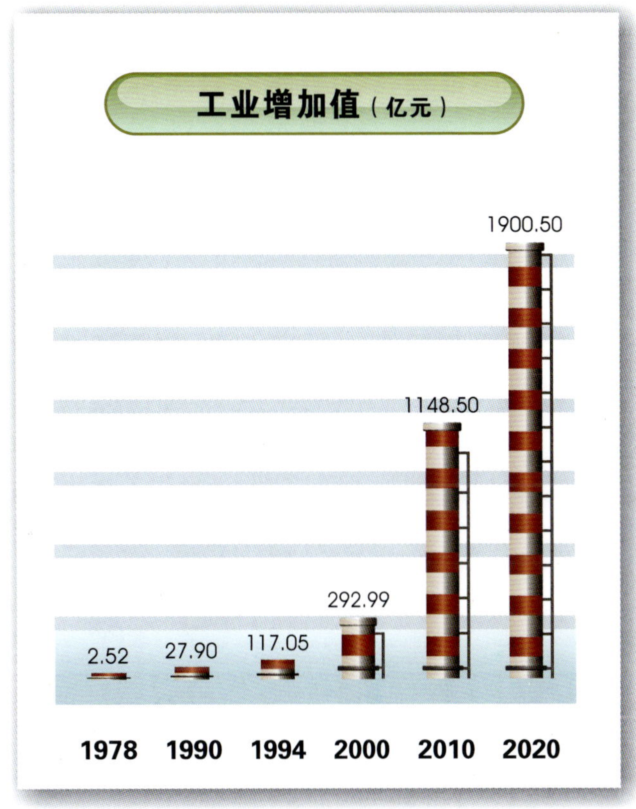

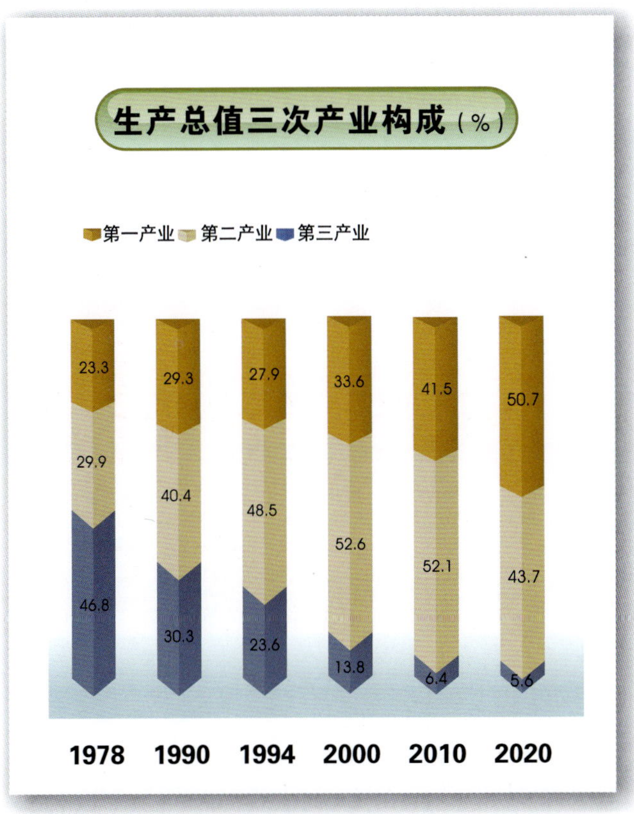

注：2010年起为常住人口口径。

财政总收入（亿元）
682.83
310.62
53.18
16.89
6.59
1.19
1978
1990
1994
2000
2010
2020

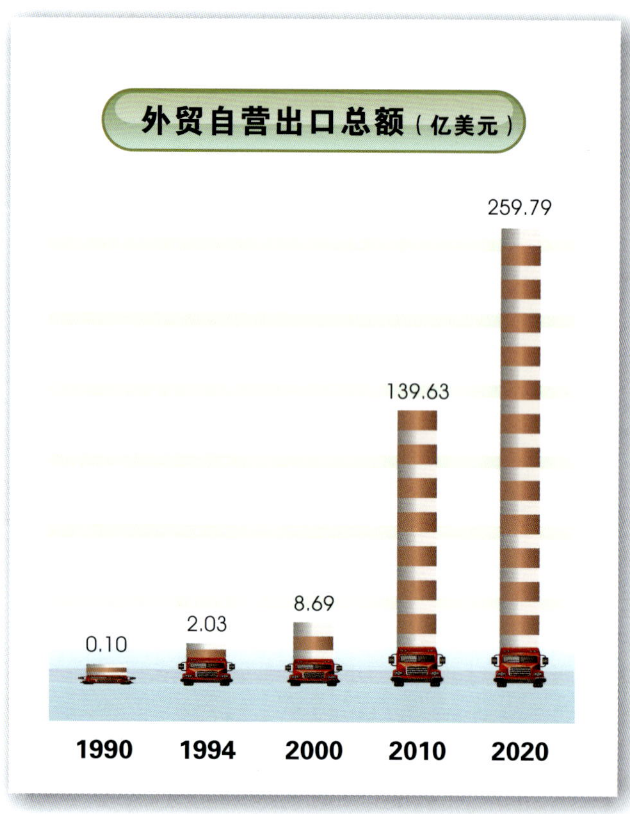
外贸自营出口总额（亿美元）
259.79
139.63
8.69
2.03
0.10
1990
1994
2000
2010
2020

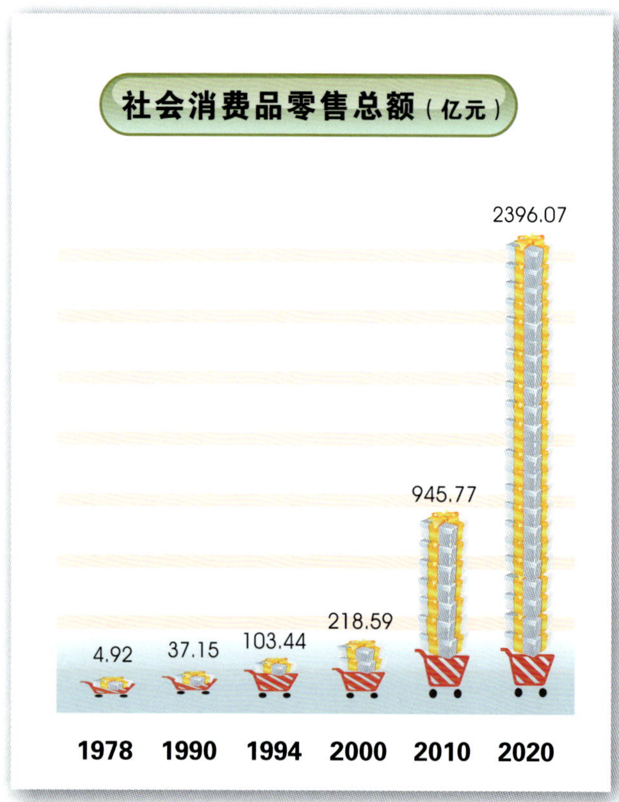
社会消费品零售总额（亿元）
2396.07
945.77
218.59
103.44
37.15
4.92
1978
1990
1994
2000
2010
2020

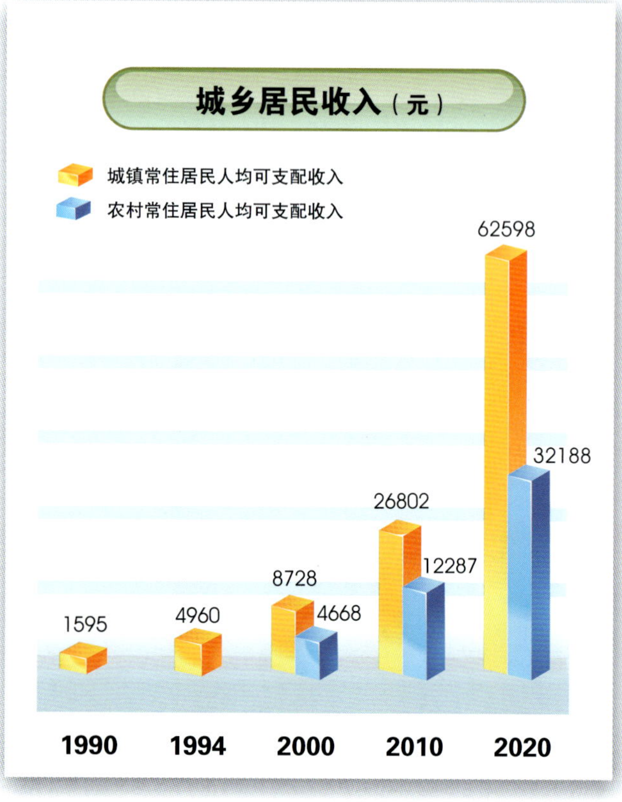
城乡居民收入（元）
城镇常住居民人均可支配收入
农村常住居民人均可支配收入
62598
32188
26802
12287
8728
4668
4960
1595
1990
1994
2000
2010
2020

编辑说明

一、《台州统计年鉴 -2021》是一部反映台州国民经济和社会发展情况的资料性年刊，本年鉴不仅记载了台州市和各县、市、区、乡镇、全省各市及长江三角洲各城市 2019 年经济和社会各方面大量的统计数据，还整理收录了主要历史年份和撤地建市以来台州主要统计数据。

二、全书内容分 21 个篇章。即：（1）综合；（2）人口和从业人员；（3）农业；（4）工业；（5）固定资产投资和建筑业；（6）交通运输邮电通信和电力；（7）原材料和能源；（8）批发零售贸易业和住宿餐饮业；（9）对外经济贸易和旅游；（10）财政金融保险；（11）物价；（12）人民生活；（13）城市建设和环境保护；（14）教育科技和质量监督；（15）文化卫生体育和广播；（16）档案工会妇联优抚和社会保障；（17）各县市区国民经济主要指标；（18）乡镇经济社会基本情况；（19）各市国民经济主要指标；（20）长江三角洲各城市国民经济主要指标；（21）统计公报。

为了便于读者使用，每篇章后均附有主要统计指标解释，并在部分表下作了简要注释。

三、本年鉴对过去发表的统计资料重新予以核实，并按统计口径的变化对历史年份数据作了调整，凡以往统计资料与本年鉴不一致的，均以本年鉴为准。

四、本年鉴中部分数据合计数或相对数由于单位取舍不同而产生的计算误差，均未做机械调整。

五、本年鉴中使用的符号：“#”表示其中的主要项；“…”表示数据不足本表最小单位数；“空格”表示无该项指标数据或数据不详。

《台州统计年鉴》自公开出版以来，受到社会各界和重视和好评，为进一步提高年鉴的编辑水平，欢迎读者提出宝贵意见。

目　录

一、综　合

1-1 人口和自然资源……3
1-2 行政区划土地面积和人口密度……4
1-3 部分县市区平均气温……4
1-4 部分县市区日照时数……5
1-5 部分县市区降水量……5
1-6 主要年份国民经济和社会发展主要指标……6
1-7 按登记注册类型分法人单位数……9
1-8 按机构类型和行业分法人单位数……10
1-9 主要年份生产总值……15
1-10 分行业增加值(一)……16
1-11 分行业增加值(二)……17
1-12 主要年份生产总值构成……18
1-13 主要年份生产总值指数……19
1-14 主要年份生产总值指数……20
1-15 分行业增加值指数……21
1-16 市区主要年份生产总值……22
1-17 各县市主要年份生产总值……23
1-18 市区主要年份生产总值指数……24
1-19 各县市主要年份生产总值指数……25
1-20 市区主要年份第一产业增加值……26
1-21 各县市主要年份第一产业增加值……27
1-22 市区主要年份第一产业增加值指数……28
1-23 各县市主要年份第一产业增加值指数……29
1-24 市区主要年份第二产业增加值……30
1-25 各县市主要年份第二产业增加值……31
1-26 市区主要年份第二产业增加值指数……32
1-27 各县市主要年份第二产业增加值指数……33
1-28 市区主要年份第三产业增加值……34
1-29 各县市主要年份第三产业增加值……35
1-30 市区主要年份第三产业增加值指数……36
1-31 各县市主要年份第三产业增加值指数……37

1-32 市区主要年份工业增加值……38
1-33 各县市主要年份工业增加值……39
1-34 市区主要年份工业增加值指数……40
1-35 各县市主要年份工业增加值指数……41
1-36 市区主要年份人均生产总值……42
1-37 各县市主要年份人均生产总值(一)……43
1-38 各县市主要年份人均生产总值(二)……44
1-39 市区主要年份人均生产总值指数……45
1-40 各县市主要年份人均生产总值指数(一)……46
1-41 各县市主要年份人均生产总值指数(二)……47
主要统计指标解释……48

二、人口和从业人员

2-1 主要年份年末总户数和人口数……51
2-2 市区主要年份年末人口数……52
2-3 各县市主要年份年末人口数……53
2-4 主要年份户籍人口自然变动情况……54
2-5 主要年份年末从业人员数……55
2-6 分行业在岗职工年末人数……56
主要统计指标解释……57

三、农　业

3-1 主要年份农林牧渔业总产值……61
3-2 主要年份农林牧渔业总产值构成……62
3-3 主要年份农林牧渔业总产值指数……63
3-4 农林牧渔业分项产值(一)……64
3-5 农林牧渔业分项产值(二)……65
3-6 农林牧渔业分项产值(三)……66
3-7 农林牧渔业分项产值(四)……67
3-8 主要农作物播种面积……68
3-9 主要农作物总产量……69
3-10 主要果园面积……70
3-11 主要水果产量……71
3-12 林业生产情况……72
3-13 畜牧业生产情况(一)……73
3-14 畜牧业生产情况(二)……74
3-15 渔业生产情况(一)……75
3-16 渔业生产情况(二)……76
3-17 农业机械年末拥有量(一)……77
3-18 农业机械年末拥有量(二)……78

3-19 农田水利建设情况……79
3-20 农村用电量及化肥施用量……80
主要统计指标解释……81

四、工 业

4-1 主要年份工业法人单位数……85
4-2 规模以上工业单位数……86
4-3 分行业规模以上工业单位数……87
4-4 规模以上工业增加值……88
4-5 分行业规模以上工业增加值……89
4-6 规模以上工业主要产品产量……90
4-7 规模以上工业主要财务指标(一)……92
4-8 规模以上工业主要财务指标(二)……98
4-9 规模以上工业主要财务指标(三)……104
4-10 规模以上工业主要财务指标(四)……110
4-11 规模以上工业主要经济效益指标(一)……116
4-12 规模以上工业主要经济效益指标(二)……117
4-13 国有及国有控股工业主要财务指标(一)……118
4-14 国有及国有控股工业主要财务指标(二)……119
4-15 国有及国有控股工业主要财务指标(三)……120
4-16 国有及国有控股工业主要财务指标(四)……121
4-17 国有及国有控股工业主要经济效益指标(一)……122
4-18 国有及国有控股工业主要经济效益指标(二)……123
4-19 大中型工业主要财务指标(一)……124
4-20 大中型工业主要财务指标(二)……127
4-21 大中型工业主要财务指标(三)……130
4-22 大中型工业主要财务指标(四)……133
4-23 大中型工业主要经济效益指标(一)……136
4-24 大中型工业主要经济效益指标(二)……137
4-25 规模以上非国有工业主要财务指标(一)……138
4-26 规模以上非国有工业主要财务指标(二)……144
4-27 规模以上非国有工业主要财务指标(三)……150
4-28 规模以上非国有工业主要财务指标(四)……156
4-29 规模以上非国有工业主要经济效益指标(一)……162
4-30 规模以上非国有工业主要经济效益指标(二)……163
主要统计指标解释……164

五、固定资产投资和建筑业

5-1 主要年份固定资产投资……167

5-2 市区固定资产投资 ……168
5-3 各县市固定资产投资……169
5-4 分注册类型和分行业固定资产投资 ……170
5-5 房地产开发投资(一)……171
5-6 房地产开发投资(二)……172
5-7 房地产开发投资(三)……173
5-8 房地产开发企业财务状况(一) ……174
5-9 房地产开发企业财务状况(二) ……175
5-10 房地产开发企业财务状况(三) ……176
5-11 建筑业企业生产情况(一) ……177
5-12 建筑业企业生产情况(二) ……178
主要统计指标解释 ……189

六、交通运输邮电通信和电力

6-1 主要年份客运量和货运量……183
6-2 主要年份客运周转量和货运周转量 ……184
6-3 公路基本情况 ……185
6-4 按管理性质分公路里程……186
6-5 运输线路长度 ……187
6-6 公路运输工具拥有量……188
6-7 水路运输工具拥有量……189
6-8 按货类分港口货物吞吐量……190
6-9 主要年份邮电业务量……191
6-10 邮电企业主要指标 ……192
6-11 全社会用电量(一)……193
6-12 全社会用电量(二)……194
6-13 分产业和行业全社会用电量……195
主要统计指标解释 ……197

七、原材料和能源

7-1 全社会单位生产总值能耗……201
7-2 规模以上工业企业能源购进、消费与库存情况……202
7-3 规模以上工业按行业分主要能源消费量(一)……203
7-4 规模以上工业按行业分主要能源消费量(二)……204
7-5 规模以上工业按行业分能源消费情况 ……205
7-6 规模以上工业主要能源消费量(一)……206
7-7 规模以上工业主要能源消费量(二)……207
7-8 规模以上工业取水量……208
7-9 规模以上工业按行业分取水量……209

主要统计指标解释 ……210

八、批发零售和住宿餐饮业

8-1 主要年份社会消费品零售总额……213
8-2 市区主要年份社会消费品零售总额……214
8-3 各县市主要年份社会消费品零售总额……215
8-4 限额以上批发和零售业企业销售情况……216
8-5 限额以上住宿和餐饮业企业基本情况……218
8-6 限额以上批发和零售业企业财务状况(一)……219
8-7 限额以上批发和零售业企业财务状况(二)……221
8-8 限额以上批发和零售业企业财务状况(三)……223
8-9 限额以上批发和零售业企业财务状况(四)……225
8-10 限额以上住宿和餐饮业企业财务状况(一)……227
8-11 限额以上住宿和餐饮业企业财务状况(二)……228
8-12 限额以上住宿和餐饮业企业财务状况(三)……229
8-13 限额以上住宿和餐饮业企业财务状况(四)……230
8-14 各类商品市场基本情况……231
主要统计指标解释 ……232

九、对外经济贸易和旅游

9-1 外贸进出口额……237
9-2 市区外贸进出口总额……238
9-3 各县市外贸进出口总额……239
9-4 市区外贸出口总额……240
9-5 各县市外贸出口总额……241
9-6 外贸主要商品出口情况……242
9-7 外贸主要商品进口情况……243
9-8 主要国家(地区)外贸进出口总额……244
9-9 主要国家(地区)外贸出口总额……245
9-10 主要国家(地区)外贸进口总额……246
9-11 对外经济合作和境外投资企业情况……247
9-12 利用外资情况……248
9-13 分国别和地区利用外资……249
9-14 分行业利用外资……250
9-15 旅游设施基本情况……251
9-16 国际国内旅游情况……252
9-17 接待外国旅游人数……253
主要统计指标解释 ……254

十、财政金融保险

10-1　主要年份财政收入与支出……257
10-2　市区主要年份财政总收入……258
10-3　各县市主要年份财政总收入……259
10-4　市区地方财政一般预算收入……260
10-5　各县市地方财政一般预算收入……261
10-6　地方财政收入及分类(一)……262
10-7　地方财政收入及分类(二)……263
10-8　地方财政收入及分类(三)……264
10-9　地方财政支出情况……265
10-10　主要年份金融主要指标……266
10-11　金融机构年末人民币存款余额……267
10-12　金融机构年末人民币贷款余额……268
10-13　财产和人寿保险业务收支情况……269
主要统计指标解释……270

十一、物　价

11-1　主要年份市区物价总指数……273
11-2　市区居民消费价格分类指数……274
11-3　市区商品零售价格分类指数(一)……275
11-4　市区商品零售价格分类指数(二)……276
11-5　工业生产者价格指数……277
主要统计指标解释……278

十二、人民生活

12-1　分行业在岗职工工资总额……281
12-2　分行业在岗职工平均工资……282
12-3　全体居民家庭人均可支配收入和消费支出情况……283
12-4　主要年份城乡居民家庭人均收支情况……284
12-5　城镇居民家庭人均可支配收入和消费支出情况……285
12-6　农村居民家庭人均可支配收入和消费支出情况……285
12-7　全体居民家庭住房和耐用消费品情况……286
12-8　城镇居民家庭住房和耐用消费品情况……286
12-9　农村居民家庭住房和耐用消费品情况……287
12-10　市区全体居民家庭人均可支配收入和消费支出情况……287
12-11　市区城镇居民家庭人均可支配收入和消费支出情况……288
12-12　市区农村居民家庭人均可支配收入和消费支出情况……288

12-13　市区全体居民家庭住房和耐用消费品情况……289
12-14　市区城镇居民家庭住房和耐用消费品情况……289
12-15　市区农村居民家庭住房和耐用消费品情况……290
12-16　各县市区城镇常住居民人均可支配收入……290
12-17　各县市区农村常住居民人均可支配收入……291
12-18　各县市区城镇常住居民人均消费支出……292
12-19　各县市区农村常住居民人均消费支出……292
主要统计指标解释……293

十三、城市建设和环境保护

13-1　城市和县城建设基本情况(一)……297
13-2　城市和县城建设基本情况(二)……298
13-3　城市和县城建设基本情况(三)……299
13-4　废水排放和处理情况……300
13-5　废气排放和处理情况……301
13-6　工业固体废物排放和处理情况……302
13-7　工业污染治理情况……303
主要统计指标解释……304

十四、教育科技和质量监督

14-1　教育事业基本情况……307
14-2　主要年份高等学校基本情况……308
14-3　主要年份普通中等专业学校基本情况……309
14-4　主要年份成人教育基本情况……310
14-5　主要年份技工学校基本情况……311
14-6　主要年份普通中学基本情况……312
14-7　主要年份职业高中基本情况……313
14-8　主要年份小学基本情况……314
14-9　主要年份幼儿园基本情况……315
14-10　主要年份特殊教育基本情况……316
14-11　主要年份每万人口中在校学生数的大中小学生构成……317
14-12　主要年份学校教师负担学生数……318
14-13　全社会研究与试验发展(R&D)活动情况……319
14-14　县级及以上政府部门属研究与开发机构变化情况……320
14-15　科技成果和专利授权情况……321
14-16　规模以上工业企业研究与试验发展(R&D)活动基本情况(一)……322
14-17　规模以上工业企业研究与试验发展(R&D)活动基本情况(二)……323
14-18　标准计量质量监督基本情况(一)……324
14-19　标准计量质量监督基本情况(二)……325

14-20　标准计量质量监督基本情况(三) ……326
主要统计指标解释 ……327

十五、文化卫生体育和广播

15-1　主要年份文化艺术事业单位数 ……331
15-2　群众文化基本情况 ……332
15-3　主要年份卫生机构数 ……333
15-4　主要年份卫生机构床位数 ……334
15-5　主要年份卫生事业基本情况 ……335
15-6　医疗机构诊疗次数和入院人数 ……336
15-7　医疗机构分类别诊疗次数和入院人数 ……337
15-8　体育基本情况 ……338
15-9　广播电视基本情况 ……339
主要统计指标解释 ……340

十六、档案工会妇联优抚和社会保障

16-1　档案馆档案资料馆藏情况 ……343
16-2　档案馆档案资料利用情况 ……344
16-3　工会基本情况 ……345
16-4　妇女联合会基本情况 ……346
16-5　优抚事业基本情况 ……347
16-6　民政事业基本情况(一) ……348
16-7　民政事业基本情况(二) ……349
16-8　养老保险基本情况 ……350
16-9　基本医疗和失业保险情况 ……351
16-10　工伤和生育保险基本情况 ……352
主要统计指标解释 ……353

十七、各县市区国民经济主要指标

17-1　各县市区法人单位数 ……357
17-2　各县市区分产业法人单位数 ……357
17-3　各县市区分产业增加值 ……358
17-4　各县市区分行业增加值(一) ……358
17-5　各县市区分行业增加值(二) ……359
17-6　各县市区生产总值增长速度 ……359
17-7　各县市区年末人口数 ……360
17-8　各县市区户籍人口自然变动情况 ……360
17-9　各县市区分行业在岗职工年末人数(一) ……361

17-10 各县市区分行业在岗职工年末人数(二)……361
17-11 各县市区农林牧渔业总产值……362
17-12 各县市区农作物播种面积(一)……362
17-13 各县市区农作物播种面积(二)……363
17-14 各县市区农作物产量……363
17-15 各县市区茶园面积和茶叶产量……364
17-16 各县市区果园面积和水果产量(一)……364
17-17 各县市区果园面积和水果产量(二)……365
17-18 各县市区果园面积和水果产量(三)……365
17-19 各县市区果园面积和水果产量(四)……366
17-20 各县市区林业生产情况(一)……366
17-21 各县市区林业生产情况(二)……367
17-22 各县市区畜牧业生产情况(一)……367
17-23 各县市区畜牧业生产情况(二)……368
17-24 各县市区渔业基本情况……368
17-25 各县市区渔业机械年末拥有量……369
17-26 各县市区水产养殖面积……369
17-27 各县市区水产品产量(一)……370
17-28 各县市区水产品产量(二)……370
17-29 各县市区农业机械年末拥有量(一)……371
17-30 各县市区农业机械年末拥有量(二)……371
17-31 各县市区农业机械年末拥有量(三)……372
17-32 各县市区农业机械化农村能源及农业物资消耗情况……372
17-33 各县市区水利设施建设情况……373
17-34 各县市区农田水利灌溉情况……373
17-35 各县市区规模以上工业单位数……374
17-36 各县市区分注册类型规模以上工业单位数……374
17-37 各县市区分行业规模以上工业单位数(一)……375
17-38 各县市区分行业规模以上工业单位数(二)……375
17-39 各县市区分行业规模以上工业单位数(三)……376
17-40 各县市区分行业规模以上工业单位数(四)……376
17-41 各县市区规模以上工业增加值……377
17-42 各县市区分注册类型规模以上工业增加值……377
17-43 各县市区分行业规模以上工业增加值(一)……378
17-44 各县市区分行业规模以上工业增加值(二)……378
17-45 各县市区分行业规模以上工业增加值(三)……379
17-46 各县市区分行业规模以上工业增加值(四)……379
17-47 各县市区规模以上工业主要财务指标(一)……380
17-48 各县市区规模以上工业主要财务指标(二)……380
17-49 各县市区规模以上工业主要财务指标(三)……381
17-50 各县市区规模以上工业主要财务指标(四)……381

17-51 各县市区规模以上工业主要经济效益指标(一)……382
17-52 各县市区规模以上工业主要经济效益指标(二)……382
17-53 各县市区国有及国有控股工业主要财务指标(一)……383
17-54 各县市区国有及国有控股工业主要财务指标(二)……383
17-55 各县市区国有及国有控股工业主要财务指标(三)……384
17-56 各县市区国有及国有控股工业主要财务指标(四)……384
17-57 各县市区国有及国有控股工业主要经济效益指标(一)……385
17-58 各县市区国有及国有控股工业主要经济效益指标(二)……385
17-59 各县市区大中型工业主要财务指标(一)……386
17-60 各县市区大中型工业主要财务指标(二)……386
17-61 各县市区大中型工业主要财务指标(三)……387
17-62 各县市区大中型工业主要财务指标(四)……387
17-63 各县市区大中型工业主要经济效益指标(一)……388
17-64 各县市区大中型工业主要经济效益指标(二)……388
17-65 各县市区规模以上非国有工业主要财务指标(一)……389
17-66 各县市区规模以上非国有工业主要财务指标(二)……389
17-67 各县市区规模以上非国有工业主要财务指标(三)……390
17-68 各县市区规模以上非国有工业主要财务指标(四)……390
17-69 各县市区规模以上非国有工业主要经济效益指标(一)……391
17-70 各县市区规模以上非国有工业主要经济效益指标(二)……391
17-71 各县市区固定资产投资增速(一)……392
17-72 各县市区固定资产投资增速(二)……392
17-73 各县市区房地产开发投资(一)……393
17-74 各县市区房地产开发投资(二)……393
17-75 各县市区房地产开发投资(三)……394
17-76 各县市区房地产开发投资(四)……394
17-77 各县市区房地产开发企业财务状况(一)……395
17-78 各县市区房地产开发企业财务状况(二)……395
17-79 各县市区房地产开发企业财务状况(三)……396
17-80 各县市区建筑业企业基本情况(一)……396
17-81 各县市区建筑业企业基本情况(二)……397
17-82 各县市区客运量货运量及港口货物吞吐量……397
17-83 各县市区客运周转量和货运周转量……398
17-84 各县市区公路基本情况(一)……398
17-85 各县市区公路基本情况(二)……399
17-86 各县市区公路基本情况(三)……399
17-87 各县市区汽车拥有量……400
17-88 各县市区邮电通信主要指标……400
17-89 各县市区用电量……401
17-90 各县市区全社会单位生产总值能耗……401
17-91 各县市区规模以上工业主要能源消费量……402

17-92 各县市区规模以上工业企业能源消费情况……402
17-93 各县市区规模以上工业取水情况……403
17-94 各县市区限额以上批发业企业销售情况……403
17-95 各县市区限额以上零售业企业销售情况……404
17-96 各县市区限额以上住宿业企业基本情况……404
17-97 各县市区限额以上餐饮业企业基本情况……405
17-98 各县市区限额以上批发业企业财务状况(一)……405
17-99 各县市区限额以上批发业企业财务状况(二)……406
17-100 各县市区限额以上批发业企业财务状况(三)……406
17-101 各县市区限额以上批发业企业财务状况(四)……407
17-102 各县市区限额以上零售业企业财务状况(一)……407
17-103 各县市区限额以上零售业企业财务状况(二)……408
17-104 各县市区限额以上零售业企业财务状况(三)……408
17-105 各县市区限额以上零售业企业财务状况(四)……409
17-106 各县市区限额以上住宿业企业财务状况(一)……409
17-107 各县市区限额以上住宿业企业财务状况(二)……410
17-108 各县市区限额以上住宿业企业财务状况(三)……410
17-109 各县市区限额以上住宿业企业财务状况(四)……411
17-110 各县市区限额以上餐饮业企业财务状况(一)……411
17-111 各县市区限额以上餐饮业企业财务状况(二)……412
17-112 各县市区限额以上餐饮业企业财务状况(三)……412
17-113 各县市区限额以上餐饮业企业财务状况(四)……413
17-114 各县市区商品市场基本情况……413
17-115 各县市区外贸进出口总额……414
17-116 各县市区进出口贸易情况……414
17-117 各县市区出口贸易主要市场情况……415
17-118 各县市区外贸出口主要商品(一)……415
17-119 各县市区外贸出口主要商品(二)……416
17-120 各县市区利用外资情况……416
17-121 各县市区国际国内旅游情况……417
17-122 各县市区地方财政收入及分类(一)……417
17-123 各县市区地方财政收入及分类(二)……418
17-124 各县市区地方财政收入及分类(三)……418
17-125 各县市区地方财政支出及分类(一)……419
17-126 各县市区地方财政支出及分类(二)……419
17-127 各县市区地方财政支出及分类(三)……420
17-128 各县市区全部金融机构年末存贷款余额(一)……420
17-129 各县市区全部金融机构年末存贷款余额(二)……421
17-130 各县市区全部金融机构年末存贷款余额(三)……421
17-131 各县市区全部金融机构年末存贷款余额(四)……422
17-132 各县市区全部金融机构年末存贷款余额(五)……422

17-133 各县市区养老保险基本情况……423
17-134 各县市区城镇基本医疗保险基本情况……423
17-135 各县市区失业和工伤保险基本情况……424
17-136 各县市区城乡居民养老保险与城乡居民医疗保险情况……424
17-137 各县市区分行业在岗职工工资总额(一)……425
17-138 各县市区分行业在岗职工工资总额(二)……425
17-139 各县市区分行业在岗职工平均工资(一)……426
17-140 各县市区分行业在岗职工平均工资(二)……426
17-141 各县市区居民人均可支配收入和住房情况(一)……427
17-142 各县市区居民人均可支配收入和住房情况(二)……427
17-143 各县市区居民人均消费支出情况(一)……428
17-144 各县市区居民人均消费支出情况(二)……428
17-145 各县市区居民人均消费支出情况(三)……429
17-146 各县市区城市和县城建设基本情况……429
17-147 各县市区普通中学基本情况……430
17-148 各县市区中等职业学校基本情况……430
17-149 各县市区小学基本情况……431
17-150 各县市区幼儿教育基本情况……431
17-151 各县市区全社会研究与试验发展(R&D)活动基本情况……432
17-152 各县市区县级及以上政府部门属研究与开发机构基本情况……432
17-153 各县市区科技成果和专利授权情况……433
17-154 各县市区规模以上工业企业研究与试验发展(R&D)活动基本情况(一)……433
17-155 各县市区规模以上工业企业研究与试验发展(R&D)活动基本情况(二)……434
17-156 各县市区医疗卫生事业基本情况……434
17-157 各县市区广播基本情况……435
17-158 各县市区电视基本情况……435
17-159 各县市区民政事业基本情况……436

十八、乡镇经济社会基本情况

18-1 乡镇(街道)经济社会基本情况(一)……439
18-2 乡镇(街道)经济社会基本情况(二)……444
18-3 乡镇(街道)经济社会基本情况(三)……449
18-4 分乡镇街道户籍人口数……454

十九、各市国民经济主要指标

19-1 各市国民经济主要指标(一)……461
19-2 各市国民经济主要指标(二)……461
19-3 各市国民经济主要指标(三)……462
19-4 各市国民经济主要指标(四)……462

19-5　各市国民经济主要指标(五)……463
19-6　各市国民经济主要指标(六)……463
19-7　各市国民经济主要指标(七)……464
19-8　各市国民经济主要指标(八)……464
19-9　各市国民经济主要指标(九)……465
19-10　各市国民经济主要指标(十)……465
19-11　各市国民经济主要指标(十一)……466
19-12　各市国民经济主要指标(十二)……466

二十、长江三角洲各城市国民经济主要指标

20-1　长江三角洲各城市国民经济主要指标(一)……469
20-2　长江三角洲各城市国民经济主要指标(二)……471
20-3　长江三角洲各城市国民经济主要指标(三)……473
20-4　长江三角洲各城市国民经济主要指标(四)……475

二十一、统计公报

台州市 2020 年国民经济和社会发展统计公报……479
2020 年浙江省国民经济和社会发展统计公报……486
中华人民共和国 2020 年国民经济和社会发展统计公报……496

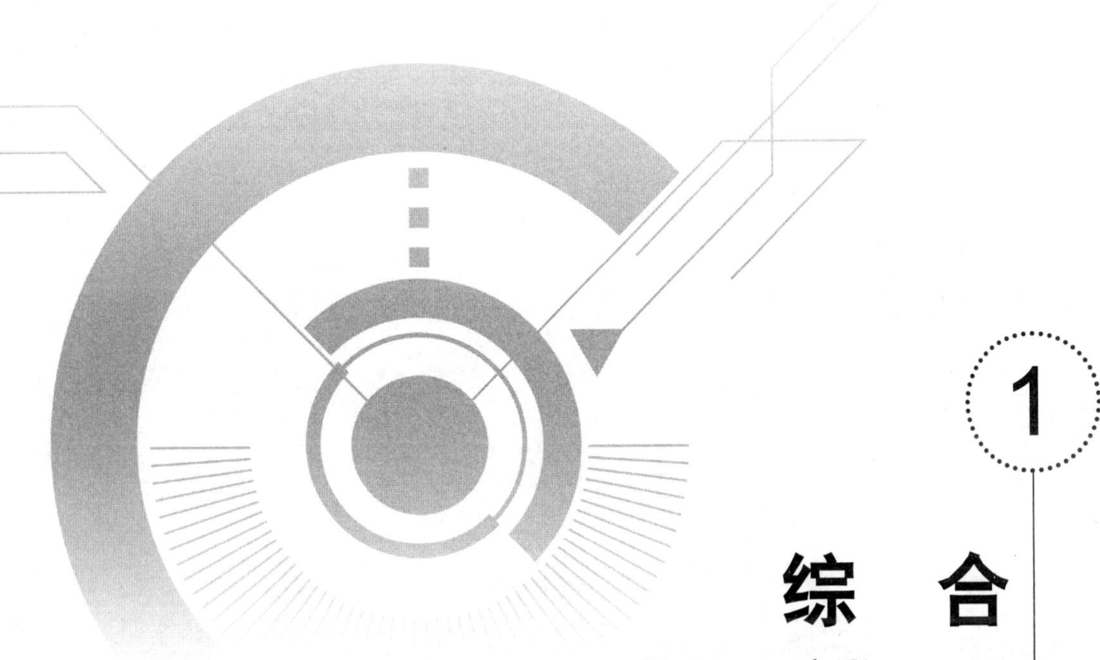

1

综　合
General Survey

1-1　人口和自然资源

(2020年)

指　　标		2020年
一、人　　口		
年末户籍总人口	(万人)	606.98
人口密度	(人/平方公里)	604
年末常住人口	(万人)	662.7
二、土　　地		
土地面积	(平方公里)	10050.43
	(千公顷)	1005.04
山地、丘陵占总面积比重	(%)	73.0
平原占总面积比重	(%)	22.4
河流水面占总面积比重	(%)	4.6
三、森　　林		
森林面积	(万公顷)	60.20
森林覆盖率	(%)	61.37
林木蓄积量	(万立方米)	1979.53
四、水文、水利		
淡水总面积	(千公顷)	51.16
滩涂围垦可利用资源	(千公顷)	66.62
年降水总量	(亿立方米)	129.63
河川年径流量	(亿立方米)	59.45
水资源总量	(亿立方米)	60.32
水力资源蕴藏量	(万千瓦)	53.71
其中：可开发量	(万千瓦)	36.20
已开发量	(万千瓦)	27.29
潮汐能已开发量	(千瓦)	4100
大陆岸线长度	(公里)	726
岛屿个数	(个)	921

注：人口资料取自公安户籍年报，下同。

1-2 行政区划土地面积和人口密度

(2020年)

地 区	行 政 区 划 (个)						土地面积(平方公里)	人口密度(人/平方公里)
	镇 数	乡 数	街道办事处数	城 市社 区	居 民委员会	村 民委员会		
全 市	**61**	**24**	**45**	**281**	**92**	**3024**	**10050.43**	**604**
市 区	10	6	23	122	31	676	1679.75	976
椒江区	1		9	58	4	203	363.79	1544
黄岩区	5	6	8	32	15	297	988.36	623
路桥区	4		6	32	12	176	327.60	1410
三门县	6	1	3	16	5	271	1105.18	404
天台县	7	5	3	21		374	1431.66	420
仙居县	7	10	3	21		311	2000.11	261
温岭市	11		5	31	52	579	1073.56	1137
临海市	14		5	34	3	628	2250.60	535
玉环市	6	2	3	36	1	185	509.57	858

1-3 部分县市区平均气温

(2020年) 单位：摄氏度

地 区	1月	2月	3月	4月	5月	6月	7月	8月	9月	10月	11月	12月	年平均
椒江区	10.1	11.0	13.5	16.1	23.1	26.9	29.0	29.9	24.9	20.8	17.8	10.4	19.5
三门县	9.0	10.2	12.9	15.4	22.8	26.3	27.9	29.4	23.8	19.2	16.3	9.0	18.5
三门县	8.1	10.3	12.9	15.7	23.0	26.2	27.9	29.3	23.3	18.9	15.7	8.1	18.3
仙居县	9.4	11.2	13.8	16.3	23.6	27.0	28.8	29.8	24.0	19.8	16.7	9.2	19.1
温岭市	10.2	11.1	13.4	16.2	22.9	26.9	28.8	29.5	24.8	20.7	17.7	10.3	19.4
临海市	9.4	10.7	13.3	15.6	23.2	26.6	28.5	29.4	23.9	19.7	16.5	9.4	18.9
玉环市	10.2	10.6	12.7	15.2	21.6	25.2	27.3	28.3	24.4	20.5	17.6	10.3	18.7

1-4 部分县市区日照时数

(2020年) 单位：小时

地 区	1月	2月	3月	4月	5月	6月	7月	8月	9月	10月	11月	12月	全年
椒江区	94.1	122.2	97.9	184.7	114.5	102.0	125.1	218.9	114.7	159.1	107.6	107.7	1548.5
三门县	81.1	122.1	91.2	190.1	124.6	99.6	116.8	206.7	106.0	153.7	102.7	107.1	1501.7
天台县	70.0	120.1	92.6	198.9	147.6	109.4	146.3	253.8	130.6	168.5	128.2	121.5	1687.5
仙居县	82.1	137.2	97.5	200.8	155.0	129.4	172.2	235.1	138.2	174.3	141.4	110.5	1773.7
温岭市	86.3	118.4	87.6	176.1	124.1	112.8	150.6	228.4	125.3	165.0	109.9	111.0	1595.5
临海市	79.3	121.5	93.4	184.7	134.7	104.7	140.6	249.3	137.0	188.4	130.7	116.6	1680.9
玉环市	105.4	135.5	101.0	190.4	152.4	152.6	197.0	287.5	155.7	220.3	170.2	133.7	2001.7

1-5 部分县市区降水量

(2020年) 单位：毫米

地 区	1月	2月	3月	4月	5月	6月	7月	8月	9月	10月	11月	12月	全年
椒江区	72.9	66.6	155.2	61.0	193.0	230.2	69.7	182.8	167.2	5.4	11.2	27.8	1243.0
三门县	97.0	706.0	127.5	57.3	156.7	268.0	132.1	162.9	168.5	17.1	13.1	25.0	1295.8
天台县	96.6	837.0	134.8	47.4	173.3	300.9	101.6	190.2	162.0	11.1	15.5	10.8	1327.9
仙居县	92.9	846.0	146.8	56.0	225.7	210.9	185.2	196.9	98.9	10.1	15.7	23.7	1347.4
温岭市	88.5	685.0	156.6	63.5	147.0	201.6	92.6	203.9	70.0	2.1	5.9	46.5	1146.7
临海市	78.6	655.0	150.9	65.3	175.1	214.7	160.9	156.2	141.9	18.3	14.6	19.2	1261.2
玉环市	40.1	612.0	183.6	40.0	101.4	91.7	76.6	169.1	173.2	1.3	2.3	35.8	976.3

1-6　主要年份国民经济和社会发展主要指标

指　　标		1949年	1978年	1990年	1994年	2000年	2010年	2019年	2020年
年末户籍总人口	(万人)	240.57	452.71	515.49	526.31	546.62	583.14	606.64	606.98
年末常住人口	(万人)						597.4	654.8	662.7
年末从业人员数	(万人)		176.88	307.23	330.65	340.48	367.56	408.30	382.61
在岗职工人数	(万人)		22.90	33.49	33.64	32.56	64.81	83.14	115.71
生产总值(当年价)	(亿元)	1.32	10.13	78.91	270.08	613.31	2451.68	5102.17	5262.72
第一产业增加值	(亿元)	1.00	4.74	23.89	63.82	84.60	157.66	283.06	294.78
第二产业增加值	(亿元)	0.08	3.03	31.90	130.91	322.38	1277.99	2299.93	2298.21
第三产业增加值	(亿元)	0.24	2.36	23.12	75.36	206.33	1016.03	2519.18	2669.73
在生产总值中：工业增加值	(亿元)		2.52	27.90	117.05	292.99	1148.50	1931.53	1900.50
人均生产总值(当年价)	(元)						41608	78278	79889
全社会客运周转量	(亿人公里)		4.38	24.82	33.99	60.92	97.71	69.26	30.64
公　路	(亿人公里)		3.20	23.67	33.06	60.52	90.58	29.08	17.86
水　运	(亿人公里)		1.18	1.15	0.93	0.40	0.23	0.12	0.14

注：2020年从业人员数未出，人均生产总值按按常住人口计算。

1-6 续表 1

指　　标		1978年	1990年	1994年	2000年	2010年	2019年	2020年
全社会货运周转量	(亿吨公里)	5.26	27.75	59.20	126.51	1110.64	1877.89	1797.05
公　路	(亿吨公里)	0.34	6.84	20.14	36.74	141.98	244.47	196.72
水　运	(亿吨公里)	4.92	20.91	39.06	89.78	968.66	1632.82	1599.72
财政总收入	(亿元)	1.19	6.59	16.89	53.18	310.62	729.83	682.83
地方财政收入	(亿元)			8.65	26.15	164.88	438.50	401.24
地方财政支出	(亿元)	0.99	4.99	12.20	33.19	222.76	770.33	700.12
金融机构年末人民币存款余额	(亿元)	1.64	31.26	106.19	528.96	3562.80	9345.45	10452.09
其中：城乡居民储蓄存款余额	(亿元)	0.44	15.36	54.64	289.62	1725.08	5333.52	5103.90
金融机构年末人民币贷款余额	(亿元)	3.46	30.79	83.81	330.43	2940.51	8504.65	9832.45
社会消费品零售总额	(亿元)	4.92	37.15	103.44	218.59	945.77	2544.63	2396.07
外贸进出口总额	(亿美元)		0.10	2.45	11.44	170.01	246.65	274.70
其中：外贸出口总额	(亿美元)		0.10	2.03	8.69	139.63	227.04	254.79
城镇居民人均可支配收入	(元)	311	1619	5036	8861	27212		
农村居民人均纯收入	(元)	120	918	2256	4296	11307		
城镇常住居民人均可支配收入	(元)		1595	4960	8728	26802	60351	62598
农村常住居民人均可支配收入	(元)				4668	12287	30221	32188

1-6 续表 2

指　　标		1978年	1990年	1994年	2000年	2010年	2019年	2020年
普通高校在校学生数	(人)	413	962	1794	4125	29749	37349	39955
普通高校专任教师数	(人)	79	133	167	381	1579	2022	2130
成人高等学校在校学生数	(人)		1962	1546	4802	22323	37985	36160
普通中学在校学生数	(万人)	22.58	20.01	22.21	33.41	28.68	31.55	31.34
普通中学专任教师数	(人)	10250	9751	11250	17663	20157	23732	24208
小学在校学生数	(万人)	64.96	46.03	49.75	37.05	43.05	43.65	42.56
小学专任教师数	(人)	21860	17010	17952	18809	20510	24689	24592
幼儿园在园儿童数	(万人)	0.85	7.19	8.48	9.79	25.98	19.22	19.25
卫生机构数	(个)	618	730	698	645	1380	3651	3662
其中：医院、卫生院	(个)	417	351	393	340	220	233	235
卫生机构床位数	(张)	4788	7030	7861	9559	16528	31187	31594
其中：医院、卫生院	(张)	4723	6902	7695	9459	16088	30130	30533
卫生技术人员	(人)	6998	11011	12406	14841	26765	47934	49445
其中：医　生	(人)	2743	4512	4950	6479	11521	19258	20053

1-7　按登记注册类型分法人单位数

(2020年)　　单位：个

项　目	法人单位数	单产业法人	多产业法人
总　计	**181325**	**178842**	**2483**
按登记注册类型分组			
内　资	**180755**	**178304**	**2451**
国　有	3893	3750	143
集　体	3762	3735	27
股份合作	2721	2691	30
联　营	24	24	
国有联营	3	3	
集体联营			
国有与集体联营	5	5	
其他联营	16	16	
有限责任公司	3362	3152	210
国有独资公司	440	407	33
其他有限责任公司	2922	2745	177
股份有限公司	331	238	93
私　营	147430	145507	1923
私营独资	15667	15481	186
私营合伙	3696	3669	27
私营有限责任公司	126452	124823	1629
私营股份有限公司	1615	1534	81
其他内资	19232	19207	25
港澳台商投资	**249**	**239**	**10**
与港澳台商合资经营	124	121	3
与港澳台商合作经营	3	3	
港澳台商独资	114	107	7
港澳台商投资股份有限公司	8	8	
其他港、澳、台商投资			
外商投资	**321**	**299**	**22**
中外合资经营	165	160	5
中外合作经营	3	3	
外资企业	140	124	16
外商投资股份有限公司	8	7	1
其他外商投资	5	5	

1-8 按机构类型和行业分法人单位数

(2020年) 单位：个

项 目	法 人 单位数	单产业 法 人	多产业 法 人
总 计	**181325**	**178842**	**2483**
按机构类型分组			
企 业	154727	152392	2335
事业单位	2631	2552	79
机 关	734	692	42
社会团体	2417	2415	2
民办非企业单位	4590	4589	1
基金会	44	44	
居委会	348	347	1
村委会	3178	3165	13
农民专业合作社	8113	8106	7
农村集体经济组织	2960	2959	1
其他组织机构	1583	1581	2
按三次产业分组			
第一产业	8222	8206	16
第二产业	62180	61540	640
第三产业	110923	109096	1827
法人单位数中：工业	56552	56135	417
按国民经济行业分组			
农、林、牧、渔业	**8482**	**8466**	**16**
农 业	6130	6123	7
林 业	303	301	2
畜牧业	903	900	3
渔 业	886	882	4
农、林、牧、渔专业及辅助性活动	260	260	
采矿业	**76**	**74**	**2**
黑色金属矿采选业	2	2	
有色金属矿采选业	5	5	
非金属矿采选业	68	66	2
其他采矿业	1	1	

1-8　续表 1

单位：个

项　目	法　人单位数	单产业法　人	多产业法　人
制造业	**55819**	**55419**	**400**
农副食品加工业	570	562	8
食品制造业	253	250	3
酒、饮料和精制茶制造业	149	144	5
纺织业	1221	1205	16
纺织服装、服饰业	1426	1419	7
皮革、毛皮、羽毛及其制品和制鞋业	4196	4181	15
木材加工和木、竹、藤、棕、草制品业	580	578	2
家具制造业	767	762	5
造纸和纸制品业	1488	1487	1
印刷和记录媒介复制业	783	768	15
文教、工美、体育和娱乐用品制造业	3075	3056	19
石油、煤炭及其他燃料加工业	32	32	
化学原料和化学制品制造业	715	701	14
医药制造业	231	222	9
化学纤维制造业	31	31	
橡胶和塑料制品业	7231	7196	35
非金属矿物制品业	1547	1532	15
黑色金属冶炼和压延加工业	171	170	1
有色金属冶炼和压延加工业	303	300	3
金属制品业	3787	3752	35
通用设备制造业	9089	9040	49
专用设备制造业	6686	6652	34
汽车制造业	4611	4590	21
铁路、船舶、航空航天和其他运输设备制造业	1315	1297	18
电气机械和器材制造业	3866	3828	38
计算机、通信和其他电子设备制造业	472	452	20
仪器仪表制造业	606	602	4
其他制造业	269	265	4
废弃资源综合利用业	159	156	3
金属制品、机械和设备修理业	190	189	1

1-8 续表 2

单位：个

项 目	法 人 单位数	单产业 法 人	多产业 法 人
电力、热力、燃气及水生产和供应业	**657**	**642**	**15**
电力、热力生产和供应业	431	427	4
燃气生产和供应业	33	30	3
水的生产和供应业	193	185	8
建筑业	**5818**	**5594**	**224**
房屋建筑业	864	783	81
土木工程建筑业	1468	1373	95
建筑安装业	699	677	22
建筑装饰、装修和其他建筑业	2787	2761	26
批发和零售业	**54753**	**54185**	**568**
批发业	21593	21408	185
零售业	33160	32777	383
交通运输、仓储和邮政业	**3136**	**2991**	**145**
铁路运输业	**2**	**2**	
道路运输业	2014	1959	55
水上运输业	197	195	2
航空运输业	6	6	
多式联运和运输代理业	535	504	31
装卸搬运和仓储业	208	203	5
邮政业	174	122	52
住宿和餐饮业	**2298**	**2180**	**118**
住宿业	731	701	30
餐饮业	1567	1479	88

1-8　续表 3

单位：个

项　目	法　人 单位数	单产业 法　人	多产业 法　人
信息传输、软件和信息技术服务业	**2976**	**2941**	**35**
电信、广播电视和卫星传输服务	74	64	10
互联网和相关服务	475	470	5
软件和信息技术服务业	2427	2407	20
金融业	**437**	**346**	**91**
货币金融服务	151	99	52
资本市场服务	128	128	
保险业	63	28	35
其他金融业	95	91	4
房地产业	**3771**	**3636**	**135**
房地产业	3771	3636	135
租赁和商务服务业	**13900**	**13676**	**224**
租赁业	1647	1634	13
商务服务业	12253	12042	211
科学研究和技术服务业	**4676**	**4584**	**92**
研究和试验发展	601	599	2
专业技术服务业	2270	2199	71
科技推广和应用服务业	1805	1786	19
水利、环境和公共设施管理业	**1303**	**1291**	**12**
水利管理业	112	110	2
生态保护和环境治理业	221	220	1
公共设施管理业	790	782	8
土地管理业	180	179	1

1-8 续表 4

单位：个

项　目	法　人 单位数	单产业 法　人	多产业 法　人
居民服务、修理和其他服务业	**4321**	**4239**	**82**
居民服务业	2704	2651	53
机动车、电子产品和日用产品修理业	1071	1045	26
其他服务业	546	543	3
教　育	**5106**	**4947**	**159**
教　育	5106	4947	159
卫生和社会工作	**1700**	**1627**	**73**
卫　生	892	821	71
社会工作	808	806	2
文化、体育和娱乐业	**2582**	**2548**	**34**
新闻和出版业	19	18	1
广播、电视、电影和录音制作业	347	336	11
文化艺术业	820	819	1
体　育	400	390	10
娱乐业	996	985	11
公共管理、社会保障和社会组织	**9514**	**9456**	**58**
中国共产党机关	108	105	3
国家机构	1514	1475	39
人民政协、民主党派	34	34	
社会保障	21	21	
群众团体、社会团体和其他成员组织	3870	3868	2
基层群众自治组织	3967	3953	14

1-9 主要年份生产总值

年 份	生产总值	第一产业	第二产业	第三产业	在生产总值中:工 业	人均生产总值	
						人民币(元)	美 元
1949	1.32	1.00	0.08	0.24	0.08	55	24
1952	1.89	1.35	0.18	0.36	0.17	75	29
1957	2.74	1.67	0.45	0.62	0.40	99	40
1962	3.50	1.98	0.61	0.91	0.53	116	47
1965	4.23	2.56	0.64	1.03	0.54	126	51
1970	5.45	3.22	0.97	1.26	0.81	141	57
1975	6.65	3.53	1.74	1.38	1.49	154	78
1978	10.13	4.74	3.03	2.36	2.52	225	143
1979	12.53	5.89	3.90	2.74	3.34	275	184
1980	14.28	6.18	4.88	3.22	4.19	311	203
1981	15.87	6.69	5.50	3.68	4.79	342	201
1982	18.25	8.62	5.66	3.97	4.87	388	205
1983	20.27	8.81	6.81	4.65	6.02	425	215
1984	25.26	10.60	9.01	5.64	8.02	523	225
1985	33.78	13.44	12.76	7.58	11.31	693	236
1986	38.32	14.56	14.49	9.27	12.88	777	225
1987	45.78	16.67	18.11	11.00	15.78	917	246
1988	62.08	20.33	25.59	16.16	22.48	1227	330
1989	72.92	22.33	30.79	19.80	27.43	1427	379
1990	78.91	23.89	31.90	23.12	27.90	1534	321
1991	100.53	29.99	38.46	32.08	33.30	1945	246
1992	126.19	33.38	52.10	40.72	45.42	2430	330
1993	177.84	41.51	85.01	51.32	74.81	3407	379
1994	270.08	63.82	130.91	75.36	117.05	5146	597
1995	380.84	83.09	187.49	110.26	164.80	7214	864
1996	445.79	90.80	222.63	132.36	200.15	8391	1009
1997	466.97	84.10	235.09	147.78	214.56	8737	1054
1998	505.42	87.45	256.44	161.53	233.06	9399	1135
1999	550.62	88.41	282.67	179.54	257.13	10173	1229
2000	613.31	84.60	322.38	206.33	292.99	11257	1360
2001	680.80	86.96	355.33	238.51	323.00	12433	1502
2002	782.85	89.17	403.27	290.42	367.47	14728	1779
2003	908.87	90.72	472.96	345.19	427.25	16908	2043
2004	1081.64	94.24	565.28	422.11	508.97	19861	2400
2005	1256.11	102.64	665.26	488.21	606.22	22800	2783
2006	1469.11	105.97	794.06	569.08	721.02	26338	3304
2007	1729.75	112.97	944.58	672.20	861.38	30582	4022
2008	1964.48	121.83	1059.90	782.74	967.47	34325	4943
2009	2056.51	130.48	1076.25	849.78	971.20	35576	5208
2010	2451.68	157.66	1277.99	1016.03	1148.50	41608	6147
2011	2788.35	185.13	1421.25	1181.97	1263.79	46453	7192
2012	2944.22	195.70	1457.21	1291.31	1283.33	48480	7680
2013	3192.67	205.21	1550.89	1436.57	1356.65	51943	8388
2014	3410.16	208.47	1648.97	1552.73	1409.01	54923	8941
2015	3571.47	221.34	1650.58	1699.55	1377.30	56880	9132
2016	3874.87	243.79	1748.84	1882.25	1470.43	61050	9191
2017	4386.04	255.90	2019.90	2110.23	1699.92	68510	10147
2018	4880.32	268.47	2267.74	2344.11	1895.85	75570	11420
2019	5102.17	283.06	2299.93	2519.18	1931.53	78278	11347
2020	5262.72	294.78	2298.21	2669.73	1900.50	79889	11582

注：本表按当年价格计算。人均生产总值从2002年开始均按常住人口计算。2004年起第一产业包括农林牧渔服务业,2013年起三次产业分类依据国家统计局2012年制定的《三次产业划分规定》。下同。

1-10 分行业增加值(一)

(1992-2020年)

单位：亿元

年 份	农、林、牧、渔业	工业	建筑业	批发和零售业	交通运输、仓储及邮政业	住宿和餐饮业
1992	33.38	45.42	6.68	13.37	9.61	1.82
1993	41.51	74.81	10.20	18.22	10.97	2.24
1994	63.82	117.05	13.86	27.62	15.28	3.80
1995	83.09	164.80	22.69	40.11	20.63	6.69
1996	90.80	200.15	22.47	48.77	22.10	7.76
1997	84.10	214.56	20.53	52.04	24.30	8.33
1998	87.45	233.06	23.38	53.75	26.79	8.26
1999	88.41	257.13	25.54	57.95	28.89	8.83
2000	84.60	292.99	29.40	64.92	31.80	9.99
2001	86.96	323.00	32.33	71.72	33.76	11.02
2002	89.17	367.47	35.80	85.07	38.46	13.59
2003	90.72	427.25	45.72	98.48	43.03	16.18
2004	94.24	508.97	56.31	115.83	48.18	20.11
2005	102.64	606.22	59.04	127.99	54.25	23.76
2006	105.97	721.02	73.04	145.10	65.66	26.59
2007	112.97	861.38	83.21	169.14	73.79	31.57
2008	121.83	967.47	92.43	193.57	83.86	37.57
2009	130.48	971.20	105.06	219.92	77.95	39.60
2010	157.66	1148.50	129.49	258.57	86.90	45.71
2011	185.13	1263.79	157.46	313.91	93.24	52.87
2012	195.70	1283.33	173.88	365.44	97.93	61.65
2013	207.25	1356.65	196.92	412.26	101.83	66.90
2014	210.61	1409.04	242.15	448.35	105.79	80.99
2015	223.67	1377.30	274.91	479.06	111.81	89.97
2016	246.33	1470.43	279.72	520.05	116.06	93.42
2017	258.67	1699.92	321.37	564.27	123.08	99.24
2018	271.56	1895.85	373.18	605.03	123.16	104.30
2019	286.56	1931.53	369.77	646.81	125.50	113.65
2020	298.79	1900.50	399.10	651.65	125.84	107.39

1-11 分行业增加值(二)

(1992-2020年)

单位：亿元

年 份	金融业	房地产业	其 他 服务业		
				营利性服务业	非营利性服务业
1992	3.26	3.74	8.91		
1993	4.44	5.18	10.28		
1994	5.94	7.07	15.64		
1995	10.18	9.40	23.25		
1996	11.16	11.21	31.36		
1997	8.87	14.08	40.16		
1998	10.75	13.62	48.36		
1999	11.10	16.90	55.88		
2000	11.97	20.47	67.18		
2001	15.97	25.15	80.89		
2002	22.84	30.80	99.67		
2003	28.55	40.82	118.13		
2004	32.77	52.97	152.25	59.18	93.07
2005	49.51	57.87	174.85	69.13	105.71
2006	65.74	67.77	198.22	80.52	117.70
2007	89.72	80.63	227.34	93.71	133.63
2008	117.71	99.74	250.29	102.18	148.11
2009	137.05	109.05	266.20	98.57	167.63
2010	177.56	150.98	296.30	108.15	188.16
2011	213.89	173.27	334.80	122.64	212.16
2012	198.52	186.41	381.36	128.82	252.54
2013	224.29	208.91	417.66	141.25	276.41
2014	243.06	213.97	456.21	150.67	305.54
2015	261.34	238.37	515.06	165.42	349.63
2016	275.52	280.77	592.57	185.20	407.37
2017	303.44	336.91	679.15	207.20	471.95
2018	332.83	388.44	785.98	243.44	542.54
2019	373.20	401.44	853.70	270.81	582.89
2020	413.99	454.18	911.28	349.54	561.75

注：2020年开始，科学研究和技术服务业由非营利性服务业划入营利性服务业。

1-12 主要年份生产总值构成

单位：%

年 份	生产总值	第一产业	第二产业	第三产业	在生产总值中：工 业
1949	100.00	75.69	6.12	18.19	5.88
1952	100.00	71.65	9.46	18.89	8.76
1957	100.00	61.03	16.32	22.65	14.40
1962	100.00	56.63	17.32	26.05	15.16
1965	100.00	60.63	15.11	24.26	12.72
1970	100.00	59.00	17.77	23.23	14.89
1975	100.00	53.08	26.22	20.70	22.42
1978	100.00	46.79	29.91	23.30	24.88
1979	100.00	47.01	31.16	21.83	26.66
1980	100.00	43.28	34.15	22.57	29.34
1981	100.00	42.15	34.65	23.20	30.18
1982	100.00	47.23	31.01	21.77	26.68
1983	100.00	43.46	33.60	22.93	29.70
1984	100.00	41.97	35.69	22.34	31.76
1985	100.00	39.79	37.78	22.43	33.48
1986	100.00	38.00	37.80	24.20	33.61
1987	100.00	36.42	39.55	24.03	34.47
1988	100.00	32.75	41.23	26.03	36.21
1989	100.00	30.62	42.22	27.16	37.62
1990	100.00	30.27	40.43	29.30	35.36
1991	100.00	29.83	38.26	31.91	33.12
1992	100.00	26.45	41.28	32.27	35.99
1993	100.00	23.34	47.80	28.86	42.07
1994	100.00	23.63	48.47	27.90	43.34
1995	100.00	21.82	49.23	28.95	43.27
1996	100.00	20.37	49.94	29.69	44.90
1997	100.00	18.01	50.34	31.65	45.95
1998	100.00	17.30	50.74	31.96	46.11
1999	100.00	16.06	51.34	32.61	46.70
2000	100.00	13.79	52.56	33.64	47.77
2001	100.00	12.77	52.19	35.03	47.44
2002	100.00	11.39	51.51	37.10	46.94
2003	100.00	9.98	52.04	37.98	47.01
2004	100.00	8.71	52.26	39.03	47.06
2005	100.00	8.17	52.96	38.87	48.26
2006	100.00	7.21	54.05	38.74	49.08
2007	100.00	6.53	54.61	38.86	49.80
2008	100.00	6.20	53.95	39.84	49.25
2009	100.00	6.34	52.33	41.32	47.23
2010	100.00	6.43	52.13	41.44	46.85
2011	100.00	6.64	50.97	42.39	45.32
2012	100.00	6.65	49.49	43.86	43.59
2013	100.00	6.43	48.58	45.00	42.49
2014	100.00	6.11	48.35	45.53	41.32
2015	100.00	6.20	46.22	47.59	38.56
2016	100.00	6.29	45.13	48.58	37.95
2017	100.00	5.83	46.05	48.11	38.76
2018	100.00	5.50	46.47	48.03	38.85
2019	100.00	5.55	45.08	49.37	37.86
2020	100.00	5.60	43.67	50.73	36.11

1-13 主要年份生产总值指数

(以1952年为100)

年 份	生产总值	第一产业	第二产业	第三产业	在生产总值中:工 业	人 均生产总值
1949	72.50	75.91	51.60	62.21	53.58	75.41
1952	100.00	100.00	100.00	100.00	100.00	100.00
1957	141.90	136.40	189.30	149.90	175.70	127.00
1962	137.40	121.80	235.10	184.00	220.90	113.10
1965	183.60	168.30	267.50	237.30	247.40	136.90
1970	223.60	196.30	405.70	297.40	395.10	144.30
1975	266.60	196.10	797.40	420.50	780.90	154.10
1978	385.00	251.30	1355.90	698.90	1201.80	213.10
1979	436.81	255.21	1749.94	795.80	1611.41	238.95
1980	485.74	250.83	2138.36	909.90	2131.84	263.13
1981	532.67	267.11	2395.09	1020.89	2428.03	285.75
1982	584.64	315.47	2441.67	1085.81	2445.32	309.40
1983	638.68	321.72	2860.87	1220.97	2939.98	333.19
1984	772.88	377.85	3655.90	1432.43	3795.42	398.77
1985	938.24	395.39	5196.46	1690.97	5423.19	479.24
1986	1039.11	422.09	5803.30	1951.71	6111.80	524.88
1987	1192.18	448.80	7117.57	2190.09	7421.21	594.54
1988	1445.86	389.81	9941.01	2887.93	10587.95	711.59
1989	1642.74	402.63	11834.00	3213.91	12825.48	800.30
1990	1734.03	388.25	12479.88	3655.80	13487.54	839.54
1991	2132.36	440.13	15278.82	4886.04	16381.73	1027.18
1992	2589.58	450.35	20590.11	5929.74	22222.17	1241.40
1993	3198.92	469.49	28848.22	6790.19	32247.29	1526.03
1994	4055.17	548.52	38234.75	8388.36	43204.29	1923.81
1995	5049.45	637.38	48982.03	10334.27	54366.52	2381.60
1996	5804.89	670.52	58633.16	11546.66	66430.67	2720.72
1997	6115.46	643.70	62764.87	12372.30	72029.13	2849.07
1998	6840.38	700.99	70987.98	13707.40	81266.57	3167.44
1999	7678.87	733.94	80762.04	15469.57	92663.22	3532.71
2000	8608.71	720.73	91978.84	17755.06	105565.50	3934.65
2001	9671.73	748.12	102340.98	20870.06	117732.41	4398.14
2002	11016.46	767.28	117107.66	24466.77	135306.91	4964.88
2003	12655.74	774.35	136435.49	28615.63	157158.42	5640.00
2004	14482.81	775.11	156998.96	33606.83	181109.16	6370.68
2005	16482.44	778.33	181824.25	38345.61	211499.23	7167.16
2006	18858.45	800.62	210598.08	44067.94	243549.47	8099.27
2007	21614.99	813.59	245265.16	50470.92	285808.25	9154.79
2008	23617.21	833.04	265931.77	56315.17	312398.02	9885.62
2009	25605.19	850.28	286548.56	62111.24	334462.26	10611.14
2010	28991.03	887.44	328044.24	70068.10	383527.47	11786.52
2011	31289.74	915.09	349247.94	77438.58	407304.07	12487.64
2012	33548.57	938.15	371068.48	84467.05	430104.71	13233.70
2013	36219.03	945.32	401959.29	91644.17	462999.52	14116.25
2014	38891.50	965.95	434287.88	98286.19	491261.35	15005.26
2015	41357.91	1000.60	449348.31	108177.03	498264.27	15778.97
2016	44499.84	1044.09	483529.52	116842.68	541107.22	16795.79
2017	48073.42	1074.22	530993.50	124963.43	600052.37	17988.70
2018	51695.40	1083.98	577403.62	133883.42	655844.76	19176.28
2019	54256.30	1094.25	594907.77	143722.30	683324.14	19940.97
2020	56087.80	1119.21	611366.96	149589.65	700167.10	20396.62

1-14 主要年份生产总值指数

(以上年为100)

年 份	生产总值	第一产业	第二产业	第三产业	在生产总值中:工 业	人 均生产总值
1978	117.99	115.81	125.78	114.61	122.00	116.58
1979	113.46	101.56	129.06	113.86	134.08	112.13
1980	111.20	98.28	122.20	114.34	132.30	110.12
1981	109.67	106.50	112.01	112.20	113.90	108.62
1982	109.76	118.11	101.95	106.36	100.71	108.28
1983	109.25	101.99	117.17	112.45	120.23	107.69
1984	121.01	117.45	127.79	117.32	129.10	119.69
1985	121.38	104.62	142.13	118.04	142.88	120.14
1986	110.77	106.79	111.68	115.43	112.71	109.57
1987	114.73	106.33	122.65	112.22	121.43	113.28
1988	121.28	86.86	139.58	131.70	142.67	119.69
1989	113.62	103.29	119.04	111.29	121.13	112.47
1990	105.53	96.39	105.52	113.88	105.15	104.85
1991	123.01	113.42	122.36	133.50	121.47	122.43
1992	121.44	102.33	134.76	121.36	135.65	120.87
1993	123.53	104.25	140.11	114.51	145.11	122.93
1994	126.72	116.77	132.62	123.68	133.96	125.98
1995	124.52	116.20	128.11	123.20	125.84	123.80
1996	114.96	105.20	119.70	111.73	122.19	114.24
1997	105.35	96.00	107.05	107.15	108.43	104.72
1998	111.85	108.90	113.10	110.79	112.82	111.17
1999	112.26	104.70	113.77	112.86	114.02	111.53
2000	112.11	98.20	113.89	114.77	113.92	111.38
2001	112.35	103.80	111.27	117.54	111.53	111.78
2002	113.90	102.56	114.43	117.23	114.93	112.89
2003	114.88	100.92	116.50	116.96	116.15	113.60
2004	114.44	100.10	115.07	117.44	115.24	112.96
2005	113.81	100.42	115.81	114.10	116.78	112.50
2006	114.42	102.86	115.83	114.92	115.15	113.01
2007	114.62	101.62	116.46	114.53	117.35	113.03
2008	109.26	102.39	108.43	111.58	109.30	107.98
2009	108.42	102.07	107.75	110.29	107.06	107.34
2010	113.22	104.37	114.48	112.81	114.67	111.08
2011	107.93	103.12	106.46	110.52	106.20	105.95
2012	107.22	102.52	106.25	109.08	105.60	105.97
2013	107.96	100.76	108.32	108.50	107.65	106.67
2014	107.38	102.18	108.04	107.25	106.10	106.30
2015	106.34	103.59	103.47	110.06	101.43	105.16
2016	107.60	104.35	107.61	108.01	108.60	106.44
2017	108.03	102.89	109.82	106.95	110.89	107.10
2018	107.53	100.91	108.74	107.14	109.30	106.60
2019	104.95	100.95	103.03	107.35	104.19	103.99
2020	103.38	102.28	102.77	104.08	102.46	102.29

1-15 分行业增加值指数

(1992-2020年，以2004年为100)

年 份	农、林、牧、渔业	工 业	建筑业	批发和零售业	交通运输仓储及邮政业	住宿和餐饮业	金融业	房地产业	其他服务业
1992	58.10	12.27	24.55	18.83	37.36	21.11	17.54	16.63	10.43
1993	60.57	17.81	25.92	23.27	36.68	20.29	20.34	20.56	12.36
1994	70.77	23.86	30.82	28.12	47.48	26.47	22.95	23.93	15.84
1995	82.23	30.02	46.96	35.71	52.85	39.25	33.75	24.91	19.80
1996	86.51	36.68	45.92	40.94	54.36	41.91	34.97	25.84	24.06
1997	83.05	39.77	42.17	43.38	57.71	44.31	27.69	32.34	27.24
1998	90.44	44.87	49.22	45.46	61.57	45.88	34.10	32.32	33.55
1999	94.69	51.16	54.41	50.08	64.65	50.55	36.05	40.82	39.80
2000	92.98	58.29	61.72	56.55	68.60	57.27	39.27	49.18	48.04
2001	96.52	65.01	67.08	64.58	71.88	63.82	54.23	59.88	58.99
2002	98.99	74.71	73.34	75.29	81.19	77.01	73.47	68.86	68.48
2003	99.90	86.78	88.24	87.43	90.69	88.95	91.39	84.24	79.87
2004	100.00	100.00	100.00	100.00	100.00	100.00	100.00	100.00	100.00
2005	100.42	116.78	105.60	109.51	110.04	116.35	148.84	108.24	113.11
2006	103.29	134.48	129.59	123.17	127.69	129.22	195.10	125.83	126.55
2007	104.96	157.81	139.81	138.37	140.30	144.60	253.61	142.24	143.47
2008	107.47	172.49	138.74	148.96	152.06	158.36	310.67	159.22	159.88
2009	109.70	184.67	160.54	170.93	146.54	162.87	370.52	180.04	172.10
2010	114.49	211.77	180.56	190.04	161.66	183.07	447.73	211.01	188.36
2011	118.06	224.89	196.46	216.52	174.64	197.92	506.65	226.35	204.78
2012	121.03	237.48	219.79	249.84	185.23	221.01	509.57	245.46	224.04
2013	122.00	255.65	250.17	279.05	197.04	233.74	573.66	264.01	234.33
2014	124.68	271.25	306.74	301.10	204.53	262.32	623.09	280.21	250.00
2015	129.20	275.12	358.14	325.43	218.11	282.34	684.18	320.03	279.42
2016	134.86	298.77	366.98	346.31	220.48	283.54	721.54	358.44	312.56
2017	138.80	331.32	381.93	368.74	231.09	291.84	758.53	379.95	343.01
2018	140.18	362.13	401.70	387.50	234.61	297.22	808.05	403.82	382.25
2019	141.67	377.30	386.49	412.59	243.41	311.92	923.40	418.32	411.12
2020	145.06	386.60	404.61	417.50	251.10	285.71	1010.54	431.35	436.05

1-16 市区主要年份生产总值

单位：万元

年份	市区	椒江区	黄岩区	路桥区
1978	32548	11798	12199	8551
1979	41787	16112	14963	10712
1980	47228	19456	16261	11512
1981	50843	22082	16567	12194
1982	59039	25289	19328	14422
1983	70505	31523	22186	16796
1984	92014	41982	28500	21531
1985	123012	49694	41634	31685
1986	134558	52163	46940	35455
1987	158033	58958	56567	42508
1988	204461	72331	75302	56828
1989	233516	76817	86557	70142
1990	251971	85480	89308	77183
1991	320142	106932	117033	96178
1992	416662	135425	155082	126155
1993	566571	175524	215144	175903
1994	889076	277480	344506	267090
1995	1219390	420112	394322	404956
1996	1469187	512340	475342	481505
1997	1664627	589163	506782	568682
1998	1846313	665377	539014	641923
1999	2057792	750645	584676	722471
2000	2315012	852007	646569	816436
2001	2559125	946555	704134	908437
2002	2938955	1081028	805273	1052654
2003	3409949	1272132	907349	1230468
2004	4065795	1526749	1061387	1477659
2005	4707540	1745141	1244872	1717526
2006	5484770	2017976	1469676	1997118
2007	6357933	2312961	1729017	2315956
2008	7173101	2529499	2009079	2634523
2009	7374758	2642595	2026397	2705766
2010	8636827	3107249	2344930	3184647
2011	9968987	3581018	2701316	3686653
2012	10713864	3794565	2902145	4017155
2013	11635112	4115252	3124724	4395137
2014	12483792	4382630	3407917	4693245
2015	13109220	4663053	3599755	4846413
2016	14098276	4962509	3933155	5202611
2017	16178654	5596945	4560418	6021292
2018	18058001	6351877	5088046	6618077
2019	18684515	6744129	5394765	6545622
2020	19186619	6918971	5573781	6693867

1-17　各县市主要年份生产总值

单位：万元

年　份	三门县	天台县	仙居县	温岭市	临海市	玉环市
1978	7466	8526	8901	20355	18886	7910
1979	8347	9560	9579	26328	24162	9061
1980	9655	11307	10892	27552	27380	12849
1981	9795	12861	12833	32439	30403	15011
1982	11963	14452	14467	38050	35603	14439
1983	12577	15471	16195	42138	37204	15277
1984	15913	18594	18333	51657	45454	18665
1985	22798	25189	22548	69826	57830	27674
1986	26531	27417	26008	84676	74650	30742
1987	30993	31353	32580	107129	86161	39272
1988	40983	44292	44266	139991	112371	58652
1989	45282	53997	50121	152507	136167	59058
1990	46863	58527	53102	161212	137622	73143
1991	57381	69247	59045	216933	157599	98558
1992	66757	79406	70313	278919	194374	128821
1993	83114	109834	96943	421251	267318	173184
1994	116881	157202	129603	657951	411952	283692
1995	150638	196314	158030	933228	573323	393645
1996	172491	211334	177662	1160182	656810	479248
1997	139490	208921	187289	1245195	554209	525506
1998	173035	222958	203712	1353736	605975	577629
1999	194092	250604	227802	1482229	675992	656642
2000	222107	292820	255474	1656554	769872	745819
2001	244602	326569	273822	1782466	875558	828499
2002	291671	374218	322357	1996711	1017712	964328
2003	346115	437201	365210	2277769	1178192	1110045
2004	416916	534554	441062	2673278	1419827	1279815
2005	496453	622856	513219	3066839	1652692	1495957
2006	589337	724120	602060	3535320	1932379	1820590
2007	712064	840522	704491	4156486	2282498	2272493
2008	836622	964625	791830	4787823	2601800	2579373
2009	894321	1013556	844173	5039585	2797386	2476730
2010	1072333	1197196	1021343	5804450	3331043	3122502
2011	1248967	1394598	1189551	6619701	3766930	3633511
2012	1316530	1513259	1281737	6752300	3988793	3770240
2013	1422991	1635051	1415955	7389002	4356336	4083802
2014	1585315	1777728	1585141	7867032	4547683	4292244
2015	1733840	1948291	1727068	8042814	4848422	4415016
2016	1903886	2132811	1920166	8519401	5451238	4683683
2017	2148800	2395800	2172572	9213734	6304775	5279324
2018	2459161	2690999	2357343	10301945	6881693	5839124
2019	2627790	2900588	2512381	10952007	7149555	6198267
2020	2733856	3016955	2605030	11368732	7384805	6325643

1-18 市区主要年份生产总值指数

(以1978年为100)

年 份	市 区	椒江区	黄岩区	路桥区
1978	100.00	100.00	100.00	100.00
1979	116.82	124.11	110.67	115.91
1980	126.21	143.02	116.29	118.21
1981	135.25	162.98	117.26	123.70
1982	152.34	182.87	130.00	143.28
1983	181.75	227.21	151.64	163.30
1984	228.63	291.88	187.18	202.07
1985	287.40	337.88	252.91	269.27
1986	310.30	354.33	279.57	296.03
1987	365.33	393.90	353.94	345.40
1988	405.60	390.97	436.49	385.73
1989	447.88	401.04	490.74	456.25
1990	471.14	410.82	517.19	493.99
1991	572.50	488.30	639.98	602.05
1992	739.30	647.89	815.32	766.68
1993	863.17	673.45	1004.40	947.66
1994	1075.81	885.85	1164.70	1215.51
1995	1316.58	1128.57	1285.70	1582.65
1996	1560.33	1370.54	1533.45	1820.95
1997	1781.98	1571.90	1663.63	2167.63
1998	2067.27	1863.53	1869.91	2527.81
1999	2384.34	2152.12	2127.96	2943.60
2000	2679.39	2415.56	2379.06	3325.16
2001	3005.38	2713.77	2664.55	3727.94
2002	3432.96	3067.81	3066.89	4280.24
2003	3931.12	3523.53	3474.79	4924.69
2004	4533.58	4078.81	3955.35	5711.28
2005	5162.15	4584.62	4554.97	6535.85
2006	5885.04	5184.88	5267.20	7434.24
2007	6654.10	5780.50	6055.66	8420.30
2008	7220.44	6085.36	6774.83	9196.12
2009	7709.18	6547.89	7062.11	9923.41
2010	8638.49	7354.79	7836.23	11174.46
2011	9437.78	7953.58	8595.48	12293.63
2012	10195.86	8399.13	9329.98	13521.39
2013	11001.10	9016.55	10073.17	14650.71
2014	11867.70	9649.13	10949.11	15833.39
2015	12598.95	10260.71	11697.13	16706.71
2016	13466.13	10883.86	12576.95	17907.54
2017	14621.86	11618.34	13790.08	19615.36
2018	15781.06	12653.48	14964.37	20905.79
2019	16316.63	13367.01	15943.36	20670.35
2020	16836.10	13713.55	16531.96	21366.31

1-19　各县市主要年份生产总值指数

(以1978年为100)

年　份	三门县	天台县	仙居县	温岭市	临海市	玉环市
1978	100.00	100.00	100.00	100.00	100.00	100.00
1979	109.16	99.37	104.71	124.77	128.12	126.22
1980	112.08	114.88	130.29	129.65	145.32	156.70
1981	124.25	127.81	135.43	155.75	157.93	178.39
1982	139.95	138.66	139.54	175.85	172.82	162.03
1983	151.44	144.48	156.17	200.37	177.68	168.43
1984	185.21	167.38	182.28	246.82	201.17	201.79
1985	224.87	203.28	201.99	293.19	227.77	259.63
1986	240.62	211.51	225.66	372.32	285.39	278.31
1987	262.39	218.85	269.38	477.20	321.62	332.22
1988	311.39	275.47	335.51	559.87	374.73	457.68
1989	330.03	306.88	362.95	669.45	442.75	463.27
1990	327.33	322.07	377.83	731.81	403.49	497.55
1991	401.46	361.63	411.72	925.60	446.59	572.50
1992	454.79	394.30	431.41	1150.67	537.66	706.87
1993	492.65	460.92	547.64	1682.98	657.87	850.28
1994	557.09	543.24	626.95	2177.10	859.77	1130.88
1995	612.21	603.92	703.42	2670.24	969.79	1393.11
1996	610.68	621.85	766.81	3393.82	1087.64	1683.78
1997	498.36	614.14	819.32	3669.45	901.49	1906.02
1998	620.98	669.35	938.89	4162.68	1019.41	2141.09
1999	714.92	778.69	1078.83	4727.57	1169.65	2560.88
2000	803.27	908.08	1205.25	5301.42	1334.03	2957.20
2001	901.43	1018.70	1337.82	5787.66	1527.31	3344.60
2002	1044.76	1172.31	1530.08	6436.30	1755.55	3823.13
2003	1222.41	1343.35	1721.58	7270.97	2025.95	4373.48
2004	1417.93	1574.01	1973.47	8263.06	2360.12	5033.36
2005	1643.62	1787.93	2245.28	9275.54	2687.89	5741.33
2006	1917.77	2032.46	2585.47	10553.18	3077.73	6815.22
2007	2243.41	2289.10	2911.77	12073.97	3537.40	8303.99
2008	2510.88	2530.95	3154.04	13364.39	3894.97	9082.37
2009	2755.53	2738.07	3468.41	14621.95	4318.97	8955.98
2010	3130.84	3069.31	3968.52	16061.54	4926.06	10881.32
2011	3401.16	3413.85	4376.98	17339.45	5304.39	12136.11
2012	3584.72	3723.03	4782.12	18478.39	5701.35	12876.20
2013	3827.11	4004.98	5234.88	19866.89	6171.64	13893.79
2014	4241.84	4358.87	5845.94	21013.15	6480.12	14745.56
2015	4708.18	4814.67	6441.45	21927.62	7024.23	15514.02
2016	5114.73	5223.09	7207.43	23444.64	7675.77	16686.24
2017	5555.18	5650.34	7805.15	24949.95	8391.63	17967.44
2018	6124.80	6133.54	8188.61	26852.76	8972.05	19234.46
2019	6578.04	6565.99	8635.22	28159.79	9235.42	20222.87
2020	6865.99	6804.60	8934.98	29229.68	9552.86	20842.63

1-20 市区主要年份第一产业增加值

单位：万元

年 份	市 区	椒江区	黄岩区	路桥区
1978	12763	3051	5170	4542
1979	16518	4981	6457	5080
1980	17311	5578	6295	5438
1981	18352	6128	6615	5609
1982	21590	7166	7769	6655
1983	21903	6815	8282	6806
1984	28034	9022	10437	8575
1985	34876	10268	13508	11100
1986	35628	10716	13675	11237
1987	40455	12906	15123	12426
1988	47543	14666	18048	14829
1989	49622	13805	19662	16155
1990	52736	16412	19940	16384
1991	60743	17412	24218	19113
1992	71567	17951	30501	23115
1993	84136	23208	35266	25661
1994	121306	37497	49985	33824
1995	172467	56160	58221	58086
1996	190767	61694	65266	63807
1997	170736	52837	56381	61518
1998	185514	58055	64684	62775
1999	185907	57009	67150	61748
2000	180337	52036	68458	59843
2001	185606	53794	70107	61705
2002	194692	57853	73259	63580
2003	194801	55175	75641	63986
2004	203055	57532	78150	67373
2005	218671	61474	81718	75479
2006	224892	63608	87181	74103
2007	225594	68202	90424	66968
2008	241098	74597	95718	70784
2009	257953	82729	101482	73741
2010	322750	115821	119928	87001
2011	374915	138537	134115	102262
2012	393865	147228	142561	104076
2013	412297	159277	144292	108728
2014	421037	162558	147353	111126
2015	445960	175178	153475	117307
2016	491571	194519	167562	129490
2017	500642	201484	171422	127736
2018	523077	211447	179320	132310
2019	555979	223716	192871	139392
2020	563225	228663	192551	142010

1-21　各县市主要年份第一产业增加值

单位：万元

年　份	三门县	天台县	仙居县	温岭市	临海市	玉环市
1978	4123	4186	5459	8462	7578	3574
1979	4112	4830	6110	10182	11065	3675
1980	5086	5415	6361	9807	12224	3561
1981	3985	6250	7541	10199	13403	3860
1982	5921	7716	9285	14108	17520	5710
1983	5111	8260	9188	14354	18026	5698
1984	7283	9010	10267	14220	21336	6767
1985	10767	11833	12383	26138	23549	8300
1986	11221	11958	13125	29840	28022	8736
1987	13233	13113	14878	38716	27956	10859
1988	17456	16071	17768	47754	32001	16146
1989	20221	19057	19487	50792	36219	17617
1990	20412	17591	22630	53223	41691	20797
1991	23919	20269	22880	79171	48365	29177
1992	24094	20603	22615	94637	53015	32580
1993	32993	24889	30926	108432	58583	50920
1994	57979	36708	34974	180230	88069	83474
1995	73174	40348	38024	224680	118225	117290
1996	75830	45730	38789	236223	136829	134916
1997	43730	44881	38827	256253	122190	137597
1998	62386	46145	39751	259929	126369	137788
1999	66275	46735	40464	262839	131165	139536
2000	69227	47866	41425	255171	134870	136637
2001	75260	49731	41673	260372	141070	132488
2002	81151	51211	44133	261644	140131	129313
2003	87501	52517	47608	264787	144661	122686
2004	92727	54646	52542	265021	152358	122051
2005	103391	63186	60107	286396	164094	130510
2006	106801	66852	64195	290218	173500	133257
2007	114360	73287	77186	311449	191521	136253
2008	124750	76117	84414	331290	207887	152763
2009	132720	75972	85971	356481	231151	164538
2010	159696	100992	105803	414022	277316	195974
2011	190812	106084	118329	495933	325772	239444
2012	205772	114171	125964	522790	345167	249289
2013	219834	115882	126492	555950	361701	260043
2014	223342	117487	128131	565343	365270	264044
2015	240336	123339	133910	602859	379229	287757
2016	266035	131516	143863	669934	414792	320141
2017	286362	132239	145783	724120	436768	333118
2018	311816	136994	149130	764012	450221	349498
2019	334532	149882	159504	776339	483015	371339
2020	349108	166296	167204	813943	496986	386026

1-22 市区主要年份第一产业增加值指数

(以1978年为100)

年 份	市 区	椒江区	黄岩区	路桥区
1978	100.00	100.00	100.00	100.00
1979	119.89	145.90	110.80	112.80
1980	118.52	159.04	105.26	106.30
1981	124.22	176.17	106.10	109.84
1982	141.90	201.35	120.43	126.34
1983	145.61	193.52	127.77	133.69
1984	182.74	254.69	157.80	162.68
1985	205.69	286.69	185.73	173.59
1986	207.54	302.66	182.01	172.29
1987	235.08	365.24	207.86	177.79
1988	235.00	336.79	229.68	171.57
1989	237.55	308.47	248.75	175.97
1990	241.35	342.25	251.24	160.75
1991	267.95	344.40	309.27	171.58
1992	294.24	319.63	374.52	188.78
1993	290.46	324.33	377.90	175.82
1994	316.72	377.72	416.07	177.28
1995	371.97	493.10	378.20	270.94
1996	394.51	519.03	406.94	284.68
1997	369.21	466.26	365.44	287.58
1998	417.78	531.48	436.70	305.53
1999	437.11	540.51	466.83	319.28
2000	426.30	495.11	471.04	314.17
2001	438.94	508.97	487.52	322.02
2002	461.38	547.66	510.93	332.66
2003	459.31	519.18	523.19	334.42
2004	460.87	522.29	520.66	338.10
2005	455.73	532.81	494.46	340.87
2006	469.99	550.93	535.99	331.33
2007	478.90	552.03	560.65	331.66
2008	488.53	572.45	575.23	330.99
2009	494.96	598.18	580.72	327.43
2010	515.32	641.35	593.74	339.34
2011	530.14	660.27	611.90	347.90
2012	539.73	683.71	626.24	343.53
2013	540.03	697.05	627.12	340.91
2014	552.55	715.79	640.65	347.76
2015	575.68	749.27	669.81	358.00
2016	601.89	784.82	698.38	374.63
2017	606.79	787.78	729.19	362.54
2018	615.81	791.13	759.53	360.25
2019	629.01	805.65	779.71	367.01
2020	641.95	817.59	801.72	373.69

1-23 各县市主要年份第一产业增加值指数

(以1978年为100)

年 份	三门县	天台县	仙居县	温岭市	临海市	玉环市
1978	100.00	100.00	100.00	100.00	100.00	100.00
1979	102.16	89.12	112.15	106.36	146.01	138.85
1980	113.95	101.68	127.07	120.37	161.53	125.24
1981	122.16	114.98	131.87	133.52	176.97	133.25
1982	141.83	134.58	138.56	178.78	199.91	180.59
1983	137.29	138.58	133.87	199.91	212.76	178.45
1984	163.78	143.16	160.47	231.45	234.59	204.37
1985	186.39	161.45	166.97	274.75	228.85	206.48
1986	185.83	154.14	170.20	371.58	264.84	205.07
1987	188.43	146.06	169.42	452.25	256.13	243.51
1988	199.92	144.41	162.39	429.59	258.33	268.30
1989	207.12	159.25	168.75	603.71	274.17	292.18
1990	181.23	141.52	175.96	615.11	240.97	300.03
1991	238.59	159.57	194.40	693.23	291.93	315.87
1992	249.33	155.78	185.22	704.32	288.23	327.26
1993	270.73	171.05	212.63	743.06	288.04	395.24
1994	347.77	184.41	182.86	877.56	337.39	474.37
1995	386.72	184.41	187.43	965.31	329.35	592.94
1996	331.82	185.22	190.05	970.14	365.88	654.22
1997	198.90	188.81	197.66	1051.63	339.41	693.63
1998	295.57	201.54	210.70	1110.52	366.86	724.18
1999	323.67	210.24	224.78	1149.39	392.58	756.30
2000	335.41	213.31	233.10	1099.97	400.51	735.08
2001	368.32	223.79	234.90	1130.77	423.39	720.02
2002	397.16	230.56	250.15	1127.80	445.04	703.65
2003	428.23	233.86	268.24	1130.19	454.47	660.27
2004	427.88	234.38	283.40	1109.97	460.02	622.54
2005	439.10	241.67	300.05	1112.26	461.67	611.44
2006	453.15	249.40	321.65	1116.71	491.68	615.72
2007	458.59	253.39	338.06	1126.76	507.90	612.03
2008	469.59	259.30	351.24	1133.52	534.64	626.72
2009	480.23	266.44	358.31	1154.37	561.40	628.67
2010	508.95	277.68	379.78	1186.47	591.83	661.59
2011	524.27	284.24	392.92	1219.46	615.17	684.72
2012	547.99	290.07	400.54	1257.85	632.80	690.26
2013	549.10	295.23	401.83	1276.30	641.39	681.37
2014	561.22	302.17	411.13	1301.83	654.64	694.88
2015	583.36	313.96	427.02	1338.09	673.68	723.80
2016	606.26	327.49	444.94	1399.30	702.83	752.04
2017	634.15	340.67	462.79	1457.90	731.36	744.88
2018	653.57	354.42	478.99	1454.49	742.16	729.54
2019	670.07	362.28	479.09	1425.87	759.02	748.70
2020	684.69	376.24	490.08	1454.66	775.17	773.90

1-24　市区主要年份第二产业增加值

单位：万元

年　份	市　区	椒江区	黄岩区	路桥区
1978	12105	5876	3999	2230
1979	16193	7349	5287	3557
1980	18952	8600	6394	3958
1981	20713	9796	6584	4333
1982	23730	10793	7730	5206
1983	31643	15478	9352	6813
1984	42914	21290	12531	9092
1985	60756	26241	19772	14743
1986	65546	27450	21860	16236
1987	77119	29655	27293	20171
1988	104697	38987	37872	27839
1989	127816	45432	47575	34809
1990	128592	41626	50066	36899
1991	161295	52775	61762	46758
1992	219444	71945	84766	62733
1993	339288	105611	134799	98878
1994	529033	173928	207138	147966
1995	688456	258203	226954	203299
1996	838000	316848	279119	242033
1997	966312	378694	302684	284934
1998	1054524	410379	315510	328635
1999	1179197	464688	340909	373600
2000	1313821	515605	374926	423289
2001	1413010	558660	402198	452152
2002	1578265	610734	452162	515369
2003	1810217	706772	501383	602062
2004	2131715	838724	572609	720383
2005	2494834	956874	683642	854318
2006	2926172	1098848	820217	1007108
2007	3368140	1198062	969620	1200458
2008	3734788	1244112	1126557	1364119
2009	3650024	1225236	1089323	1335464
2010	4226894	1413861	1255646	1557387
2011	4809634	1557283	1458874	1793477
2012	5084573	1641335	1506731	1936507
2013	5451488	1769384	1607765	2074339
2014	5834780	1930564	1741965	2162250
2015	5811467	1949400	1761632	2100434
2016	6055110	2042056	1895125	2117929
2017	7182567	2416629	2211453	2554484
2018	8074240	2712553	2494447	2867240
2019	7989545	2806198	2541915	2641432
2020	7971916	2765751	2536984	2669181

1-25　各县市主要年份第二产业增加值

单位：万元

年　份	三门县	天台县	仙居县	温岭市	临海市	玉环市
1978	1676	2563	2029	5797	5700	2078
1979	2211	2653	1829	8879	7161	2847
1980	2438	3453	2792	9884	8293	5502
1981	3237	3778	3297	11675	9732	6408
1982	3238	3652	2961	11618	10063	5316
1983	4193	3797	4179	13204	10333	5767
1984	4676	5114	4847	19809	13143	7790
1985	6820	7376	6106	20608	17834	13659
1986	7948	8443	7676	23974	22430	14902
1987	9364	9684	11343	31088	28679	19789
1988	13319	16236	18054	39526	39588	30789
1989	14321	20983	21575	46165	54149	29681
1990	15737	23562	18925	50311	53073	32252
1991	19754	28333	22218	62931	59755	39694
1992	28860	33593	29559	94438	73998	59775
1993	33656	51057	40430	188319	121838	71050
1994	37992	68786	55277	280363	191025	126814
1995	44607	87516	69174	425266	274286	184924
1996	57545	86248	79887	574169	320133	238615
1997	48588	81583	83245	604343	247458	264373
1998	57988	87999	92413	663726	279073	294866
1999	66919	105251	106700	734779	317762	349993
2000	80041	127168	123397	845962	367305	411862
2001	84877	143378	129965	910492	425513	472867
2002	102628	168540	155632	1016922	508182	567736
2003	125912	197630	173794	1188978	597504	668028
2004	152583	241920	205901	1423293	728227	776101
2005	195761	286992	240511	1645846	866544	922028
2006	248114	343163	290024	1928252	1040473	1172643
2007	317137	385730	331734	2286226	1241922	1514320
2008	379201	447252	361863	2631565	1397294	1706844
2009	402285	455978	374443	2743029	1488625	1526913
2010	490760	534314	461068	3159114	1759247	1984448
2011	544007	636362	540225	3527073	1937045	2266439
2012	539971	665756	572749	3314415	1957322	2284261
2013	563162	716432	623294	3544876	2181222	2445472
2014	661337	791043	691624	3856694	2106316	2568042
2015	706936	862575	733284	3750168	2219754	2507968
2016	779949	918343	817457	3792748	2380347	2549719
2017	893533	1006964	947650	4221516	2906966	2935221
2018	1071574	1121051	1029668	4757082	3253220	3261005
2019	1131294	1184688	1096727	4956905	3231238	3414473
2020	1142267	1201817	1088254	5024524	3233836	3348366

1-26 市区主要年份第二产业增加值指数

(以1978年为100)

年 份	市 区	椒江区	黄岩区	路桥区
1978	100.00	100.00	100.00	100.00
1979	117.37	114.81	117.74	122.81
1980	133.57	125.37	138.89	144.30
1981	144.17	142.79	139.97	153.69
1982	161.76	154.41	159.59	182.69
1983	213.55	219.76	198.02	222.68
1984	277.68	287.61	256.04	287.35
1985	378.14	345.03	374.90	463.86
1986	402.33	357.73	401.42	512.73
1987	476.04	374.33	528.08	639.90
1988	551.76	400.44	673.25	722.61
1989	660.25	453.24	829.48	889.54
1990	661.09	373.76	905.11	965.77
1991	854.67	499.10	1143.84	1240.30
1992	1144.78	699.76	1466.70	1664.92
1993	1420.49	781.58	1851.52	2272.93
1994	1716.16	1097.54	1786.24	2951.69
1995	2083.13	1364.62	2123.42	3553.29
1996	2580.01	1685.43	2777.26	4201.20
1997	3060.62	2048.50	3175.38	5013.23
1998	3485.19	2286.08	3519.94	5983.36
1999	4065.65	2662.97	4079.37	7029.98
2000	4541.93	2924.06	4593.97	7948.65
2001	5068.43	3214.30	5197.54	8922.52
2002	5706.25	3504.92	6028.47	10185.40
2003	6548.35	4003.20	6920.53	11748.07
2004	7459.25	4533.06	7836.62	13534.08
2005	8615.52	5105.88	9222.93	15839.77
2006	9805.68	5693.83	10730.55	18114.80
2007	11049.36	6070.94	12430.34	21145.71
2008	11822.65	6056.27	13956.88	23250.45
2009	12347.73	6291.50	14256.35	24840.68
2010	13805.63	7029.27	15921.87	27815.59
2011	14964.43	7359.95	17675.16	30494.82
2012	16256.47	7800.53	19050.85	34039.71
2013	17603.12	8510.47	20547.27	36898.72
2014	19130.66	9258.81	22471.95	39865.67
2015	19768.37	9515.87	23664.40	40754.64
2016	21117.63	10153.68	25524.86	43228.47
2017	23357.06	11152.68	28384.08	47901.55
2018	25566.53	12167.87	31327.24	52218.11
2019	25654.27	12500.43	33024.08	48945.83
2020	26390.85	12711.30	34122.90	50722.03

1-27　各县市主要年份第二产业增加值指数

(以1978年为100)

年　份	三门县	天台县	仙居县	温岭市	临海市	玉环市
1978	100.00	100.00	100.00	100.00	100.00	100.00
1979	112.17	102.14	82.99	153.30	126.33	128.31
1980	97.39	124.65	136.94	141.99	147.04	201.50
1981	108.18	134.84	134.98	166.01	171.38	226.62
1982	119.23	131.31	126.40	147.64	173.16	177.48
1983	149.78	137.27	179.22	170.82	167.72	190.26
1984	196.21	183.03	206.10	230.56	188.35	258.01
1985	264.96	253.48	254.32	273.35	241.12	399.38
1986	263.30	284.11	310.18	271.56	295.80	431.97
1987	320.99	307.97	468.61	405.39	373.09	533.16
1988	462.47	481.81	734.36	499.82	497.16	860.35
1989	538.77	572.25	823.97	597.90	693.59	869.32
1990	577.02	623.20	835.44	677.17	674.72	947.37
1991	619.50	682.20	848.25	948.82	710.53	1000.71
1992	882.03	779.82	890.01	1479.29	936.51	1399.11
1993	977.30	969.01	1297.78	2809.76	1414.18	1670.38
1994	943.53	1115.54	1723.47	3662.23	1926.93	2470.38
1995	893.63	1280.65	2032.35	4684.41	2218.78	3220.35
1996	1085.52	1267.58	2372.66	6425.61	2605.62	4225.06
1997	963.65	1199.72	2505.32	6968.72	2025.21	4702.77
1998	1025.63	1333.49	2910.57	7910.26	2353.99	5384.16
1999	1225.86	1682.70	3485.91	9100.52	2767.65	6638.89
2000	1410.12	2044.90	4002.50	10379.82	3205.06	7789.15
2001	1548.49	2335.45	4485.37	11359.33	3714.06	9115.88
2002	1780.00	2762.87	5154.62	12776.96	4321.41	10692.54
2003	2151.30	3194.25	5681.67	14800.12	5103.00	12432.25
2004	2522.15	3763.42	6463.98	17079.67	6078.13	14671.63
2005	3200.03	4388.97	7412.70	19414.45	7109.41	17143.35
2006	3945.70	5095.39	8692.92	22457.75	8285.41	21144.77
2007	4918.10	5601.73	9704.11	26087.79	9678.92	26757.99
2008	5614.36	6280.53	10273.79	28999.69	10546.83	29229.54
2009	6280.72	6692.53	11216.98	32089.13	11856.67	27440.08
2010	7340.78	7586.73	13188.40	35394.13	13553.59	34675.58
2011	7684.14	8600.68	14557.43	37671.11	14274.63	38517.87
2012	7905.15	9428.36	16086.72	38998.34	15031.96	40687.70
2013	8341.22	10251.41	17653.73	41756.04	16141.98	44115.64
2014	9706.57	11409.39	19683.59	44982.53	15766.97	47182.23
2015	11027.18	12561.22	21485.21	46398.71	17244.09	48572.48
2016	12476.86	13532.49	24401.97	49495.69	18454.02	52231.55
2017	13790.14	14483.06	26986.94	53926.72	20635.41	57400.40
2018	16015.20	15629.15	28342.50	58764.80	22385.75	62263.02
2019	17479.04	16652.99	30205.99	60772.57	22431.28	65101.49
2020	18270.90	17408.52	30707.11	63029.80	23103.67	66202.75

1-28 市区主要年份第三产业增加值

单位：万元

年 份	市 区	椒江区	黄岩区	路桥区
1978	7680	2871	3030	1779
1979	9076	3782	3219	2075
1980	10965	5278	3572	2116
1981	11778	6158	3368	2252
1982	13719	7330	3829	2561
1983	16959	9231	4552	3177
1984	21066	11670	5532	3864
1985	27380	13185	8354	5841
1986	33384	13998	11405	7981
1987	40459	16397	14151	9911
1988	52221	18678	19382	14161
1989	56078	17581	19320	19178
1990	70643	27442	19302	23899
1991	98105	36745	31053	30307
1992	125652	45530	39816	40307
1993	143148	46705	45079	51364
1994	238737	66055	87382	85300
1995	358468	105750	109147	143571
1996	440420	133798	130957	175665
1997	527580	157633	147717	222230
1998	606276	196943	158820	250513
1999	692688	228948	176617	287123
2000	820855	284366	203185	333303
2001	960510	334101	231829	394580
2002	1165998	412441	279851	473705
2003	1404931	510186	330325	564420
2004	1731025	630493	410628	689904
2005	1994035	726793	479512	787730
2006	2333706	855521	562278	915907
2007	2764200	1046698	668973	1048529
2008	3197215	1210790	786804	1199620
2009	3466782	1334629	835592	1296560
2010	4087183	1577567	969356	1540259
2011	4784438	1885197	1108327	1790914
2012	5235427	2006001	1252853	1976572
2013	5771327	2186591	1372667	2212070
2014	6227975	2289508	1518599	2419868
2015	6851793	2538474	1684648	2628672
2016	7551594	2725934	1870467	2955193
2017	8495445	2978831	2177542	3339072
2018	9460685	3427878	2414280	3618527
2019	10138991	3714215	2659979	3764797
2020	10651478	3924557	2844246	3882675

1-29　各县市主要年份第三产业增加值

单位：万元

年　份	三门县	天台县	仙居县	温岭市	临海市	玉环市
1978	1667	1777	1413	6096	5608	2258
1979	2024	2077	1640	7267	5936	2539
1980	2131	2439	1739	7860	6863	3786
1981	2573	2834	1995	10565	7268	4743
1982	2804	3084	2221	12324	8021	3413
1983	3273	3413	2828	14580	8846	3812
1984	3954	4470	3219	17628	10975	4108
1985	5211	5980	4059	23080	16447	5715
1986	7362	7016	5207	30862	24199	7104
1987	8396	8556	6359	37325	29526	8624
1988	10208	11985	8444	52712	40782	11717
1989	10740	13957	9059	55549	45799	11760
1990	10714	17375	11547	57678	42858	20094
1991	13708	20645	13947	74831	49479	29687
1992	13803	25210	18139	89844	67361	36466
1993	16465	33889	25587	124501	86896	51215
1994	20910	51708	39352	197359	132857	73405
1995	32857	68450	50832	283281	180813	91431
1996	39116	79357	58986	349790	199848	105718
1997	47172	82456	65217	384599	184562	123536
1998	52661	88815	71548	430081	200533	144975
1999	60898	98618	80638	484611	227065	167114
2000	72839	117786	90652	555421	267697	197320
2001	84465	133460	102184	611601	308975	223143
2002	107892	154467	122592	718145	369400	267278
2003	132702	187054	143808	824004	436026	319331
2004	171606	237987	182619	984964	539242	381662
2005	197301	272678	212601	1134597	622054	443418
2006	234422	314105	247841	1316850	718406	514690
2007	280567	381505	295571	1558810	849054	621920
2008	332671	441255	345552	1824968	996619	719767
2009	359316	481606	383759	1940075	1077609	785279
2010	421877	561890	454471	2231313	1294480	942080
2011	514148	652151	530996	2596695	1504114	1127628
2012	570787	733332	583025	2915094	1686304	1236691
2013	639998	802736	666169	3288175	1813413	1378287
2014	700635	869198	765385	3444996	2076098	1460159
2015	786568	962377	859873	3689788	2249440	1619292
2016	857902	1082952	958846	4056720	2656100	1813823
2017	968905	1256597	1079138	4268098	2961041	2010985
2018	1075770	1432954	1178545	4780852	3178252	2228621
2019	1161963	1566018	1256150	5218763	3435302	2412455
2020	1242481	1648842	1349572	5530265	3653983	2591251

1-30 市区主要年份第三产业增加值指数

(以1978年为100)

年 份	市 区	椒江区	黄岩区	路桥区
1978	100.00	100.00	100.00	100.00
1979	111.25	118.96	101.38	114.56
1980	127.53	160.46	107.24	113.36
1981	139.73	188.40	108.28	118.48
1982	155.02	219.58	108.92	132.83
1983	191.29	275.05	133.47	158.35
1984	226.42	335.80	148.58	186.18
1985	277.45	372.14	210.07	247.50
1986	334.04	396.66	291.97	318.84
1987	405.11	458.98	382.72	374.49
1988	455.58	422.75	489.42	480.43
1989	456.25	384.47	466.99	591.00
1990	549.61	554.67	469.01	717.58
1991	633.20	596.29	551.45	876.48
1992	843.51	839.76	727.37	1109.07
1993	948.12	758.52	997.01	1300.25
1994	1340.82	888.79	1683.73	1773.68
1995	1693.30	1196.54	1811.25	2519.29
1996	1917.27	1466.88	1916.58	2851.89
1997	2155.24	1547.55	2007.70	3537.85
1998	2617.23	2176.03	2272.72	4059.72
1999	3025.20	2532.56	2545.42	4767.56
2000	3550.47	3096.77	2899.26	5519.36
2001	4088.96	3669.00	3276.17	6273.41
2002	4843.16	4426.59	3826.57	7371.80
2003	5654.60	5252.81	4358.46	8608.50
2004	6757.30	6364.69	5153.07	10220.08
2005	7673.46	7195.52	5949.99	11530.81
2006	8857.73	8346.10	6893.51	13221.40
2007	10154.25	9889.79	7953.38	14620.48
2008	11262.26	11042.59	8958.29	15945.27
2009	12380.38	12319.83	9645.80	17498.93
2010	13979.45	13942.55	10712.45	19924.03
2011	15467.49	15560.30	11654.68	22081.06
2012	16686.29	16403.34	12852.70	24054.30
2013	18029.07	17426.13	14003.01	26155.02
2014	19366.07	18428.90	15191.29	28342.93
2015	21149.33	20199.73	16559.28	30880.81
2016	22647.44	21347.38	17795.05	33411.28
2017	24315.51	22369.48	19303.17	36448.44
2018	26012.03	24451.69	20633.49	38241.37
2019	27620.90	26462.93	22307.87	39394.24
2020	28589.97	27350.15	23234.76	40664.86

1-31　各县市主要年份第三产业增加值指数

(以1978年为100)

年　份	三门县	天台县	仙居县	温岭市	临海市	玉环市
1978	100.00	100.00	100.00	100.00	100.00	100.00
1979	119.39	112.31	117.95	122.19	105.76	110.66
1980	119.25	123.75	130.81	130.49	121.66	160.32
1981	142.28	138.05	148.11	176.99	118.72	196.95
1982	153.38	144.19	161.88	207.91	135.89	139.95
1983	177.31	154.08	203.18	239.06	140.32	149.99
1984	208.87	191.75	225.89	291.21	168.86	156.26
1985	247.30	222.61	251.47	346.76	212.65	191.11
1986	326.93	240.38	302.47	497.05	302.15	219.99
1987	344.58	265.36	337.37	603.24	357.57	243.87
1988	353.89	308.23	372.13	816.39	407.95	271.36
1989	318.85	297.86	383.34	854.12	417.49	251.62
1990	316.94	350.04	432.16	967.06	349.78	270.97
1991	405.50	404.74	510.79	1231.11	374.79	380.26
1992	383.79	459.46	623.18	1385.55	488.47	453.08
1993	395.94	521.04	756.94	1638.09	516.72	549.31
1994	439.43	677.33	956.45	2206.14	679.86	664.34
1995	583.38	773.74	1074.79	2626.96	810.12	729.06
1996	604.99	847.31	1107.09	3123.56	838.26	786.74
1997	670.48	861.78	1234.27	3346.83	730.05	971.16
1998	817.69	930.13	1456.84	3910.30	808.48	1095.81
1999	960.38	1042.67	1637.42	4457.69	924.82	1321.94
2000	1146.78	1232.80	1824.36	5055.33	1090.40	1599.39
2001	1343.49	1392.42	2083.87	5646.60	1275.77	1849.55
2002	1666.87	1616.76	2434.24	6446.03	1499.06	2181.45
2003	2007.47	1905.49	2859.40	7314.05	1756.92	2631.80
2004	2528.34	2312.28	3394.32	8487.34	2079.65	3085.07
2005	2868.68	2610.01	3905.65	9630.14	2366.48	3497.24
2006	3361.31	2963.89	4491.59	11016.14	2692.47	3999.55
2007	3907.91	3492.78	5198.66	12650.11	3099.61	4684.17
2008	4425.58	3859.59	5827.88	14161.48	3497.40	5210.63
2009	4870.88	4274.46	6559.79	15422.08	3845.66	5706.68
2010	5477.91	4791.20	7405.70	17013.86	4437.70	6538.66
2011	6319.61	5307.84	8279.16	18897.85	4956.40	7464.09
2012	6847.50	5821.06	9072.39	21030.87	5511.30	8064.85
2013	7541.54	6248.44	10071.54	22924.32	6093.34	8745.04
2014	8152.70	6708.63	11434.20	23820.60	6952.64	9194.84
2015	8990.72	7495.97	12831.71	25274.88	7525.83	10109.84
2016	9531.88	8222.35	14327.01	27182.87	8454.44	10942.91
2017	10292.17	9020.24	15318.46	28330.85	9114.39	11570.80
2018	10967.98	9888.13	16086.51	30443.60	9680.62	12292.50
2019	11725.47	10679.50	16923.83	32704.20	10237.44	13086.09
2020	12288.42	10984.73	17816.54	34053.76	10650.53	13769.69

1-32 市区主要年份工业增加值

单位：万元

年 份	市 区	椒江区	黄岩区	路桥区
1978	10732	5022	3723	1987
1979	14534	6391	4920	3223
1980	17000	7554	5919	3527
1981	18331	8342	6088	3901
1982	21007	9176	7147	4684
1983	28492	13697	8640	6155
1984	38870	19082	11572	8216
1985	54825	23284	18240	13301
1986	58899	24124	20054	14721
1987	69174	25861	25024	18289
1988	93345	33402	34703	25240
1989	115459	40323	43571	31565
1990	115482	35586	46252	33644
1991	143251	44258	56336	42657
1992	194319	59771	77461	57087
1993	305645	94712	121311	89621
1994	475734	151088	187993	136653
1995	605992	226348	197183	182462
1996	749203	279027	253459	216717
1997	882086	347339	275365	259382
1998	963968	374267	290166	299535
1999	1074701	416711	315483	342507
2000	1202859	462828	348823	391208
2001	1295923	493489	371371	431063
2002	1443217	534170	417356	491690
2003	1615867	610878	459432	545557
2004	1882863	715508	521416	645939
2005	2264120	846373	638630	779117
2006	2656011	965571	765706	924734
2007	3061741	1056675	906595	1098471
2008	3381271	1092203	1049737	1239330
2009	3272065	1071335	1004673	1196058
2010	3817777	1225146	1167645	1424985
2011	4308547	1342524	1343723	1622300
2012	4535091	1409816	1380395	1744880
2013	4839862	1507285	1466823	1865755
2014	5108938	1655165	1579370	1874403
2015	5013959	1660099	1591799	1762061
2016	5237167	1749847	1719498	1767822
2017	6211191	2068494	2006762	2135935
2018	6996085	2324042	2276478	2395565
2019	6869827	2400910	2314436	2154481
2020	6740326	2329460	2291150	2119716

1-33 各县市主要年份工业增加值

单位：万元

年 份	三门县	天台县	仙居县	温岭市	临海市	玉环市
1978	1567	2116	1578	3790	4140	1733
1979	1969	2220	1415	6301	5399	2489
1980	2242	2938	2313	7602	6569	4383
1981	2940	3206	2505	9089	8186	5096
1982	2927	3095	2517	9329	7642	4209
1983	3870	3326	3624	10187	8171	4743
1984	4218	4473	4252	15327	11359	6555
1985	6126	6364	5595	17433	15235	12332
1986	7001	7223	6801	21571	20049	13360
1987	8369	7694	9603	27669	24755	17092
1988	12120	13815	15879	34560	34921	28066
1989	13113	16025	19570	41699	48482	28396
1990	14026	17718	17456	43874	46926	30710
1991	17507	22617	18488	52290	52430	36830
1992	25973	26716	24624	84260	65379	55218
1993	30628	43983	33519	166108	106391	67067
1994	34200	60549	46936	254137	171697	117616
1995	39455	72235	56969	390945	232991	167533
1996	50283	71781	69253	531209	278957	227989
1997	43709	73592	72848	567611	212616	246086
1998	51018	79827	81962	625464	240342	276500
1999	58531	91101	94964	698865	278070	330731
2000	70398	107378	109657	805413	324969	387470
2001	72836	125484	116233	867278	380080	443081
2002	86529	147643	140050	964829	465332	512157
2003	104439	169498	153906	1120323	543670	594469
2004	127187	209290	175367	1333371	648652	716543
2005	165146	246669	200597	1553447	770122	856126
2006	198878	302714	236543	1806031	933414	1091119
2007	253664	339367	277629	2125658	1128029	1425503
2008	301625	391157	312862	2441427	1271565	1624412
2009	297133	401076	327298	2516062	1305753	1466862
2010	353192	464676	388458	2900522	1542496	1898546
2011	396725	529620	416887	3217313	1675719	2160882
2012	395047	543362	436041	2952571	1678395	2176002
2013	411755	581360	469077	3137343	1824340	2333119
2014	460133	660428	540186	3208364	1697364	2416740
2015	496090	698171	573675	3000614	1805204	2285211
2016	575433	755301	653217	3028758	1972344	2336626
2017	656659	816518	758357	3330255	2453750	2734565
2018	805955	906163	804152	3699899	2712369	3030448
2019	919062	962231	861398	3852714	2669989	3174522
2020	957228	970599	833124	3797954	2639614	3069518

1-34 市区主要年份工业增加值指数

(以1978年为100)

年 份	市 区	椒江区	黄岩区	路桥区
1978	100.00	100.00	100.00	100.00
1979	118.45	115.32	119.00	125.44
1980	141.26	131.15	147.32	156.51
1981	150.66	145.52	148.50	167.89
1982	169.39	156.79	169.74	201.23
1983	229.66	232.58	214.04	250.39
1984	301.54	308.59	278.25	325.51
1985	412.60	368.73	409.03	531.75
1986	439.92	382.02	438.88	590.46
1987	520.94	399.14	576.69	733.71
1988	602.45	418.88	739.32	828.58
1989	736.46	492.66	919.72	1034.06
1990	733.65	393.90	1003.41	1122.27
1991	947.66	527.26	1265.69	1440.77
1992	1285.25	745.16	1665.57	1941.81
1993	1644.01	890.21	2108.74	2707.02
1994	1961.38	1216.35	2013.68	3536.71
1995	2360.94	1504.46	2390.99	4186.26
1996	2942.10	1869.36	3117.95	5020.31
1997	3554.73	2351.71	3573.34	6083.14
1998	4047.30	2614.58	3968.83	7269.18
1999	4702.33	3008.95	4589.14	8566.26
2000	5255.75	3307.85	5165.45	9685.20
2001	5846.08	3590.57	5852.51	10902.05
2002	6555.96	3883.23	6722.16	12488.66
2003	7500.04	4415.11	7704.70	14360.33
2004	8521.85	4968.32	8701.82	16561.39
2005	10046.16	5762.34	10449.87	19579.48
2006	11409.72	6364.56	12130.02	22498.98
2007	12919.86	6841.70	14107.81	26253.16
2008	13875.07	6859.86	15873.94	28883.71
2009	14432.14	7131.95	16107.46	30675.75
2010	16284.99	7940.11	18157.81	35037.69
2011	17626.95	8346.54	20070.69	38206.72
2012	19078.29	8790.55	21559.69	42533.83
2013	20585.64	9504.35	23160.07	45984.14
2014	22231.97	10394.18	25204.18	48866.20
2015	22804.59	10613.68	26423.43	49406.32
2016	24455.93	11385.02	28556.20	52601.31
2017	27160.16	12529.77	31892.12	58617.19
2018	30034.83	13807.15	35597.17	64478.63
2019	30217.42	14265.79	37738.64	59975.64
2020	30932.07	14449.91	38948.73	61529.83

1-35 各县市主要年份工业增加值指数

(以1978年为100)

年 份	三门县	天台县	仙居县	温岭市	临海市	玉环市
1978	100.00	100.00	100.00	100.00	100.00	100.00
1979	112.59	103.76	82.52	170.88	130.33	129.28
1980	99.30	138.09	145.84	191.30	158.78	192.70
1981	161.31	149.41	131.84	227.50	197.30	218.33
1982	177.73	145.65	138.14	203.01	179.58	184.19
1983	227.07	157.80	199.81	227.65	179.40	198.35
1984	299.32	211.60	232.40	304.07	218.62	279.14
1985	433.27	290.87	299.55	413.20	277.10	521.54
1986	429.76	326.14	353.27	429.60	359.40	667.78
1987	521.08	334.66	509.95	649.20	441.45	851.76
1988	760.84	559.16	830.25	800.80	610.31	1450.89
1989	894.06	621.19	960.70	987.65	872.81	1478.45
1990	956.20	677.23	990.59	1107.15	847.32	1598.50
1991	1001.61	766.90	907.34	1509.83	876.64	1623.92
1992	1446.33	864.29	912.62	2516.85	1174.65	2282.91
1993	1612.66	1213.66	1410.87	4880.98	1816.03	2753.27
1994	1511.06	1421.86	1938.57	6466.34	2526.01	4041.43
1995	1290.45	1522.30	2225.43	8295.69	2732.21	5157.41
1996	1655.64	1524.86	2703.92	11445.33	3288.13	7060.00
1997	1458.62	1563.29	2868.89	12548.14	2525.42	7713.47
1998	1601.57	1748.44	3365.21	14278.51	2943.57	8814.92
1999	1960.32	2118.64	4038.24	16537.59	3516.15	10960.68
2000	2289.65	2523.62	4619.73	18876.95	4116.18	12900.13
2001	2532.74	2997.83	5249.56	20697.53	4822.63	15144.32
2002	2948.03	3558.92	6051.44	23215.09	5743.36	17749.15
2003	3621.65	4060.76	6609.48	26791.63	6780.59	20589.03
2004	4291.66	4851.94	7314.70	30843.25	7970.51	24103.32
2005	5464.99	5607.58	8204.73	35240.68	9279.63	28238.78
2006	6371.21	6662.07	9366.14	40439.24	10888.76	34843.16
2007	7982.94	7336.90	10799.26	46749.71	12926.05	44716.81
2008	9212.30	8266.54	11953.27	52154.42	14219.53	49573.20
2009	9739.93	8881.54	13237.51	57315.12	15530.40	46985.98
2010	11213.63	10009.60	15183.59	63373.76	17815.05	59197.96
2011	12115.50	10985.40	15567.11	67394.86	18694.63	65683.44
2012	12552.07	11881.86	17073.53	68798.15	19579.94	69292.89
2013	13230.42	12855.14	18566.08	73025.48	20814.93	75065.14
2014	14998.14	14693.61	21426.66	75645.28	19762.44	79288.88
2015	17244.91	15924.98	23289.33	76889.22	21718.89	79278.43
2016	20512.51	17343.80	27111.42	82352.22	23331.05	85564.03
2017	23006.77	18568.33	30439.50	90347.24	26303.81	95602.34
2018	27694.75	20210.84	31657.25	98446.02	28517.28	103910.21
2019	31775.76	21877.88	34119.58	101791.73	28369.20	109039.96
2020	34650.94	23027.14	34415.64	104610.11	29240.18	110052.14

1-36 市区主要年份人均生产总值

单位：元

年 份	市 区		椒江区		黄岩区		路桥区	
	按户籍人口计算	按常住人口计算	按户籍人口计算	按常住人口计算	按户籍人口计算	按常住人口计算	按户籍人口计算	按常住人口计算
1978	282		340		248		259	
1979	354		459		302		321	
1980	397		547		326		343	
1981	424		614		330		361	
1982	486		692		380		422	
1983	572		849		431		484	
1984	738		1114		547		616	
1985	975		1299		790		900	
1986	1053		1345		880		995	
1987	1221		1498		1047		1179	
1988	1559		1806		1379		1557	
1989	1763		1889		1576		1902	
1990	1889		2077		1621		2080	
1991	2387		2572		2118		2580	
1992	3092		3232		2798		3369	
1993	4182		4156		3869		4672	
1994	6522		6525		6169		7038	
1995	8887		9805		7034		10571	
1996	10628		11856		8436		12449	
1997	11956		13524		8949		14571	
1998	13165		15131		9498		16243	
1999	14550		16868		10275		18048	
2000	16235		18915		11314		20206	
2001	17830		20749		12324		22280	
2002	20351		23384		14116		25592	
2003	23438		27159		15880		29646	
2004	27714		32162		18514		35261	
2005	31795		36297		21588		40588	
2006	36694		41475		25298		46744	
2007	42141		46988		29531		53736	
2008	47144		50849		34078		60627	
2009	48118		52652		34186		61779	
2010	55964		61335		39384		72166	
2011	64162		70010		45188		82955	
2012	68515		73495		48357		89813	
2013	73962		78980		51888		97697	
2014	78958		83447		56418		103877	
2015	82506		88232		59245		107037	
2016	88282	68789	93193	65555	64420	58486	114619	83913
2017	100638	78007	103849	72972	74492	66770	131913	96495
2018	111495	85970	116282	81434	82827	73421	144159	105467
2019	114696	87969	122038	84566	87624	77234	142065	104230
2020	117778	89261	125202	84739	90532	79117	145282	106505

1-37　各县市主要年份人均生产总值(一)

单位：元

年份	三门县		天台县		仙居县	
	按户籍人口计算	按常住人口计算	按户籍人口计算	按常住人口计算	按户籍人口计算	按常住人口计算
1978	228		189		231	
1979	250		209		247	
1980	286		245		279	
1981	286		275		327	
1982	344		304		365	
1983	355		320		404	
1984	443		381		455	
1985	626		511		559	
1986	719		552		641	
1987	825		624		796	
1988	1071		869		1069	
1989	1170		1048		1200	
1990	1209		1132		1265	
1991	1480		1334		1395	
1992	1715		1522		1656	
1993	2127		2098		2268	
1994	2981		2987		3004	
1995	3833		3707		3633	
1996	4377		3963		4054	
1997	3528		3891		4245	
1998	4358		4114		4587	
1999	4872		4571		5094	
2000	5560		5297		5655	
2001	6109		5889		5999	
2002	7276		6743		7013	
2003	8614		7875		7892	
2004	10317		9616		9460	
2005	12177		11168		10895	
2006	14306		12915		12622	
2007	17100		14908		14608	
2008	19889		17014		16286	
2009	21075		17722		17226	
2010	25078		20702		20688	
2011	28995		23884		23949	
2012	30349		25682		25609	
2013	32578		27534		28069	
2014	36075		29783		31244	
2015	39329		32688		34041	
2016	43040	53480	35780	48694	37787	48245
2017	48277	58791	39915	53778	42379	53843
2018	55009	66106	44683	59470	45667	57566
2019	58741	69981	48124	62783	48455	60105
2020	61112	72133	50055	64122	50241	61008

1-38 各县市主要年份人均生产总值(二)

单位：元

年份	温岭市		临海市		玉环市	
	按户籍人口计算	按常住人口计算	按户籍人口计算	按常住人口计算	按户籍人口计算	按常住人口计算
1978	218		207		250	
1979	278		261		282	
1980	289		292		394	
1981	338		321		453	
1982	391		370		430	
1983	427		381		448	
1984	518		461		540	
1985	693		581		790	
1986	831		742		865	
1987	1039		846		1089	
1988	1340		1090		1604	
1989	1440		1312		1598	
1990	1505		1322		1964	
1991	2007		1510		2633	
1992	2565		1855		3431	
1993	3856		2537		4599	
1994	5993		3887		7503	
1995	8451		5381		10365	
1996	10435		6130		12562	
1997	11127		5146		13721	
1998	12030		5602		15017	
1999	13111		6219		16976	
2000	14590		7073		19200	
2001	15643		7960		21260	
2002	17487		9230		24689	
2003	19912		10665		28302	
2004	23315		12805		32491	
2005	26679		14816		37701	
2006	30637		17194		45464	
2007	35793		20139		56187	
2008	40898		22775		63096	
2009	42703		24311		59991	
2010	48830		28732		74853	
2011	55344		32266		86296	
2012	56145		33956		88921	
2013	61153		36871		95684	
2014	64788		38298		100017	
2015	66107		40639		102627	
2016	70061	61335	45512	50311	108670	73992
2017	75621	66262	52465	57948	121967	83139
2018	84391	73982	57145	62904	134356	91666
2019	89644	78397	59338	64907	142181	96848
2020	93055	80715	61291	66530	145103	98377

1-39 市区主要年份人均生产总值指数

年份	市区		椒江区		黄岩区		路桥区	
	按户籍人口计算	按常住人口计算	按户籍人口计算	按常住人口计算	按户籍人口计算	按常住人口计算	按户籍人口计算	按常住人口计算
1978	100.00		100.00		100.00		100.00	
1979	114.44		122.53		109.54		114.83	
1980	122.62		139.46		113.61		116.43	
1981	130.27		157.11		113.61		121.06	
1982	144.74		173.51		123.07		138.31	
1983	170.20		212.15		140.02		155.38	
1984	211.78		268.49		169.51		190.95	
1985	263.16		306.00		224.62		252.47	
1986	280.51		316.56		242.20		274.32	
1987	325.95		346.73		299.71		316.30	
1988	357.17		338.26		362.61		348.85	
1989	390.50		341.77		403.10		408.43	
1990	408.04		345.94		422.28		439.49	
1991	493.04		407.07		519.74		533.12	
1992	633.61		535.80		658.87		675.92	
1993	735.85		552.58		806.88		830.89	
1994	911.56		721.91		928.10		1057.45	
1995	1108.28		912.84		1016.94		1363.97	
1996	1303.70		1099.06		1201.59		1554.24	
1997	1478.38		1250.41		1290.98		1833.63	
1998	1702.58		1468.57		1445.37		2111.62	
1999	1947.29		1675.99		1636.71		2427.71	
2000	2170.33		1858.39		1814.86		2716.88	
2001	2418.62		2061.50		2033.30		3018.46	
2002	2745.89		2299.70		2347.17		3435.42	
2003	3121.15		2606.91		2651.50		3917.20	
2004	3569.52		2977.70		3008.19		4499.40	
2005	4027.25		3304.49		3444.10		5099.19	
2006	4547.78		3692.98		3953.16		5744.60	
2007	5094.38		4069.54		4509.60		6450.00	
2008	5481.46		4239.39		5010.50		6986.68	
2009	5810.17		4521.16		5194.77		7480.12	
2010	6465.57		5031.19		5738.54		8359.85	
2011	7016.41		5388.68		6269.28		9132.50	
2012	7531.46		5637.65		6778.36		9980.23	
2013	8077.76		5996.90		7293.38		10751.48	
2014	8670.33		6366.92		7903.31		11569.61	
2015	9159.27		6728.19		8393.92		12181.64	
2016	9740.18	100.00	7083.20	100.00	8981.68	100.00	13024.77	100.00
2017	10506.05	107.30	7470.71	105.36	9821.47	107.96	14187.12	108.83
2018	11254.80	114.35	8027.57	112.83	10621.39	115.46	15034.12	115.35
2019	11569.29	116.92	8382.00	116.58	11291.01	122.05	14810.97	113.96
2020	11884.62	119.21	8505.64	116.82	11701.65	125.48	15281.36	117.70

注：本表按户籍人口计算以1978年为100，按常住人口计算以2016年为100。

1-40 各县市主要年份人均生产总值指数(一)

年 份	三门县		天台县		仙居县	
	按户籍人口计算	按常住人口计算	按户籍人口计算	按常住人口计算	按户籍人口计算	按常住人口计算
1978	100.00		100.00		100.00	
1979	107.10		98.09		104.08	
1980	108.60		112.08		129.00	
1981	118.92		123.17		133.25	
1982	131.88		131.59		135.85	
1983	140.19		135.02		150.47	
1984	168.78		154.64		174.62	
1985	202.20		186.18		193.11	
1986	213.73		192.03		214.68	
1987	228.90		196.43		253.97	
1988	266.67		243.69		312.75	
1989	279.47		268.67		335.32	
1990	276.96		281.07		347.38	
1991	339.55		314.26		375.57	
1992	383.01		340.91		392.14	
1993	413.27		397.18		494.41	
1994	465.76		465.69		560.95	
1995	510.47		514.46		624.06	
1996	507.92		526.15		675.37	
1997	412.94		516.04		716.74	
1998	512.46		557.13		815.93	
1999	587.79		640.82		931.07	
2000	658.32		741.09		1040.17	
2001	736.00		828.74		1142.11	
2002	852.29		953.04		1297.43	
2003	994.62		1091.62		1450.09	
2004	1147.14		1277.37		1649.78	
2005	1317.98		1446.32		1857.88	
2006	1521.95		1635.44		2112.70	
2007	1761.36		1831.73		2353.42	
2008	1951.44		2013.99		2528.52	
2009	2122.91		2159.82		2758.70	
2010	2393.72		2394.45		3133.14	
2011	2581.37		2637.62		3434.75	
2012	2701.56		2850.52		3724.19	
2013	2864.42		3042.62		4044.86	
2014	3155.69		3294.50		4491.19	
2015	3491.50		3644.28		4948.70	
2016	3780.12	100.00	3952.99	100.00	5528.45	100.00
2017	4080.28	105.79	4246.91	106.36	5934.38	106.82
2018	4479.04	114.60	4594.68	113.67	6183.11	110.42
2019	4807.24	121.93	4914.68	119.18	6491.07	114.08
2020	5023.57	126.09	5097.76	121.28	6691.51	115.55

注：本表按户籍人口计算以1978年为100，按常住人口计算以2016年为100。

1-41 各县市主要年份人均生产总值指数(二)

年 份	温岭市		临海市		玉环市	
	按户籍人口计算	按常住人口计算	按户籍人口计算	按常住人口计算	按户籍人口计算	按常住人口计算
1978	100.00		100.00		100.00	
1979	123.38		126.38		124.18	
1980	127.18		141.66		151.75	
1981	151.67		152.21		170.29	
1982	169.12		164.14		152.39	
1983	189.98		166.20		156.13	
1984	231.54		186.32		184.53	
1985	272.29		209.14		234.15	
1986	342.02		259.11		247.43	
1987	433.07		288.32		291.14	
1988	501.43		332.08		395.71	
1989	591.56		389.62		396.37	
1990	639.06		353.93		422.33	
1991	801.19		390.78		483.48	
1992	990.10		468.64		595.13	
1993	1441.36		570.19		713.69	
1994	1855.63		740.89		945.44	
1995	2262.66		831.30		1159.46	
1996	2856.14		927.20		1395.13	
1997	3068.23		764.56		1573.09	
1998	3461.31		860.79		1759.52	
1999	3912.78		982.90		2093.07	
2000	4368.98		1113.64		2406.72	
2001	4752.75		1268.28		2713.62	
2002	5274.29		1454.27		3092.35	
2003	5947.59		1675.05		3526.23	
2004	6743.39		1944.21		4039.21	
2005	7550.36		2200.93		4573.67	
2006	8557.60		2501.30		5379.67	
2007	9728.92		2850.78		6490.03	
2008	10682.13		3114.21		7022.84	
2009	11593.57		3428.47		6857.18	
2010	12643.42		3881.04		8245.44	
2011	13564.87		4150.11		9111.09	
2012	14377.03		4433.16		9599.45	
2013	15385.53		4771.22		10290.13	
2014	16192.77		4984.60		10861.17	
2015	16864.76		5377.78		11399.31	
2016	18040.97	100.00	5853.54	100.00	12237.87	100.00
2017	19161.25	106.31	6378.42	108.87	13121.19	107.34
2018	20583.31	114.25	6805.15	115.77	13989.90	114.55
2019	21567.70	119.42	7001.28	118.35	14662.82	119.87
2020	22393.17	122.95	7246.81	121.48	15080.50	122.97

注：本表按户籍人口计算以1978年为100，按常住人口计算以2016年为100。

主要统计指标解释

生产总值（GDP） 指一国（或地区）所有常住单位在一定时期内生产活动的最终成果。生产总值有三种表现形态，即价值形态、收入形态和产品形态。从价值形态看，它是所有常住单位在一定时期内生产的全部货物和服务的价值超过同期投入的全部非固定资产货物和服务价值的差额，即所有常住单位的增加值之和；从收入形态看，它是所有常住单位在一定时期内创造并分配给常住单位和非常住单位的初次收入分配之和；从产品形态看，它是所有常住单位在一定时期内最终使用的货物和服务价值与货物和服务净出口价值之和。在实际核算中，生产总值有三种计算方法，即生产法、收入法和支出法。三种方法分别从不同的方面反映生产总值及其构成，即从不同的角度反映国民经济生产活动成果。

1.生产法

生产总值=总产出-中间投入

2.收入法(也称分配法)

生产总值=劳动者报酬+固定资产折旧+生产税净额+营业盈余

3.支出法

生产总值=最终消费支出+资本形成总额+货物和服务净出口

根据国民经济核算范围的整体性与一致性原则，从三个角度测算的生产总值理论上是一致的。即:生产法计算的生产总值=收入法(分配法)计算的生产总值=支出法计算的生产总值。在我国的生产总值核算中，最常用的方法是分配法。

三次产业 是根据社会生产活动历史发展的顺序对产业结构的划分，产品直接取自自然界的部门称为第一产业，对初级产品进行再加工的部门称为第二产业，为生产和消费提供各种服务的部门称为第三产业。它是世界上较为通用的产业结构分类，但各国的划分不尽一致。我国的三次产业划分是:

第一产业：农、林、牧、渔业（不包括农、林、牧、渔专业及辅助性活动）。

第二产业：采矿业（不含开采专业及辅助性活动），制造业（不含金属制品、机械和设备修理业），电力、热力、燃气及水生产和供应业、建筑业。

第三产业：即服务业、除第一产业、第二产业以外的其他行业。

当年价格 指报告期的实际价格。

可比价格 指计算各种总量指标所采用的扣除了价格变动因素的价格，可进行不同时期总量指标的对比。按可比价格计算总量指标有两种方法：一种是直接用产品产量乘某一年的不变价格计算；另一种是用价格指数进行缩减。

不变价格 指以同类产品某年的平均价格作为固定价格，用于计算各年的产品价值。按不变价格计算的产品价值消除了价格变动因素，不同时期对比可以反映生产的发展速度。本《年鉴》所列的农业总产值指数是按不变价格计算的。计算有关年份产值增长速度，可用指数直接进行计算。

平均增长速度 在我国计算平均速度有两种方法，一种是“水平法”，又称几何平均法，是以间隔期最后一年的水平同基期水平对比来计算平均每年增长（或下降）速度；另一种是“累计法”，又称代数平均法或方程法，是以间隔期内各年水平的总和同基期对比来计算平均每年增长（或下降）速度。本《年鉴》内所列的平均增长速度，除固定资产投资用“累计法”计算外，其余都是用“水平法”计算的。

2

人口和从业人员
Population and Employment

2-1　主要年份年末总户数和人口数

年　份	户籍总户　数(万户)	户籍总人口数(万人)	按性别分		按户籍分		按城乡分		常　住人口数(万人)
			男　性	女　性	农业人口	非农业人口	城镇人口	农村人口	
1949	60.43	240.57	123.10	117.47	222.36	18.21			
1952	67.32	251.74	128.75	122.99	229.63	22.11			
1957	72.16	282.99	145.03	137.96	256.58	26.41			
1962	77.94	306.74	156.57	150.17	278.87	27.87			
1965	79.52	339.84	174.44	165.40	315.60	24.24			
1970	87.58	391.75	201.04	190.71	366.17	25.58			
1975	97.41	434.56	223.58	210.98	408.47	26.09			
1978	105.70	452.71	233.41	219.30	426.73	25.98			
1980	109.92	461.61	237.98	223.63	430.09	31.52			
1985	126.03	490.08	253.72	236.36	448.94	41.14			
1990	149.29	515.49	267.27	248.22	468.42	47.07			
1994	157.40	526.31	272.83	253.48	472.42	53.89			
1995	159.04	529.56	274.51	255.05	471.88	57.68			
1996	161.42	532.98	276.21	256.77	471.61	61.37			
1997	164.61	535.98	277.63	258.35	469.72	66.26			
1998	168.15	539.51	279.53	259.98	463.88	75.63			
1999	173.26	542.98	281.13	261.85	461.41	81.57			
2000	175.56	546.62	282.77	263.85	455.83	90.79			
2001	177.49	548.52	283.63	264.89	456.43	92.09			
2002	179.71	550.46	284.42	266.04	456.65	93.81			
2003	182.03	552.61	285.38	267.23	457.26	95.35			
2004	183.89	555.92	286.87	269.05	459.23	96.69			
2005	186.83	559.85	288.71	271.14	461.54	98.31			
2006	189.12	564.66	291.01	273.65	464.86	99.80			
2007	191.99	569.39	293.25	276.15	467.51	101.88			
2008	193.69	574.06	295.38	278.68	470.71	103.35			
2009	193.34	578.47	297.54	280.93	474.08	104.39			
2010	192.68	583.14	299.68	283.46	477.48	105.67			597.4
2011	192.30	586.79	301.35	285.43	480.03	106.76			603.1
2012	191.70	590.95	303.26	287.69	483.07	107.87			611.5
2013	191.52	594.04	304.60	289.44	485.32	108.72			617.8
2014	190.85	597.10	305.88	291.23	482.97	114.13			624.0
2015	191.77	597.49	305.61	291.88			260.35	337.14	631.8
2016	191.57	600.17	306.79	293.38			250.35	349.82	637.6
2017	191.61	603.53	308.28	295.26			256.75	346.78	642.8
2018	191.83	605.40	309.06	296.34			262.67	342.73	648.8
2019	191.94	606.64	309.51	297.13			262.25	344.38	654.8
2020	194.24	606.98	309.51	297.47			279.93	327.05	662.7

2-2 市区主要年份年末人口数

单位：万人

年份	市区		椒江区		黄岩区		路桥区	
	户籍人口数	常住人口数	户籍人口数	常住人口数	户籍人口数	常住人口数	户籍人口数	常住人口数
1978	117.37		34.86		49.32		33.19	
1980	119.31		35.74		49.99		33.58	
1985	126.97		38.52		53.02		35.43	
1986	128.57		39.06		53.69		35.82	
1987	130.34		39.68		54.38		36.28	
1988	131.99		40.43		54.83		36.73	
1989	132.96		40.90		55.03		37.03	
1990	133.77		41.41		55.17		37.19	
1991	134.47		41.73		55.36		37.38	
1992	136.14		42.08		55.48		38.58	
1993	135.91		42.39		55.73		37.79	
1994	136.73		42.66		55.96		38.11	
1995	137.70		43.03		56.16		38.51	
1996	138.79		43.40		56.54		38.85	
1997	139.67		43.73		56.73		39.21	
1998	140.83		44.22		56.77		39.84	
1999	142.03		44.78		57.03		40.22	
2000	143.17		45.31		57.27		40.59	
2001	143.90		45.93		57.01		40.96	
2002	144.93		46.53		57.09		41.31	
2003	146.05		47.15		57.19		41.71	
2004	147.37		47.79		57.47		42.11	
2005	148.75		48.37		57.86		42.52	
2006	150.20		48.94		58.33		42.93	
2007	151.56		49.51		58.77		43.27	
2008	152.75		49.98		59.14		43.64	
2009	153.77		50.40		59.41		43.96	
2010	154.89	190.3	50.92	65.4	59.67	63.2	44.30	61.7
2011	155.85		51.38		59.89		44.58	
2012	156.90		51.88		60.14		44.87	
2013	157.76		52.33		60.33		45.10	
2014	158.47		52.71		60.51		45.26	
2015	159.29	203.9	52.99	75.1	61.01	66.9	45.30	61.9
2016	160.10	206.0	53.51	76.3	61.10	67.6	45.49	62.1
2017	161.42	208.8	54.28	77.1	61.34	69.0	45.81	62.7
2018	162.50	211.3	54.97	78.9	61.52	69.6	46.01	62.8
2019	163.31	213.5	55.56	80.6	61.61	70.1	46.14	62.8
2020	163.95	216.4	56.18	82.7	61.58	70.8	46.18	62.9

2-3 各县市主要年份年末人口数

单位：万人

年份	三门县		天台县		仙居县		温岭市		临海市		玉环市	
	户籍人口数	常住人口数	户籍人口数	常住人口数	户籍人口数	常住人口数	户籍人口数	常住人口数	户籍人口数	常住人口数	户籍人口数	常住人口数
1978	33.17		45.40		38.76		94.18		91.99		31.84	
1980	33.99		46.49		39.07		95.71		94.19		32.86	
1985	36.65		49.47		40.40		101.26		100.01		35.32	
1986	37.15		49.91		40.74		102.46		101.19		35.79	
1987	37.98		50.62		41.16		103.75		102.58		36.35	
1988	38.57		51.37		41.65		105.20		103.56		36.77	
1989	38.84		51.68		41.91		106.58		104.03		37.12	
1990	38.65		51.71		42.05		107.72		104.23		37.36	
1991	38.88		52.12		42.35		108.48		104.54		37.50	
1992	38.98		52.23		42.57		109.01		105.05		37.59	
1993	39.16		52.48		42.93		109.50		105.72		37.73	
1994	39.25		52.78		43.34		110.06		106.27		37.89	
1995	39.35		53.14		43.67		110.79		106.84		38.07	
1996	39.47		53.50		43.98		111.58		107.44		38.23	
1997	39.61		53.88		44.27		112.23		107.95		38.37	
1998	39.79		54.52		44.56		112.83		108.39		38.56	
1999	39.88		55.12		44.88		113.28		109.00		38.79	
2000	40.02		55.44		45.48		113.80		109.83		38.89	
2001	40.06		55.47		45.82		114.09		110.15		39.03	
2002	40.11		55.52		46.12		114.28		110.37		39.13	
2003	40.25		55.52		46.43		114.50		110.58		39.28	
2004	40.57		55.66		46.82		114.82		111.18		39.50	
2005	40.97		55.88		47.39		115.09		111.92		39.84	
2006	41.42		56.26		48.01		115.70		112.86		40.23	
2007	41.86		56.50		48.44		116.56		113.82		40.66	
2008	42.27		56.89		48.80		117.58		114.66		41.10	
2009	42.60		57.50		49.21		118.45		115.47		41.47	
2010	42.92	32.9	58.16	38.3	49.53	34.3	119.29	136.7	116.40	102.9	41.96	61.6
2011	43.23		58.62		49.81		119.93		117.09		42.25	
2012	43.53		59.22		50.29		120.60		117.85		42.55	
2013	43.83		59.54		50.60		121.05		118.45		42.81	
2014	44.06		59.84		50.87		121.80		119.04		43.02	
2015	44.11	35.2	59.37	43.2	50.60	39.4	121.53	138.8	119.57	108.1	43.02	63.2
2016	44.36	36.0	59.85	44.4	51.03	40.2	121.67	139.0	119.99	108.6	43.18	63.4
2017	44.66	37.1	60.20	44.7	51.50	40.5	122.01	139.1	120.36	109.0	43.39	63.6
2018	44.75	37.3	60.25	45.8	51.74	41.4	122.14	139.4	120.49	109.8	43.53	63.8
2019	44.72	37.8	60.29	46.6	51.96	42.2	122.21	140.0	120.48	110.5	43.66	64.2
2020	44.64	38.0	60.15	47.5	52.12	43.2	122.07	141.7	120.33	111.5	43.71	64.4

2-4 主要年份户籍人口自然变动情况

年份	出生		死亡		自然增长	
	人数（人）	出生率（‰）	人数（人）	死亡率（‰）	人数（人）	自然增长率（‰）
1949	61063	25.58	32794	13.74	28269	11.84
1952	70721	28.27	30600	12.23	40121	16.04
1957	105765	38.05	25120	9.04	80645	29.01
1962	103246	34.08	24548	8.10	78698	25.98
1965	135207	40.43	28458	8.51	106749	31.92
1970	119335	30.87	23123	5.98	96212	24.89
1975	96398	22.37	27793	6.45	68605	15.92
1978	77592	17.25	25928	5.76	51664	11.49
1980	61815	13.45	26211	5.70	35604	7.75
1985	70894	14.54	27879	5.72	43015	8.82
1990	58776	11.43	27818	5.41	30958	6.02
1994	66000	12.57	29922	5.70	36078	6.87
1995	67425	12.77	32057	6.07	35368	6.70
1996	68640	12.92	32010	6.03	36630	6.89
1997	63482	11.88	31319	5.86	32163	6.02
1998	68263	12.69	32162	5.98	36101	6.71
1999	68220	12.60	31945	5.90	36275	6.70
2000	72905	13.38	33565	6.16	39340	7.22
2001	61712	11.27	31417	5.74	30295	5.53
2002	64052	11.66	33072	6.02	30980	5.64
2003	66612	12.08	33478	6.07	33134	6.01
2004	75969	13.71	32927	5.94	43042	7.77
2005	74640	13.37	34823	6.24	39817	7.13
2006	73612	13.09	32502	5.78	41110	7.31
2007	67765	11.95	32665	5.76	35100	6.19
2008	65301	11.42	34478	6.03	30823	5.39
2009	66741	11.58	34660	6.01	32081	5.57
2010	72862	12.54	36699	6.32	36163	6.22
2011	65503	11.20	34785	5.95	30718	5.25
2012	75335	12.79	36209	6.15	39126	6.64
2013	63717	10.75	34568	5.83	29149	4.92
2014	65957	11.07	35651	5.98	30306	5.09
2015	71395	11.95	36560	6.12	34835	5.83
2016	62076	10.37	34119	5.70	27957	4.67
2017	76652	12.74	40294	6.70	36358	6.04
2018	64769	10.72	39193	6.48	25576	4.24
2019	55495	9.16	36848	6.08	18647	3.08
2020	47108	7.76	37936	6.25	9172	1.51

2-5 主要年份年末从业人员数

单位：万人

年份	从业人员总数	第一产业	第二产业	第三产业
1952	100.74			
1957	114.39			
1962	122.02			
1965	129.82			
1970	145.58			
1975	157.86			
1978	176.88			
1980	185.19			
1985	268.79			
1990	307.23			
1994	330.65			
1995	341.04	161.18	102.10	77.76
1996	341.23	157.20	104.77	79.26
1997	340.75	152.99	111.38	76.38
1998	341.19	147.52	113.92	79.75
1999	340.70	143.48	114.87	82.35
2000	340.48	135.52	116.03	88.93
2001	343.24	130.21	119.15	93.88
2002	347.25	125.90	120.85	100.50
2003	358.87	122.31	127.40	109.16
2004	364.13	106.21	136.89	121.03
2005	368.67	103.83	140.06	124.78
2006	370.21	101.43	142.50	126.28
2007	373.14	88.60	152.84	131.70
2008	375.57	83.76	157.34	134.47
2009	378.55	78.12	162.12	138.31
2010	367.56	75.25	160.28	132.03
2011	380.81	75.59	165.75	139.47
2012	389.26	75.47	170.55	143.24
2013	397.15	74.84	175.17	147.14
2014	402.15	73.59	178.56	150.00
2015	403.32	71.72	180.23	151.37
2016	404.36	70.47	181.48	152.41
2017	406.65	69.35	182.28	155.02
2018	407.80	67.84	183.70	156.26
2019	408.30	66.52	184.22	157.56
2020	382.61	24.83	168.33	189.45

注：2020年从业人员总数与第七次人口普查相关数据衔接。

2-6 分行业在岗职工年末人数

单位：人

行　业	2020年
总　计	**1157090**
按国民经济行业分	
农、林、牧、渔业	
采矿业	494
制造业	689689
电力、热力、燃气及水生产和供应业	8743
建筑业	309844
批发和零售业	49358
交通运输、仓储和邮政业	19906
住宿和餐饮业	16463
信息传输、软件和信息技术服务业	5823
金融业	
房地产业	16675
租赁和商务服务业	23391
科学研究、技术服务业	4697
水利、环境和公共设施管理业	3956
居民服务、修理和其他服务业	4118
教　育	386
卫生和社会工作	2105
文化、体育和娱乐业	1442
公共管理、社会保障和社会组织	

注：本表统计范围为辖区内规模以上工业、有资质的建筑业、限额以上批发和零售业、限额以上住宿和餐饮业、有开发经营活动的全部房地产开发经营业、规模以上服务业法人单位。

主要统计指标解释

人口数 指一定时点全市行政管辖范围内的有生命的个人的总和。年度统计的年末人口数是指12月31日24时常住户口和未落户口的人口数。

农业人口 指凡在农村从事农、林、牧、副、渔的劳动者，以及乡（不包括乡）以下，不直接从事农业生产的各种人员及其抚养的家属。

非农业人口 指从事农、林、牧、副、渔业以外各种行业的人员。包括国营的农、林、牧、渔、园艺场、拖拉机站、抽水机站等，在编的行政管理人员、文教卫生、财贸、邮电等人员，以及附属的独立核算的工业企业中常年不从事农业生产的国家职工。包括抚养的家属。

出生率 指一年内平均每千人所出生的人数比例，一般以千分率表示。计算公式:

出生率＝全年出生人数/年平均人数×1000‰

出生人数指活产婴儿，即胎儿脱离母体时（不管怀孕月数），有过呼吸或其他生命现象。

死亡率 指一年内平均每千人所死亡的人数比例，一般以千分率表示。计算公式:

死亡率＝全年死亡人数/年平均人数×1000‰

人口自然增长率 指一年内人口自然增长数（出生人数减死亡人数）与平均人数之比例，一般以千分率表示。计算公式:

人口自然增长率＝(年内出生人数−年内死亡人数)/年平均人数×1000‰

或 人口自然增长率＝人口出生率−人口死亡率

人口密度 指在一定时点一定地区的人口数与该地区的面积数之比，即一定时点的单位土地面积上的人口数，通常以每平方公里的居民人数来表示。计算公式:

人口密度＝该地区的人口数/该地区的土地面积数

从业人员 指从事一定社会劳动并取得劳动报酬或经营收入的全部劳动力。

在岗职工 指在本单位工作且与本单位签订劳动合同，并由单位支付各项工资和社会保险、住房公积金的人员，以及上述人员中由于学习、病伤、产假等原因暂未工作仍由单位支付工资的人员。

3

农 业
Agriculture

3-1　主要年份农林牧渔业总产值

单位：万元

年　份	农林牧渔业总产值	农业产值	林业产值	牧业产值	渔业产值	农林牧渔服务业产值
1949	14081	10479	1180	1215	1207	
1952	19267	14615	1346	1714	1592	
1957	24190	16789	1714	2693	2994	
1962	29111	20888	1672	2758	3793	
1965	37545	26121	1794	5287	4343	
1970	46703	32750	1520	7383	5050	
1975	50669	34762	1127	7395	7385	
1978	67698	51211	1062	8993	6432	
1980	90813	66341	1683	14321	8468	
1985	183311	111219	5506	39892	26694	
1990	336931	173445	9212	72854	81420	
1994	954595	357971	19578	158077	418969	
1995	1280014	433670	17573	173121	655650	
1996	1383990	472623	22424	183638	705305	
1997	1330376	392998	20096	180948	736334	
1998	1444665	460390	19445	154657	810173	
1999	1480847	465720	18585	142816	853726	
2000	1532112	478300	22084	144697	887031	
2001	1589394	524114	24193	150231	890856	
2002	1629779	551293	27798	154162	896526	
2003	1677748	583703	29265	158381	892933	13466
2004	1741193	610132	28694	174358	913443	14566
2005	1847928	658669	28443	182672	961644	16500
2006	1956767	710811	32408	173613	1023038	16897
2007	2161607	778134	36307	233165	1095979	18022
2008	2119570	803703	37606	245845	1008642	23774
2009	2303842	871347	40933	238196	1127846	25520
2010	2760166	1055423	53696	271418	1351987	27642
2011	3289011	1176929	56579	337450	1687831	30222
2012	3491510	1264092	59886	356463	1779332	31737
2013	3729627	1296656	58980	360182	1980197	33612
2014	3793382	1336177	63033	323795	2034581	35796
2015	4047708	1380456	61368	308730	2258581	38573
2016	4314001	1430001	63590	297850	2480372	42188
2017	4532008	1496762	67279	260554	2661741	45672
2018	4769554	1553968	67187	260659	2836819	50921
2019	5032840	1642302	71675	298837	2962161	57865
2020	5250344	1712898	67044	315663	3088728	66011

注：1.2009年农林牧渔业总产值、渔业产值数据有所调整，下同。2.2016年起产值数据已与三农普数据衔接，下同。

3-2 主要年份农林牧渔业总产值构成

单位：%

年 份	农林牧渔业总产值	农业产值	林业产值	牧业产值	渔业产值	农林牧渔服务业产值
1949	100.00	74.42	8.38	8.63	8.57	
1952	100.00	75.86	6.99	8.90	8.26	
1957	100.00	69.40	7.09	11.13	12.38	
1962	100.00	71.75	5.74	9.47	13.03	
1965	100.00	69.57	4.78	14.08	11.57	
1970	100.00	70.12	3.25	15.81	10.81	
1975	100.00	68.61	2.22	14.59	14.57	
1978	100.00	75.65	1.57	13.28	9.50	
1980	100.00	73.05	1.85	15.77	9.32	
1985	100.00	60.67	3.00	21.76	14.56	
1990	100.00	51.48	2.73	21.62	24.17	
1994	100.00	37.50	2.05	16.56	43.89	
1995	100.00	33.88	1.37	13.52	51.22	
1996	100.00	34.15	1.62	13.27	50.96	
1997	100.00	29.54	1.51	13.60	55.35	
1998	100.00	31.87	1.35	10.71	56.08	
1999	100.00	31.45	1.26	9.64	57.65	
2000	100.00	31.22	1.44	9.44	57.90	
2001	100.00	32.98	1.52	9.45	56.05	
2002	100.00	33.83	1.71	9.46	55.01	
2003	100.00	34.79	1.74	9.44	53.22	0.80
2004	100.00	35.04	1.65	10.01	52.46	0.84
2005	100.00	35.64	1.54	9.89	52.04	0.89
2006	100.00	36.33	1.66	8.87	52.28	0.86
2007	100.00	36.00	1.68	10.79	50.70	0.83
2008	100.00	37.92	1.77	11.60	47.59	1.12
2009	100.00	37.82	1.78	10.34	48.95	1.11
2010	100.00	38.24	1.95	9.83	48.98	1.00
2011	100.00	35.78	1.72	10.26	51.32	0.92
2012	100.00	36.20	1.72	10.21	50.96	0.91
2013	100.00	34.77	1.58	9.66	53.09	0.90
2014	100.00	35.22	1.66	8.54	53.64	0.94
2015	100.00	34.10	1.52	7.63	55.80	0.95
2016	100.00	33.15	1.47	6.90	57.50	0.98
2017	100.00	33.03	1.48	5.75	58.73	1.01
2018	100.00	32.58	1.41	5.47	59.48	1.07
2019	100.00	32.63	1.42	5.94	58.86	1.15
2020	100.00	32.62	1.28	6.01	58.83	1.26

3-3　主要年份农林牧渔业总产值指数

(1952年为100)

年　份	农林牧渔业总产值	农业产值	林业产值	牧业产值	渔业产值	农林牧渔服务业产值
1949	75.05	73.63	90.06	72.79	77.84	
1952	100.00	100.00	100.00	100.00	100.00	
1957	128.50	117.57	130.36	160.84	192.42	
1962	119.77	113.29	98.49	127.57	188.83	
1965	156.29	143.34	106.93	247.41	218.75	
1970	181.53	167.82	84.60	322.60	237.50	
1975	167.84	152.21	53.15	273.74	294.24	
1978	213.42	213.62	47.12	313.46	241.29	
1980	242.71	234.60	62.98	420.76	267.78	
1985	339.22	290.97	99.32	743.12	473.70	
1990	361.74	296.81	99.89	758.92	594.84	
1994	605.48	362.83	144.00	957.84	1563.68	
1995	726.87	380.87	114.97	919.57	2184.06	
1996	763.20	411.19	134.53	919.72	2275.29	
1997	737.46	382.03	128.87	857.03	2260.69	
1998	786.06	385.57	128.53	802.28	2534.14	
1999	862.35	432.57	115.55	898.56	2754.61	
2000	861.27	384.58	138.70	925.68	2867.88	
2001	890.85	441.17	149.40	976.94	2823.74	
2002	900.60	432.00	159.56	1023.83	2874.57	
2003	922.21	466.56	166.10	1041.24	2837.20	100.00
2004	923.13	470.76	149.16	1036.08	2837.20	102.24
2005	932.36	465.11	137.38	1142.80	2857.06	113.88
2006	960.33	492.09	147.96	1098.23	2919.92	113.55
2007	984.34	504.88	152.84	1135.57	2984.16	119.67
2008	1007.96	519.52	151.62	1203.70	3025.94	154.77
2009	1027.11	534.59	154.65	1238.61	3047.12	167.48
2010	1074.36	547.42	150.47	1311.69	3239.09	173.68
2011	1108.74	566.03	145.35	1366.78	3342.74	178.72
2012	1138.68	581.31	144.77	1447.42	3412.94	183.37
2013	1146.65	585.38	144.77	1408.34	3460.72	190.70
2014	1170.73	598.26	152.44	1335.11	3571.46	198.14
2015	1212.88	620.99	151.22	1268.35	3739.32	213.00
2016	1266.82	644.04	153.34	1301.59	3932.87	229.06
2017	1298.26	679.75	163.97	1274.35	3975.80	242.86
2018	1307.26	706.76	170.13	1319.55	3910.36	263.92
2019	1320.08	723.92	176.74	1170.77	3952.36	291.74
2020	1351.60	757.13	175.48	1014.41	4057.27	325.02

注：本表按可比价格计算。农林牧渔服务业产值指数以2003年为100。

3-4 农林牧渔业分项产值(一)

(1990-2020年)

单位：万元

年份	农林牧渔业总产值	农业产值	#粮食作物	#油料	#甘蔗
1990	336931	173445	94301	607	764
1991	424828	212210	121014	849	73
1992	479188	220023	117090	1037	1022
1993	610251	255060	128552	435	2033
1994	954595	357971	199308	599	2507
1995	1280014	433670	241657	934	2487
1996	1383990	472623	266108	948	2750
1997	1330376	392998	223484	969	2221
1998	1444665	460390	252813	1240	3479
1999	1480847	465720	243693	1180	5792
2000	1532112	478300	197896	1508	19482
2001	1589394	524114	158515	1761	18644
2002	1629779	551293	126422	1679	22190
2003	1677748	583703	104380	1872	30179
2004	1741193	610132	137506	2051	27122
2005	1847928	658669	135755	2222	23762
2006	1956767	710811	152677	2398	19759
2007	2161607	778134	151196	3401	23558
2008	2119570	803703	189066	6460	22234
2009	2303842	871347	178975	6122	20464
2010	2760166	1055423	195511	7197	23146
2011	3289011	1176929	207199	6939	29468
2012	3491510	1264092	213880	7879	20814
2013	3729627	1296656	221394	7782	20146
2014	3793382	1336177	180217	6419	29526
2015	4047708	1380456	185101	6660	29768
2016	4314001	1430001	146862	6453	22395
2017	4532008	1496762	148659	6721	19313
2018	4769554	1553968	149443	6296	18645
2019	5032840	1642302	152072	6899	18048
2020	5250344	1712898	172110	6835	20537

3-5　农林牧渔业分项产值(二)

(1990-2020年)　　单位：万元

年　份	农业产值			
	#药 材	#蔬 菜	#花 卉 园 艺	#茶桑果及坚果
1990	262	25100		33495
1991	240	26422		41363
1992	251	26419		52926
1993	435	45873		54243
1994	684	53691		75515
1995	888	64200		93303
1996	861	65280		108664
1997	747	64748		76571
1998	1288	72520		95958
1999	4095	85135		92962
2000	5428	120093		98054
2001	7993	162047	8195	140936
2002	9220	187697	15427	164566
2003	13150	196251	24227	194029
2004	13168	189322	24676	196935
2005	13638	205584	26497	228925
2006	16991	215893	28505	253450
2007	18453	230164	30018	296673
2008	20600	221960	24742	294198
2009	21827	240836	26026	352843
2010	47090	296131	30653	442467
2011	41517	329141	38579	512909
2012	29188	364596	44864	570609
2013	27766	364308	51227	592325
2014	34228	383560	57210	624879
2015	42761	401198	56089	639701
2016	47514	444038	62572	680914
2017	49161	444632	70064	738760
2018	56370	470663	74663	758459
2019	56965	513997	69764	806697
2020	60498	503163	69529	863579

注：2010年开始，坚果产值列入农业统计，不再作为林业统计，下同。

3-6　农林牧渔业分项产值(三)

(1990-2020年)　　单位：万元

年　份	林业产值	#人造林生长	#林产品	#竹木采运	牧业产值	牲畜	家禽饲养
1990	9212	2992	1135	5085	72854	53604	4620
1991	13875	2434	1423	10018	78837	54084	6419
1992	9990	3016	1649	5325	90663	60560	6942
1993	13857	2937	1535	9385	109180	73495	8658
1994	19578	3008	2597	13973	158077	111139	10516
1995	17573	3922	3706	9945	173121	123796	13019
1996	22424	5377	5878	11169	183638	125791	20325
1997	20096	4937	3773	11386	180948	126306	15402
1998	19445	4480	4348	10617	154657	114090	13695
1999	18585	3970	4411	10204	142816	93259	16788
2000	22084	5242	6355	10487	144697	95779	16259
2001	24193	5452	6914	11827	150231	98318	14632
2002	27798	6915	6453	14430	154162	100757	14533
2003	29265	7229	6995	15041	158381	101567	17483
2004	28694	6247	6194	16253	174358	118427	17574
2005	28443	6683	9050	12710	182672	116313	20787
2006	32408	6524	9680	16204	173613	105097	20207
2007	36307	6280	11636	18391	233165	155562	22852
2008	37606	5480	12004	20122	245845	164734	25549
2009	40933	6599	13076	21258	238196	153691	26804
2010	53696	6152	11645	23105	271418	176878	32541
2011	56579	6791	13865	22962	337450	223327	42780
2012	59886	8599	13504	25387	356463	228687	54872
2013	58980	8145	13932	24364	360182	232874	49875
2014	63033	8288	16018	26542	323795	212430	43208
2015	61368	8536	17336	23529	308730	205663	36152
2016	63590	7957	20018	22777	297850	200171	35581
2017	67279	7261	24760	22974	260554	172312	32797
2018	67187	7526	24629	22808	260659	165837	39602
2019	71675	7185	29205	23590	298837	197945	44209
2020	67044	12067	32305	20517	315663	183443	64064

3-7　农林牧渔业分项产值(四)

(1990-2020年)　　单位：万元

年　份	牧业产值		渔业产值			农林牧渔服务业产值
	活的畜产品	其他动物		海水产品	淡水产品	
1990	10148	4482	81420	76940	4480	
1991	12840	5494	119906	114791	5115	
1992	18184	4977	158512	152093	6419	
1993	22303	4724	232154	221276	10878	
1994	28534	7888	418969	403534	15435	
1995	29866	6440	655650	622675	32975	
1996	32811	4711	705305	648900	56405	
1997	23389	15851	736334	697949	38385	
1998	19910	6962	810173	768293	41880	
1999	19096	13673	853726	805164	48562	
2000	18343	14316	887031	841151	45880	
2001	21433	15848	890856	841461	49395	
2002	23018	15854	896526	838559	57967	
2003	23700	15631	892933	832365	60568	13466
2004	23696	14661	913443	858067	55376	14566
2005	24749	20823	961644	914495	47149	16500
2006	25707	22602	1023038	975657	47381	16897
2007	32069	22682	1095979	1051285	44694	18022
2008	33219	22343	1008642	969421	39221	23774
2009	33754	23947	1127846	1085872	41974	25520
2010	39850	22149	1351987	1305542	46445	27642
2011	45949	25394	1687831	1631838	55993	30222
2012	46306	26598	1779332	1715347	63985	31737
2013	49305	27302	1980197	1910409	69788	33612
2014	45410	22747	2034581	1954937	79644	35796
2015	41755	25160	2258581	2182291	76290	38573
2016	37166	24932	2480372	2404359	76013	42188
2017	31039	24406	2661741	2558128	103613	45672
2018	30721	24499	2836819	2734503	102316	50921
2019	33358	23325	2962161	2855871	106290	57865
2020	41784	26372	3088728	2975019	113709	66011

3-8 主要农作物播种面积

(1990-2020年)　　单位：千公顷

年份	农作物播种面积	粮食作物	油料	#油菜籽	甘蔗	药材类	蔬菜	瓜果类	花卉苗木
1990	436.09	347.14	2.56	2.09	0.53	0.20	19.47		
1991	439.67	351.12	3.32	2.93	0.58	0.23	21.03		
1992	433.49	345.89	4.93	4.54	0.67	0.25	20.49		
1993	412.70	316.19	1.89	1.53	0.80	0.23	27.23		
1994	401.30	304.58	1.64	1.27	0.90	0.16	26.87		
1995	401.00	307.06	2.46	2.09	0.67	0.22	25.94		
1996	404.34	312.20	2.42	2.07	0.70	0.22	29.79		
1997	407.50	315.23	2.30	1.90	0.68	0.22	31.92		
1998	408.21	313.01	2.51	2.09	0.70	0.44	35.29		
1999	407.45	310.53	2.63	2.15	0.80	0.36	38.67		
2000	377.45	270.63	3.35	2.78	3.26	1.01	49.29		
2001	339.72	219.05	3.68	2.91	4.19	1.23	61.08	10.89	0.33
2002	308.55	179.56	3.94	3.22	4.67	1.71	73.62	11.74	0.97
2003	276.82	144.62	4.12	3.29	6.41	3.17	76.49	14.31	2.19
2004	284.02	162.45	4.37	3.45	5.92	3.53	71.95	16.24	2.66
2005	286.01	165.86	4.83	3.89	4.57	2.57	72.22	16.90	2.65
2006	282.87	165.86	4.94	3.94	3.41	2.47	72.33	15.93	2.73
2007	280.16	163.08	5.00	3.97	3.09	2.46	73.63	15.40	2.92
2008	283.69	173.87	9.10	8.05	3.13	2.52	65.08	14.31	2.74
2009	271.54	158.65	11.28	10.25	2.93	2.48	66.77	14.49	2.59
2010	265.43	152.37	11.65	10.58	2.86	2.76	67.08	14.32	2.57
2011	254.59	141.13	10.38	9.28	2.83	2.92	69.64	14.32	2.83
2012	251.37	137.44	11.30	10.18	2.96	3.11	70.29	12.67	3.40
2013	252.86	140.06	10.69	9.56	2.60	3.14	69.76	13.05	3.65
2014	203.60	96.10	8.10	7.17	2.41	3.53	67.82	12.84	3.78
2015	206.81	96.35	8.27	7.19	2.40	4.04	69.70	13.76	3.88
2016	191.51	79.78	6.52	4.94	1.87	4.27	72.47	15.56	4.28
2017	197.10	82.50	6.29	4.70	1.55	4.86	74.60	16.15	4.56
2018	199.18	82.03	6.27	5.16	1.46	5.24	76.46	16.32	4.75
2019	201.42	82.58	6.94	5.83	1.69	5.19	77.44	16.71	4.52
2020	200.34	85.50	6.70	5.59	1.73	5.17	78.98	16.19	

注：1.2008年起马铃薯归入薯类(粮食)统计，不再作蔬菜统计。2.2014年起粮食播种面积采用粮食生产监测抽样推算数据。3.2016年起粮食、油料、甘蔗播种面积已与三农普数据衔接。4.2020年起不再开展花卉苗木播种面积统计。

3-9 主要农作物总产量

(1990-2020年)　　单位：吨

年 份	粮食作物	油 料	#油菜籽	甘 蔗	药材类	蔬 菜	瓜果类
1990	1506974	3585	3003	23294		687561	
1991	1904769	5192	4629	32433		705533	
1992	1727967	6440	6029	31107		632200	
1993	1606793	2372	1873	51967		847477	
1994	1607359	2276	1725	57157		768258	
1995	1648568	3369	2835	46732		734429	
1996	1758021	3373	2849	48554		762027	
1997	1521940	3331	2763	35904		750727	
1998	1643871	3863	3165	53220		820784	
1999	1664773	4022	3224	60055		915949	
2000	1386973	5571	4439	252639		1197250	
2001	1161195	6332	4678	330094		1590930	
2002	925879	6437	5031	361341	6617	1885196	439210
2003	756978	7229	5562	513605	9336	1969596	533784
2004	851126	7820	5966	424731	30502	1831261	597649
2005	824828	8303	6461	312315	20133	1793418	572043
2006	895013	8625	6628	254215	20120	1838069	541441
2007	841768	8994	6956	245934	21577	1883959	533346
2008	934734	15352	13239	251533	20445	1681210	492715
2009	846018	18348	16269	223115	20242	1708827	502677
2010	827542	18115	15935	214234	23704	1722747	506983
2011	789250	17415	15180	215658	26364	1828818	516290
2012	791920	19317	16990	227770	27533	1871956	417181
2013	799124	19184	16909	195241	27126	1824063	434153
2014	602159	15470	13506	181226	28784	1884396	431822
2015	607539	15701	13485	184161	32977	1961609	425827
2016	487564	11893	8674	151420	34719	2045772	501961
2017	498467	11997	8742	129290	37073	2141735	525726
2018	510838	11763	9488	120455	39202	2192193	531865
2019	502482	13145	10866	130437	37918	2189514	533725
2020	520867	13201	10888	134719	37910	2250222	521410

注：1.2014年起粮食产量采用粮食生产监测抽样推算数据。2.2016年起粮食、油料、甘蔗产量已与三农普数据衔接。

3-10 主要果园面积

(1990-2020年)

单位：公顷

年 份	果园面积	柑 桔	梨	桃 子	葡 萄	柿 子	枇 杷	杨 梅	其 他
1990	50837	32300	443	3211	309	381	4970	7833	1390
1991	51335	33723	464	2616	332	413	4674	8067	1046
1992	49489	33146	394	2100	325	296	4428	7872	928
1993	50440	34091	392	1702	497	491	4391	7848	1028
1994	50002	33666	350	1907	404	563	4770	6851	1491
1995	53925	36163	413	2071	392	653	4574	8004	1655
1996	55168	36757	376	2193	435	668	4478	8808	1453
1997	49903	35581	421	1113	331	617	3735	6938	1167
1998	49891	34738	497	1203	332	683	3462	7389	1587
1999	49790	34619	571	1224	356	648	3402	7723	1247
2000	49696	33491	741	1331	414	662	3277	8514	1266
2001	49599	32729	1106	1534	435	739	3040	8912	1104
2002	51162	31588	1443	1674	638	816	3400	10243	1360
2003	55381	31256	1851	1649	1003	786	3155	12371	3310
2004	57827	31510	2289	1790	1495	772	3318	14718	1935
2005	58950	31405	2305	1807	1614	791	3351	15892	1785
2006	58888	30664	2338	1839	1710	817	3219	16311	1990
2007	62111	29580	2620	2085	1811	895	3207	19371	2542
2008	61644	28537	2644	2099	2070	906	3220	20006	2162
2009	61092	26192	2567	2212	2631	975	3191	21118	2206
2010	63474	26244	2492	2406	3166	986	3294	22816	2070
2011	63917	26128	2444	2447	3470	1011	3324	23309	1784
2012	64985	25828	2409	2654	3994	1010	3388	24039	1663
2013	65275	25555	2426	2854	4260	998	3424	24277	1481
2014	65801	25013	2306	3226	4475	937	3519	24386	1939
2015	67434	25123	2308	3692	4889	957	3573	24693	2199
2016	67377	24503	2328	3830	5533	915	3517	24508	2243
2017	67719	24651	2311	3998	5538	886	3626	24430	2279
2018	67790	24578	2245	4111	5684	875	3631	24355	2311
2019	68569	25327	2145	4059	5870	841	3563	24449	2315
2020	67896	25474	1971	4046	5706	768	3501	24120	2310

3-11 主要水果产量

(1990-2020年)

单位：吨

年 份	水果产量	柑桔	梨头	桃子	葡萄	柿子	枇杷	杨梅	其他
1990	262977	217088	2507	9858	901	1944	16723	13070	886
1991	340302	286415	2547	6677	915	2080	25302	15555	811
1992	395740	336354	1919	8172	1508	1874	25676	18985	1252
1993	372777	320378	2237	8337	1781	1986	20197	14952	2909
1994	489773	423938	3327	9072	2573	2786	28253	17129	2695
1995	560100	484772	2781	10424	3549	3242	19135	33154	3043
1996	638498	531798	2802	11269	3311	4045	45285	35873	4115
1997	628851	524360	2881	12135	4258	5806	32103	42165	5143
1998	515846	413770	4324	12896	4607	6526	25422	40860	7441
1999	632272	520035	3894	13338	5077	6138	30640	46254	6896
2000	387418	274920	5268	15535	7247	6532	26615	43677	7624
2001	910550	441419	7226	13898	7919	8435	30690	49186	351777
2002	896860	323397	8610	16839	12035	8172	31332	55336	441139
2003	1081139	386998	13356	15279	18989	4812	28559	73548	539598
2004	1158327	370147	19554	17430	22569	4419	30581	90019	603608
2005	1069970	314849	22442	18920	28270	4433	18013	84509	578534
2006	1106719	365314	25197	21702	32452	4783	23073	85345	548853
2007	1156927	390875	27520	22219	36028	5233	23665	108204	543183
2008	1205779	462443	30476	24646	41897	5443	24567	113467	502840
2009	1165807	372652	27792	27079	55754	5821	24834	136643	515232
2010	1245474	435342	27767	29686	60678	6369	21802	144445	519385
2011	1287820	447372	26722	33038	70426	7439	21979	152763	528081
2012	1215825	443978	28072	35174	87419	7886	21397	162473	429426
2013	1223521	426759	27006	37616	89991	7553	21422	169903	443271
2014	1264754	441096	26833	41734	94425	7651	23639	186544	442832
2015	1312864	476975	27265	50337	105164	7706	23864	181766	439787
2016	1360520	429208	28085	51468	111824	7352	16915	197990	517678
2017	1447804	475007	28370	54263	117406	7007	22189	201643	541919
2018	1472699	489347	28767	56175	112916	6938	23866	205830	548860
2019	1482039	496472	28143	54425	108198	6825	23035	214190	550751
2020	1499253	504278	27540	55923	108522	6503	26439	227318	542730

3-12 林业生产情况

(1990-2020年)

单位：公顷

年 份	造林面积	#用材林	#经济林	#防护林	零星(四旁)植树(万株)	中幼林抚育实际面积	育苗面积	更新造林面积	主要林产品产量(吨) 竹笋干	板栗
1990	9380	8240	155	606	489.6	7015	99	546	967	753
1991	11772	9412	210	306	377.0	8906	110	624	781	399
1992	7847	6533	510	291	424.0	13229	91	293	894	415
1993	6638	3336	2055	267	337.1	10653	73	540	786	291
1994	8173	3951	3535	333	271.0	12863	385	542	803	410
1995	6058	1521	3912	457	256.0	9567	32	784	41221	1184
1996	4090	1461	1888	418	246.9	9340	32	1213	5543	2465
1997	5269	1538	3076	508	287.0	7354	34	1375	812	535
1998	4942	2055	2212	675	321.0	9828	102	1070	940	667
1999	2688	730	1210	748	310.5	6063	53	1296	920	2273
2000	3537	394	1580	1505	164.0	2188	71	1522	1894	1059
2001	3160	275	1213	1669	174.0	6994	92	1541	2615	1160
2002	2664	36	547	1978	181.0	4402	218	411	3740	1200
2003	2867	19	409	2160	146.0	4595	763	513	3980	1320
2004	3207	45	670	2392	141.0	5792	210	375	2908	1301
2005	3804	495	541	2765	117.0	7556	849	234	2566	1338
2006	2213	508	214	1491	129.5	3810	777	655	2788	1361
2007	2002	94	154	1401	103.8	2726	591	1189	2880	1515
2008	1521	17	69	1435	121.7	1940	1700	1113	2717	1639
2009	6352	9		6343	110.0	1395	1556	317	3358	1745
2010	1728		45	1683	115.5	1209	1521	934	3514	1598
2011	3884	125	750	2958	129.0	1837	2969	865	3643	1599
2012	4162	415	575	3172	376.5	9014	2585	1257	3388	2049
2013	4183	731	694	2758	539.0	20664	2944	1026	3577	2135
2014	3466	112	813	2541	211.8	22687	3502	1397	4164	2268
2015	1944	48	357	1539	187.2	23631	3187	796	4156	2286
2016	901		222	544	133.5	11790	3024	686	4491	2334
2017	440		140	300	127.2	9557	2939	513	4291	2240
2018	464	11	40	405	149.6	8247	3210	481	4394	2140
2019	287	7	40	235	102.8	7117		328	4611	2115
2020	5596	87	3024	2185	105.5	7543	190	127	4573	1947

注：1.2002年起育苗面积中包含绿化苗木。2.2007年起造林面积中包含无林地和疏林地新封面积。
3.2011年及以前中幼林抚育实际面积不包括中林抚育实际面积。

3-13 畜牧业生产情况(一)

(1990-2020年)

年 份	生猪年末存栏头数(万头)	#能繁殖的母猪	年内肥猪出栏头数(万头)	生 猪 饲养量(万头)	牛 年 末 存栏头数(头)	羊 年 末 存栏只数(万只)
1990	116.83	6.39	100.69	217.52	80518	4.47
1991	113.44	6.89	97.87	211.31	76176	4.28
1992	114.10	8.18	99.78	213.88	69543	4.33
1993	108.86	7.01	93.64	202.50	64827	4.65
1994	105.81	6.53	91.59	197.40	60487	5.20
1995	99.44	6.05	88.10	187.54	58713	5.27
1996	86.70	5.83	80.74	167.44	57384	5.23
1997	92.65	5.82	82.86	175.51	51900	4.90
1998	105.65	6.51	97.72	203.37	48828	5.24
1999	109.52	6.36	106.07	215.59	48487	5.48
2000	112.04	6.51	113.29	225.33	47179	5.92
2001	112.91	7.04	118.83	231.74	44254	6.13
2002	109.25	6.16	121.52	230.77	44018	6.34
2003	104.08	5.36	118.12	222.20	39654	6.29
2004	100.96	5.49	112.27	213.23	39122	6.33
2005	100.10	5.33	117.79	217.89	38723	6.47
2006	58.25	3.64	71.46	129.71	27197	3.72
2007	65.54	4.48	79.06	144.60	27621	4.46
2008	75.61	6.22	85.21	160.82	28447	5.41
2009	78.32	6.55	87.62	165.94	29741	5.67
2010	77.80	6.69	91.51	169.31	31426	5.82
2011	81.53	6.86	94.66	176.19	31613	5.71
2012	80.76	6.86	97.64	178.40	30249	6.23
2013	79.16	6.86	97.83	176.99	29758	6.46
2014	65.36	5.80	92.15	157.51	27138	6.40
2015	65.43	5.59	87.58	153.02	26971	6.77
2016	43.49	4.10	71.60	115.09	15759	5.46
2017	40.46	3.73	69.74	110.20	14540	5.37
2018	36.48	2.82	67.32	103.80	19601	4.72
2019	16.87	1.86	31.88	48.75	17168	3.77
2020	47.39	4.38	25.49	72.88	18299	4.55

注：1.2016年起畜牧业数据已与三农普数据衔接，下同。
2.由于数据归口管理及统计调查方法变化，2018、2019年畜牧业生产数据有所调整，下同。

3-14 畜牧业生产情况(二)

(1990-2020年)

年份	兔年末存栏只数(万只)	家禽年末存栏只数(万只)	家禽饲养量(万只)	肉类总产量(吨)	#猪肉产量	禽蛋产量(吨)
1990	21.74	608.23	1125.50	92729	86200	22208
1991	20.66	741.55	1358.36	92230	85015	32043
1992	24.67	837.18	1526.10	98750	90327	41988
1993	21.56	909.94	1737.68	94515	83692	46203
1994	29.66	948.54	1871.23	98140	85891	45511
1995	29.45	904.93	1880.60	97280	84041	40336
1996	26.54	1015.34	2217.71	92501	76808	40373
1997	23.75	939.23	2045.68	92721	79257	34961
1998	26.63	842.89	1658.91	104986	91653	30205
1999	28.64	896.07	2127.84	114037	99577	29774
2000	29.41	891.45	2045.63	120868	106562	30356
2001	42.75	888.02	2050.53	123988	108222	33139
2002	38.38	822.28	1997.05	128457	111492	35882
2003	33.49	895.61	2348.17	128890	109031	37479
2004	41.35	883.98	2361.61	125433	104561	36239
2005	51.04	866.60	2468.17	132300	108590	37919
2006	55.78	890.62	2443.33	90367	67723	38307
2007	66.63	905.25	2501.61	98414	75249	41643
2008	59.05	925.82	2529.52	105776	82590	42971
2009	52.48	981.18	2723.69	109039	84080	43758
2010	54.69	1052.69	3154.10	117952	87999	46574
2011	55.50	1107.99	3268.74	124070	91458	48494
2012	53.86	1164.32	4309.06	139118	93673	48771
2013	56.36	985.68	3756.38	134840	94110	48450
2014	58.17	687.28	2949.45	123414	89231	39150
2015	59.54	641.43	2112.32	110344	85991	38529
2016	39.11	577.86	1969.67	94948	71333	34795
2017	38.31	654.41	2170.05	95507	70428	29227
2018	50.19	728.58	2581.85	84744	57275	20821
2019	40.04	742.69	2788.31	58892	25841	24480
2020	25.85	1003.92	3598.90	62689	22006	25859

3-15 渔业生产情况(一)

(1990-2020年)

单位：吨

年 份	水产品总产量	海水产品产量	#海洋捕捞	#海水养殖	鱼 类	甲壳类	贝 类	藻 类	头足类	其 他
1990	280670	269772	197530	72242	104735	89337	74380	593		727
1991	318813	306838	226674	80164	106947	120560	78652	679		
1992	368344	355654	267232	88422	138469	127016	89300	869		
1993	459446	443460	346112	97348	161630	150439	108127	1090		22174
1994	753547	735327	588107	147220	287361	201912	186947	1142		57965
1995	987950	964316	763355	200961	458969	227436	260650	1694		15567
1996	1034042	1005520	767800	237720	497964	217711	267955	1890		20000
1997	1114878	1089952	869334	220618	544447	252652	290715	1779		359
1998	1309819	1278913	1024760	254153	695577	281718	299110	2342		166
1999	1329413	1294720	988026	306694	618321	301192	370434	3312		1461
2000	1392848	1352453	990625	361828	610270	324945	410620	6030		588
2001	1384249	1340823	961501	379322	588381	321029	416274	8596		6543
2002	1411019	1363574	972447	391127	631214	300063	418487	12898		912
2003	1382628	1334501	927268	407233	632995	256115	355496	16085	64640	9170
2004	1383814	1339435	945247	394188	519902	280777	349350	11750	75791	101865
2005	1350028	1308430	941075	367355	620817	280631	326126	9242	63827	7787
2006	1355067	1317234	952716	364518	610345	307456	321037	10192	62129	6075
2007	1375594	1335572	986118	349454	647173	300884	304129	9271	67727	6388
2008	1387283	1349301	1004437	344864	672002	301122	299050	9310	63106	4699
2009	1340491	1302200	968103	334097	633754	300232	288583	10530	60777	7151
2010	1403826	1360501	1005827	354674	650532	311887	303743	10893	67679	9778
2011	1413087	1368787	1009499	359288	655909	314810	305489	10317	67964	7053
2012	1417871	1373297	1001181	361683	642339	330462	306260	10457	66521	6825
2013	1437533	1392796	1012436	368975	635608	346459	312081	11851	69474	5938
2014	1483914	1435832	1031334	384613	644727	358485	326171	12700	69911	3953
2015	1568978	1519900	1102633	408337	707375	363527	345547	14123	74398	6000
2016	1601270	1550921	1089540	441285	719657	339412	372911	16602	76826	5417
2017	1578724	1508117	991986	499288	655803	315082	421470	19906	71686	7327
2018	1525191	1458049	935934	492572	609841	303186	420160	23100	62738	9481
2019	1459016	1392458	876925	490273	576140	285191	413747	21584	59604	10932
2020	1490372	1422836	839847	524914	562200	273954	440695	23133	56287	8492

注：1.2003年起按类别分产品产量口径有所调整，与以前年份不可比。2.2016年起渔业生产情况数据已与三农普数据衔接，下同。

3-16 渔业生产情况(二)

(1990-2020年)

单位：吨

年 份	淡水产品产量	淡水捕捞	淡水养殖	鱼 类	甲壳类	贝 类	其他类	海水养殖面积(公顷)	淡水养殖面积(公顷)
1990	10898	2673	8225	9922	233	265	478	12450	3874
1991	11975	2603	9372	11403	165	290	117	12826	12892
1992	12690	2672	10018	11999	207	382	102	13266	12954
1993	15986	2287	13699	13135	226	575	2050	14792	13718
1994	18220	3099	15121	15697	362	820	1341	18416	13228
1995	23631	4141	19493	21002	542	1279	811	21897	13735
1996	28522	4890	23632	24496	667	1970	1389	24297	13862
1997	24926	4556	20370	20203	1132	1821	1770	26002	14606
1998	30906	5163	25743	25699	1155	2207	1845	27872	14156
1999	34693	6369	28324	28250	1737	2479	2227	32671	14639
2000	40395	5472	34923	31115	2084	3658	3538	38648	14754
2001	43426	6012	37414	33980	2597	3215	3634	38834	15345
2002	47445	6840	40605	37000	3196	3392	3857	40386	14992
2003	48127	5351	42776	38413	3885	2814	3015	39973	15404
2004	44379	4672	39707	34642	3917	2648	3172	38734	13780
2005	41598	5217	36381	32984	3554	2727	2333	36637	13234
2006	37833	5007	32826	30141	3388	2557	1747	35882	12549
2007	40022	5520	34502	30289	5790	2357	1586	34206	12611
2008	37982	4761	33221	29177	4954	2168	1683	31493	12083
2009	38291	4942	33349	28606	5446	2339	1900	29316	11719
2010	43325	4746	38579	28081	6230	3287	5727	28422	12044
2011	44300	4882	39418	29362	6072	3236	5630	27809	11275
2012	44574	4989	39585	32557	5843	2929	3245	27307	11124
2013	44737	4132	40605	31961	6759	2853	3164	27034	11209
2014	48082	3468	44614	34573	6997	1511	5001	26879	11211
2015	49078	3719	45359	38765	6818	2171	1324	28143	11203
2016	50349	3923	46426	41072	6015	2224	1038	30823	10494
2017	70607	17989	52618	57884	7271	3436	2016	27511	11217
2018	67142	15943	51199	55345	7278	3262	1257	24287	7971
2019	66558	15623	50935	54595	7503	3454	1006	24378	6958
2020	67536	17173	50363	55837	6920	4092	687	24479	6927

3-17　农业机械年末拥有量(一)

(1990-2020年)　　单位：千瓦

年　份	农业机械总动力	耕作机械动力	#农用小型拖拉机(台)	#农用小型拖拉机	收获前机械动力	收获后处理机械动力	植保机械动力	排灌机械动力
1990	1202167	228375	24646	213427	122757		3484	107752
1991	1337189	231738	25086	217389	130693		3254	109353
1992	1462999	233744	25370	219894	135211		3257	109047
1993	1501218	235935	25602	222059	145282		3475	111420
1994	1700908	238782	25711	222954	154315		3214	112606
1995	2000643	240799	25720	223395	163317		3079	114804
1996	2098437	238872	25676	222987	173621		3125	111988
1997	2124715	234306	24989	217047	179186		3170	113686
1998	2246400	233623	24625	216445	187684		3380	111414
1999	2411183	231289	24082	209800	204087		3458	118004
2000	2557648	232801	23589	204753	220529		4548	122055
2001	2698458	215079	21888	192247	246146		4859	132394
2002	2734070	199085	20829	178487	251589		4733	133604
2003	2799713	181639	19280	167356	248485		5411	134325
2004	2643820	176498	17856	159085	236057		5229	130534
2005	2886333	178914	18006	159876	247515		8936	174382
2006	3500146	161264	14589	135870	360295		23190	336879
2007	3473685	165438	14446	134202	356135		25281	332076
2008	3394747	164170	14061	129477	348240		27703	317250
2009	3434370	186708	14713	138207	357624		42727	319920
2010	3411345	194475	14244	134849	331534		60111	323386
2011	3521059	203890	14331	136599	320738		78209	326074
2012	3472675	219707	14071	137693	114985	192712	82275	324309
2013	3404227	230723	14196	140931	124911	166163	85362	329179
2014	3452195	231595	13326	132434	129452	128316	83121	315684
2015	3386934	241643	13113	131176	134752	92019	84477	315674
2016	3254258	247423	12613	125462	136186	82263	84820	292777
2017	3002230	236394	10757	105323	136049	74493	86030	279903
2018	2856110	234669	10114	97839	136306	66561	86038	264080
2019	2703998	224480	6749	68879	146255	60933	84863	247849
2020	2525294	235493	5293	53805	141247	59271	85344	241382

注：2011年及以前收获前机械动力包括收获后机械动力。

3-18 农业机械年末拥有量(二)

(1990-2020年)

单位：千瓦

年 份	农副产品加工机械动力	运输机械动力	渔业机械动力	#机动渔船动力	#机动渔船艘数(艘)	#机动渔船吨位(吨位)	其他农业机械动力
1990	114858	157211	455745	455745	8901	225589	11985
1991	115966	168478	562980	562980	10764	300597	14727
1992	116459	234488	612005	607882	9847	324028	18788
1993	117275	266409	601170	598424	9066	320380	20252
1994	116984	327279	728205	725243	10396	393464	19523
1995	115724	389976	951727	948304	12362	509135	21217
1996	116573	423969	1007802	1005606	11456	532786	22487
1997	117573	430258	1023832	1018842	11369	545739	22704
1998	120580	425509	1141492	1134504	10534	574089	22718
1999	122740	510551	1186502	1178865	10397	614507	34552
2000	126686	533569	1282908	1269083	10839	652992	34552
2001	127317	584008	1315854	1299104	10749	681527	72801
2002	126644	593141	1316564	1300746	9945	707028	108710
2003	125009	699191	1290879	1290879	9622	686871	114774
2004	121787	667999	1229010	1229010	8868	648426	76706
2005	124331	723434	1227233	1227233	8716	647240	201588
2006	125697	626014	1351774	1351774	8884	701970	515033
2007	127393	638617	1403511	1403511	9001	718315	425234
2008	129048	594476	1397377	1397377	8467	703378	416483
2009	127761	597716	1377372	1358856	7948	711084	424542
2010	128760	599403	1334626	1301595	6802	687962	439050
2011	129331	593020	1418788	1380774	7073	759257	451009
2012	123487	589231	1479459	1438014	7089	853176	346510
2013	122494	533211	1480898	1438496	6857	905218	331286
2014	119684	506829	1491896	1447375	6648	924370	445618
2015	120309	469224	1494688	1447923	6503	942556	434148
2016	119178	427030	1433123	1384957	6364	911532	431458
2017	116473	279706	1379289	1328438	6061	899285	413893
2018	111604	250394	1299773	1253983	5675	857483	406685
2019	108467	146349	1284418	1236551	5507	854522	400384
2020	106083	6048	1265493	1217697	5367	850822	384933

3-19　农田水利建设情况

(1990-2020年)　　单位：千公顷

年　份	耕地灌溉面积	林地灌溉面积	园地灌溉面积	水土流失治理面积	堤防总长度(公里)	已建成水库(座)	总库容(万立方米)
1990	127.40	0.78	7.94	148.21	631	293	86969
1991	128.63	0.83	8.35	147.31	645	300	87078
1992	127.79	0.69	6.42	144.27	645	305	130079
1993	126.28	0.72	7.28	349.21	638	306	160329
1994	124.54	0.74	7.16	349.21	638	307	160343
1995	123.25	0.74	7.18	348.71	641	311	162176
1996	121.76	0.72	7.12	348.71	642	314	162544
1997	121.69	0.73	7.10	348.71	629	314	162543
1998	121.67	0.73	8.37	348.71	629	314	162637
1999	122.45	0.73	7.91	392.60	629	317	163714
2000	124.03	0.73	7.96	224.88	633	316	163605
2001	125.03	0.75	8.09	293.11	681	322	164098
2002	126.03	3.37	5.48	238.56	707	327	164144
2003	126.26	3.35	13.23	238.88	710	328	177602
2004	127.95	3.44	13.52	249.40	739	328	177587
2005	126.86	3.50	13.21	253.55	758	326	181664
2006	127.14	4.16	13.47	264.48	1189	323	182769
2007	125.88	4.85	13.37	269.08	1266	327	188027
2008	127.67	4.85	13.57	267.81	1343	324	182716
2009	127.67	4.95	13.87	272.61	1390	325	185361
2010	127.35	4.95	13.97	275.29	1412	326	185373
2011	125.48	5.02	13.78	281.79	1425	326	188147
2012	128.54	4.99	14.06	283.18	1487	345	193643
2013	135.36	5.24	11.39	215.51	2342	345	186813
2014	130.30	3.57	10.70	243.38	2382	346	187434
2015	125.96	4.15	10.67	249.79	2347	346	186813
2016	124.74	4.15	10.67	252.07	2355	346	186613
2017	125.05	4.15	10.67	254.07	2376	346	186611
2018	125.13	4.15	10.67	257.91	2386	347	189772
2019	123.31	4.15	10.40	261.84	2422	346	185938
2020	123.31	4.24	12.82	265.80	2434	348	188215

3-20 农村用电量及化肥施用量

(1990-2020年)

单位：吨

年 份	农村用电量（万千瓦时）	农用化肥施用量（折纯量）	农用塑料薄膜使用量	农用柴油使 用 量	农 药使用量
1990	48022	78955	835		4682
1991	61544	87255	1025		5066
1992	73877	88439	1030		4315
1993	94785	91072	1226	103884	4212
1994	110137	89957	1491	134547	4749
1995	131166	106371	3200	230696	5742
1996	142967	107856	3249	252132	5710
1997	154907	109638	3445	328071	6334
1998	167880	110055	3742	337194	6499
1999	198862	109314	3978	331624	6457
2000	227818	105913	4558	351640	6414
2001	237471	96388	5726	499103	6007
2002	299886	90613	6318	498723	5862
2003	346952	87727	6656	501040	5574
2004	372411	88932	7020	517635	5597
2005	468125	89625	7405	532714	5610
2006	506716	88848	7471	544063	5561
2007	572777	87047	7541	547733	5415
2008	633158	88334	7775	521620	5340
2009	706158	91545	7898	541420	5093
2010	807710	90977	8152	593300	4850
2011	920219	89670	8363	605851	4727
2012	957734	90370	8545	611604	4605
2013	1024355	92561	8946	636934	4515
2014	1033239	89528	9210	648731	4336
2015	1031618	88296	9387	668007	4189
2016	1090873	87777	9584	667600	3106
2017	1156622	90159	10162	658892	3053
2018	1200449	88791	10313	636557	2788
2019	1201899	86176	10404	591902	2727
2020	1238294	80435	11895	607964	2623

主要统计指标解释

农、林、牧、渔业的统计范围是：

1.农业：包括种植业和其他农业。

种植业包括谷物、豆类、油料、棉花、麻类、糖料、烟叶、药材、薯类、蔬菜、瓜类、饲料作物等种植业，茶、桑、果种植业。

其他农业包括野生植物的果实、纤维、油料和野生药物、菌类、柴草等的采集等。

2.林业：包括人工植树造林、森林抚育、迹地更新，村及村以下竹、木材采伐。油桐籽、油茶籽、核桃等林产品的采集。

3.牧业：包括猪、牛、羊等的饲养和放牧业，鸡、鸭、鹅等有家畜养殖业以及兔、蚕、蜂等小动物饲养，野生动物的狩猎、诱捕、猎物饲养，野生动物产品的采集。

4.渔业：包括利用海水进行鱼、虾、贝、藻类等水生动、植物的养殖和对海洋水生动、植物的捕捞；还包括在内陆水域进行鱼、虾、蟹、贝类、珍珠等水生动物的养殖和捕捞。

农林牧渔业总产值　指以货币表现的农林牧渔业全部产品总量。它用价值量形式综合反映一定时期内农林牧渔业生产的总成果和总规模。农林牧渔业总产值的计算方法，一般采用“产品法”进行计算，即凡是有产品产量的，都按产品产量乘以其产品单价求得每一种农产品的产值，然后将四业产品的产值相加求得。

农作物播种面积　指实际播种或移植有农作物的面积。凡是实际种植有农作物的面积，不论种植在耕地上还是非耕地上的，也不论面积大小，均应包括在内。统计播种面积，按种植一次算一次，但移植作物的，按移植后的面积计算。

粮食产量　指全社会的产量，包括国营农场等全民所有制经营、集体统一经营的和农民家庭经营的产量，还包括工矿企业家属办的农场和其他生产单位的产量。粮食在统计上分为谷物、豆类、薯类。从浙江的实际种植结构看，谷物包括稻谷、小麦、玉米和其他谷物，按脱粒后的原粮计算；豆类包括大豆、蚕（豌）豆、杂豆，按去豆荚后的干豆计算；蕃薯按 5 千克鲜薯折 1 千克粮食计算。

粮食产量统计方法主要有两种：全面统计和农产量抽样调查。从 1988 年起，国家统计局统一规定，全国和各省（区、市）的粮食产量一律以农产量抽样调查数为准。从 2014 年起，浙江省统计局规定，各地市粮食产量以抽样调查数为准。农产量抽样调查主要分两部分：一是抽选网点，二是调查推算。

水果产量　指本年度内收获的全部水果产量。不论出售或自食的都应计算在内。水果产量按鲜果计算，不按加工后的产量计算。2001 年起，水果产量包括果用瓜（西瓜、甜瓜、草莓等），但不包括作蔬菜食用的藕、西红柿等，也不包括采集的野生水果。

造林面积　指本年度内在荒山、荒地、沙丘等一切可以造林的土地上，采取人工播种、植苗、飞机播种等方法，新植的成片乔木林和灌木林，经过检查验收，符合“造林技术规程”要求的株数，成活率达 85%以上（1986 年以前成活率按 40%以上计算）的面积。四旁植树在四行以上，连续面积在一亩以上，应统计在造林面积内，但不包括补植面积、重造面积、迹地更新面积、低产林改造面积和零星植树折算面积。

肥猪出栏头数　指年内农村合作经济组织、农民、国营农场、机关、团体、工矿企业、部队等单位以及城镇居民饲养的，供屠宰并已出栏的全部肉猪头数，包括交售给国家、集市上出售和农民自食部分。

肉类总产量　指当年出栏并已屠宰的猪、牛、羊、兔、家禽和其他畜禽的肉产量，按屠宰后除去头蹄下水后带骨肉的重量，即按胴体重计算。

水产品产量　指本年度内捕捞的水产品产量（包括人工养殖和天然生长）。海水生长的藻类计入海水产品产量。淡水生长的各种水生植物，不计算为水产品产量。除海蜇按三矾后，海藻按干品计量外，其余均按捕捞起水时的鲜活实重计量。

农业机械总动力 指主要用于农、林、牧、副、渔业的耕地机械、排灌机械、收获机械、农产品加工机械、运输机械、植保机械、林业机械、渔业机械和其他农业机械等各种动力机械的动力总和。电动机楞率按千瓦计算，内燃机功力按引擎马力折成千瓦计算。

农用化肥施用量 指在本年度内实际用于农业生产的化肥数量。包括氮肥、磷肥、钾肥及复合肥。施用量按标准及折纯量两种方法计算。标准量，是指化肥将实物量按统一规定的折合标准计算。实物量折合标准量的标准是：尿素1∶2，硝酸铵1∶1.65，石灰氮、碳酸氢铵、氨水均为1∶0.67，氨磷钾复合肥 1∶2（也可根据具体情况进行折算），其他化肥按实际含量进行折算。折纯法，即把氮肥、磷肥、钾肥分别按含氮、含五氧化二磷、含氧化钾100%折算，标准量换算折纯量的比例是：氮肥1∶0.21，磷肥1∶0.18，钾肥1∶0.25。

农村用电量 指本年度内扣除在农村中的全民所有制工业、交通、基建单位的用电量以后的农村生产和生活上的全年用电总度数（全年累计数），包括国家电网的供电量，也包括农村自办电站的供电量。

4

工　业

Industry

4-1　主要年份工业法人单位数

单位：个

年　份	全部工业法人单位数	#国　有	#集　体	#有限责任公司	#股份有限公司	#外商及港澳台	#私　营
2007	28330	50	343	4043	99	735	19354
2008	28512	50	211	4762	226	667	19352
2009	30103	55	217	4858	207	735	21797
2010	32800	52	207	4963	199	725	24758
2011	35050	50	204	4840	206	704	27263
2012	36235	48	193	4956	214	676	28401
2013	50216	40	249	1950	98	644	43186
2014	49961	37	227	1860	107	564	43243
2015	49539	32	194	1867	99	502	43425
2016	50879	28	172	2077	121	458	44864
2017	56731	31	168	2176	192	441	50912
2018	47832	13	125	1953	417	275	43208
2019	50046	10	119	759	212	151	46217
2020	56552	11	120	720	183	341	52839

4-2 规模以上工业单位数

(2014-2020年) 单位：个

项目	2014年	2015年	2016年	2017年	2018年	2019年	2020年
总计	**3804**	**3672**	**3618**	**3760**	**3972**	**4309**	**4610**
一、按登记注册类型分							
国有企业	13	13	14	13	4	4	3
集体企业	4	4	4	3	3	3	3
股份合作企业	100	122	132	123	117	112	109
联营企业			1	1	1	1	1
有限责任公司	1239	1130	1063	1012	953	371	186
股份有限公司	82	78	92	149	201	178	152
私营企业	2117	2124	2134	2303	2556	3500	4010
其他企业	1		3	4			
港、澳、台商投资公司	118	90	87	77	68	67	70
外商投资企业公司	130	111	88	75	69	73	76
二、按隶属关系分							
国有控股企业	49	51	52	52	57	64	60
集体控股企业	31	30	29	32	37	25	23
私人控股企业	3546	3438	3388	3526	3722	4095	4394
港澳台控股企业	72	50	49	42	43	43	48
外商控股企业	70	60	52	48	46	52	52
其他控股企业	36	43	48	60	67	30	33
三、按轻重工业分							
轻工业	1449	1419	1375	1468	1535	1655	1755
重工业	2355	2253	2243	2292	2437	2654	2855
四、按企业规模分							
大型企业	43	40	45	51	55	47	53
中型企业	404	381	373	395	385	365	380
小型企业	3246	3144	3126	3247	3407	3787	4056
微型企业	111	107	74	67	125	110	121

注：规模以上工业统计范围是：年主营业务收入2000万元及以上工业(2015年起不包括台州电业局，2012年-2014年不包括台州电业局直属供电局)，下同。

4-3　分行业规模以上工业单位数

(2014-2020年)　　单位：个

行　业	2014年	2015年	2016年	2017年	2018年	2019年	2020年
总　计	**3804**	**3672**	**3618**	**3760**	**3972**	**4309**	**4610**
有色金属矿采选业	1	1	1	1		1	1
非金属矿采选业	4	3	2	3	4	7	12
农副食品加工业	72	69	76	71	74	79	87
食品制造业	20	21	16	16	15	14	14
酒、饮料和精制茶制造业	8	8	10	9	8	7	7
纺织业	85	86	78	89	96	108	123
纺织服装、服饰业	20	21	21	17	16	20	19
皮革、毛皮、羽毛及其制品和制鞋业	248	216	208	164	178	217	218
木材加工和木、竹、藤、棕、草制品业	16	15	17	18	21	20	23
家具制造业	99	97	98	94	89	84	79
造纸和纸制品业	57	55	60	52	59	69	70
印刷和记录媒介复制业	35	42	37	51	50	51	58
文教、工美、体育和娱乐用品制造业	131	141	123	106	119	129	136
石油、煤炭及其他燃料加工业	2	1	1	1	1	2	4
化学原料和化学制品制造业	77	72	68	79	83	85	88
医药制造业	77	76	73	66	65	65	67
化学纤维制造业	3	3	2	2	3	5	5
橡胶和塑料制品业	480	455	460	472	487	510	551
非金属矿物制品业	75	88	93	104	114	131	136
黑色金属冶炼和压延加工业	69	53	47	22	20	24	25
有色金属冶炼和压延加工业	82	85	78	69	77	79	78
金属制品业	208	194	192	251	258	280	314
通用设备制造业	624	594	620	685	737	833	921
专用设备制造业	211	214	206	246	275	322	359
汽车制造业	336	327	330	374	386	390	395
铁路、船舶、航空航天和其他运输设备制造业	177	161	138	139	144	155	181
电气机械和器材制造业	352	339	321	332	361	387	409
计算机、通信和其他电子设备制造业	38	38	35	39	44	44	46
仪器仪表制造业	81	79	69	51	52	55	57
其他制造业	27	30	35	36	36	38	40
废弃资源综合利用业	44	41	48	44	38	30	25
金属制品、机械和设备修理业	2	1	1	2	2	2	2
电力、热力生产和供应业	24	25	33	34	36	39	31
燃气生产和供应业	6	6	6	6	8	10	12
水的生产和供应业	13	15	15	15	16	17	17

4-4 规模以上工业增加值

(2014-2020年)　　单位：万元

项　　目	2014年	2015年	2016年	2017年	2018年	2019年	2020年
总　　计	**8213944**	**8297077**	**9064389**	**10011288**	**11131292**	**11344295**	**11948045**
一、按登记注册类型分							
国有企业	336049	332705	327962	283529	98270	57632	7083
集体企业	5445	7469	7261	7136	9275	7889	8239
股份合作企业	98365	122801	137126	129852	112691	116614	113168
联营企业			285	295	306	276	279
有限责任公司	2451132	2326533	2549371	2455132	2768545	1667472	1531315
股份有限公司	1244856	1372423	1655595	2004113	2340796	2093326	1956400
私营企业	2796789	3031102	3283354	3815703	4447114	6296066	7365856
其他企业	498		3070	2569			
港、澳、台商投资公司	328121	295033	328866	363305	329317	258559	228443
外商投资企业公司	952690	809011	771499	949654	1024980	846461	737263
二、按隶属关系分							
国有控股企业	1052587	1082285	1012412	966796	1123912	1322576	1167453
集体控股企业	108768	103148	165653	106255	64404	38314	41018
私人控股企业	6338762	6551933	7204465	7941439	8845323	9238470	9700116
港澳台控股企业	202359	159955	184176	207794	181342	103963	134120
外商控股企业	374470	268589	361687	619838	704176	475229	637488
其他控股企业	136998	131166	135996	169167	212136	165743	267851
三、按轻重工业分							
轻工业	3037685	3217947	3410898	3537237	3717249	4088586	4254625
重工业	5176259	5079130	5653491	6474051	7414043	7255709	7693420
四、按企业规模分							
大型企业	1596136	1633213	1936373	2408422	2848093	2394969	2898025
中型企业	2868510	2518542	2751271	2941399	3388226	3722053	3810406
小型企业	3625242	3592913	3950184	4357560	4791444	5145523	5272653
微型企业	124057	552410	426560	303907	103529	81750	-33039

4-5 分行业规模以上工业增加值

(2014-2020年) 单位：万元

行 业	2014年	2015年	2016年	2017年	2018年	2019年	2020年
总 计	**8213944**	**8297077**	**9064389**	**10011288**	**11131292**	**11344295**	**11948045**
有色金属矿采选业	2175	1573	1878	2671		1860	1765
非金属矿采选业	5954	2231	2103	3451	8018	12326	16328
农副食品加工业	81305	81654	93727	93830	78589	83457	88750
食品制造业	37830	45907	38015	34651	37041	42527	42217
酒、饮料和精制茶制造业	52659	47110	53792	54015	43950	37750	37995
纺织业	127230	132353	143497	166863	152888	158353	189310
纺织服装、服饰业	14462	15499	14877	14961	12218	14374	15372
皮革、毛皮、羽毛及其制品和制鞋业	273337	238749	252523	233585	186803	230822	176939
木材加工和木、竹、藤、棕、草制品业	16257	17107	20859	22776	26483	23153	23595
家具制造业	158273	147765	265863	251953	227479	216462	230990
造纸和纸制品业	81831	78876	84734	109398	138295	136767	122012
印刷和记录媒介复制业	35479	40601	48185	64674	66848	63980	72165
文教、工美、体育和娱乐用品制造业	142784	166666	156718	153644	192836	207103	212311
石油、煤炭及其他燃料加工业	445	183	212	357	452	963	3235
化学原料和化学制品制造业	311813	306357	273004	275372	380682	434259	418401
医药制造业	717623	893819	963469	929984	1061145	1260692	1371160
化学纤维制造业	7884	5190	2955	1464	1770	6064	4496
橡胶和塑料制品业	777520	810765	892449	915814	964978	1048611	1119857
非金属矿物制品业	127930	130919	153996	164573	235638	280558	338525
黑色金属冶炼和压延加工业	67707	53163	55580	39164	33973	58622	66745
有色金属冶炼和压延加工业	99989	100554	112453	95872	252803	64759	62214
金属制品业	296696	288526	323601	404735	428911	453541	444876
通用设备制造业	1030016	1016033	1148152	1359147	1517883	1622112	1774661
专用设备制造业	426419	421315	426461	536803	670166	711143	824782
汽车制造业	733275	748636	1008363	1466955	1723512	1403018	1369138
铁路、船舶、航空航天和其他运输设备制造业	396138	352488	340403	324413	301441	333010	404906
电气机械和器材制造业	624879	633049	664366	620893	691506	733365	741765
计算机、通信和其他电子设备制造业	90650	83943	142751	209293	246151	229626	151525
仪器仪表制造业	205525	201749	172772	154095	185591	195379	197487
其他制造业	211713	212623	131045	140580	138812	131079	126365
废弃资源综合利用业	201529	156528	202368	288451	120312	43538	62641
金属制品、机械和设备修理业	1045	1443	1316	2279	2734	1988	1790
电力、热力生产和供应业	798128	800104	801768	790367	906270	1003154	1119844
燃气生产和供应业	7628	12530	14577	16123	22676	25499	40281
水的生产和供应业	49817	51072	55560	68084	72439	74382	73603

4-6 规模以上工业主要产品产量

(2020年)

产品名称		产　量	产品名称		产　量
精制食用植物油	(万吨)	2.24	其中：木质家具	(万件)	209.05
鲜、冷藏肉	(万吨)	6.13	金属家具	(万件)	2577.49
冷冻水产品	(万吨)	46.27	软体家具	(万件)	9.00
糖果	(万吨)	0.05	箱纸板	(万吨)	2.38
罐头	(万吨)	10.24	纸制品	(万吨)	63.18
食品添加剂	(万吨)	0.07	合成橡胶	(万吨)	9.63
饮料酒	(万千升)	30.14	化学农药原药(折有效成分100%)	(万吨)	1.43
其中：啤酒	(万千升)	29.19	其中：杀虫剂原药	(万吨)	1.43
饮料	(万吨)	2.86	涂料	(万吨)	10.00
其中：果汁和蔬菜汁饮料类	(万吨)	2.80	初级形态塑料	(万吨)	10.75
精制茶	(吨)	0.01	化学试剂	(万吨)	1.11
纱	(万吨)	3.64	化学药品原药	(万吨)	6.22
其中：化学纤维纱	(万吨)	3.46	中成药	(万吨)	0.06
布	(万米)	17128.70	橡胶轮胎外胎	(万条)	78.33
印染布	(万米)	13555.00	塑料制品	(万吨)	200.83
绒线(俗称毛线)	(万吨)	0.38	其中：塑料薄膜	(万吨)	5.11
化纤长丝机织物	(万米)	26896.70	泡沫塑料	(万吨)	3.16
非织造布(无纺布)	(万吨)	1.97	塑料人造革、合成革	(万吨)	6.03
服装	(万件)	139.80	日用塑料制品	(万吨)	52.33
其中：梭织服装	(万件)	69.70	水泥	(万吨)	493.48
针织服装	(万件)	70.10	商品混凝土	(万立方米)	2264.30
皮革鞋靴	(万双)	17054.10	预应力混凝土桩	(万米)	693.82
人造板	(万立方米)	8.70	砖	(万块)	43031.60
其中：纤维板	(万立方米)	8.70	钢化玻璃	(万平方米)	252.88
人造板表面装饰板	(万平方米)	198.50	日用玻璃制品	(万吨)	2.01
家具	(万件)	3613.85	玻璃保温容器	(万个)	197.50

4-6　续表

产品名称		产　量	产品名称		产　量
卫生陶瓷制品	(万件)	38.16	铜材	(万吨)	15.41
服装、鞋帽加工机械	(万台)	259.35	铝材	(万吨)	10.47
铜合金	(万吨)	0.05	钢结构	(万吨)	6.11
金属切削工具	(万件)	3621.20	白银(银锭)	(千克)	15093.20
发动机	(万千瓦)	196.10	电动自行车	(万辆)	171.74
金属切削机床	(万台)	4.37	民用钢质船舶	(万载重吨)	69.88
其中：数控金属切削机床	(万台)	2.02	电动机	(万千瓦)	2804.86
电焊机	(万台)	342.66	其中：交流电动机	(万千瓦)	1600.08
泵	(万台)	4534.05	变压器	(万千伏安)	2265.08
其中：真空泵	(万台)	80.18	电力电缆	(万千米)	85.16
气体压缩机	(万台)	283.62	绝缘制品	(万吨)	0.40
其中：非制冷设备用压缩机	(万台)	277.70	锂离子电池	(万只)	513.93
阀门	(万吨)	24.79	太阳能电池	(万千瓦)	7.39
齿轮	(万吨)	21.49	家用电冰箱	(万台)	91.87
电动手提式工具	(万台)	660.90	家用冷柜(家用冷冻箱)	(万台)	199.73
金属紧固件	(万吨)	2.34	灯具及照明装置	万套(台、个)	8853.24
铸铁件	(万吨)	18.42	家用电风扇	(万台)	378.95
铸钢件	(万吨)	3.31	电子元件	(万只)	726248.70
锻件	(万吨)	29.87	彩色电视机	(万台)	0.76
减速机	(万台)	192.30	其中：液晶(ＬＣＤ)电视机	(万台)	0.74
模具	(万套)	3.80	收获机械	(万台)	0.34
汽车	(万辆)	32.13	其中：谷物收获机械	(万台)	0.34
其中：基本型乘用车(轿车)	(万辆)	21.60	眼镜成镜	(万副)	12409.57
运动型多用途乘用车	(万辆)	8.35	自来水生产量	(万立方米)	5.18
摩托车整车	(万辆)	87.66	灭火器	(万台)	32.16

4-7 规模以上工业主要财务指标(一)

(2020年) 单位：万元

项目	企业单位数(个)	亏损企业	新产品产值	新产品销售收入	新产品销售收入中出口	资产总计
总计	**4610**	**420**	**20459828**	**17568840**	**5907881**	**74425428**
其中：国有控股企业	60	13	504830	519440	100649	12752253
按登记注册类型分						
国有企业	3	2	11705	11705	2926	115631
集体企业	3	1	455	455		40071
股份合作企业	109	4	156630	144479	19106	478179
联营企业	1					1823
有限责任公司	186	27	1857128	886225	174342	14828762
股份有限公司	152	6	3451397	3476623	1379714	15001270
私营企业	4010	359	12641985	11666815	3886433	37499838
港、澳、台商投资公司	70	13	398901	339559	140246	1660928
外商投资企业公司	76	8	1941628	1042981	305114	4798927
按轻重工业分						
轻工业	1755	213	6056531	5862855	2400287	23726573
重工业	2855	207	14403298	11705986	3507594	50698856
按大中小微型分						
大型企业	53	3	6252778	5508470	2349188	23612039
中型企业	380	22	6415376	6069599	1981036	18871783
小型企业	4056	369	7755734	5971572	1575569	30886202
微型企业	121	26	35941	19199	2088	1055404
按工业行业分						
有色金属矿采选业	**1**					**3339**
常用有色金属矿采选	1					3339
非金属矿采选业	**12**	**3**				**256040**
土砂石开采	12	3				256040
农副食品加工业	**87**	**24**	**182947**	**119960**	**14105**	**548197**
谷物磨制	2					8377
饲料加工	6		16152	14455	4136	69831
植物油加工	1		29752	22314	7470	67755
屠宰及肉类加工	8	2	31144			65666
水产品加工	68	22	105899	83190	2500	326612
蔬菜、菌类、水果和坚果加工	1					5561
其他农副食品加工	1					4396

4-7 续表 1

单位：万元

项 目	企业单位数(个)	亏损企业	新产品产值	新产品销售收入	新产品销售收入中出口	资产总计
食品制造业	**14**	**3**	**50296**	**35502**	**13108**	**214267**
罐头食品制造	9	2	10240			106454
其他食品制造	5	1	40056	35502	13108	107813
酒、饮料和精制茶制造业	**7**	**1**	**3208**	**386**		**167438**
酒的制造	3	1	1361			114978
饮料制造	3			250		43415
精制茶加工	1		1847	136		9045
纺织业	**123**	**19**	**273515**	**255830**	**93118**	**790725**
棉纺织及印染精加工	12	1	77777	80021		136938
毛纺织及染整精加工	5		5775	5073		22254
化纤织造及印染精加工	24	3	29832	30024	625	137177
针织或钩针编织物及其制品制造	4	3	10966	9201	239	40943
家用纺织制成品制造	17	1	37886	30411	27934	70333
产业用纺织制成品制造	61	11	111280	101101	64320	383080
纺织服装、服饰业	**19**		**18102**	**11249**	**4410**	**71197**
机织服装制造	10		13618	8380	3254	35880
针织或钩针编织服装制造	6		2929	1325		24461
服饰制造	3		1555	1544	1156	10856
皮革、毛皮、羽毛及其制品和制鞋业	**218**	**17**	**338315**	**303756**	**198619**	**580251**
皮革制品制造	5	1	6664	1382	1246	24853
制鞋业	213	16	331651	302374	197374	555397
木材加工和木、竹、藤、棕、草制品业	**23**	**6**	**34064**	**35836**	**9798**	**112227**
人造板制造	3		12220	10208		48890
木质制品制造	15	6	9531	5427	3632	31469
竹、藤、棕、草等制品制造	5		12314	20201	6166	31868
家具制造业	**79**	**21**	**355850**	**329498**	**251647**	**1320602**
木质家具制造	22	11	33215	27539	16789	135378
竹、藤家具制造	8	2	8566	11197	646	34756

4-7 续表 2

单位：万元

项　　目	企业单位数(个)	亏损企业	新产品产值	新产品销售收入	新产品销售收入中出口	资产总计
金属家具制造	35	5	284981	264679	213450	1007004
塑料家具制造	10	2	25510	22504	20762	116606
其他家具制造	4	1	3579	3579		26858
造纸和纸制品业	**70**	**7**	**249274**	**284619**	**30359**	**567880**
造纸	9	1	172256	211899	613	151544
纸制品制造	61	6	77019	72720	29746	416336
印刷和记录媒介复制业	**58**	**4**	**88505**	**85034**	**11028**	**459929**
印刷	58	4	88505	85034	11028	459929
文教、工美、体育和娱乐用品制造业	**136**	**22**	**204581**	**154060**	**102992**	**683406**
文教办公用品制造	3	1	1362	1794		14619
乐器制造	1			174		3375
工艺美术及礼仪用品制造	113	18	190508	139441	94762	564152
体育用品制造	5		10608	10549	7512	57479
玩具制造	12	3	422	421	421	37342
游艺器材及娱乐用品制造	2		1681	1681	298	6440
石油、煤炭及其他燃料加工业	**4**		**46**	**56**		**23478**
精炼石油产品制造	4		46	56		23478
化学原料和化学制品制造业	**88**	**4**	**686108**	**640504**	**193038**	**2824404**
基础化学原料制造	13		168220	164135	32944	1048633
农药制造	4		52919	53492	27525	223844
涂料、油墨、颜料及类似产品制造	29	2	136921	148030	19990	659868
合成材料制造	15	1	92025	56170	2743	293441
专用化学产品制造	15		192570	181711	86162	452311
炸药、火工及焰火产品制造	1					5551
日用化学产品制造	11	1	43453	36967	23674	140756
医药制造业	**67**	**12**	**1950871**	**1932714**	**833126**	**9217890**
化学药品原料药制造	51	8	1557664	1604388	802727	7874798
化学药品制剂制造	4		245638	236208	28132	834255
中药饮片加工	1	1				6629
中成药生产	3	1	121178	86763		196137
兽用药品制造	1		17841			23499
生物药品制造	5	2	5113	5355	2268	276305
卫生材料及医药用品制造	2		3437			6268

4-7 续表 3

单位：万元

项 目	企 业 单位数 (个)	亏损企业	新产品 产 值	新 产 品 销售收入	新产品销售 收入中出口	资产总计
化学纤维制造业	**5**		**3083**	**19**		**41671**
合成纤维制造	5		3083	19		41671
橡胶和塑料制品业	**551**	**52**	**1308073**	**1334246**	**390032**	**5578124**
橡胶制品业	102	12	239697	249965	48739	1416183
塑料制品业	449	40	1068376	1084281	341293	4161940
非金属矿物制品业	**136**	**16**	**226201**	**189600**	**14372**	**1553814**
水泥、石灰和石膏制造	7					84959
石膏、水泥制品及类似制品制造	76	8	177964	134747		1123345
砖瓦、石材等建筑材料制造	20	4	11304	11316		131581
玻璃制造	6		3886	7436		20108
玻璃制品制造	12		15044	12286	7497	90080
玻璃纤维和玻璃纤维增强塑料制品制造	6	1	5294	7333		33748
陶瓷制品制造	7	3	12709	16483	6875	48930
石墨及其他非金属矿物制品制造	2					21063
黑色金属冶炼和压延加工业	**25**		**72116**	**54640**	**964**	**377872**
钢压延加工	25		72116	54640	964	377872
有色金属冶炼和压延加工业	**78**	**6**	**231569**	**108444**	**4644**	**788711**
常用有色金属冶炼	1					10287
贵金属冶炼	1					3016
有色金属合金制造	5	2	12027	12014		103517
有色金属压延加工	71	4	219542	96430	4644	671892
金属制品业	**314**	**21**	**601522**	**503423**	**193970**	**2927488**
结构性金属制品制造	19	4	37117	36733	8797	104337
金属工具制造	22	1	47453	47318	7248	166256
集装箱及金属包装容器制造	14		13478	10760		60032
金属丝绳及其制品制造	15		1558	832	52	58830
建筑、安全用金属制品制造	68	4	99306	94105	26077	392689
金属表面处理及热处理加工	52	5	45753	36710		256719
搪瓷制品制造	1		2858	2858	1724	2890
金属制日用品制造	23	1	239242	190327	144084	1310469
铸造及其他金属制品制造	100	6	114757	83780	5988	575266
通用设备制造业	**921**	**35**	**3113865**	**2872891**	**1202704**	**8464318**
锅炉及原动设备制造	9	1	10931	13233		73712

4-7 续表 4

单位：万元

项　　目	企　业单位数(个)	亏损企业	新产品产　值	新产品销售收入	新产品销售收入中出口	资产总计
金属加工机械制造	84	4	347034	309389	99045	725245
物料搬运设备制造	22	2	94084	89276	3402	256332
泵、阀门、压缩机及类似机械制造	558	21	1871764	1709819	961872	4263598
轴承、齿轮和传动部件制造	111	2	437597	437365	51453	1935111
烘炉、风机、包装等设备制造	90	2	289908	259040	74764	932093
文化、办公用机械制造	2		7613	7613	2429	33053
通用零部件制造	38		46115	38965	9389	203816
其他通用设备制造业	7	3	8818	8191	39	41358
专用设备制造业	**359**	**32**	**1567399**	**1471682**	**472084**	**4037549**
采矿、冶金、建筑专用设备制造	17		87110	80365	8148	287655
化工、木材、非金属加工专用设备制造	139	12	603958	564295	118657	1483262
食品、饮料、烟草及饲料生产专用设备制造	10		3734	5795	1851	31758
印刷、制药、日化及日用品生产专用设备制造	7		9730	10053		31548
纺织、服装和皮革加工专用设备制造	48	7	332950	334227	124418	980249
电子和电工机械专用设备制造	1		2945	2945	636	5462
农、林、牧、渔专用机械制造	58	5	305709	280424	184679	594407
医疗仪器设备及器械制造	57	4	90717	84086	16137	387359
环保、邮政、社会公共服务及其他专用设备制造	22	4	130546	109492	17559	235848
汽车制造业	**395**	**31**	**5342840**	**3205683**	**866043**	**10641338**
汽车整车制造	5	1	2546110	1564012	533159	3315770
汽车用发动机制造	2		178504	15445		236174
汽车零部件及配件制造	388	30	2618226	1626226	332884	7089394
铁路船舶航空航天和其他运输设备制造业	**181**	**23**	**787297**	**803297**	**163891**	**2265109**
铁路运输设备制造	11	2	128335	117095	3548	483256
船舶及相关装置制造	23	6	65991	54356	2926	547626
航空、航天器及设备制造	2		9626	9626		30498
摩托车制造	90	7	383701	419365	146349	784680
自行车和残疾人座车制造	2	1				7034
助动车制造	49	7	198248	202855	11068	402636
非公路休闲车及零配件制造	4		1396			9379
电气机械和器材制造业	**409**	**33**	**1658580**	**1735137**	**518202**	**4548468**
电机制造	160	9	733362	738662	205418	1796910
输配电及控制设备制造	64	4	377902	352769	97390	677104
电线、电缆、光缆及电工器材制造	64	6	194546	230983	675	757293
电池制造	2		1048	1033	133	5058

4-7　续表 5

单位：万元

项　　目	企　业单位数(个)	亏损企业	新产品产　值	新 产 品销售收入	新产品销售收入中出口	资产总计
家用电力器具制造	25	4	200090	211748	122779	686470
非电力家用器具制造	8		87442	116505	50077	186069
照明器具制造	81	10	60290	73837	38925	415205
其他电气机械及器材制造	5		3900	9601	2804	24358
计算机、通信和其他电子设备制造业	**46**	**11**	**583923**	**581754**	**158745**	**2465068**
通信设备制造	2		12230	9473	2221	39100
非专业视听设备制造	3	2		369		116464
智能消费设备制造	8	3	79036	77825	2661	166330
电子器件制造	10	2	298249	288305	148800	1435857
电子元件及电子专用材料制造	20	3	194392	205041	5062	683851
其他电子设备制造	3	1	16	740		23466
仪器仪表制造业	**57**	**1**	**364119**	**341668**	**112122**	**772810**
通用仪器仪表制造	52	1	342178	320378	112122	744368
专用仪器仪表制造	3		5687	4968		10358
光学仪器及眼镜制造	1		14136	14136		13182
其他仪器仪表制造业	1		2200	2186		4902
其他制造业	**40**	**3**	**155000**	**166512**	**54762**	**576044**
日用杂品制造	39	3	155000	159012	47262	562202
其他未列明制造业	1			7500	7500	13842
废弃资源综合利用业	**25**	**4**	**6152**	**3233**		**632947**
金属废料和碎屑加工处理	17	3	2918			536720
非金属废料和碎屑加工处理	8	1	3233	3233		96227
金属制品、机械和设备修理业	**2**		**2331**			**7375**
铁路、船舶、航空航天等运输设备修理	2		2331			7375
电力、热力生产和供应业	**31**	**4**		**341**		**9522010**
电力生产	23	3				9178547
电力供应	2					260541
热力生产和供应	6	1		341		82922
燃气生产和供应业	**12**					**216645**
燃气生产和供应业	12					216645
水的生产和供应业	**17**	**5**		**7266**		**1166798**
自来水生产和供应	12	4				895795
污水处理及其再生利用	5	1		7266.1		271004

4-8 规模以上工业主要财务指标(二)

(2020年) 单位：万元

项目	流动资产合计	存货	固定资产原价	固定资产净额	年末负债合计	流动负债合计
总计	**38414409**	**8006273**	**31965620**	**19699364**	**42396112**	**33523189**
其中：国有控股企业	2171190	499519	9785114	7132158	8239826	2794664
按登记注册类型分						
国有企业	50471	19587	80330	55724	84582	51975
集体企业	10831	2823	38650	27550	18853	3853
股份合作企业	354185	59517	185686	81801	241956	228390
联营企业	1688	480	420	135	94	94
有限责任公司	4948779	730681	9523308	7383193	10651948	4873296
股份有限公司	7084307	1332989	4518183	2262762	5658117	4797422
私营企业	22776725	5386916	14327807	8374119	22691872	20980202
港、澳、台商投资公司	833242	157412	506561	257457	789485	674819
外商投资企业公司	2354182	315869	2784675	1256624	2259206	1913139
按轻重工业分						
轻工业	12500221	2968253	8199298	4636260	11736513	10682463
重工业	25914188	5038021	23766323	15063104	30659599	22840727
按大中小微型分						
大型企业	9075898	1874197	10722114	7792967	12251946	7209888
中型企业	9953886	2457245	8665696	4724193	9217857	8106963
小型企业	18911202	3601348	12039052	6847972	20046427	17766669
微型企业	473422	73484	538759	334232	879883	439670
按工业行业分						
有色金属矿采选业	**1699**	**852**	**1374**	**663**	**1684**	**1684**
常用有色金属矿采选	1699	852	1374	663	1684	1684
非金属矿采选业	**63579**	**21612**	**30187**	**20985**	**229713**	**203351**
土砂石开采	63579	21612	30187	20985	229713	203351
农副食品加工业	**329267**	**98701**	**195216**	**126764**	**320919**	**300983**
谷物磨制	7038	5062	1936	1335	6003	5422
饲料加工	47563	4349	18447	13305	57232	56132
植物油加工	29564	12815	23448	17924	16242	14631
屠宰及肉类加工	25743	1730	35403	25019	29547	28169
水产品加工	214786	72583	108650	64832	205098	191064
蔬菜、菌类、水果和坚果加工	2478	1792	3708	2340	3178	3052
其他农副食品加工	2095	370	3625	2010	3619	2513

4-8　续表 1

单位：万元

项　　目	流动资产合计	存　货	固定资产原价	固定资产净值	年末负债合计	流动负债合计
食品制造业	**132021**	**59363**	**79102**	**45533**	**125992**	**118112**
罐头食品制造	75894	43422	33932	14893	80953	80940
其他食品制造	56126	15942	45171	30640	45039	37171
酒、饮料和精制茶制造业	**116143**	**14796**	**101919**	**32359**	**70849**	**70819**
酒的制造	82804	12110	90596	27541	39770	39740
饮料制造	26515	2399	9102	3713	28211	28211
精制茶加工	6825	287	2221	1105	2868	2868
纺织业	**513338**	**127503**	**351817**	**197805**	**493335**	**458341**
棉纺织及印染精加工	70539	16930	64226	45442	115763	94717
毛纺织及染整精加工	12770	3625	21715	7336	15507	15360
化纤织造及印染精加工	106465	28156	50641	24432	81472	81472
针织或钩针编织物及其制品制造	15276	3965	37320	21815	26213	24324
家用纺织制成品制造	48480	12355	26522	16919	49614	49578
产业用纺织制成品制造	259809	62472	151394	81861	204766	192892
纺织服装、服饰业	**43673**	**11773**	**36602**	**21638**	**46839**	**46801**
机织服装制造	23521	5843	13814	10149	24947	24919
针织或钩针编织服装制造	14765	4292	18775	8068	13624	13615
服饰制造	5387	1638	4013	3421	8268	8268
皮革、毛皮、羽毛及其制品和制鞋业	**394309**	**90549**	**201842**	**115791**	**420955**	**411565**
皮革制品制造	10012	4312	18469	12411	16254	16254
制鞋业	384298	86237	183373	103380	404701	395311
木材加工和木、竹、藤、棕、草制品业	**76270**	**15234**	**38332**	**20599**	**79106**	**79106**
人造板制造	38924	3125	10125	3786	33040	33040
木制品制造	17267	5078	13083	7761	24117	24117
竹、藤、棕、草等制品制造	20079	7031	15124	9052	21949	21949
家具制造业	**819031**	**263356**	**322931**	**161939**	**800739**	**770027**
木质家具制造	81824	31144	59563	34498	95220	93147
竹、藤家具制造	27725	10348	7170	3530	30870	30758

4-8 续表 2

单位：万元

项　　目	流动资产合计	存　货	固定资产原价	固定资产净值	年末负债合计	流动负债合计
金属家具制造	650400	199734	194644	95658	599688	587650
塑料家具制造	37333	14968	54549	25204	53158	39975
其他家具制造	21749	7161	7005	3049	21803	18498
造纸和纸制品业	**356947**	**81528**	**256465**	**143041**	**319010**	**305141**
造纸	89294	13508	95509	51786	52273	49731
纸制品制造	267654	68020	160957	91255	266737	255410
印刷和记录媒介复制业	**279630**	**39696**	**192327**	**98411**	**211931**	**209070**
印刷	279630	39696	192327	98411	211931	209070
文教、工美、体育和娱乐用品制造业	**407596**	**97433**	**281039**	**155835**	**441218**	**422208**
文教办公用品制造	7477	718	8952	5934	7369	7369
乐器制造	1503	424	1883	955	2852	2852
工艺美术及礼仪用品制造	341534	82657	227475	123271	367761	351891
体育用品制造	33281	7385	18883	11118	34712	31572
玩具制造	19377	5175	21167	12898	25639	25639
游艺器材及娱乐用品制造	4424	1073	2679	1659	2886	2886
石油、煤炭及其他燃料加工业	**11394**	**2183**	**9347**	**7997**	**13896**	**13896**
精炼石油产品制造	11394	2183	9347	7997	13896	13896
化学原料和化学制品制造业	**1570397**	**229657**	**698664**	**419318**	**1038565**	**925444**
基础化学原料制造	566946	57241	171746	88768	282123	227237
农药制造	135046	18209	49228	25421	59050	56035
涂料、油墨、颜料及类似产品制造	347374	77685	226668	151441	287431	271758
合成材料制造	178829	26802	59373	32126	230699	204844
专用化学产品制造	251257	36010	160926	105440	134921	121354
炸药、火工及焰火产品制造	1367	291	5629	2623	1301	1265
日用化学产品制造	89578	13418	25094	13501	43040	42953
医药制造业	**3965653**	**1018364**	**2888336**	**1630675**	**3382652**	**2748388**
化学药品原料药制造	3280206	917147	2519900	1404087	2997074	2403055
化学药品制剂制造	448306	73219	275316	182012	236741	206157
中药饮片加工	6411	1230	407	187	4639	4639
中成药生产	130848	16260	43652	20197	87946	85913
兽用药品制造	12484	1126	8473	5537	5314	5314
生物药品制造	85741	8569	36633	15647	45016	37390
卫生材料及医药用品制造	1658	814	3956	3007	5921	5921

4-8　续表 3

单位：万元

项　　目	流动资产合计	存　货	固定资产原价	固定资产净值	年末负债合计	流动负债合计
化学纤维制造业造	**20150**	**1381**	**21455**	**11721**	**29699**	**26633**
合成纤维制造	20150	1381	21455	11721	29699	26633
橡胶和塑料制品业	**3056824**	**653481**	**2283629**	**1314223**	**2733544**	**2560166**
橡胶制品业	759294	133483	499160	283765	610611	544149
塑料制品业	2297530	519999	1784469	1030458	2122932	2016017
非金属矿物制品业	**995966**	**167149**	**579028**	**336593**	**1031615**	**890364**
水泥、石灰和石膏制造	56352	6890	49355	21457	41077	38794
石膏、水泥制品及类似制品制造	723946	124443	422138	255918	760612	634397
砖瓦、石材等建筑材料制造	94651	11662	28181	18333	101141	90373
玻璃制造	11544	4140	15629	5424	15887	14984
玻璃制品制造	53889	8473	21424	9443	34522	34522
玻璃纤维和玻璃纤维增强塑料制品制造	20473	5967	10232	5381	21050	19966
陶瓷制品制造	26744	5444	25536	14670	38167	38167
石墨及其他非金属矿物制品制造	8365	130	6535	5966	19160	19160
黑色金属冶炼和压延加工业	**270282**	**88313**	**114414**	**72361**	**260896**	**237342**
钢压延加工	270282	88313	114414	72361	260896	237342
有色金属冶炼和压延加工业	**537335**	**96432**	**168738**	**97984**	**507863**	**499253**
常用有色金属冶炼	8788	4886	1109	769	8526	8526
贵金属冶炼	2461	1264	1010	534	1375	1375
有色金属合金制造	51722	11308	38249	29713	73063	70467
有色金属压延加工	474364	78974	128369	66967	424900	418885
金属制品业	**1668332**	**282467**	**915205**	**532453**	**1818707**	**1703104**
结构性金属制品制造	82336	20218	29886	14456	67613	62024
金属工具制造	81340	17531	94860	59252	103053	99275
集装箱及金属包装容器制造	41516	9017	22231	11790	39217	39217
金属丝绳及其制品制造	42313	12454	24042	12842	37904	35954
建筑、安全用金属制品制造	233560	65446	153128	88006	252152	234095
金属表面处理及热处理加工	151021	17467	135824	75164	180799	174540
搪瓷制品制造	1411	1287	1227	1126	1590	1590
金属制日用品制造	649805	67813	187709	131344	773751	712694
铸造及其他金属制品制造	385031	71233	266297	138473	362628	343716
通用设备制造业	**5100834**	**1338745**	**3286506**	**1942408**	**4614803**	**4274196**
锅炉及原动设备制造	48686	19582	32284	16735	45525	45514

4-8 续表 4

单位：万元

项　　目	流动资产合计	存　货	固定资产原价	固定资产净值	年末负债合计	流动负债合计
金属加工机械制造	506328	147869	271996	143930	425062	415381
物料搬运设备制造	155324	43760	76639	47261	143432	140325
泵、阀门、压缩机及类似机械制造	2744082	739333	1493431	902313	2283744	2190928
轴承、齿轮和传动部件制造	992130	232040	972118	571848	1026740	816108
烘炉、风机、包装等设备制造	479805	112293	318257	191426	507171	488619
文化、办公用机械制造	22799	6714	12414	3554	19975	18995
通用零部件制造	125927	24724	101278	60512	129661	124833
其他通用设备制造业	25755	12430	8091	4830	33495	33493
专用设备制造业	**2600952**	**650077**	**1484862**	**843029**	**2392231**	**2273076**
采矿、冶金、建筑专用设备制造	190689	56277	79587	51432	141694	140261
化工、木材、非金属加工专用设备制造	990345	230624	618235	323826	954895	913786
食品、饮料、烟草及饲料生产专用设备制造	16543	3284	16793	8733	16708	16708
印刷、制药、日化及日用品生产专用设备制造	17525	3129	15677	9616	24805	24254
纺织、服装和皮革加工专用设备制造	600348	159325	328671	205652	537762	501737
电子和电工机械专用设备制造	3615	78	2467	1441	929	929
农、林、牧、渔专用机械制造	389771	101851	192332	112898	343494	329535
医疗仪器设备及器械制造	219132	67055	175271	98623	223902	207636
环保、邮政、社会公共服务及其他专用设备制造	172983	28455	55830	30809	148043	138231
汽车制造业	**6779683**	**687190**	**2861275**	**1725570**	**7185486**	**6262590**
汽车整车制造	2689131	71099	172542	134731	2858131	2441752
汽车用发动机制造	62876	10104	147559	131746	133564	129615
汽车零部件及配件制造	4027675	605987	2541174	1459092	4193792	3691223
铁路船舶航空航天和其他运输设备制造业	**1536986**	**443152**	**693968**	**351349**	**1462458**	**1352615**
铁路运输设备制造	299234	49509	79489	49065	209693	142425
船舶及相关装置制造	429787	208490	172339	79019	402543	380112
航空、航天器及设备制造	13640	1171	8390	4573	19904	15454
摩托车制造	518365	126221	321698	148897	519794	510233
自行车和残疾人座车制造	5134	565	2362	1025	6532	6532
助动车制造	261996	55820	108143	68222	297653	291620
非公路休闲车及零配件制造	8831	1377	1547	548	6339	6239
电气机械和器材制造业	**3127077**	**626688**	**1388421**	**798647**	**2696523**	**2572913**
电机制造	1243293	260362	558737	352973	1058229	1020505
输配电及控制设备制造	469566	91854	234986	109782	363829	351045
电线、电缆、光缆及电工器材制造	605563	118219	139993	73018	444572	431706
电池制造	3159	1931	2705	1170	3982	3982

4-8　续表 5

单位：万元

项　目	流动资产合计	存　货	固定资产原价	固定资产净值	年末负债合计	流动负债合计
家用电力器具制造	357721	68079	215598	135319	406808	356082
非电力家用器具制造	146029	23882	47729	23242	94850	92134
照明器具制造	286853	60355	181075	96856	307042	300247
其他电气机械及器材制造	14893	2006	7598	6287	17211	17211
计算机、通信和其他电子设备制造业	**1053432**	**163381**	**729798**	**432211**	**1175444**	**863856**
通信设备制造	28511	4372	9219	5679	17419	17223
非专业视听设备制造	48771	2627	46293	1075	274995	4350
智能消费设备制造	117503	23931	41474	27953	81691	69198
电子器件制造	383418	58415	390119	266169	547623	524059
电子元件及电子专用材料制造	462222	72730	228552	121777	236212	231522
其他电子设备制造	13008	1306	14140	9558	17505	17505
仪器仪表制造业	**553371**	**127972**	**225595**	**118642**	**323902**	**308590**
通用仪器仪表制造	534639	124903	209832	111159	307983	292928
专用仪器仪表制造	8973	786	5665	1086	4941	4941
光学仪器及眼镜制造	7722	2231	8124	4844	7022	6765
其他仪器仪表制造业	2036	51	1974	1554	3956	3956
其他制造业	**355100**	**81634**	**236341**	**117369**	**315122**	**312152**
日用杂品制造	346235	78132	229247	114130	303380	300409
其他未列明制造业	8865	3502	7094	3239	11743	11743
废弃资源综合利用业	**367009**	**75532**	**164195**	**114077**	**370056**	**351224**
金属废料和碎屑加工处理	337313	70085	110629	77283	316812	314687
非金属废料和碎屑加工处理	29696	5447	53566	36794	53244	36537
金属制品、机械和设备修理业	**4389**	**277**	**7390**	**2875**	**2457**	**2457**
铁路、船舶、航空航天等运输设备修理	4389	277	7390	2875	2457	2457
电力、热力生产和供应业	**952315**	**324689**	**10379112**	**7265076**	**6657743**	**1599358**
电力生产	868689	323027	9879872	7064149	6517151	1489636
电力供应	57732	487	421619	175305	95762	71685
热力生产和供应	25894	1174	77621	25622	44830	38037
燃气生产和供应业	**68545**	**13567**	**132956**	**98866**	**90000**	**73065**
燃气生产和供应业	68545	13567	132956	98866	90000	73065
水的生产和供应业	**284883**	**11550**	**607236**	**324560**	**730160**	**275302**
自来水生产和供应	222354	11442	459866	231933	518614	179273
污水处理及其再生利用	62530	107	147370	92627	211546	96029

4-9 规模以上工业主要财务指标(三)

(2020年) 单位：万元

项目	年末所有者权益合计	实收资本	营业收入	营业成本	税金及附加
总计	**32130891**	**12918283**	**53271127**	**43098778**	**331082**
其中：国有控股企业	4512427	2586400	3534814	2633081	25201
按登记注册类型分					
国有企业	31049	9525	77017	73563	273
集体企业	21218	1637	24443	18187	162
股份合作企业	236223	41950	549425	463645	3115
联营企业	1730	660	2055	1877	4
有限责任公司	4176813	2954005	5996079	4811501	64893
股份有限公司	9504591	2564275	7457106	5397841	49373
私营企业	14756587	5886359	34244311	28223023	180494
港、澳、台商投资企业	871443	429920	1073802	863256	6278
外商投资企业	2531239	1029952	3846891	3245885	26491
按轻重工业分					
轻工业	11963312	4002992	16911815	12942801	105851
重工业	20167579	8915291	36359312	30155977	225231
按大中小微型分					
大型企业	11360094	3736617	11287639	8599620	75787
中型企业	9653926	3240635	14018157	10883839	81426
小型企业	10839758	5725689	27433798	23149185	170930
微型企业	277114	215342	531534	466134	2939
按工业行业分					
有色金属矿采选业	**1656**	**800**	**2749**	**1383**	**111**
常用有色金属矿采选	1656	800	2749	1383	111
非金属矿采选业	**26327**	**22328**	**73079**	**57309**	**2024**
土砂石开采	26327	22328	73079	57309	2024
农副食品加工业	**227279**	**107129**	**900740**	**832670**	**1751**
谷物磨制	2374	1400	15862	14805	7
饲料加工	12598	9056	73696	66843	67
植物油加工	51513	5520	41132	22931	215
屠宰及肉类加工	36120	19102	404831	396203	478
水产品加工	121514	68051	357736	325719	922
蔬菜、菌类、水果和坚果加工	2383	2350	4610	3818	40
其他农副食品加工	777	1650	2873	2352	22

4-9　续表 1

单位：万元

项　目	年末所有者权益合计	实收资本	营业收入	营业成本	税金及附加
食品制造业	**88275**	**26161**	**178354**	**147611**	**1101**
罐头食品制造	25501	7581	91194	76520	546
其他食品制造	62774	18580	87160	71091	556
酒、饮料和精制茶制造业	**96588**	**32853**	**113717**	**86399**	**8628**
酒的制造	75208	24395	75199	53487	8459
饮料制造	15204	3298	33051	28243	154
精制茶加工	6177	5160	5466	4669	15
纺织业	**276764**	**111218**	**836307**	**690454**	**3907**
棉纺织及印染精加工	21176	11524	146927	128008	584
毛纺织及染整精加工	6746	6030	25763	20809	194
化纤织造及印染精加工	55705	23710	145422	129984	483
针织或钩针编织物及其制品制造	14730	3528	25427	20157	190
家用纺织制成品制造	20719	7364	97321	72414	539
产业用纺织制成品制造	157689	59062	395447	319081	1918
纺织服装、服饰业	**24358**	**16150**	**62313**	**51567**	**335**
机织服装制造	10933	8282	39193	32616	188
针织或钩针编织服装制造	10837	7332	16397	13300	109
服饰制造	2588	536	6724	5651	38
皮革、毛皮、羽毛及其制品和制鞋业	**159186**	**70088**	**652659**	**561619**	**3337**
皮革制品制造	8600	7827	17100	14538	116
制鞋业	150587	62261	635559	547081	3221
木材加工和木、竹、藤、棕、草制品业	**33121**	**16112**	**104631**	**89065**	**458**
人造板制造	15849	9981	30660	26379	134
木质制品制造	7352	3531	43836	36919	240
竹、藤、棕、草等制品制造	9920	2600	30136	25767	84
家具制造业	**519863**	**305729**	**1003890**	**825457**	**6035**
木质家具制造	40158	21205	108903	82794	948
竹、藤家具制造	3886	1439	53020	47431	318

4-9 续表 2

单位：万元

项目	年末所有者权益合计	实收资本	营业收入	营业成本	税金及附加
金属家具制造	407316	254549	733839	608374	4039
塑料家具制造	63448	23328	70625	52165	572
其他家具制造	5055	5208	37503	34693	159
造纸和纸制品业	**248870**	**93298**	**638410**	**558793**	**4562**
造纸	99271	23006	235314	201502	2634
纸制品制造	149599	70292	403096	357291	1928
印刷和记录媒介复制业	**247998**	**75831**	**307021**	**258512**	**1667**
印刷	247998	75831	307021	258512	1667
文教、工美、体育和娱乐用品制造业	**242186**	**94083**	**714949**	**549392**	**4770**
文教办公用品制造	7250	5399	11414	9751	30
乐器制造	523	218	2484	2049	14
工艺美术及礼仪用品制造	196390	79661	589780	449182	4230
体育用品制造	22767	2773	59123	43821	254
玩具制造	11703	5081	40035	34129	202
游艺器材及娱乐用品制造	3554	950	12113	10459	39
石油、煤炭及其他燃料加工业	**9583**	**8000**	**21866**	**18546**	**108**
精炼石油产品制造	9583	8000	21866	18546	108
化学原料和化学制品制造业	**1785838**	**403608**	**1739808**	**1292933**	**9543**
基础化学原料制造	766510	127436	403394	291965	2890
农药制造	164794	38805	165329	126468	873
涂料、油墨、颜料及类似产品制造	372437	106409	399013	283979	2463
合成材料制造	62743	36576	272558	235560	989
专用化学产品制造	317390	63415	381273	274999	1714
炸药、火工及焰火产品制造	4250	1000	5024	2610	79
日用化学产品制造	97716	29967	113217	77352	534
医药制造业	**5835238**	**1473629**	**3900447**	**2252599**	**31497**
化学药品原料药制造	4877723	1199977	3320039	1991333	25502
化学药品制剂制造	597514	156921	365187	172316	3874
中药饮片加工	1990	1000	4147	3670	5
中成药生产	108192	38706	110027	25812	1426
兽用药品制造	18184	5370	17791	6814	276
生物药品制造	231289	70656	74153	46421	344
卫生材料及医药用品制造	346	1000	9102	6233	69

4-9　续表 3

单位：万元

项　目	年末所有者权益合计	实收资本	营业收入	营业成本	税金及附加
化学纤维制造业	**11972**	**4984**	**33403**	**30082**	**68**
合成纤维制造	11972	4984	33403	30082	68
橡胶和塑料制品业	**2832411**	**1052582**	**4684543**	**3723760**	**24294**
橡胶制品业	794370	240089	833548	642064	4871
塑料制品业	2038041	812493	3850996	3081696	19423
非金属矿物制品业	**518027**	**297397**	**1917992**	**1606171**	**9903**
水泥、石灰和石膏制造	43883	14004	212278	164283	1115
石膏、水泥制品及类似制品制造	362733	225265	1455823	1239573	6831
砖瓦、石材等建筑材料制造	26269	20804	91414	74135	727
玻璃制造	4221	4850	25109	21873	236
玻璃制品制造	55558	14586	54583	42617	335
玻璃纤维和玻璃纤维增强塑料制品制造	12698	5129	31432	25901	162
陶瓷制品制造	10763	10210	38669	30924	434
石墨及其他非金属矿物制品制造	1903	2550	8685	6864	63
黑色金属冶炼和压延加工业	**116977**	**44183**	**566100**	**509708**	**1575**
钢压延加工	116977	44183	566100	509708	1575
有色金属冶炼和压延加工业	**280848**	**123960**	**1140108**	**1087644**	**1968**
常用有色金属冶炼	1761	520	31118	29426	4
贵金属冶炼	1641	2000	2340	1766	3
有色金属合金制造	30454	27371	117920	112200	275
有色金属压延加工	246992	94069	988730	944251	1686
金属制品业	**1103490**	**459683**	**2174243**	**1813487**	**10692**
结构性金属制品制造	36724	28624	107397	89042	420
金属工具制造	63204	32855	110152	87165	524
集装箱及金属包装容器制造	20815	9696	57412	48218	229
金属丝绳及其制品制造	20926	10953	101859	95006	184
建筑、安全用金属制品制造	135580	76690	467292	390425	2510
金属表面处理及热处理加工	75585	38059	228175	195202	1190
搪瓷制品制造	1300	1261	3640	3058	6
金属制日用品制造	536718	142751	491920	376418	2856
铸造及其他金属制品制造	212639	118794	606397	528952	2773
通用设备制造业	**3834528**	**1283796**	**7329297**	**5902135**	**38358**
锅炉及原动设备制造	28188	12618	54898	41877	469

4-9 续表 4

单位：万元

项目	年末所有者权益合计	实收资本	营业收入	营业成本	税金及附加
金属加工机械制造	300183	73314	664702	530252	3484
物料搬运设备制造	112900	45593	194486	147979	1161
泵、阀门、压缩机及类似机械制造	1979852	664432	4318973	3476174	20516
轴承、齿轮和传动部件制造	893386	238224	1154565	931604	7217
烘炉、风机、包装等设备制造	424922	180611	700757	571563	4078
文化、办公用机械制造	13079	6236	16309	13470	182
通用零部件制造	74155	44566	197658	165359	1162
其他通用设备制造业	7863	18203	26950	23858	89
专用设备制造业	**1645315**	**613953**	**3171187**	**2487718**	**18838**
采矿、冶金、建筑专用设备制造	145961	26298	270943	205789	1391
化工、木材、非金属加工专用设备制造	528366	167266	1026381	777010	7696
食品、饮料、烟草及饲料生产专用设备制造	15050	6250	25720	19583	200
印刷、制药、日化及日用品生产专用设备制造	6743	3764	27549	22011	199
纺织、服装和皮革加工专用设备制造	442487	195251	688332	574886	4047
电子和电工机械专用设备制造	4534	2000	8542	5014	49
农、林、牧、渔专用机械制造	250913	92868	637858	524728	1886
医疗仪器设备及器械制造	163456	79957	297602	217189	2202
环保、邮政、社会公共服务及其他专用设备制造	87805	40300	188259	141509	1169
汽车制造业	**3455849**	**1374996**	**8459963**	**7326429**	**62335**
汽车整车制造	457639	482806	2717151	2520298	36181
汽车用发动机制造	102610	82000	180675	152264	529
汽车零部件及配件制造	2895600	810190	5562137	4653867	25625
铁路船舶航空航天和其他运输设备制造业	**802651**	**408449**	**2046338**	**1715255**	**25271**
铁路运输设备制造	273563	82113	188759	108169	1608
船舶及相关装置制造	145083	130438	287121	269318	1520
航空、航天器及设备制造	10594	3580	18402	12465	130
摩托车制造	264886	118548	1006521	850397	20138
自行车和残疾人座车制造	502	547	6166	5293	84
助动车制造	104983	72173	522674	455898	1727
非公路休闲车及零配件制造	3040	1050	16695	13715	65
电气机械和器材制造业	**1850457**	**812158**	**4543333**	**3879408**	**18190**
电机制造	737281	227341	1635755	1376593	7175
输配电及控制设备制造	313274	187123	695322	586513	3128
电线、电缆、光缆及电工器材制造	312721	193038	1065862	965299	2571
电池制造	1076	1355	5197	4039	18

4-9　续表 5

单位：万元

项　　目	年　末所有者权益合计	实　收资　本	营　业收　入	营　业成　本	税　金及附加
家用电力器具制造	279662	117737	531839	441296	2549
非电力家用器具制造	91219	16926	162448	120403	758
照明器具制造	108076	65289	414568	358141	1894
其他电气机械及器材制造	7147	3350	32343	27124	97
计算机、通信和其他电子设备制造业	**1450048**	**365074**	**997609**	**802715**	**6024**
通信设备制造	21681	5788	30204	20401	190
非专业视听设备制造	2906	3200	19514	26103	443
智能消费设备制造	84639	30534	119357	82407	739
电子器件制造	888234	256839	415255	330749	2542
电子元件及电子专用材料制造	446626	63112	400591	332031	2080
其他电子设备制造	5961	5601	12688	11023	31
仪器仪表制造业	**448908**	**145522**	**671247**	**499847**	**4054**
通用仪器仪表制造	436385	140812	632005	468963	3841
专用仪器仪表制造	5417	1730	14373	11373	81
光学仪器及眼镜制造	6160	2880	17564	13637	107
其他仪器仪表制造业	946	100	7305	5874	24
其他制造业	**260922**	**105815**	**434620**	**355640**	**2410**
日用杂品制造	258822	104815	421559	344281	2300
其他未列明制造业	2100	1000	13061	11360	110
废弃资源综合利用业	**262892**	**173317**	**670508**	**626317**	**3847**
金属废料和碎屑加工处理	219909	140178	607537	579375	3272
非金属废料和碎屑加工处理	42983	33139	62971	46941	575
金属制品、机械和设备修理业	**4918**	**5000**	**9086**	**7742**	**73**
铁路、船舶、航空航天等运输设备修理	4918	5000	9086	7742	73
电力、热力生产和供应业	**2864267**	**2538431**	**2796063**	**2165075**	**21196**
电力生产	2661396	2431327	2112090	1495505	19316
电力供应	164779	86686	618405	613741	1426
热力生产和供应	38092	20418	65569	55829	454
燃气生产和供应业	**126645**	**44023**	**155938**	**114196**	**577**
燃气生产和供应业	126645	44023	155938	114196	577
水的生产和供应业	**436638**	**207943**	**218613**	**171138**	**1575**
自来水生产和供应	377181	158283	182603	143505	1344
污水处理及其再生利用	59458	49660	36009	27633	232

4-10 规模以上工业主要财务指标(四)

(2020年)

单位：万元

项目	销售费用	财务费用	#利息费用	利润总额	利税总额	本年应交增值税	平均用工人数(人)
总计	**1644333**	**946679**	**841267**	**3939632**	**5597984**	**1327271**	**675747**
其中：国有控股企业	158851	209710	246427	333468	497992	139323	16186
按登记注册类型分							
国有企业	330	774	742	-189	1060	976	439
集体企业	304	710	4	3442	4257	653	272
股份合作企业	10520	6646	4688	30402	51334	17817	8688
联营企业	14	10	11	59	93	31	27
有限责任公司	93498	256340	295542	501945	744897	178059	33173
股份有限公司	412245	125490	96349	860158	1091202	181671	81709
私营企业	1035051	509333	396005	2032388	3075753	862872	514678
港、澳、台商投资企业	34102	21752	14405	77468	112387	28641	13021
外商投资企业	58268	25623	33522	433959	517002	56552	23740
按轻重工业分							
轻工业	815820	285211	228052	1630999	2183871	447021	265896
重工业	828513	661468	613214	2308632	3414113	880250	409851
按大中小微型分							
大型企业	451418	243164	265363	1390202	1710067	244078	102716
中型企业	439185	216286	181741	1417316	1877429	378688	180042
小型企业	745371	456385	382272	1233069	2094159	690160	389412
微型企业	8359	30844	11891	-100955	-83670	14346	3577
按工业行业分							
有色金属矿采选业		**66**	**62**	**867**	**1268**	**290**	**85**
常用有色金属矿采选		66	62	867	1268	290	85
非金属矿采选业	**2825**	**2303**	**1901**	**3601**	**8088**	**2463**	**391**
土砂石开采	2825	2303	1901	3601	8088	2463	391
农副食品加工业	**12565**	**9856**	**6030**	**23734**	**30170**	**4686**	**8285**
谷物磨制	436	108	109	284	341	50	55
饲料加工	722	1107	389	2450	2724	207	335
植物油加工	1998	133	339	12018	12945	712	329
屠宰及肉类加工	1639	291	380	5038	5588	72	930
水产品加工	7344	7965	4600	3878	8261	3461	6418
蔬菜、菌类、水果和坚果加工	347	148	108	41	81		87
其他农副食品加工	80	105	105	26	232	183	131

4-10　续表 1

单位：万元

项　　目	销售费用	财务费用	#利息费用	利润总额	利税总额	本年应交增值税	平均用工人数（人）
食品制造业	**5596**	**3420**	**2478**	**8753**	**13552**	**3697**	**3584**
罐头食品制造	3183	2270	1566	4412	8287	3330	2851
其他食品制造	2413	1150	912	4342	5265	368	733
酒、饮料和精制茶制造业	**1544**	**-450**	**931**	**11361**	**25265**	**5276**	**788**
酒的制造	115	-1055	259	9704	22053	3891	406
饮料制造	1293	494	561	1443	2821	1225	314
精制茶加工	135	112	110	215	390	160	68
纺织业	**23035**	**14912**	**11864**	**53266**	**76304**	**19131**	**13202**
棉纺织及印染精加工	2419	4505	4207	6720	10002	2698	1596
毛纺织及染整精加工	407	389	362	916	2108	997	539
化纤织造及印染精加工	2263	1532	1918	4691	8321	3148	1987
针织或钩针编织物及其制品制造	1023	626	651	-121	709	640	498
家用纺织制成品制造	3930	1633	858	12710	14310	1061	1975
产业用纺织制成品制造	12995	6228	3867	28350	40855	10587	6607
纺织服装、服饰业	**1876**	**1218**	**1088**	**2282**	**4763**	**2146**	**1742**
机织服装制造	1158	641	608	1169	2510	1153	981
针织或钩针编织服装制造	447	474	395	715	1518	694	588
服饰制造	272	103	85	398	735	299	173
皮革、毛皮、羽毛及其制品和制鞋业	**15181**	**9063**	**6122**	**18076**	**42779**	**21366**	**23360**
皮革制品制造	479	438	412	-231	523	638	731
制鞋业	14702	8626	5710	18307	42255	20728	22629
木材加工和木、竹、藤、棕、草制品业	**2381**	**2019**	**1514**	**2620**	**6527**	**3450**	**2732**
人造板制造	652	658	592	1137	2579	1308	433
木质制品制造	1319	676	419	590	2335	1505	1588
竹、藤、棕、草等制品制造	410	686	502	893	1614	637	711
家具制造业	**38675**	**5021**	**12849**	**65276**	**83317**	**12006**	**21466**
木质家具制造	7377	3070	2115	2121	5953	2885	3772
竹、藤家具制造	783	690	672	914	3463	2231	1079

4-10 续表 2

单位：万元

项目	销售费用	财务费用	#利息费用	利润总额	利税总额	本年应交增值税	平均用工人数（人）
金属家具制造	25475	-862	8477	57991	66974	4945	14104
塑料家具制造	4518	1368	987	4406	5733	755	1641
其他家具制造	521	755	598	-156	1193	1190	870
造纸和纸制品业	**15182**	**6877**	**5883**	**42989**	**78762**	**31211**	**7449**
造纸	4358	1363	914	24515	48924	21775	1433
纸制品制造	10825	5514	4969	18475	29838	9436	6016
印刷和记录媒介复制业	**9384**	**3974**	**3365**	**15346**	**24854**	**7841**	**6237**
印刷	9384	3974	3365	15346	24854	7841	6237
文教、工美、体育和娱乐用品制造业	**31504**	**16184**	**8591**	**47339**	**80874**	**28765**	**20579**
文教办公用品制造	607	296	118	205	539	303	248
乐器制造		47	47	79	178	85	70
工艺美术及礼仪用品制造	27284	12815	6644	40782	67385	22373	17339
体育用品制造	2214	2349	1319	5022	9483	4207	1579
玩具制造	1156	536	427	712	2613	1699	1182
游艺器材及娱乐用品制造	244	142	36	540	677	98	161
石油、煤炭及其他燃料加工业	**894**	**347**	**351**	**1138**	**1755**	**509**	**85**
精炼石油产品制造	894	347	351	1138	1755	509	85
化学原料和化学制品制造业	**51322**	**25167**	**18947**	**285994**	**333776**	**38240**	**12289**
基础化学原料制造	5446	6175	1792	119646	133109	10573	2450
农药制造	3204	1578	816	27220	31377	3285	1091
涂料、油墨、颜料及类似产品制造	11578	5646	5361	50926	63884	10494	3872
合成材料制造	7693	6228	6752	9062	12579	2528	1378
专用化学产品制造	17346	2422	2366	60091	71771	9967	1970
炸药、火工及焰火产品制造	589	42	54	940	1406	386	79
日用化学产品制造	5467	3076	1806	18110	19651	1007	1449
医药制造业	**331131**	**97938**	**74779**	**713508**	**870405**	**125401**	**36419**
化学药品原料药制造	232905	89411	66569	578840	701780	97438	31321
化学药品制剂制造	39208	6655	6197	100692	120476	15910	3164
中药饮片加工	6	70	53	-94	-43	45	60
中成药生产	40720	1260	1264	31141	42874	10307	879
兽用药品制造	1136	-59		4923	5200		188
生物药品制造	16744	572	696	-2307	-446	1517	667
卫生材料及医药用品制造	414	29		313	565	183	140

4-10　续表 3

单位：万元

项　目	销售费用	财务费用	#利息费用	利润总额	利税总额	本年应交增值税	平均用工人数（人）
化学纤维制造业	**358**	**1056**	**1166**	**616**	**1154**	**470**	**309**
合成纤维制造	358	1056	1166	616	1154	470	309
橡胶和塑料制品业	**184183**	**68589**	**56208**	**381837**	**525859**	**119728**	**70760**
橡胶制品业	32926	14057	12485	79347	107161	22944	14751
塑料制品业	151257	54533	43723	302490	418698	96785	56009
非金属矿物制品业	**67966**	**21149**	**21564**	**129896**	**197308**	**57509**	**12336**
水泥、石灰和石膏制造	4669	633	918	38746	47804	7942	476
石膏、水泥制品及类似制品制造	53856	14727	15263	78994	127611	41786	7408
砖瓦、石材等建筑材料制造	4609	2164	2161	4082	7959	3150	1140
玻璃制造	641	415	427	783	1912	893	591
玻璃制品制造	1160	509	575	6531	8029	1163	1053
玻璃纤维和玻璃纤维增强塑料制品制造	1976	621	387	-17	1114	969	616
陶瓷制品制造	703	1378	1112	283	2217	1499	1025
石墨及其他非金属矿物制品制造	352	701	721	494	663	106	27
黑色金属冶炼和压延加工业	**7596**	**3823**	**3421**	**28317**	**37414**	**7522**	**2446**
钢压延加工	7596	3823	3421	28317	37414	7522	2446
有色金属冶炼和压延加工业	**5830**	**7110**	**9324**	**18394**	**30970**	**10608**	**4637**
常用有色金属冶炼	79	189		1227	1269	38	35
贵金属冶炼		118	114	19	102	79	62
有色金属合金制造	355	1656	380	98	1262	889	294
有色金属压延加工	5396	5148	8830	17049	28337	9602	4246
金属制品业	**82223**	**35453**	**33060**	**204692**	**266985**	**51602**	**35673**
结构性金属制品制造	3786	1794	1148	3158	5814	2235	1548
金属工具制造	3438	2183	1578	8242	11931	3165	2199
集装箱及金属包装容器制造	1372	988	822	3020	4687	1438	1017
金属丝绳及其制品制造	827	1102	940	2523	4174	1466	702
建筑、安全用金属制品制造	14903	10594	6985	11776	26247	11961	8909
金属表面处理及热处理加工	2777	2992	2429	7383	17073	8500	6042
搪瓷制品制造	35	101	10	120	126		79
金属制日用品制造	46209	6106	10074	146294	154902	5752	6447
铸造及其他金属制品制造	8877	9593	9075	22175	42034	17086	8730
通用设备制造业	**220909**	**122521**	**81063**	**481996**	**699003**	**178649**	**124547**
锅炉及原动设备制造	2364	553	437	4888	7491	2134	1115

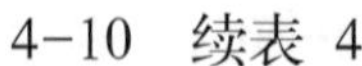

4-10 续表 4

单位：万元

项　目	销售费用	财务费用	#利息费用	利润总额	利税总额	本年应交增值税	平均用工人数（人）
金属加工机械制造	18853	8967	6508	44716	67755	19555	11688
物料搬运设备制造	10543	1944	1702	12658	18907	5088	3182
泵、阀门、压缩机及类似机械制造	129276	72247	37007	297159	414107	96433	70311
轴承、齿轮和传动部件制造	33519	25270	22256	72144	111686	32326	20491
烘炉、风机、包装等设备制造	21060	9210	8908	40187	59650	15385	13270
文化、办公用机械制造	436	476	830	477	1224	566	367
通用零部件制造	4038	3057	2644	13546	21546	6837	3486
其他通用设备制造业	819	797	771	-3778	-3363	326	637
专用设备制造业	**109336**	**45163**	**33619**	**262381**	**361017**	**79797**	**55243**
采矿、冶金、建筑专用设备制造	6691	1637	1423	35739	43267	6137	3441
化工、木材、非金属加工专用设备制造	28655	17308	15573	107183	157331	42452	18020
食品、饮料、烟草及饲料生产专用设备制造	717	251	220	1653	3072	1219	603
印刷、制药、日化及日用品生产专用设备制造	899	289	290	1855	3062	1008	557
纺织、服装和皮革加工专用设备制造	23409	7874	3285	44841	51625	2737	11947
电子和电工机械专用设备制造	526	-21		2326	2808	433	138
农、林、牧、渔专用机械制造	24937	8037	4020	31250	41294	8159	8925
医疗仪器设备及器械制造	14710	4867	4436	26074	40598	12322	8912
环保、邮政、社会公共服务及其他专用设备制造	8793	4922	4372	11460	17960	5331	2700
汽车制造业	**151108**	**119627**	**115061**	**376132**	**577264**	**138797**	**79825**
汽车整车制造	2927	45139	53750	79610	121108	5317	4010
汽车用发动机制造	1611	323		13921	16562	2112	725
汽车零部件及配件制造	146570	74165	61310	282601	439594	131368	75090
铁路船舶航空航天和其他运输设备制造业	**44254**	**23831**	**21277**	**96569**	**178344**	**56504**	**28342**
铁路运输设备制造	12140	4878	5362	38088	49115	9419	1929
船舶及相关装置制造	368	898	1201	2443	12209	8246	4289
航空、航天器及设备制造	504	578	404	2549	3622	944	234
摩托车制造	15562	13080	10503	36326	82481	26017	15818
自行车和残疾人座车制造	139	158	156	115	358	159	96
助动车制造	14987	4059	3628	16192	29459	11541	5750
非公路休闲车及零配件制造	554	180	24	857	1100	178	226
电气机械和器材制造业	**139496**	**55530**	**46144**	**223198**	**332357**	**90969**	**53587**
电机制造	33118	14382	13958	108846	150721	34700	23311
输配电及控制设备制造	23139	8587	6508	23864	46805	19813	7369
电线、电缆、光缆及电工器材制造	20908	11736	12107	28862	45994	14561	4672
电池制造	68	59	59	284	441	140	101

4-10 续表 5

单位：万元

项 目	销售费用	财务费用	#利息费用	利润总额	利税总额	本年应交增值税	平均用工人数(人)
家用电力器具制造	35775	10087	6223	38476	46718	5693	7991
非电力家用器具制造	16080	1303	1056	12197	17756	4801	2511
照明器具制造	9790	9274	6141	9040	21326	10392	7065
其他电气机械及器材制造	618	104	92	1629	2596	870	567
计算机、通信和其他电子设备制造业	**25396**	**21734**	**8624**	**-47537**	**-17922**	**23591**	**14445**
通信设备制造	1757	389	14	5115	5562	258	507
非专业视听设备制造	1067	15424	177	-125822	-125212	167	178
智能消费设备制造	8953	551	664	17422	22416	4254	1741
电子器件制造	5360	4096	4858	36704	43001	3755	5823
电子元件及电子专用材料制造	7889	1007	2709	18921	35786	14786	5968
其他电子设备制造	370	267	202	123	525	371	228
仪器仪表制造业	**27619**	**7603**	**5251**	**67580**	**92058**	**20425**	**11974**
通用仪器仪表制造	26041	7283	4991	66147	89108	19120	11140
专用仪器仪表制造	653	61	0	699	1040	260	247
光学仪器及眼镜制造	469	171	172	455	1363	801	430
其他仪器仪表制造业	456	89	89	279	547	244	157
其他制造业	**13204**	**5842**	**3486**	**27690**	**47770**	**17669**	**11744**
日用杂品制造	12827	5580	3292	27298	46710	17112	11377
其他未列明制造业	377	262	194	392	1060	558	367
废弃资源综合利用业	**5527**	**6021**	**5992**	**26518**	**48401**	**18036**	**1981**
金属废料和碎屑加工处理	5259	4800	5066	16653	35420	15496	1331
非金属废料和碎屑加工处理	268	1221	926	9865	12981	2541	650
金属制品、机械和设备修理业	**29**	**156**	**132**	**281**	**950**	**596**	**105**
铁路、船舶、航空航天等运输设备修理	29	156	132	281	950	596	105
电力、热力生产和供应业	**452**	**189075**	**230660**	**313961**	**474115**	**138958**	**6309**
电力生产	392	187327	228989	307455	452500	125729	4557
电力供应		970	727	1263	15242	12553	1339
热力生产和供应	60	777	944	5244	6373	675	413
燃气生产和供应业	**10596**	**883**	**394**	**24534**	**27758**	**2647**	**806**
燃气生产和供应业	10596	883	394	24534	27758	2647	806
水的生产和供应业	**5158**	**13598**	**8071**	**26428**	**34721**	**6718**	**1985**
自来水生产和供应	5049	6856	4604	22046	30086	6697	1690
污水处理及其再生利用	109	6742	3467	4382	4635	21	295

4-11 规模以上工业主要经济效益指标(一)

(2020年)

项目	企业亏损面(%)	资产负债率(%)	流动比率	产成品存货周转天数(天)	新产品产值率(%)
总　计	**9.11**	**56.96**	**1.15**	**24.75**	**40.06**
其中：国有控股企业	21.67	64.61	0.78	12.13	14.64
按轻重工业分					
轻工业	12.14	49.47	1.17	35.26	37.36
重工业	7.25	60.47	1.13	20.24	41.31
按工业行业分					
有色金属矿采选业		50.42	1.01	216.20	
非金属矿采选业	25.00	89.72	0.31	22.31	
农副食品加工业	27.59	58.54	1.09	30.86	20.92
食品制造业	21.43	58.80	1.12	109.75	28.46
酒、饮料和精制茶制造业	14.29	42.31	1.64	15.29	3.04
纺织业	15.45	62.39	1.12	30.33	32.33
纺织服装、服饰业		65.79	0.93	38.41	31.94
皮革、毛皮、羽毛及其制品和制鞋业	7.80	72.55	0.96	21.26	53.01
木材加工和木、竹、藤、棕、草制品业	26.09	70.49	0.96	27.52	32.25
家具制造业	26.58	60.63	1.06	38.21	43.40
造纸和纸制品业	10.00	56.18	1.17	13.48	38.61
印刷和记录媒介复制业	6.90	46.08	1.34	9.30	28.93
文教、工美、体育和娱乐用品制造业	16.18	64.56	0.97	19.25	28.59
石油、煤炭及其他燃料加工业		59.19	0.82	1.09	0.21
化学原料和化学制品制造业	4.55	36.77	1.70	29.77	45.24
医药制造业	17.91	36.70	1.44	72.51	50.66
化学纤维制造业		71.27	0.76	2.26	9.60
橡胶和塑料制品业	9.44	49.00	1.19	27.93	29.41
非金属矿物制品业	11.76	66.39	1.12	14.84	11.85
黑色金属冶炼和压延加工业		69.04	1.14	16.35	16.42
有色金属冶炼和压延加工业	7.69	64.39	1.08	10.83	24.08
金属制品业	6.69	62.13	0.98	22.67	28.22
通用设备制造业	3.80	54.52	1.19	25.67	42.63
专用设备制造业	8.91	59.25	1.14	34.25	49.82
汽车制造业	7.85	67.52	1.08	16.36	67.10
铁路船舶航空航天和其他运输设备制造业	12.71	64.56	1.14	23.80	38.52
电气机械和器材制造业	8.07	59.28	1.22	20.94	38.84
计算机、通信和其他电子设备制造业	23.91	47.68	1.22	37.25	62.24
仪器仪表制造业	1.75	41.91	1.79	27.83	53.49
其他制造业	7.50	54.70	1.14	20.99	35.92
废弃资源综合利用业	16.00	58.47	1.04	16.55	1.27
金属制品、机械和设备修理业		33.32	1.79	8.30	27.01
电力、热力生产和供应业	12.90	69.92	0.60	0.05	
燃气生产和供应业		41.54	0.94	9.12	
水的生产和供应业	29.41	62.58	1.03	0.08	

4-12　规模以上工业主要经济效益指标(二)

(2020年)

项　目	企　业亏损率(%)	成本费用利润率(%)	百元营业收入实现利税(元)	百元固定资产原值实现利税(元)	营业收入利润率(%)
总　计	**7.20**	**7.93**	**10.51**	**17.51**	**7.40**
其中：国有控股企业	3.42	10.41	14.09	5.09	9.43
按轻重工业分					
轻工业	3.36	10.47	12.91	26.63	9.64
重工业	9.74	6.77	9.39	14.37	6.35
按工业行业分					
有色金属矿采选业		48.80	46.11	92.26	31.52
非金属矿采选业	35.08	5.41	11.07	26.79	4.93
农副食品加工业	11.82	2.70	3.35	15.45	2.63
食品制造业	10.89	5.13	7.60	17.13	4.91
酒、饮料和精制茶制造业	2.09	12.08	22.22	24.79	9.99
纺织业	3.09	6.77	9.12	21.69	6.37
纺织服装、服饰业		3.78	7.64	13.01	3.66
皮革、毛皮、羽毛及其制品和制鞋业	13.45	2.84	6.55	21.19	2.77
木材加工和木、竹、藤、棕、草制品业	12.26	2.57	6.24	17.03	2.50
家具制造业	5.13	6.91	8.30	25.80	6.50
造纸和纸制品业	3.12	6.99	12.34	30.71	6.73
印刷和记录媒介复制业	4.48	5.20	8.10	12.92	5.00
文教、工美、体育和娱乐用品制造业	7.02	7.12	11.31	28.78	6.62
石油、煤炭及其他燃料加工业		5.51	8.03	18.78	5.20
化学原料和化学制品制造业	0.27	18.73	19.18	47.77	16.44
医药制造业	2.77	21.84	22.32	30.14	18.29
化学纤维制造业		1.87	3.45	5.38	1.84
橡胶和塑料制品业	2.29	8.83	11.23	23.03	8.15
非金属矿物制品业	5.23	7.29	10.29	34.08	6.77
黑色金属冶炼和压延加工业		5.30	6.61	32.70	5.00
有色金属冶炼和压延加工业	22.99	1.63	2.72	18.35	1.61
金属制品业	4.54	9.79	12.28	29.17	9.41
通用设备制造业	1.82	7.01	9.54	21.27	6.58
专用设备制造业	4.08	8.92	11.38	24.31	8.27
汽车制造业	13.10	4.64	6.82	20.18	4.45
铁路船舶航空航天和其他运输设备制造业	4.22	4.99	8.72	25.70	4.72
电气机械和器材制造业	3.20	5.12	7.32	23.94	4.91
计算机、通信和其他电子设备制造业	156.80	-4.93	-1.80	-2.46	-4.77
仪器仪表制造业		11.16	13.71	40.81	10.07
其他制造业	1.90	6.61	10.99	20.21	6.37
废弃资源综合利用业	5.69	4.06	7.22	29.48	3.95
金属制品、机械和设备修理业		3.14	10.46	12.86	3.10
电力、热力生产和供应业	1.62	12.87	16.96	4.57	11.23
燃气生产和供应业		18.36	17.80	20.88	15.73
水的生产和供应业	18.12	12.66	15.88	5.72	12.09

4-13 国有及国有控股工业主要财务指标(一)

(2020年) 单位：万元

项 目	企业单位数(个)	亏损企业	新产品产值	新产品销售收入	新产品销售收入中出口	资产总计
总 计	**60**	**13**	**504830**	**519440**	**100649**	**12752253**
按轻重工业分						
轻工业	10	3	337468	346160	76435	1831328
重工业	50	10	167362	173279	24213	10920925
按大中小微型分						
大型企业	4	1	334772	343464	76435	8099465
中型企业	8	2	111491	123774	20828	2126503
小型企业	39	9	44159	51344	3386	2215452
微型企业	9	1	14408	857		310833
按工业行业分						
非金属矿采选业	**3**					**69867**
土砂石开采	3					69867
农副食品加工业	**3**	**2**				**22508**
屠宰及肉类加工	3	2				22508
食品制造业	**1**	**1**				**8843**
其他食品制造	1	1				8843
酒、饮料和精制茶制造业	**1**					**5221**
酒的制造	1					5221
印刷和记录媒介复制业	**1**					**3886**
印刷	1					3886
石油、煤炭及其他燃料加工业	**1**					**4440**
精炼石油产品制造	1					4440
化学原料和化学制品制造业	**2**		**25985**	**25905**	**460**	**80561**
基础化学原料制造	1		25985	25905	460	75010
炸药、火工及焰火产品制造	1					5551
医药制造业	**4**		**337468**	**346160**	**76435**	**1790870**
化学药品原料药制造	3		248997	257689	76435	1309318
化学药品制剂制造	1		88471	88471		481552
非金属矿物制品业	**5**					**192263**
水泥、石灰和石膏制造	2					35768
石膏、水泥制品及类似制品制造	1					102703
砖瓦、石材等建筑材料制造	1					33988
石墨及其他非金属矿物制品制造	1					19803
通用设备制造业	**2**		**64437**	**63786**	**5694**	**246972**
泵、阀门、压缩机及类似机械制造	1		3725	3725		18569
烘炉、风机、包装等设备制造	1		60712	60061	5694	228403
铁路船舶航空航天和其他运输设备制造业	**3**	**2**	**26161**	**12610**	**2926**	**81595**
铁路运输设备制造	1	1	14408	857		21931
船舶及相关装置制造	2	1	11753	11753	2926	59664
计算机、通信和其他电子设备制造业	**2**	**1**	**50779**	**63713**	**15134**	**883773**
电子器件制造	1		50157	61375	15134	661856
电子元件及电子专用材料制造	1	1	622	2338		221917
废弃资源综合利用业	**1**	**1**				**43916**
金属废料和碎屑加工处理	1	1				43916
电力、热力生产和供应业	**18**	**2**				**8215093**
电力生产	14	2				7921856
电力供应	2					260541
热力生产和供应	2					32697
水的生产和供应业	**13**	**4**		**7266**		**1102446**
自来水生产和供应	11	3				894148
污水处理及其再生利用	2	1		7266		208298

4-14 国有及国有控股工业主要财务指标(二)

(2020年) 单位: 万元

项 目	流动资产合计	存 货	固定资产原价	固定资产净值	年末负债合计	流动负债合计
总 计	**2171190**	**499519**	**9785114**	**7132158**	**8239826**	**2794664**
按轻重工业分						
轻工业	584046	107973	647164	332473	723032	641710
重工业	1587143	391546	9137950	6799686	7516794	2152954
按大中小微型分						
大型企业	892279	367897	6489916	5228223	5551359	1494417
中型企业	525488	56006	1395853	810000	1093780	631834
小型企业	654364	66375	1696810	947759	1372866	522441
微型企业	99058	9240	202535	146176	221822	145971
按工业行业分						
非金属矿采选业	**12910**	**7275**	**2086**	**941**	**56687**	**51369**
土砂石开采	12910	7275	2086	941	56687	51369
农副食品加工业	**14030**	**597**	**10464**	**5990**	**15170**	**14133**
屠宰及肉类加工	14030	597	10464	5990	15170	14133
食品制造业	**5156**	**766**	**3849**	**1925**	**3336**	**3336**
其他食品制造	5156	766	3849	1925	3336	3336
酒、饮料和精制茶制造业	**4664**	**994**	**1536**	**521**	**1384**	**1354**
酒的制造	4664	994	1536	521	1384	1354
印刷和记录媒介复制业	**2642**	**423**	**1504**	**1235**	**2674**	**2674**
印刷	2642	423	1504	1235	2674	2674
石油、煤炭及其他燃料加工业	**2467**	**120**	**1955**	**1772**	**2554**	**2554**
精炼石油产品制造	2467	120	1955	1772	2554	2554
化学原料和化学制品制造业	**60743**	**3100**	**14391**	**7674**	**12369**	**12332**
基础化学原料制造	59376	2809	8761	5051	11067	11067
炸药、火工及焰火产品制造	1367	291	5629	2623	1301	1265
医药制造业	**557554**	**105193**	**629812**	**322801**	**700468**	**620213**
化学药品原料药制造	290943	69936	470197	207075	613871	558400
化学药品制剂制造	266611	35258	159614	115727	86597	61813
非金属矿物制品业	**118973**	**8925**	**78256**	**59134**	**154201**	**117606**
水泥、石灰和石膏制造	21658	1615	28591	12280	17155	17101
石膏、水泥制品及类似制品制造	56114	5716	43467	40994	90866	55858
砖瓦、石材等建筑材料制造	33931	1481	68	57	28060	26527
石墨及其他非金属矿物制品制造	7270	114	6130	5802	18120	18120
通用设备制造业	**105712**	**9303**	**26601**	**16650**	**88776**	**81366**
泵、阀门、压缩机及类似机械制造	8564	4326	11920	9848	9501	7116
烘炉、风机、包装等设备制造	97148	4976	14681	6803	79276	74250
铁路船舶航空航天和其他运输设备制造业	**54217**	**21600**	**27617**	**19938**	**65324**	**44208**
铁路运输设备制造	18646	6048	1280	1038	18353	18353
船舶及相关装置制造	35571	15552	26337	18900	46971	25855
计算机、通信和其他电子设备制造业	**205157**	**27015**	**162501**	**83708**	**384536**	**382616**
电子器件制造	61995	5249	33551	14219	338824	338757
电子元件及电子专用材料制造	143161	21766	128950	69489	45712	43859
废弃资源综合利用业	**13178**	**4033**	**4283**	**2519**	**43157**	**42707**
金属废料和碎屑加工处理	13178	4033	4283	2519	43157	42707
电力、热力生产和供应业	**743697**	**298721**	**8255128**	**6304696**	**6014231**	**1158317**
电力生产	670162	297966	7784503	6112787	5901061	1069988
电力供应	57732	487	421619	175305	95762	71685
热力生产和供应	15803	269	49007	16605	17408	16644
水的生产和供应业	**270091**	**11456**	**565131**	**302653**	**694960**	**259879**
自来水生产和供应	221075	11442	458758	231750	517175	177834
污水处理及其再生利用	49016	14	106374	70903	177785	82046

4-15 国有及国有控股工业主要财务指标(三)

(2020年) 单位：万元

项目	年末所有者权益合计	实收资本	营业收入	营业成本	税金及附加
总计	**4512427**	**2586400**	**3534814**	**2633081**	**25201**
按轻重工业分					
轻工业	1108297	210017	709956	405069	5886
重工业	3404130	2376383	2824858	2228012	19315
按大中小微型分					
大型企业	2548106	1598406	1385517	753195	12929
中型企业	1032724	424021	1319650	1227436	5700
小型企业	842586	497860	774266	618116	6215
微型企业	89011	66113	55380	34334	357
按工业行业分					
非金属矿采选业	**13180**	**2200**	**16631**	**9963**	**697**
土砂石开采	13180	2200	16631	9963	697
农副食品加工业	**7339**	**1049**	**132746**	**132021**	**179**
屠宰及肉类加工	7339	1049	132746	132021	179
食品制造业	**5507**	**1000**	**3081**	**2644**	**81**
其他食品制造	5507	1000	3081	2644	81
酒、饮料和精制茶制造业	**3837**	**545**	**1867**	**1059**	**152**
酒的制造	3837	545	1867	1059	152
印刷和记录媒介复制业	**1212**	**500**	**2984**	**2371**	**12**
印刷	1212	500	2984	2371	12
石油、煤炭及其他燃料加工业	**1886**	**1600**	**4650**	**4124**	**2**
精炼石油产品制造	1886	1600	4650	4124	2
化学原料和化学制品制造业	**68192**	**16201**	**31549**	**21528**	**208**
基础化学原料制造	63943	15201	26525	18918	129
炸药、火工及焰火产品制造	4250	1000	5024	2610	79
医药制造业	**1090402**	**206924**	**569278**	**266974**	**5462**
化学药品原料药制造	695446	108003	378591	171787	3581
化学药品制剂制造	394956	98921	190687	95187	1882
非金属矿物制品业	**38061**	**25700**	**173876**	**128719**	**1544**
水泥、石灰和石膏制造	18613	7600	120520	85089	761
石膏、水泥制品及类似制品制造	11837	12000	38001	32156	404
砖瓦、石材等建筑材料制造	5928	3600	8726	6101	327
石墨及其他非金属矿物制品制造	1683	2500	6629	5373	52
通用设备制造业	**158195**	**60294**	**79326**	**61806**	**278**
泵、阀门、压缩机及类似机械制造	9069	3670	5979	3902	43
烘炉、风机、包装等设备制造	149127	56624	73348	57904	235
铁路船舶航空航天和其他运输设备制造业	**16271**	**10500**	**37922**	**35024**	**424**
铁路运输设备制造	3577	3000	17336	16195	120
船舶及相关装置制造	12694	7500	20586	18830	304
计算机、通信和其他电子设备制造业	**499238**	**103294**	**177244**	**159548**	**1058**
电子器件制造	323033	95794	64393	57573	464
电子元件及电子专用材料制造	176205	7500	112851	101975	594
废弃资源综合利用业	**759**	**8000**	**42751**	**41158**	**239**
金属废料和碎屑加工处理	759	8000	42751	41158	239
电力、热力生产和供应业	**2200863**	**1957856**	**2065876**	**1607731**	**13526**
电力生产	2020794	1859174	1408427	959074	11886
电力供应	164779	86686	618405	613741	1426
热力生产和供应	15289	11997	39044	34916	214
水的生产和供应业	**407486**	**190738**	**195033**	**158412**	**1341**
自来水生产和供应	376973	158196	179698	140737	1337
污水处理及其再生利用	30513	32542	15334	17675	4

4-16 国有及国有控股工业主要财务指标(四)

(2020年)　　　　单位：万元

项目	销售费用	财务费用	#利息支出	利润总额	利税总额	本年应交增值税	平均用工人数(人)
总　计	**158851**	**209710**	**246427**	**333468**	**497992**	**139323**	**16186**
按轻重工业分							
轻工业	141002	22774	20424	79837	97727	12004	5528
重工业	17849	186936	226003	253631	400265	127319	10658
按大中小微型分							
大型企业	139826	143488	183458	217934	310649	79786	6727
中型企业	7503	25173	28261	19747	54638	29190	4973
小型企业	11469	34603	29684	83062	115561	26284	4265
微型企业	55	6447	5024	12725	17144	4062	221
按工业行业分							
非金属矿采选业	**200**	**162**	**44**	**4724**	**6236**	**815**	**129**
土砂石开采	200	162	44	4724	6236	815	129
农副食品加工业	**370**	**17**	**36**	**-225**	**-32**	**15**	**480**
屠宰及肉类加工	370	17	36	-225	-32	15	480
食品制造业	**369**			**-702**	**-543**	**78**	**53**
其他食品制造	369			-702	-543	78	53
酒、饮料和精制茶制造业	**4**	**-154**		**395**	**690**	**142**	**87**
酒的制造	4	-154		395	690	142	87
印刷和记录媒介复制业				**201**	**301**	**89**	**94**
印刷				201	301	89	94
石油、煤炭及其他燃料加工业		**-6**		**383**	**455**	**71**	**15**
精炼石油产品制造		-6		383	455	71	15
化学原料和化学制品制造业	**1284**	**402**	**372**	**5798**	**6742**	**735**	**206**
基础化学原料制造	695	360	317	4858	5336	349	127
炸药、火工及焰火产品制造	589	42	54	940	1406	386	79
医药制造业	**140259**	**22912**	**20388**	**80168**	**97311**	**11680**	**4814**
化学药品原料药制造	116316	19088	17546	40408	50016	6028	3385
化学药品制剂制造	23943	3823	2842	39761	47294	5652	1429
非金属矿物制品业	**3701**	**3266**	**3324**	**32039**	**38128**	**4545**	**394**
水泥、石灰和石膏制造	3491	-43		29729	35877	5387	232
石膏、水泥制品及类似制品制造	205	2285	2281	334	-307	-1044	111
砖瓦、石材等建筑材料制造	6	380	379	1539	2067	201	36
石墨及其他非金属矿物制品制造		645	665	438	490		15
通用设备制造业	**4959**	**2437**	**2998**	**4737**	**5762**	**746**	**801**
泵、阀门、压缩机及类似机械制造	104	283	275	8	410	359	289
烘炉、风机、包装等设备制造	4855	2154	2724	4729	5352	388	512
铁路船舶航空航天和其他运输设备制造业	**3**	**480**	**466**	**-57**	**1406**	**1039**	**342**
铁路运输设备制造		428	432	-334	627	841	141
船舶及相关装置制造	3	52	33	277	779	199	201
计算机、通信和其他电子设备制造业	**2174**	**805**	**3331**	**1181**	**7364**	**5125**	**1776**
电子器件制造	781	-61	2380	1379	2707	864	976
电子元件及电子专用材料制造	1393	866	951	-198	4657	4261	800
废弃资源综合利用业	**209**	**1475**	**1441**	**-322**	**115**	**198**	**55**
金属废料和碎屑加工处理	209	1475	1441	-322	115	198	55
电力、热力生产和供应业	**182**	**165479**	**207440**	**187521**	**308921**	**107875**	**5086**
电力生产	182	164268	206406	183102	289639	94651	3644
电力供应		970	727	1263	15242	12553	1339
热力生产和供应		241	308	3156	4041	671	103
水的生产和供应业	**5138**	**12437**	**6588**	**17626**	**25137**	**6169**	**1854**
自来水生产和供应	5029	6856	4605	22090	30079	6652	1677
污水处理及其再生利用	109	5581	1983	-4464	-4942	-482	177

4-17 国有及国有控股工业主要经济效益指标(一)

(2020年)

项　　目	企　业亏损面(%)	资　产负债率(%)	流　动比　率	产成品存　货周转天数(天)	新产品产值率(%)
总　　计	**21.67**	**64.61**	**0.78**	**12.13**	**14.64**
按轻重工业分					
轻工业	30.00	39.48	0.91	49.07	47.59
重工业	20.00	68.83	0.74	5.42	6.11
按工业行业分					
非金属矿采选业		**81.14**	**0.25**	**26.40**	
土砂石开采		81.14	0.25	26.40	
农副食品加工业	**66.67**	**67.40**	**0.99**	**1.41**	
屠宰及肉类加工	66.67	67.40	0.99	1.41	
食品制造业	**100.00**	**37.72**	**1.55**	**66.04**	
其他食品制造	100.00	37.72	1.55	66.04	
酒、饮料和精制茶制造业		**26.51**	**3.44**	**149.73**	
酒的制造		26.51	3.44	149.73	
印刷和记录媒介复制业		**68.81**	**0.99**	**17.81**	
印刷		68.81	0.99	17.81	
石油、煤炭及其他燃料加工业		**57.52**	**0.97**		
精炼石油产品制造		57.52	0.97		
化学原料和化学制品制造业		**15.35**	**4.93**	**31.12**	**83.39**
基础化学原料制造		14.75	5.36	34.78	100.00
炸药、火工及焰火产品制造		23.44	1.08	4.59	
医药制造业		**39.11**	**0.90**	**72.35**	**58.30**
化学药品原料药制造		46.88	0.52	61.30	69.64
化学药品制剂制造		17.98	4.31	92.30	39.97
非金属矿物制品业		**80.20**	**1.01**	**16.34**	
水泥、石灰和石膏制造		47.96	1.27	3.32	
石膏、水泥制品及类似制品制造		88.47	1.00	56.13	
砖瓦、石材等建筑材料制造		82.56	1.28	2.61	
石墨及其他非金属矿物制品制造		91.50	0.40		
通用设备制造业		**35.95**	**1.30**	**29.83**	**82.42**
泵、阀门、压缩机及类似机械制造		51.16	1.20	243.11	60.15
烘炉、风机、包装等设备制造		34.71	1.31	15.46	84.33
铁路船舶航空航天和其他运输设备制造业	**66.67**	**80.06**	**1.23**	**44.23**	**81.47**
铁路运输设备制造	100.00	83.69	1.02	95.05	100.00
船舶及相关装置制造	50.00	78.73	1.38	0.52	66.39
计算机、通信和其他电子设备制造业	**50.00**	**43.51**	**0.54**	**34.72**	**32.75**
电子器件制造		51.19	0.18	32.82	100.00
电子元件及电子专用材料制造	100.00	20.60	3.26	35.80	0.59
废弃资源综合利用业	**100.00**	**98.27**	**0.31**		
金属废料和碎屑加工处理	100.00	98.27	0.31		
电力、热力生产和供应业	**11.11**	**73.21**	**0.64**	**0.06**	
电力生产	14.29	74.49	0.63	0.10	
电力供应		36.76	0.81		
热力生产和供应		53.24	0.95	0.01	
水的生产和供应业	**30.77**	**63.04**	**1.04**		
自来水生产和供应	27.27	57.84	1.24		
污水处理及其再生利用	50.00	85.35	0.60		

4-18　国有及国有控股工业主要经济效益指标(二)

(2020年)

项　目	企　业 亏损率 (%)	成本费用 利 润 率 (%)	百元营业收 入实现利税 (元)	百元固定 资产原值 实现利税 (元)	营业收入 利 润 率 (%)
总　计	**3.42**	**10.41**	**14.09**	**5.09**	**9.43**
按轻重工业分					
轻工业	1.16	12.17	13.77	15.10	11.25
重工业	4.11	9.95	14.17	4.38	8.98
按工业行业分					
非金属矿采选业		**42.49**	**37.49**	**298.93**	**28.41**
土砂石开采		42.49	37.49	298.93	28.41
农副食品加工业	**3791.80**	**-0.17**	**-0.02**	**-0.30**	**-0.17**
屠宰及肉类加工	3791.80	-0.17	-0.02	-0.30	-0.17
食品制造业		**-19.38**	**-17.62**	**-14.11**	**-22.78**
其他食品制造		-19.38	-17.62	-14.11	-22.78
酒、饮料和精制茶制造业		**29.61**	**36.94**	**44.90**	**21.17**
酒的制造		29.61	36.94	44.90	21.17
印刷和记录媒介复制业		**7.24**	**10.10**	**20.04**	**6.72**
印刷		7.24	10.10	20.04	6.72
石油、煤炭及其他燃料加工业		**8.97**	**9.79**	**23.27**	**8.23**
精炼石油产品制造		8.97	9.79	23.27	8.23
化学原料和化学制品制造业		**22.55**	**21.37**	**46.85**	**18.38**
基础化学原料制造		22.47	20.12	60.90	18.32
炸药、火工及焰火产品制造		23.01	27.98	24.97	18.71
医药制造业		**15.60**	**17.09**	**15.45**	**14.08**
化学药品原料药制造		11.12	13.21	10.64	10.67
化学药品制剂制造		26.37	24.80	29.63	20.85
非金属矿物制品业		**22.63**	**21.93**	**48.72**	**18.43**
水泥、石灰和石膏制造		32.62	29.77	125.48	24.67
石膏、水泥制品及类似制品制造		0.90	-0.81	-0.71	0.88
砖瓦、石材等建筑材料制造		22.18	23.69	3062.37	17.64
石墨及其他非金属矿物制品制造		6.87	7.40	8.00	6.61
通用设备制造业		**6.17**	**7.26**	**21.66**	**5.97**
泵、阀门、压缩机及类似机械制造		0.13	6.85	3.44	0.14
烘炉、风机、包装等设备制造		6.69	7.30	36.45	6.45
铁路船舶航空航天和其他运输设备制造业	**115.01**	**-0.15**	**3.71**	**5.09**	**-0.15**
铁路运输设备制造		-1.90	3.62	49.01	-1.92
船舶及相关装置制造	27.29	1.30	3.78	2.96	1.34
计算机、通信和其他电子设备制造业	**14.36**	**0.68**	**4.15**	**4.53**	**0.67**
电子器件制造		2.19	4.20	8.07	2.14
电子元件及电子专用材料制造		-0.18	4.13	3.61	-0.18
废弃资源综合利用业		**-0.74**	**0.27**	**2.67**	**-0.75**
金属废料和碎屑加工处理		-0.74	0.27	2.67	-0.75
电力、热力生产和供应业	**2.15**	**10.20**	**14.95**	**3.74**	**9.08**
电力生产	2.20	15.42	20.56	3.72	13.00
电力供应		0.21	2.46	3.62	0.20
热力生产和供应		8.86	10.35	8.25	8.08
水的生产和供应业	**24.77**	**9.11**	**12.89**	**4.45**	**9.04**
自来水生产和供应	3.80	13.07	16.74	6.56	12.29
污水处理及其再生利用	1053.01	-18.18	-32.23	-4.65	-29.11

4-19 大中型工业主要财务指标(一)

(2020年) 单位：万元

项目	企业单位数(个)	亏损企业	新产品产值	新产品销售收入	新产品销售收入中出口	年末资产总计
总计	**433**	**25**	**12668154**	**11578069**	**4330224**	**42483822**
按轻重工业分						
轻工业	167	14	4140338	4195124	1844803	15317137
重工业	266	11	8527816	7382945	2485421	27166685
按大中型分						
大型企业	53	3	6252778	5508470	2349188	23612039
中型企业	380	22	6415376	6069599	1981036	18871783
按工业行业分						
农副食品加工业	**6**	**2**	**43791**	**26478**	**7470**	**158418**
植物油加工	1		29752	22314	7470	67755
屠宰及肉类加工	1	1				10089
水产品加工	4	1	14039	4164		80575
食品制造业	**8**	**2**	**32918**	**21746**	**6035**	**138050**
罐头食品制造	7	2	10240			91942
其他食品制造	1		22678	21746	6035	46108
纺织业	**8**		**190724**	**188570**	**85823**	**261984**
棉纺织及印染精加工	2		70930	72759		75886
化纤织造及印染精加工	1		28798	28798		30515
家用纺织制成品制造	1		32833	26004	25915	29828
产业用纺织制成品制造	4		58163	61010	59908	125756
纺织服装、服饰业	**1**		**2118**			**2904**
机织服装制造	1		2118			2904
皮革、毛皮、羽毛及其制品和制鞋业	**10**	**2**	**59220**	**47060**	**39332**	**99421**
制鞋业	10	2	59220	47060	39332	99421
木材加工和木、竹、藤、棕、草制品业	**1**		**10485**	**10280**	**6166**	**13088**
竹、藤、棕、草等制品制造	1		10485	10280	6166	13088
家具制造业	**16**	**2**	**329095**	**306275**	**234559**	**996170**
木质家具制造	2		20032	19727	12292	43041
竹、藤家具制造	1		8450	8450		9391
金属家具制造	11	2	284352	264447	213450	890837
塑料家具制造	1		12683	10073	8818	39804
其他家具制造	1		3579	3579		13097
造纸和纸制品业	**2**		**152001**	**188757**	**24808**	**156672**
造　纸	1		123223	162868		108281
纸制品制造	1		28778	25889	24808	48391
印刷和记录媒介复制业	**2**	**1**	**39759**	**42312**		**194097**
印　刷	2	1	39759	42312		194097

4-19　续表 1

单位：万元

项　目	企业单位数(个)	亏损企业	新产品产值	新产品销售收入	新产品销售收入中出口	年末资产总计
文教、工美、体育和娱乐用品制造业	**13**		**89726**	**78534**	**50828**	**244036**
工艺美术及礼仪用品制造	12		82274	71082	43375	197412
体育用品制造	1		7452	7452	7452	46624
化学原料和化学制品制造业	**9**		**353939**	**346663**	**142592**	**1614577**
基础化学原料制造	2		80157	78820	17610	828977
农药制造	1		39052	39626	13658	126820
涂料、油墨、颜料及类似产品制造	3		71168	70682	19986	327786
合成材料制造	1		7102	7102		69760
专用化学产品制造	1		137658	135236	82401	195708
日用化学产品制造	1		18802	15199	8937	65526
医药制造业	**36**		**1728016**	**1754930**	**793652**	**8243757**
化学药品原料药制造	32		1456135	1526916	765520	7306876
化学药品制剂制造	3		150703	150071	28132	760972
中成药生产	1		121178	77943		175910
橡胶和塑料制品业	**38**	**3**	**634946**	**725936**	**257637**	**2694071**
橡胶制品业	7		83602	94229	19962	790605
塑料制品业	31	3	551344	631707	237675	1903466
非金属矿物制品业	**2**		**11292**	**6614**		**56205**
石膏、水泥制品及类似制品制造	2		11292	6614		56205
黑色金属冶炼和压延加工业	**2**		**44881**	**22460**	**717**	**130072**
钢压延加工	2		44881	22460	717	130072
有色金属冶炼和压延加工业	**1**	**1**	**27090**			**193047**
有色金属合金制造	1	1	27090			193047
金属制品业	**13**		**303098**	**256810**	**149110**	**1436981**
金属工具制造	1		4842	4842	2889	19685
建筑、安全用金属制品制造	4		42435	42435	1426	120358
金属表面处理及热处理加工	2		3451	3452		15332
金属制日用品制造	2		228020	186584	142215	1222524
铸造及其他金属制品制造	4		24351	19497	2581	59083
通用设备制造业	**74**		**1601402**	**1535451**	**749557**	**4234672**
金属加工机械制造	11		196793	172266	76182	395513
物料搬运设备制造	3		50180	50837	1451	145577
泵、阀门、压缩机及类似机械制造	35		939036	911599	604175	1869571
轴承、齿轮和传动部件制造	15		228971	231969	23548	1314168
烘炉、风机、衡器、包装等设备制造	10		186422	168779	44202	509842
专用设备制造业	**37**	**4**	**920264**	**894857**	**287735**	**1909551**
采矿、冶金、建筑专用设备制造	2		46804	46766	5014	168735

4-19 续表 2

单位：万元

项目	企业单位数(个)	亏损企业	新产品产值	新产品销售收入	新产品销售收入中出口	年末资产总计
化工、木材、非金属加工专用设备制造	13	1	329009	324643	63148	612742
纺织、服装和皮革加工专用设备制造	7	2	276765	275916	108709	664494
农、林、牧、渔专用机械制造	7		166732	143260	88356	227548
医疗仪器设备及器械制造	7	1	55537	60781	11884	165102
环保、邮政、社会公共服务及其他专用设备制造	1		45417	43491	10624	70929
汽车制造业	**65**	**3**	**3666790**	**2630338**	**751323**	**5563132**
汽车整车制造	2		1563135	1563135	533159	1049919
汽车用发动机制造	2		178504	15445		236174
汽车零部件及配件制造	61	3	1925150	1051758	218164	4277040
铁路、船舶、航空航天和其他运输设备制造业	**21**		**541124**	**594343**	**123384**	**1036406**
铁路运输设备制造	2		76318	83901		328463
船舶及相关装置制造	4		36987	36987		153511
摩托车制造	12		260316	299336	123206	386065
助动车制造	3		167504	174119	178	168367
电气机械和器材制造业	**27**		**1000054**	**1030362**	**384325**	**1967710**
电机制造	13		501447	511643	146048	991092
输配电及控制设备制造	4		239702	237422	79012	233453
电线、电缆、光缆及电工器材制造	2					24351
家用电力器具制造	3		176188	190647	117346	556176
非电力家用器具制造	3		70627	72751	41919	106303
照明器具制造	1		12090	12090		45142
其他电气机械及器材制造	1			5809		11194
计算机、通信和其他电子设备制造业	**13**	**3**	**527227**	**523231**	**151360**	**2129510**
通信设备制造	1		11913	9157	1904	37111
智能消费设备制造	3	1	56053	52453	1277	117331
电子器件制造	5	1	289654	280020	148179	1377976
电子元件及电子专用材料制造	4	1	169607	181602		597091
仪器仪表制造业	**13**		**223098**	**199536**	**44649**	**500997**
通用仪器仪表制造	12		208963	185401	44649	487815
光学仪器制造	1		14136	14136		13182
其他制造业	**9**	**1**	**135097**	**146529**	**39163**	**449733**
日用杂品制造	8	1	135097	139029	31663	435891
其他未列明制造业	1			7500	7500	13842
电力、热力生产和供应业	**6**	**1**				**8058561**
电力生产	4	1				7798020
电力供应	2					260541

4-20　大中型工业主要财务指标(二)

(2020年)　　单位：万元

项　目	流动资产合计	存　货	固定资产原价	固定资产净值	年末负债合计	流动负债合计
总　计	**19029784**	**4331442**	**19387810**	**12517160**	**21469802**	**15316850**
按轻重工业分						
轻工业	7502473	1826773	4702756	2686568	6525913	5709128
重工业	11527311	2504669	14685054	9830592	14943889	9607723
按大中型分						
大型企业	9075898	1874197	10722114	7792967	12251946	7209888
中型企业	9953886	2457245	8665696	4724193	9217857	8106963
按工业行业分						
农副食品加工业	**83906**	**40683**	**63533**	**41290**	**76140**	**63631**
植物油加工	29564	12815	23448	17924	16242	14631
屠宰及肉类加工	5451	536	6311	3422	4794	4747
水产品加工	48890	27332	33774	19944	55104	44253
食品制造业	**92374**	**45880**	**47457**	**24385**	**77988**	**70283**
罐头食品制造	69598	41564	28168	12443	69456	69443
其他食品制造	22776	4317	19288	11943	8533	840
纺织业	**151220**	**44796**	**117741**	**76051**	**158761**	**136741**
棉纺织及印染精加工	26032	8440	41017	34184	70640	52472
化纤织造及印染精加工	17185	6526	17962	11993	17893	17893
家用纺织制成品制造	17815	5933	15491	10880	15497	15461
产业用纺织制成品制造	90187	23897	43271	18994	54731	50916
纺织服装、服饰业	**2673**	**1850**	**284**	**232**	**1801**	**1801**
机织服装制造	2673	1850	284	232	1801	1801
皮革、毛皮、羽毛及其制品和制鞋业	**65579**	**17310**	**29839**	**13897**	**65506**	**61976**
制鞋业	65579	17310	29839	13897	65506	61976
木材加工和木、竹、藤、棕、草制品业	**8767**	**4493**	**4987**	**2618**	**8766**	**8766**
竹、藤、棕、草等制品制造	8767	4493	4987	2618	8766	8766
家具制造业	**619356**	**199713**	**205763**	**100380**	**563232**	**554630**
木质家具制造	25770	10611	20449	14516	23794	23460
竹、藤家具制造	7195	4173	3618	1786	8406	8406
金属家具制造	565036	175085	159776	74624	502592	494324
塑料家具制造	10818	4909	18035	7516	17737	17737
其他家具制造	10537	4935	3885	1937	10703	10703
造纸和纸制品业	**72600**	**16085**	**103794**	**61511**	**38735**	**31243**
造　纸	59706	8758	76681	42104	25743	23202
纸制品制造	12894	7327	27113	19406	12992	8041
印刷和记录媒介复制业	**114836**	**6870**	**41949**	**23188**	**45772**	**45539**
印　刷	114836	6870	41949	23188	45772	45539

4-20 续表 1

单位：万元

项　　目	流动资产合计	存　货	固定资产原价	固定资产净值	年末负债合计	流动负债合计
文教、工美、体育和娱乐用品制造业	**150162**	**39442**	**81939**	**47293**	**136659**	**126343**
工艺美术及礼仪用品制造	123497	33344	69421	39591	109368	102191
体育用品制造	26665	6099	12518	7702	27291	24151
化学原料和化学制品制造业	**801404**	**117456**	**380051**	**251875**	**463805**	**389155**
基础化学原料制造	421876	41105	100848	55044	211102	160829
农药制造	82645	8195	28182	15723	20430	20414
涂料、油墨、颜料及类似产品制造	133889	39117	145459	103640	102563	92854
合成材料制造	35769	5774	22251	15981	57878	54440
专用化学产品制造	95760	17117	69192	52785	55404	44278
日用化学产品制造	31466	6149	14120	8703	16428	16340
医药制造业	**3528380**	**916914**	**2573869**	**1446715**	**2969178**	**2385115**
化学药品原料药制造	3028410	843571	2274752	1258052	2684153	2132295
化学药品制剂制造	386833	67135	260702	170378	222596	192011
中成药生产	113137	6208	38415	18285	62429	60808
橡胶和塑料制品业	**1397888**	**282626**	**902849**	**551479**	**978693**	**891319**
橡胶制品业	344084	62170	234874	151777	261001	211137
塑料制品业	1053804	220455	667975	399702	717692	680182
非金属矿物制品业	**27415**	**3878**	**25669**	**21552**	**42663**	**29956**
石膏、水泥制品及类似制品制造	27415	3878	25669	21552	42663	29956
黑色金属冶炼和压延加工业	**95313**	**35815**	**33512**	**19809**	**81188**	**67675**
钢压延加工	95313	35815	33512	19809	81188	67675
有色金属冶炼和压延加工业	**143495**	**14167**	**33740**	**9493**	**170814**	**170814**
有色金属合金制造	143495	14167	33740	9493	170814	170814
金属制品业	**756960**	**87964**	**237415**	**154466**	**866406**	**804215**
金属工具制造	3617	1238	17574	13321	8918	8918
建筑、安全用金属制品制造	93613	20832	28639	16370	83871	82325
金属表面处理及热处理加工	10968	198	4793	2752	12600	12600
金属制日用品制造	610744	59097	146511	104077	723836	663207
铸造及其他金属制品制造	38019	6599	39898	17946	37180	37165
通用设备制造业	**2381119**	**632460**	**1611523**	**973132**	**1924453**	**1673558**
金属加工机械制造	285691	93729	144561	66318	207877	199136
物料搬运设备制造	94280	29419	35082	21158	76403	75116
泵、阀门、压缩机及类似机械制造	1123744	294443	620482	405352	803155	754450
轴承、齿轮和传动部件制造	618037	158297	674793	408504	612086	425014
烘炉、风机、衡器、包装等设备制造	259367	56572	136605	71801	224932	219842
专用设备制造业	**1256370**	**363079**	**656959**	**366985**	**1013640**	**973222**
采矿、冶金、建筑专用设备制造	115433	33791	44628	27777	72167	72137

4-20　续表 2

单位：万元

项　　目	流动资产合计	存　货	固定资产原价	固定资产净值	年末负债合计	流动负债合计
化工、木材、非金属加工专用设备制造	418947	113358	237719	133934	361471	347437
纺织、服装和皮革加工专用设备制造	445325	123681	189830	100538	330339	316221
农、林、牧、渔专用机械制造	142433	35008	82969	48470	116302	114006
医疗仪器设备及器械制造	91338	43233	85810	45356	103996	97348
环保、邮政、社会公共服务及其他专用设备制造	42894	14007	16002	10911	29365	26074
汽车制造业	**3204540**	**427612**	**1718358**	**1071236**	**3110806**	**2792366**
汽车整车制造	701472	66289	158134	123981	735792	678099
汽车用发动机制造	62876	10104	147559	131746	133564	129615
汽车零部件及配件制造	2440193	351219	1412664	815509	2241450	1984652
铁路、船舶、航空航天和其他运输设备制造业	**664208**	**190374**	**316238**	**166281**	**624970**	**557849**
铁路运输设备制造	186180	26793	60987	39810	124077	63101
船舶及相关装置制造	133146	74979	39872	16492	120313	120313
摩托车制造	236628	68786	181277	86912	251250	245139
助动车制造	108253	19817	34102	23066	129330	129296
电气机械和器材制造业	**1249963**	**267212**	**609737**	**352769**	**1111237**	**1030701**
电机制造	702318	146818	278622	174304	526331	502350
输配电及控制设备制造	165098	41498	74676	26362	153970	149030
电线、电缆、光缆及电工器材制造	20107	7670	6096	4186	19874	19274
家用电力器具制造	256492	50083	162934	108194	334334	284432
非电力家用器具制造	77572	12758	35759	14508	38751	38365
照明器具制造	20481	7384	48212	22241	29070	28342
其他电气机械及器材制造	7896	1002	3439	2974	8907	8907
计算机、通信和其他电子设备制造业	**873779**	**136666**	**557090**	**359482**	**770648**	**743100**
通信设备制造	27106	4261	8086	5350	16959	16763
智能消费设备制造	88503	14242	20291	12577	49212	48100
电子器件制造	346440	53973	354596	247208	525395	502138
电子元件及电子专用材料制造	411729	64190	174116	94346	179083	176099
仪器仪表制造业	**359388**	**71954**	**113632**	**67602**	**179619**	**168570**
通用仪器仪表制造	351665	69722	105508	62758	172597	161805
光学仪器制造	7722	2231	8124	4844	7022	6765
其他制造业	**274108**	**55194**	**197063**	**96709**	**208895**	**206048**
日用杂品制造	265242	51692	189970	93470	197152	194305
其他未列明制造业	8865	3502	7094	3239	11743	11743
电力、热力生产和供应业	**653984**	**310949**	**8722823**	**6216731**	**5779431**	**1332235**
电力生产	596252	310462	8301204	6041426	5683669	1260549
电力供应	57732	487	421619	175305	95762	71685

4-21 大中型工业主要财务指标(三)

(2020年)

单位：万元

项目	年末所有者权益合计	实收资本	营业收入	营业成本	税金及附加
总计	**21014020**	**6977252**	**25305796**	**19483458**	**157213**
按轻重工业分					
轻工业	8791224	2393333	8619611	6020993	57425
重工业	12222796	4583919	16686185	13462465	99788
按大中型分					
大型企业	11360094	3736617	11287639	8599620	75787
中型企业	9653926	3240635	14018157	10883839	81426
按工业行业分					
农副食品加工业	**82278**	**25944**	**210885**	**184802**	**738**
植物油加工	51513	5520	41132	22931	215
屠宰及肉类加工	5295	584	83456	83446	156
水产品加工	25470	19839	86297	78425	367
食品制造业	**60061**	**12143**	**106002**	**86116**	**739**
罐头食品制造	22486	6063	83987	70955	517
其他食品制造	37575	6080	22014	15160	223
纺织业	**103223**	**24740**	**286849**	**222902**	**1624**
棉纺织及印染精加工	5246	1100	94047	80665	373
化纤织造及印染精加工	12622	9373	32670	27418	110
家用纺织制成品制造	14331	2500	37014	20927	353
产业用纺织制成品制造	71025	11768	123117	93892	789
纺织服装、服饰业	**1103**	**1000**	**4728**	**3941**	**20**
机织服装制造	1103	1000	4728	3941	20
皮革、毛皮、羽毛及其制品和制鞋业	**33915**	**15841**	**111511**	**95972**	**832**
制鞋业	33915	15841	111511	95972	832
木材加工和木、竹、藤、棕、草制品业	**4323**	**1000**	**10280**	**8511**	**16**
竹、藤、棕、草等制品制造	4323	1000	10280	8511	16
家具制造业	**432938**	**256319**	**700995**	**571062**	**4151**
木质家具制造	19247	5500	41510	27623	333
竹、藤家具制造	985	508	15427	13966	129
金属家具制造	388245	241723	606442	498155	3414
塑料家具制造	22067	5588	16632	12053	180
其他家具制造	2394	3000	20984	19265	95
造纸和纸制品业	**117937**	**21900**	**190011**	**157539**	**2091**
造纸	82538	12600	164123	136597	1979
纸制品制造	35399	9300	25889	20942	112
印刷和记录媒介复制业	**148325**	**32000**	**54650**	**43965**	**558**
印刷	148325	32000	54650	43965	558

4-21　续表 1

单位：万元

项　目	年末所有者权益合计	实收资本	营业收入	营业成本	税金及附加
文教、工美、体育和娱乐用品制造业	**107377**	**26007**	**223416**	**142795**	**1601**
工艺美术及礼仪用品制造	88044	24474	184546	115485	1434
体育用品制造	19333	1533	38870	27310	167
化学原料和化学制品制造业	**1150772**	**221859**	**854366**	**601757**	**5487**
基础化学原料制造	617875	97625	275251	208040	2046
农药制造	106391	12000	107083	77069	633
涂料、油墨、颜料及类似产品制造	225223	45930	180714	114711	1128
合成材料制造	11882	8100	59635	52690	413
专用化学产品制造	140304	34662	174582	110630	1022
日用化学产品制造	49099	23542	57102	38618	245
医药制造业	**5274579**	**1254224**	**3385297**	**1942072**	**27284**
化学药品原料药制造	4622723	1071303	3010118	1775187	23056
化学药品制剂制造	538376	146921	279050	150923	2892
中成药生产	113481	36000	96129	15961	1335
橡胶和塑料制品业	**1715378**	**413509**	**1894753**	**1380399**	**10744**
橡胶制品业	529604	101523	358901	254527	2249
塑料制品业	1185774	311986	1535852	1125872	8496
非金属矿物制品业	**13543**	**14139**	**91775**	**80878**	**352**
石膏、水泥制品及类似制品制造	13543	14139	91775	80878	352
黑色金属冶炼和压延加工业	**48885**	**20398**	**157313**	**127503**	**670**
钢压延加工	48885	20398	157313	127503	670
有色金属冶炼和压延加工业	**22233**	**29500**	**125023**	**122648**	**99**
有色金属压延加工	22233	29500	125023	122648	99
金属制品业	**570576**	**169224**	**642772**	**497805**	**3882**
金属工具制造	10767	7501	17070	14153	55
建筑、安全用金属制品制造	36487	27988	143324	116388	907
金属表面处理及热处理加工	2731	1218	17398	15436	78
金属制日用品制造	498688	117141	414189	309293	2420
铸造及其他金属制品制造	21903	15376	50792	42534	422
通用设备制造业	**2310218**	**611954**	**2908667**	**2276467**	**16788**
金属加工机械制造	187636	33021	316892	252697	1746
物料搬运设备制造	69174	21546	99952	73100	679
泵、阀门、压缩机及类似机械制造	1066416	288455	1544202	1188155	8124
轴承、齿轮和传动部件制造	702083	160002	625072	500600	4208
烘炉、风机、衡器、包装等设备制造	284909	108930	322549	261915	2031
专用设备制造业	**895911**	**248495**	**1485578**	**1130657**	**9099**
采矿、冶金、建筑专用设备制造	96568	11000	165795	120224	873
化工、木材、非金属加工专用设备制造	251271	41760	412564	282765	3124
纺织、服装和皮革加工专用设备制造	334156	121685	488032	407134	2873
农、林、牧、渔专用机械制造	111246	39440	267170	215572	914
医疗仪器设备及器械制造	61106	21810	97876	69082	997
环保、邮政、社会公共服务及其他专用设备制造	41564	12800	54141	35879	318

4-21 续表 2

单位：万元

项目	年末所有者权益合计	实收资本	营业收入	营业成本	税金及附加
汽车制造业	**2452326**	**627702**	**5206296**	**4479353**	**16617**
汽车整车制造	314127	91806	1690229	1533055	2000
汽车用发动机制造	102610	82000	180675	152264	529
汽车零部件及配件制造	2035590	453896	3335393	2794033	14087
铁路、船舶、航空航天和其他运输设备制造业	**411436**	**148278**	**1022641**	**838592**	**19714**
铁路运输设备制造	204386	48529	105772	48374	962
船舶及相关装置制造	33198	33000	91995	86685	233
摩托车制造	134815	47369	558858	467776	17820
助动车制造	39037	19380	266016	235757	699
电气机械和器材制造业	**856473**	**231448**	**1733222**	**1451941**	**7216**
电机制造	464761	82402	812697	674059	3572
输配电及控制设备制造	79483	42049	334969	293501	1200
电线、电缆、光缆及电工器材制造	4477	2790	31575	27277	101
家用电力器具制造	221841	87239	416360	349824	1844
非电力家用器具制造	67552	11767	96176	73229	333
照明器具制造	16072	5002	21858	17345	116
其他电气机械及器材制造	2287	200	19588	16706	50
计算机、通信和其他电子设备制造业	**1358862**	**297119**	**828148**	**657711**	**4684**
通信设备制造	20153	5000	27286	17996	171
智能消费设备制造	68120	19000	88526	61598	501
电子器件制造	852582	226429	384155	305082	2344
电子元件及电子专用材料制造	418008	46690	328181	273035	1668
仪器仪表制造业	**321378**	**85578**	**363297**	**254604**	**2309**
通用仪器仪表制造	315218	82698	345734	240967	2202
光学仪器制造	6160	2880	17564	13637	107
其他制造业	**240838**	**89861**	**282225**	**223115**	**1769**
日用杂品制造	238739	88861	269165	211755	1659
其他未列明制造业	2100	1000	13061	11360	110
电力、热力生产和供应业	**2279131**	**2097072**	**2425096**	**1900354**	**18130**
电力生产	2114352	2010386	1806691	1286613	16704
电力供应	164779	86686	618405	613741	1426

4-22　大中型工业主要财务指标(四)

(2020年)　　单位：万元

项　目	销售费用	财务费用	#利息费用	利润总额	利税总额	本年应交增值税	平均用工人数(人)
总　计	**890603**	**459450**	**447104**	**2807518**	**3587496**	**622766**	**282758**
按轻重工业分							
轻工业	536173	155682	130510	1256764	1550870	236681	116034
重工业	354430	303768	316594	1550753	2036626	386085	166724
按大中型分							
大型企业	451418	243164	265363	1390202	1710067	244078	102716
中型企业	439185	216286	181741	1417316	1877429	378688	180042
按工业行业分							
农副食品加工业	**3279**	**3366**	**2430**	**11821**	**14501**	**1942**	**2192**
植物油加工	**1998**	**133**	**339**	**12018**	**12945**	**712**	**329**
屠宰及肉类加工	30	-24		-134	27	5	305
水产品加工	1251	3257	2091	-63	1529	1224	1558
食品制造业	**3837**	**2051**	**1226**	**5445**	**9690**	**3506**	**2916**
罐头食品制造	3033	1851	1139	3985	7648	3147	2609
其他食品制造	804	200	87	1460	2042	359	307
纺织业	**8112**	**7032**	**4617**	**29471**	**37205**	**6110**	**4359**
棉纺织及印染精加工	1919	3694	3366	5657	7706	1676	964
化纤织造及印染精加工	693	564	565	1510	2361	742	393
家用纺织制成品制造	1316	410	89	11323	11694	18	705
产业用纺织制成品制造	4184	2363	597	10981	15444	3674	2297
纺织服装、服饰业	**159**	**27**	**21**	**137**	**247**	**89**	**217**
机织服装制造	159	27	21	137	247	89	217
皮革、毛皮、羽毛及其制品和制鞋业	**3869**	**2648**	**1674**	**1262**	**5773**	**3678**	**4506**
制鞋业	3869	2648	1674	1262	5773	3678	4506
木材加工和木、竹、藤、棕、草制品业	**249**	**336**	**139**	**153**	**169**		**320**
竹、藤、棕、草等制品制	249	336	139	153	169		320
家具制造业	**27368**	**-1567**	**7715**	**59617**	**67896**	**4128**	**13656**
木质家具制造	4588	679	332	3253	4391	804	1246
竹、藤家具制造	88	172	194	203	1069	737	359
金属家具制造	21379	-3572	6230	55845	60887	1628	11080
塑料家具制造	1191	863	668	21	405	204	550
其他家具制造	123	291	290	296	1145	754	421
造纸和纸制品业	**3818**	**1169**	**925**	**23832**	**42182**	**16259**	**1762**
造　纸	2938	361	419	22962	41199	16259	699
纸制品制造	880	808	507	871	983		1063
印刷和记录媒介复制业	**2722**	**720**	**726**	**6791**	**8524**	**1174**	**848**
印　刷	2722	720	726	6791	8524	1174	848

4-22 续表 1

单位：万元

项目	销售费用	财务费用	#利息费用	利润总额	利税总额	本年应交增值税	平均用工人数(人)
文教、工美、体育和娱乐用品制造业	**11522**	**6170**	**3101**	**35888**	**49138**	**11649**	**5920**
工艺美术及礼仪用品制造	10223	4041	1898	31700	41498	8365	4760
体育用品制造	1300	2129	1203	4188	7640	3284	1160
化学原料和化学制品制造业	**20637**	**9791**	**4343**	**197786**	**224416**	**21144**	**5277**
基础化学原料制造	948	4742	223	91694	101051	7312	1381
农药制造	1904	706	167	18965	22743	3144	740
涂料、油墨、颜料及类似产品制造	3663	465		34951	40593	4515	1769
合成材料制造	2675	458	1344	1256	2351	682	315
专用化学产品制造	8825	2204	1198	40853	47290	5415	570
日用化学产品制造	2623	1218	1412	10068	10389	76	502
医药制造业	**289562**	**89965**	**69675**	**628915**	**766699**	**110500**	**31742**
化学药品原料药制造	228506	82201	62371	538312	654389	93021	28207
化学药品制剂制造	22126	6667	6197	59697	70511	7922	2897
中成药生产	38930	1097	1107	30907	41799	9558	638
橡胶和塑料制品业	**87400**	**22789**	**18382**	**273387**	**335406**	**51275**	**24397**
橡胶制品业	17721	5265	4863	58597	70631	9785	5794
塑料制品业	69679	17524	13519	214791	264776	41490	18603
非金属矿物制品业	**4231**	**1415**	**1435**	**2169**	**3501**	**981**	**777**
石膏、水泥制品及类似制品制造	4231	1415	1435	2169	3501	981	777
黑色金属冶炼和压延加工业	**4960**	**1892**	**2075**	**13728**	**18108**	**3710**	**917**
钢压延加工	4960	1892	2075	13728	18108	3710	917
有色金属冶炼和压延加工业	**1729**	**462**	**4736**	**-4283**	**-3694**	**490**	**519**
有色金属压延加工	1729	462	4736	-4283	-3694	490	519
金属制品业	**50867**	**10656**	**13624**	**152204**	**166402**	**10316**	**9627**
金属工具制造	280	217	52	854	1463	553	362
建筑、安全用金属制品制造	5185	4163	3031	4291	8490	3293	2608
金属表面处理及热处理加工	379	76	74	578	1373	716	776
金属制日用品制造	44307	4725	9121	144373	150262	3468	4550
铸造及其他金属制品制造	717	1476	1346	2107	4815	2286	1331
通用设备制造业	**93768**	**53146**	**35004**	**269010**	**339520**	**53722**	**44795**
金属加工机械制造	9559	4706	3092	23418	33832	8667	6104
物料搬运设备制造	6574	575	605	8603	11154	1872	1415
泵、阀门、压缩机及类似机械制造	47866	27478	11168	173489	202602	20989	21886
轴承、齿轮和传动部件制造	18094	16042	15065	42993	62544	15344	9644
烘炉、风机、衡器、包装等设备制造	11674	4346	5075	20507	29389	6850	5746
专用设备制造业	**55060**	**18473**	**11185**	**174086**	**214212**	**31027**	**23877**
采矿、冶金、建筑专用设备制造	3732	764	623	28177	32394	3344	1951
化工、木材、非金属加工专用设备制造	11491	6344	5617	76767	97646	17756	5888
纺织、服装和皮革加工专用设备制造	18395	5059	1504	37416	42300	2011	7560
农、林、牧、渔专用机械制造	12735	2799	558	16837	20966	3215	3818
医疗仪器设备及器械制造	5529	2532	2356	6309	11188	3881	3862
环保、邮政、社会公共服务及其他专用设备制造	3180	976	527	8580	9719	821	798

4-22 续表 2

单位：万元

项 目	销售费用	财务费用	#利息费用	利润总额	利税总额	本年应交增值税	平均用工人数（人）
汽车制造业	**81568**	**37347**	**31009**	**329660**	**414396**	**68119**	**41066**
汽车整车制造	2033	287	2251	114605	116605		3580
汽车用发动机制造	1611	323		13921	16562	2112	725
汽车零部件及配件制造	77925	36737	28758	201134	281229	66007	36761
铁路、船舶、航空航天和其他运输设备制造业	**23157**	**9954**	**10338**	**62514**	**109385**	**27157**	**12225**
铁路运输设备制造	8843	2973	3691	28042	34553	5549	847
船舶及相关装置制造	1	24	29	1650	4521	2639	1778
摩托车制造	6156	6263	5642	23305	54798	13673	7936
助动车制造	8157	694	977	9518	15513	5297	1664
电气机械和器材制造业	**67118**	**15794**	**13175**	**125956**	**163863**	**30690**	**20397**
电机制造	16741	2244	4176	77890	96186	14724	10221
输配电及控制设备制造	11522	3240	2416	7155	17414	9059	1827
电线、电缆、光缆及电工器材制造	444	266	249	1081	1778	595	709
家用电力器具制造	30740	8385	4687	31243	35624	2537	5305
非电力家用器具制造	6759	503	639	7664	10413	2416	1650
照明器具制造	615	1141	977	42	1060	902	380
其他电气机械及器材制造	298	16	31	882	1388	456	305
计算机、通信和其他电子设备制造业	**19316**	**4539**	**6786**	**71713**	**94507**	**18110**	**11158**
通信设备制造	1637	328	14	5021	5316	123	401
智能消费设备制造	6020	-75	75	14084	17470	2885	1047
电子器件制造	5017	4108	4526	36107	41221	2770	5381
电子元件及电子专用材料制造	6643	178	2171	16501	30500	12332	4329
仪器仪表制造业	**18050**	**2596**	**2826**	**52180**	**66693**	**12204**	**6122**
通用仪器仪表制造	17581	2425	2655	51725	65329	11403	5692
光学仪器制造	469	171	172	455	1363	801	430
其他制造业	**8181**	**2926**	**1685**	**24672**	**40731**	**14291**	**8477**
日用杂品制造	7804	2665	1491	24280	39671	13733	8110
其他未列明制造业	377	262	194	392	1060	558	367
电力、热力生产和供应业	**65**	**155753**	**198255**	**259402**	**398029**	**120498**	**4689**
电力生产	65	154783	197528	258139	382787	107945	3350
电力供应		970	727	1263	15242	12553	1339

4-23 大中型工业主要经济效益指标(一)

(2020年)

项　目	企业亏损面(%)	资产负债率(%)	流动比率	产成品存货周转天数(天)	新产品产值率(%)
总　计	**5.77**	**50.54**	**1.24**	**32.40**	**52.62**
按轻重工业分					
轻工业	8.38	42.61	1.31	50.11	51.77
重工业	4.14	55.01	1.20	24.48	53.04
按大中型分					
大型企业	5.66	51.89	1.26	32.81	60.20
中型企业	5.79	48.84	1.23	32.07	46.87
按工业行业分					
农副食品加工业	33.33	48.06	1.32	51.07	21.66
食品制造业	25.00	56.49	1.31	149.03	31.75
纺织业		60.60	1.11	34.91	65.17
皮革、毛皮、羽毛及其制品和制鞋业		62.02	1.48	83.78	43.62
家具制造业	20.00	65.89	1.06	33.09	59.16
造纸和纸制品业		66.97	1.00	51.44	100.00
印刷和记录媒介复制业	12.50	56.54	1.12	43.01	64.12
文教、工美、体育和娱乐用品制造业		24.72	2.32	18.60	75.53
化学原料和化学制品制造业	50.00	23.58	2.52	8.53	76.27
医药制造业		56.00	1.19	32.85	39.92
橡胶和塑料制品业		28.73	2.06	37.64	48.93
非金属矿物制品业		36.02	1.48	76.53	51.85
黑色金属冶炼和压延加工业	7.89	36.33	1.57	32.60	37.88
有色金属冶炼和压延加工业		75.90	0.92	9.93	12.81
金属制品业		62.42	1.41	33.52	30.38
通用设备制造业	100.00	88.48	0.84	28.20	76.41
专用设备制造业		60.29	0.94	36.08	47.41
汽车制造业		45.45	1.42	34.36	56.07
铁路、船舶、航空航天和其他运输设备制造业	10.81	53.08	1.29	52.45	62.39
电气机械和器材制造业	4.62	55.92	1.15	18.21	73.65
计算机、通信和其他电子设备制造业		60.30	1.19	25.63	53.23
仪器仪表制造业		56.47	1.21	29.32	64.36
其他制造业	23.08	36.19	1.18	40.39	67.11
废弃资源综合利用业		35.85	2.13	28.52	60.32
电力、热力生产和供应业	11.11	46.45	1.33	21.95	48.92

4-24　大中型工业主要经济效益指标(二)

(2020年)

项　　目	企　业 亏损率 (%)	成本费用 利润率 (%)	百元营业收 入实现利税 (元)	百元固定 资产原值 实现利税 (元)	营　业 收　入 利润率 (%)
总　　计	**0.87**	**12.26**	**14.18**	**18.50**	**11.09**
按轻重工业分					
轻工业	0.38	16.46	17.99	32.98	14.58
重工业	1.26	10.16	12.21	13.87	9.29
按大中型分					
大型企业	0.51	13.54	15.15	15.95	12.32
中型企业	1.22	11.22	13.39	21.67	10.11
按工业行业分					
农副食品加工业	7.06	5.91	6.88	22.82	5.61
食品制造业	6.33	5.38	9.14	20.42	5.14
纺织业		11.36	12.97	31.60	10.27
纺织服装、服饰业		3.00	5.22	86.95	2.90
皮革、毛皮、羽毛及其制品和制鞋业	45.77	1.13	5.18	19.35	1.13
家具制造业		1.49	1.65	3.40	1.49
造纸和纸制品业	0.39	9.20	9.69	33.00	8.50
印刷和记录媒介复制业		13.83	22.20	40.64	12.54
文教、工美、体育和娱乐用品制造业	4.80	12.98	15.60	20.32	12.43
化学原料和化学制品制造业		19.28	21.99	59.97	16.06
医药制造业		27.72	26.27	59.05	23.15
橡胶和塑料制品业		22.19	22.65	29.79	18.58
非金属矿物制品业	0.47	16.75	17.70	37.15	14.43
黑色金属冶炼和压延加工业		2.44	3.81	13.64	2.36
有色金属冶炼和压延加工业		9.73	11.51	54.03	8.73
金属制品业		-3.31	-2.95	-10.95	-3.43
通用设备制造业		24.64	25.89	70.09	23.68
专用设备制造业		10.07	11.67	21.07	9.25
汽车制造业	2.38	12.98	14.42	32.61	11.72
铁路、船舶、航空航天和其他运输设备制造业	2.04	6.69	7.96	24.12	6.33
电气机械和器材制造业		6.62	10.70	34.59	6.11
计算机、通信和其他电子设备制造业		7.65	9.45	26.87	7.27
仪器仪表制造业	1.40	9.35	11.41	16.96	8.66
其他制造业		16.68	18.36	58.69	14.36
废弃资源综合利用业	1.23	9.17	14.43	20.67	8.74
电力、热力生产和供应业	1.39	12.21	16.41	4.56	10.70

4-25 规模以上非国有工业主要财务指标(一)

(2020年) 单位：万元

项目	企业单位数(个)	亏损企业	新产品产值	新产品销售收入	新产品销售收入中出口	资产总计
总计	**4550**	**407**	**19954999**	**17049401**	**5807232**	**61673175**
按轻重工业分						
轻工业	1745	210	5719063	5516694	2323852	21895244
重工业	2805	197	14235936	11532706	3483381	39777931
按大中小微型分						
大型企业	49	2	5918006	5165006	2272753	15512574
中型企业	372	20	6303885	5945825	1960209	16745280
小型企业	4017	360	7711576	5920228	1572183	28670750
微型企业	112	25	21532	18341	2088	744571
按工业行业分						
有色金属矿采选业	**1**					**3339**
常用有色金属矿采选	1					3339
非金属矿采选业	**9**	**3**				**186173**
土砂石开采	9	3				186173
农副食品加工业	**84**	**22**	**182947**	**119960**	**14105**	**525689**
谷物磨制	2					8377
饲料加工	6		16152	14455	4136	69831
植物油加工	1		29752	22314	7470	67755
屠宰及肉类加工	5		31144			43158
水产品加工	68	22	105899	83190	2500	326612
蔬菜、菌类、水果和坚果加工	1					5561
其他农副食品加工	1					4396
食品制造业	**13**	**2**	**50296**	**35502**	**13108**	**205424**
罐头食品制造	9	2	10240			106454
其他食品制造	4		40056	35502	13108	98970
酒、饮料和精制茶制造业	**6**	**1**	**3208**	**386**		**162217**
酒的制造	2	1	1361			109757
饮料制造	3			250		43415
精制茶加工	1		1847	136		9045

4-25　续表 1

单位：万元

项　　目	企　业单位数（个）	亏　损企　业	新产品产　值	新产品销　售收　入	新产品销售收入中出口	资　产总　计
纺织业	**123**	**19**	**273515**	**255830**	**93118**	**790725**
棉纺织及印染精加工	12	1	77777	80021		136938
毛纺织及染整精加工	5		5775	5073		22254
化纤织造及印染精加工	24	3	29832	30024	625	137177
针织或钩针编织物及其制品制造	4	3	10966	9201	239	40943
家用纺织制成品制造	17	1	37886	30411	27934	70333
产业用纺织制成品制造	61	11	111280	101101	64320	383080
纺织服装、服饰业	**19**		**18102**	**11249**	**4410**	**71197**
机织服装制造	10		13618	8380	3254	35880
针织或钩针编织服装制造	6		2929	1325		24461
服饰制造	3		1555	1544	1156	10856
皮革、毛皮、羽毛及其制品和制鞋业	**218**	**17**	**338315**	**303756**	**198619**	**580251**
皮革制品制造	5	1	6664	1382	1246	24853
制鞋业	213	16	331651	302374	197374	555397
木材加工和木、竹、藤、棕、草制品业	**23**	**6**	**34064**	**35836**	**9798**	**112227**
人造板制造	3		12220	10208		48890
木制品制造	15	6	9531	5427	3632	31469
竹、藤、棕、草等制品制造	5		12314	20201	6166	31868
家具制造业	**79**	**21**	**355850**	**329498**	**251647**	**1320602**
木质家具制造	22	11	33215	27539	16789	135378
竹、藤家具制造	8	2	8566	11197	646	34756
金属家具制造	35	5	284981	264679	213450	1007004
塑料家具制造	10	2	25510	22504	20762	116606
其他家具制造	4	1	3579	3579		26858
造纸和纸制品业	**70**	**7**	**249274**	**284619**	**30359**	**567880**
造纸	9	1	172256	211899	613	151544
纸制品制造	61	6	77019	72720	29746	416336
印刷和记录媒介复制业	**57**	**4**	**88505**	**85034**	**11028**	**456043**

4-25 续表 2

单位：万元

项目	企业单位数(个)	亏损企业	新产品产值	新产品销售收入	新产品销售收入中出口	资产总计
印　刷	57	4	88505	85034	11028	456043
文教、工美、体育和娱乐用品制造业	**136**	**22**	**204581**	**154060**	**102992**	**683406**
文教办公用品制造	3	1	1362	1794		14619
乐器制造	1			174		3375
工艺美术及礼仪用品制造	113	18	190508	139441	94762	564152
体育用品制造	5		10608	10549	7512	57479
玩具制造	12	3	422	421	421	37342
游艺器材及娱乐用品制造	2		1681	1681	298	6440
石油、煤炭及其他燃料加工业	**3**		**46**	**56**		**19038**
精炼石油产品制造	3		46	56		19038
化学原料和化学制品制造业	**86**	**4**	**660123**	**614600**	**192578**	**2743843**
基础化学原料制造	12		142236	138230	32484	973623
农药制造	4		52919	53492	27525	223844
涂料油墨颜料及类似产品制造	29	2	136921	148030	19990	659868
合成材料制造	15	1	92025	56170	2743	293441
专用化学产品制造	15		192570	181711	86162	452311
日用化学产品制造	11	1	43453	36967	23674	140756
医药制造业	**63**	**12**	**1613403**	**1586554**	**756691**	**7427020**
化学药品原料药制造	48	8	1308667	1346699	726291	6565480
化学药品制剂制造	3		157167	147737	28132	352703
中药饮片加工	1	1				6629
中成药生产	3	1	121178	86763		196137
兽用药品制造	1		17841			23499
生物药品制品制造	5	2	5113	5355	2268	276305
卫生材料及医药用品制造	2		3437			6268
化学纤维制造业	**5**		**3083**	**19**		**41671**
合成纤维制造	5		3083	19		41671
橡胶和塑料制品业	**551**	**52**	**1308073**	**1334246**	**390032**	**5578124**
橡胶制品业	102	12	239697	249965	48739	1416183
塑料制品业	449	40	1068376	1084281	341293	4161940
非金属矿物制品业	**131**	**16**	**226201**	**189600**	**14372**	**1361551**
水泥、石灰和石膏制造	5					49191

4-25　续表 3

单位：万元

项　目	企业单位数（个）	亏损企业	新产品产值	新产品销售收入	新产品销售收入中出口	资产总计
石膏、水泥制品及类似制品制造	75	8	177964	134747		1020642
砖瓦、石材等建筑材料制造	19	4	11304	11316		97592
玻璃制造	6		3886	7436		20108
玻璃制品制造	12		15044	12286	7497	90080
玻璃纤维和玻璃纤维增强塑料制品制造	6	1	5294	7333		33748
陶瓷制品制造	7	3	12709	16483	6875	48930
石墨及其他非金属矿物制品制造	1					1260
黑色金属冶炼和压延加工业	**25**		**72116**	**54640**	**964**	**377872**
钢压延加工	25		72116	54640	964	377872
有色金属冶炼和压延加工业	**78**	**6**	**231569**	**108444**	**4644**	**788711**
常用有色金属冶炼	1					10287
贵金属冶炼	1					3016
有色金属合金制造	5	2	12027	12014		103517
有色金属压延加工	71	4	219542	96430	4644	671892
金属制品业	**314**	**21**	**601522**	**503423**	**193970**	**2927488**
结构性金属制品制造	19	4	37117	36733	8797	104337
金属工具制造	22	1	47453	47318	7248	166256
集装箱及金属包装容器制造	14		13478	10760		60032
金属丝绳及其制品制造	15		1558	832	52	58830
建筑、安全用金属制品制造	68	4	99306	94105	26077	392689
金属表面处理及热处理加工	52	5	45753	36710		256719
搪瓷制品制造	1		2858	2858	1724	2890
金属制日用品制造	23	1	239242	190327	144084	1310469
铸造及其他金属制品制造	100	6	114757	83780	5988	575266
通用设备制造业	**919**	**35**	**3049428**	**2809105**	**1197010**	**8217346**
锅炉及原动设备制造	9	1	10931	13233		73712
金属加工机械制造	84	4	347034	309389	99045	725245
物料搬运设备制造	22	2	94084	89276	3402	256332
泵、阀门、压缩机及类似机械制造	557	21	1868039	1706094	961872	4245029
轴承、齿轮和传动部件制造	111	2	437597	437365	51453	1935111
烘炉、风机、包装等设备制造	89	2	229196	198979	69070	703690

4-25 续表 4

单位：万元

项　　目	企业单位数(个)	亏损企业	新产品产值	新产品销售收入	新产品销售收入中出口	资产总计
文化、办公用机械制造	2		7613	7613	2429	33053
通用零部件制造	38		46115	38965	9389	203816
其他通用设备制造业	7	3	8818	8191	350	41358
专用设备制造业	**359**	**32**	**1567399**	**1471682**	**472084**	**4037549**
采矿、冶金、建筑专用设备制造	17		87110	80365	8148	287655
化工、木材、非金属加工专用设备制造	139	12	603958	564295	118657	1483262
食品、饮料、烟草及饲料生产专用设备制造	10		3734	5795	1851	31758
印刷、制药、日化及日用品生产专用设备制造	7		9730	10053		31548
纺织、服装和皮革加工专用设备制造	48	7	332950	334227	124418	980249
电子和电工机械专用设备制造	1		2945	2945	636	5462
农、林、牧、渔专用机械制造	58	5	305709	280424	184679	594407
医疗仪器设备及器械制造	57	4	90717	84086	16137	387359
环保、邮政、社会公共服务及其他专用设备制造	22	4	130546	109492	17559	235848
汽车制造业	**395**	**31**	**5342840**	**3205683**	**866043**	**10641338**
汽车整车制造	5	1	2546110	1564012	533159	3315770
汽车用发动机制造	2		178504	15445		236174
汽车零部件及配件制造	388	30	2618226	1626226	332884	7089394
铁路、船舶、航空航天和其他运输设备制造业	**178**	**21**	**761136**	**790687**	**160965**	**2183514**
铁路运输设备制造	10	1	113927	116238	3548	461326
船舶及相关装置制造	21	5	54239	42603		487962
航空、航天器及设备制造	2		9626	9626		30498
摩托车制造	90	7	383701	419365	146349	784680
自行车和残疾人座车制造	2	1				7034
助动车制造	49	7	198248	202855	11068	402636
非公路休闲车及零配件制造	4		1396			9379
电气机械和器材制造业	**409**	**33**	**1658580**	**1735137**	**518202**	**4548468**
电机制造	160	9	733362	738662	205418	1796910
输配电及控制设备制造	64	4	377902	352769	97390	677104
电线、电缆、光缆及电工器材制造	64	6	194546	230983	675	757293
电池制造	2		1048	1033	133	5058
家用电力器具制造	25	4	200090	211748	122779	686470

4-25　续表 5

单位：万元

项　　目	企业单位数(个)	亏损企业	新产品产值	新产品销售收入	新产品销售收入中出口	资产总计
非电力家用器具制造	8		87442	116505	50077	186069
照明器具制造	81	10	60290	73837	38925	415205
其他电气机械及器材制造	5		3900	9601	2804	24358
计算机、通信和其他电子设备制造业	**44**	**10**	**533144**	**518041**	**143611**	**1581294**
通信设备制造	2		12230	9473	2221	39100
非专业视听设备制造	3	2		369		116464
智能消费设备制造	8	3	79036	77825	2661	166330
电子器件制造	9	2	248092	226930	133666	774000
电子元件及电子专用材料制造	19	2	193770	202703	5062	461934
其他电子设备制造	3	1	16	740		23466
仪器仪表制造业	**57**	**1**	**364199**	**341668**	**112122**	**772810**
通用仪器仪表制造	52	1	342178	320378	112122	744368
专用仪器仪表制造	3		5687	4968		10358
光学仪器制造	1		14136	14136		13182
其他仪器仪表制造业	1		2200	2186		4902
其他制造业	**40**	**3**	**155000**	**166512**	**54762**	**576044**
日用杂品制造	39	3	155000	159012	47262	562202
其他未列明制造业	1			7500	7500	13842
废弃资源综合利用业	**24**	**3**	**6152**	**3233**		**589031**
金属废料和碎屑加工处理	16	2	2918			492804
非金属废料和碎屑加工处理	8	1	3233	3233		96227
金属制品、机械和设备修理业	**2**		**2331**			**7375**
铁路、船舶、航空航天等运输设备修理	2		2331			7375
电力、热力生产和供应业	**13**	**2**		**341**		**1306917**
电力生产	9	1				1256692
热力生产和供应	4	1		341		50225
燃气生产和供应业	**12**					**216645**
燃气生产和供应	12					216645
水的生产和供应业	**4**	**1**				**64353**
自来水生产和供应	1	1				1647
污水处理及其再生利用	3					62706

4-26 规模以上非国有工业主要财务指标(二)

(2020年) 单位：万元

项目	流动资产合计	存货	固定资产原价	固定资产净值	年末负债合计	流动负债合计
总计	**36243219**	**7506755**	**22180507**	**12567206**	**34156286**	**30728526**
按轻重工业分						
轻工业	11916175	2860280	7552134	4303787	11013481	10040753
重工业	24327045	4646474	14628373	8263419	23142805	20687773
按大中小微型分						
大型企业	8183619	1506300	4232198	2564744	6700587	5715470
中型企业	9428398	2401239	7269843	3914193	8124077	7475129
小型企业	18256838	3534972	10342242	5900213	18673561	17244228
微型企业	374364	64244	336224	188056	658061	293699
按工业行业分						
有色金属矿采选业	**1699**	**852**	**1374**	**663**	**1684**	**1684**
常用有色金属矿采选	1699	852	1374	663	1684	1684
非金属矿采选业	**50669**	**14338**	**28101**	**20044**	**173026**	**151982**
土砂石开采	50669	14338	28101	20044	173026	151982
农副食品加工业	**315237**	**98104**	**184753**	**120773**	**305749**	**286850**
谷物磨制	7038	5062	1936	1335	6003	5422
饲料加工	47563	4349	18447	13305	57232	56132
植物油加工	29564	12815	23448	17924	16242	14631
屠宰及肉类加工	11713	1133	24940	19029	14377	14036
水产品加工	214786	72583	108650	64832	205098	191064
蔬菜、菌类、水果和坚果加工	2478	1792	3708	2340	3178	3052
其他农副食品加工	2095	370	3625	2010	3619	2513
食品制造业	**126865**	**58597**	**75253**	**43608**	**122656**	**114776**
罐头食品制造	75894	43422	33932	14893	80953	80940
其他食品制造	50970	15176	41322	28715	41703	33835
酒、饮料和精制茶制造业	**111480**	**13802**	**100383**	**31838**	**69465**	**69465**
酒的制造	78141	11116	89060	27020	38386	38386
饮料制造	26515	2399	9102	3713	28211	28211
精制茶加工	6825	287	2221	1105	2868	2868

4-26　续表 1

单位：万元

项　目	流动资产合计	存　货	固定资产原价	固定资产净值	年末负债合计	流动负债合计
纺织业	**513338**	**127503**	**351817**	**197805**	**493335**	**458341**
棉纺织及印染精加工	70539	16930	64226	45442	115763	94717
毛纺织及染整精加工	12770	3625	21715	7336	15507	15360
化纤织造及印染精加工	106465	28156	50641	24432	81472	81472
针织或钩针编织物及其制品制造	15276	3965	37320	21815	26213	24324
家用纺织制成品制造	48480	12355	26522	16919	49614	49578
产业用纺织制成品制造	259809	62472	151394	81861	204766	192892
纺织服装、服饰业	**43673**	**11773**	**36602**	**21638**	**46839**	**46801**
机织服装制造	23521	5843	13814	10149	24947	24919
针织或钩针编织服装制造	14765	4292	18775	8068	13624	13615
服饰制造	5387	1638	4013	3421	8268	8268
皮革、毛皮、羽毛及其制品和制鞋业	**394309**	**90549**	**201842**	**115791**	**420955**	**411565**
皮革制品制造	10012	4312	18469	12411	16254	16254
制鞋业	384298	86237	183373	103380	404701	395311
木材加工和木、竹、藤、棕、草制品业	**76270**	**15234**	**38332**	**20599**	**79106**	**79106**
人造板制造	38924	3125	10125	3786	33040	33040
木制品制造	17267	5078	13083	7761	24117	24117
竹、藤、棕、草等制品制造	20079	7031	15124	9052	21949	21949
家具制造业	**819031**	**263356**	**322931**	**161939**	**800739**	**770027**
木质家具制造	81824	31144	59563	34498	95220	93147
竹、藤家具制造	27725	10348	7170	3530	30870	30758
金属家具制造	650400	199734	194644	95658	599688	587650
塑料家具制造	37333	14968	54549	25204	53158	39975
其他家具制造	21749	7161	7005	3049	21803	18498
造纸和纸制品业	**356947**	**81528**	**256465**	**143041**	**319010**	**305141**
造纸	89294	13508	95509	51786	52273	49731
纸制品制造	267654	68020	160957	91255	266737	255410
印刷和记录媒介复制业	**276988**	**39273**	**190824**	**97176**	**209257**	**206396**

4-26 续表 2

单位：万元

项目	流动资产合计	存货	固定资产合计	固定资产原价	固定资产净值	年末负债合计
印刷	276988	39273	190824	97176	209257	206396
文教、工美、体育和娱乐用品制造业	**407596**	**97433**	**281039**	**155835**	**441218**	**422208**
文教办公用品制造	7477	718	8952	5934	7369	7369
乐器制造	1503	424	1883	955	2852	2852
工艺美术及礼仪用品制造	341534	82657	227475	123271	367761	351891
体育用品制造	33281	7385	18883	11118	34712	31572
玩具制造	19377	5175	21167	12898	25639	25639
游艺器材及娱乐用品制造	4424	1073	2679	1659	2886	2886
石油、煤炭及其他燃料加工业	**8927**	**2064**	**7391**	**6225**	**11342**	**11342**
精炼石油产品制造	8927	2064	7391	6225	11342	11342
化学原料和化学制品制造业	**1509654**	**226557**	**684273**	**411645**	**1026197**	**913112**
基础化学原料制造	507570	54432	162985	83717	271056	216169
农药制造	135046	18209	49228	25421	59050	56035
涂料油墨颜料及类似产品制造	347374	77685	226668	151441	287431	271758
合成材料制造	178829	26802	59373	32126	230699	204844
专用化学产品制造	251257	36010	160926	105440	134921	121354
日用化学产品制造	89578	13418	25094	13501	43040	42953
医药制造业	**3408098**	**913171**	**2258525**	**1307873**	**2682184**	**2128175**
化学药品原料药制造	2989263	847212	2049703	1197013	2383203	1844655
化学药品制剂制造	181694	37962	115702	66285	150145	144344
中药饮片加工	6411	1230	407	187	4639	4639
中成药生产	130848	16260	43652	20197	87946	85913
兽用药品制造	12484	1126	8473	5537	5314	5314
生物药品制品制造	85741	8569	36633	15647	45016	37390
卫生材料及医药用品制造	1658	814	3956	3007	5921	5921
化学纤维制造业	**20150**	**1381**	**21455**	**11721**	**29699**	**26633**
合成纤维制造	20150	1381	21455	11721	29699	26633
橡胶和塑料制品业	**3056824**	**653481**	**2283629**	**1314223**	**2733544**	**2560166**
橡胶制品业	759294	133483	499160	283765	610611	544149
塑料制品业	2297530	519999	1784469	1030458	2122932	2016017
非金属矿物制品业	**876993**	**158224**	**500772**	**277459**	**877414**	**772758**
水泥、石灰和石膏制造	34694	5276	20764	9176	23921	21694

4-26　续表 3

单位：万元

项　　目	流动资产合计	存　货	非流动资产合计	固定资产原价	固定资产净值	年末负债合计
石膏、水泥制品及类似制品制造	667832	118727	378670	214924	669746	578539
砖瓦、石材等建筑材料制造	60720	10182	28113	18276	73081	63846
玻璃制造	11544	4140	15629	5424	15887	14984
玻璃制品制造	53889	8473	21424	9443	34522	34522
玻璃纤维和玻璃纤维增强塑料制品制造	20473	5967	10232	5381	21050	19966
陶瓷制品制造	26744	5444	25536	14670	38167	38167
石墨及其他非金属矿物制品制造	1096	15	405	164	1040	1040
黑色金属冶炼和压延加工业	**270282**	**88313**	**114414**	**72361**	**260896**	**237342**
钢压延加工	270282	88313	114414	72361	260896	237342
有色金属冶炼和压延加工业	**537335**	**96432**	**168738**	**97984**	**507863**	**499253**
常用有色金属冶炼	8788	4886	1109	769	8526	8526
贵金属冶炼	2461	1264	1010	534	1375	1375
有色金属合金制造	51722	11308	38249	29713	73063	70467
有色金属压延加工	474364	78974	128369	66967	424900	418885
金属制品业	**1668332**	**282467**	**915205**	**532453**	**1818707**	**1703104**
结构性金属制品制造	82336	20218	29886	14456	67613	62024
金属工具制造	81340	17531	94860	59252	103053	99275
集装箱及金属包装容器制造	41516	9017	22231	11790	39217	39217
金属丝绳及其制品制造	42313	12454	24042	12842	37904	35954
建筑、安全用金属制品制造	233560	65446	153128	88006	252152	234095
金属表面处理及热处理加工	151021	17467	135824	75164	180799	174540
搪瓷制品制造	1411	1287	1227	1126	1590	1590
金属制日用品制造	649805	67813	187709	131344	773751	712694
铸造及其他金属制品制造	385031	71233	266297	138473	362628	343716
通用设备制造业	**4995123**	**1329442**	**3259905**	**1925758**	**4526027**	**4192831**
锅炉及原动设备制造	48686	19582	32284	16735	45525	45514
金属加工机械制造	506328	147869	271996	143930	425062	415381
物料搬运设备制造	155324	43760	76639	47261	143432	140325
泵、阀门、压缩机及类似机械制造	2735518	735006	1481510	892465	2274243	2183812
轴承、齿轮和传动部件制造	992130	232040	972118	571848	1026740	816108
烘炉、风机、包装等设备制造	382658	107317	303575	184624	427895	414369

4-26 续表 4

单位：万元

项目	流动资产合计	存货	非流动资产合计	固定资产原价	固定资产净值	年末负债合计
文化、办公用机械制造	22799	6714	12414	3554	19975	18995
通用零部件制造	125927	24724	101278	60512	129661	124833
其他通用设备制造业	25755	12430	8091	4830	33495	33493
专用设备制造业	**2600952**	**650077**	**1484862**	**843029**	**2392231**	**2273076**
采矿、冶金、建筑专用设备制造	190689	56277	79587	51432	141694	140261
化工、木材、非金属加工专用设备制造	990345	230624	618235	323826	954895	913786
食品、饮料、烟草及饲料生产专用设备制造	16543	3284	16793	8733	16708	16708
印刷、制药、日化及日用品生产专用设备制造	17525	3129	15677	9616	24805	24254
纺织、服装和皮革加工专用设备制造	600348	159325	328671	205652	537762	501737
电子和电工机械专用设备制造	3615	78	2467	1441	929	929
农、林、牧、渔专用机械制造	389771	101851	192332	112898	343494	329535
医疗仪器设备及器械制造	219132	67055	175271	98623	223902	207636
环保、邮政、社会公共服务及其他专用设备制造	172983	28455	55830	30809	148043	138231
汽车制造业	**6779683**	**687190**	**2861275**	**1725570**	**7185486**	**6262590**
汽车整车制造	2689131	71099	172542	134731	2858131	2441752
汽车用发动机制造	62876	10104	147559	131746	133564	129615
汽车零部件及配件制造	4027675	605987	2541174	1459092	4193792	3691223
铁路、船舶、航空航天和其他运输设备制造业	**1482769**	**421552**	**666351**	**331411**	**1397134**	**1308407**
铁路运输设备制造	280588	43461	78209	48027	191340	124072
船舶及相关装置制造	394216	192938	146002	60118	355572	354257
航空、航天器及设备制造	13640	1171	8390	4573	19904	15454
摩托车制造	518365	126221	321698	148897	519794	510233
自行车和残疾人座车制造	5134	565	2362	1025	6532	6532
助动车制造	261996	55820	108143	68222	297653	291620
非公路休闲车及零配件制造	8831	1377	1547	548	6339	6239
电气机械和器材制造业	**3127077**	**626688**	**1388421**	**798647**	**2696523**	**2572913**
电机制造	1243293	260362	558737	352973	1058229	1020505
输配电及控制设备制造	469566	91854	234986	109782	363829	351045
电线、电缆、光缆及电工器材制造	605563	118219	139993	73018	444572	431706
电池制造	3159	1931	2705	1170	3982	3982
家用电力器具制造	357721	68079	215598	135319	406808	356082

4-26 续表 5

单位：万元

项 目	流动资产合计	存 货	非流动资产合计	固定资产原价	固定资产净值	年末负债合计
非电力家用器具制造	146029	23882	47729	23242	94850	92134
照明器具制造	286853	60355	181075	96856	307042	300247
其他电气机械及器材制造	14893	2006	7598	6287	17211	17211
计算机、通信和其他电子设备制造业	**848275**	**136367**	**567297**	**348503**	**790908**	**481240**
通信设备制造	28511	4372	9219	5679	17419	17223
非专业视听设备制造	48771	2627	46293	1075	274995	4350
智能消费设备制造	117503	23931	41474	27953	81691	69198
电子器件制造	321423	53166	356568	251950	208799	185302
电子元件及电子专用材料制造	319060	50965	99602	52288	190500	187663
其他电子设备制造	13008	1306	14140	9558	17505	17505
仪器仪表制造业	**553371**	**127972**	**225595**	**118642**	**323902**	**308590**
通用仪器仪表制造	534639	124903	209832	111159	307983	292928
专用仪器仪表制造	8973	786	5665	1086	4941	4941
光学仪器制造	7722	2231	8124	4844	7022	6765
其他仪器仪表制造业	2036	51	1974	1554	3956	3956
其他制造业	**355100**	**81634**	**236341**	**117369**	**315122**	**312152**
日用杂品制造	346235	78132	229247	114130	303380	300409
其他未列明制造业	8865	3502	7094	3239	11743	11743
废弃资源综合利用业	**353831**	**71499**	**159912**	**111558**	**326899**	**308517**
金属废料和碎屑加工处理	324135	66052	106345	74764	273654	271980
非金属废料和碎屑加工处理	29696	5447	53566	36794	53244	36537
金属制品、机械和设备修理业	**4389**	**277**	**7390**	**2875**	**2457**	**2457**
铁路、船舶、航空航天等运输设备修理	4389	277	7390	2875	2457	2457
电力、热力生产和供应业	**208618**	**25967**	**2123983**	**960379**	**643513**	**441041**
电力生产	198527	25062	2095369	951362	616090	419648
热力生产和供应	10091	906	28614	9017	27422	21393
燃气生产和供应业	**68545**	**13567**	**132956**	**98866**	**90000**	**73065**
燃气生产和供应	68545	13567	132956	98866	90000	73065
水的生产和供应业	**14793**	**94**	**42105**	**21907**	**35201**	**15422**
自来水生产和供应	1279		1109	183	1440	1440
污水处理及其再生利用	13514	94	40996	21724	33761	13983

4-27 规模以上非国有工业主要财务指标(三)

(2020年) 单位：万元

项目	所有者权益合计	实收资本	营业收入	营业成本	税金及附加
总计	**27618464**	**10331883**	**49736314**	**40465697**	**305880**
按轻重工业分					
轻工业	10855015	3792975	16201859	12537732	99965
重工业	16763449	6538908	33534455	27927965	205916
按大中小微型分					
大型企业	8811988	2138211	9902121	7846425	62858
中型企业	8621203	2816615	12698507	9656403	75726
小型企业	9997171	5227829	26659532	22531069	164714
微型企业	188103	149229	476153	431801	2582
按工业行业分					
有色金属矿采选业	**1656**	**800**	**2749**	**1383**	**111**
常用有色金属矿采选	1656	800	2749	1383	111
非金属矿采选业	**13147**	**20128**	**56448**	**47345**	**1328**
土砂石开采	13147	20128	56448	47345	1328
农副食品加工业	**219940**	**106080**	**767994**	**700650**	**1572**
谷物磨制	2374	1400	15862	14805	7
饲料加工	12598	9056	73696	66843	67
植物油加工	51513	5520	41132	22931	215
屠宰及肉类加工	28781	18053	272085	264182	299
水产品加工	121514	68051	357736	325719	922
蔬菜、菌类、水果和坚果加工	2383	2350	4610	3818	40
其他农副食品加工	777	1650	2873	2352	22
食品制造业	**82768**	**25161**	**175273**	**144967**	**1020**
罐头食品制造	25501	7581	91194	76520	546
其他食品制造	57267	17580	84079	68447	475
酒、饮料和精制茶制造业	**92752**	**32308**	**111850**	**85340**	**8476**
酒的制造	71371	23850	73332	52428	8307
饮料制造	15204	3298	33051	28243	154
精制茶加工	6177	5160	5466	4669	15

4-27　续表 1

单位：万元

项　　目	所有者权益合计	实收资本	营业收入	营业成本	税金及附加
纺织业	**276764**	**111218**	**836307**	**690454**	**3907**
棉纺织及印染精加工	21176	11524	146927	128008	584
毛纺织及染整精加工	6746	6030	25763	20809	194
化纤织造及印染精加工	55705	23710	145422	129984	483
针织或钩针编织物及其制品制造	14730	3528	25427	20157	190
家用纺织制成品制造	20719	7364	97321	72414	539
产业用纺织制成品制造	157689	59062	395447	319081	1918
纺织服装、服饰业	**24358**	**16150**	**62313**	**51567**	**335**
机织服装制造	10933	8282	39193	32616	188
针织或钩针编织服装制造	10837	7332	16397	13300	109
服饰制造	2588	536	6724	5651	38
皮革、毛皮、羽毛及其制品和制鞋业	**159186**	**70088**	**652659**	**561619**	**3337**
皮革制品制造	8600	7827	17100	14538	116
制鞋业	150587	62261	635559	547081	3221
木材加工和木、竹、藤、棕、草制品业	**33121**	**16112**	**104631**	**89065**	**458**
人造板制造	15849	9981	30660	26379	134
木制品制造	7352	3531	43836	36919	240
竹、藤、棕、草等制品制造	9920	2600	30136	25767	84
家具制造业	**519863**	**305729**	**1003890**	**825457**	**6035**
木质家具制造	40158	21205	108903	82794	948
竹、藤家具制造	3886	1439	53020	47431	318
金属家具制造	407316	254549	733839	608374	4039
塑料家具制造	63448	23328	70625	52165	572
其他家具制造	5055	5208	37503	34693	159
造纸和纸制品业	**248870**	**93298**	**638410**	**558793**	**4562**
造纸	99271	23006	235314	201502	2634
纸制品制造	149599	70292	403096	357291	1928
印刷和记录媒介复制业	**246787**	**75331**	**304037**	**256141**	**1655**

4-27 续表 2

单位：万元

项　　目	所有者权益合计	实收资本	营业收入	营业成本	税金及附加
印　刷	246787	75331	304037	256141	1655
文教、工美、体育和娱乐用品制造业	**242186**	**94083**	**714949**	**549392**	**4770**
文教办公用品制造	7250	5399	11414	9751	30
乐器制造	523	218	2484	2049	14
工艺美术及礼仪用品制造	196390	79661	589780	449182	4230
体育用品制造	22767	2773	59123	43821	254
玩具制造	11703	5081	40035	34129	202
游艺器材及娱乐用品制造	3554	950	12113	10459	39
石油、煤炭及其他燃料加工业	**7696**	**6400**	**17217**	**14423**	**107**
精炼石油产品制造	7696	6400	17217	14423	107
化学原料和化学制品制造业	**1717646**	**387407**	**1708259**	**1271405**	**9335**
基础化学原料制造	702567	112235	376869	273047	2762
农药制造	164794	38805	165329	126468	873
涂料油墨颜料及类似产品制造	372437	106409	399013	283979	2463
合成材料制造	62743	36576	272558	235560	989
专用化学产品制造	317390	63415	381273	274999	1714
日用化学产品制造	97716	29967	113217	77352	534
医药制造业	**4744835**	**1266706**	**3331168**	**1985625**	**26035**
化学药品原料药制造	4182277	1091974	2941448	1819546	21921
化学药品制剂制造	202558	58000	174500	77129	1993
中药饮片加工	1990	1000	4147	3670	5
中成药生产	108192	38706	110027	25812	1426
兽用药品制造	18184	5370	17791	6814	276
生物药品制品制造	231289	70656	74153	46421	344
卫生材料及医药用品制造	346	1000	9102	6233	69
化学纤维制造业	**11972**	**4984**	**33403**	**30082**	**68**
合成纤维制造	11972	4984	33403	30082	68
橡胶和塑料制品业	**2832411**	**1052582**	**4684543**	**3723760**	**24294**
橡胶制品业	794370	240089	833548	642064	4871
塑料制品业	2038041	812493	3850996	3081696	19423
非金属矿物制品业	**479966**	**271697**	**1744116**	**1477452**	**8360**
水泥、石灰和石膏制造	25269	6404	91758	79194	354

4-27 续表 3

单位：万元

项 目	所有者权益合计	实收资本	营业收入	营业成本	税金及附加
石膏、水泥制品及类似制品制造	350896	213265	1417821	1207417	6428
砖瓦、石材等建筑材料制造	20340	17204	82689	68034	400
玻璃制造	4221	4850	25109	21873	236
玻璃制品制造	55558	14586	54583	42617	335
玻璃纤维和玻璃纤维增强塑料制品制造	12698	5129	31432	25901	162
陶瓷制品制造	10763	10210	38669	30924	434
石墨及其他非金属矿物制品制造	219	50	2055	1491	11
黑色金属冶炼和压延加工业	**116977**	**44183**	**566100**	**509708**	**1575**
钢压延加工	116977	44183	566100	509708	1575
有色金属冶炼和压延加工业	**280848**	**123960**	**1140108**	**1087644**	**1968**
常用有色金属冶炼	1761	520	31118	29426	4
贵金属冶炼	1641	2000	2340	1766	3
有色金属合金制造	30454	27371	117920	112200	275
有色金属压延加工	246992	94069	988730	944251	1686
金属制品业	**1103490**	**459683**	**2174243**	**1813487**	**10692**
结构性金属制品制造	36724	28624	107397	89042	420
金属工具制造	63204	32855	110152	87165	524
集装箱及金属包装容器制造	20815	9696	57412	48218	229
金属丝绳及其制品制造	20926	10953	101859	95006	184
建筑、安全用金属制品制造	135580	76690	467292	390425	2510
金属表面处理及热处理加工	75585	38059	228175	195202	1190
搪瓷制品制造	1300	1261	3640	3058	6
金属制日用品制造	536718	142751	491920	376418	2856
铸造及其他金属制品制造	212639	118794	606397	528952	2773
通用设备制造业	**3676332**	**1223502**	**7249971**	**5840330**	**38080**
锅炉及原动设备制造	28188	12618	54898	41877	469
金属加工机械制造	300183	73314	664702	530252	3484
物料搬运设备制造	112900	45593	194486	147979	1161
泵、阀门、压缩机及类似机械制造	1970784	660762	4312995	3472272	20472
轴承、齿轮和传动部件制造	893386	238224	1154565	931604	7217
烘炉、风机、包装等设备制造	275795	123987	627410	513658	3843

4-27 续表 4

单位：万元

项目	所有者权益合计	实收资本	营业收入	营业成本	税金及附加
文化、办公用机械制造	13079	6236	16309	13470	182
通用零部件制造	74155	44566	197658	165359	1162
其他通用设备制造业	7863	18203	26950	23858	89
专用设备制造业	**1645315**	**613953**	**3171187**	**2487718**	**18838**
采矿、冶金、建筑专用设备制造	145961	26298	270943	205789	1391
化工、木材、非金属加工专用设备制造	528366	167266	1026381	777010	7696
食品、饮料、烟草及饲料生产专用设备制造	15050	6250	25720	19583	200
印刷、制药、日化及日用品生产专用设备制造	6743	3764	27549	22011	199
纺织、服装和皮革加工专用设备制造	442487	195251	688332	574886	4047
电子和电工机械专用设备制造	4534	2000	8542	5014	49
农、林、牧、渔专用机械制造	250913	92868	637858	524728	1886
医疗仪器设备及器械制造	163456	79957	297602	217189	2202
环保、邮政、社会公共服务及其他专用设备制造	87805	40300	188259	141509	1169
汽车制造业	**3455849**	**1374996**	**8459963**	**7326429**	**62335**
汽车整车制造	457639	482806	2717151	2520298	36181
汽车用发动机制造	102610	82000	180675	152264	529
汽车零部件及配件制造	2895600	810190	5562137	4653867	25625
铁路、船舶、航空航天和其他运输设备制造业	**786380**	**397949**	**2008416**	**1680231**	**24847**
铁路运输设备制造	269985	79113	171423	91975	1487
船舶及相关装置制造	132390	122938	266535	250489	1216
航空、航天器及设备制造	10594	3580	18402	12465	130
摩托车制造	264886	118548	1006521	850397	20138
自行车和残疾人座车制造	502	547	6166	5293	84
助动车制造	104983	72173	522674	455898	1727
非公路休闲车及零配件制造	3040	1050	16695	13715	65
电气机械和器材制造业	**1850457**	**812158**	**4543333**	**3879408**	**18190**
电机制造	737281	227341	1635755	1376593	7175
输配电及控制设备制造	313274	187123	695322	586513	3128
电线、电缆、光缆及电工器材制造	312721	193038	1065862	965299	2571
电池制造	1076	1355	5197	4039	18
家用电力器具制造	279662	117737	531839	441296	2549

4-27　续表 5

单位：万元

项　目	所有者权益合计	实收资本	营业收入	营业成本	税金及附加
非电力家用器具制造	91219	16926	162448	120403	758
照明器具制造	108076	65289	414568	358141	1894
其他电气机械及器材制造	7147	3350	32343	27124	97
计算机、通信和其他电子设备制造业	**950810**	**261781**	**820365**	**643168**	**4967**
通信设备制造	21681	5788	30204	20401	190
非专业视听设备制造	2906	3200	19514	26103	443
智能消费设备制造	84639	30534	119357	82407	739
电子器件制造	565202	161045	350862	273177	2078
电子元件及电子专用材料制造	270421	55612	287740	230057	1486
其他电子设备制造	5961	5601	12688	11023	31
仪器仪表制造业	**448908**	**145522**	**671247**	**499847**	**4054**
通用仪器仪表制造	436385	140812	632005	468963	3841
专用仪器仪表制造	5417	1730	14373	11373	81
光学仪器制造	6160	2880	17564	13637	107
其他仪器仪表制造业	946	100	7305	5874	24
其他制造业	**260922**	**105815**	**434620**	**355640**	**2410**
日用杂品制造	258822	104815	421559	344281	2300
其他未列明制造业	2100	1000	13061	11360	110
废弃资源综合利用业	**262133**	**165317**	**627756**	**585159**	**3608**
金属废料和碎屑加工处理	219150	132178	564786	538218	3033
非金属废料和碎屑加工处理	42983	33139	62971	46941	575
金属制品、机械和设备修理业	**4918**	**5000**	**9086**	**7742**	**73**
铁路、船舶、航空航天等运输设备修理	4918	5000	9086	7742	73
电力、热力生产和供应业	**663404**	**580575**	**730188**	**557344**	**7670**
电力生产	640601	572154	703662	536432	7431
热力生产和供应	22803	8421	26525	20913	239
燃气生产和供应业	**126645**	**44023**	**155938**	**114196**	**577**
燃气生产和供应	126645	44023	155938	114196	577
水的生产和供应业	**29153**	**17205**	**23580**	**12726**	**234**
自来水生产和供应	208	87	2905	2768	7
污水处理及其再生利用	28945	17118	20675	9958	227

4-28 规模以上非国有工业主要财务指标(四)

(2020年) 单位：万元

项目	销售费用	财务费用	#利息支出	利润总额	利税总额	本年应交增值税	平均用工人数(人)
总计	**1485482**	**736968**	**594840**	**3606164**	**5099993**	**1187949**	**65956**
按轻重工业分							
轻工业	674818	262437	207628	1551162	2086144	435017	26037
重工业	810664	474531	387212	2055001	3013849	752932	39919
按大中小微型分							
大型企业	311593	99676	81904	1172268	1399418	164292	9599
中型企业	431682	191113	153481	1397568	1822791	349497	17507
小型企业	733902	421782	352588	1150008	1978597	663875	38515
微型企业	8305	24397	6867	-113680	-100814	10284	336
按工业行业分							
有色金属矿采选业		**66**	**62**	**867**	**1268**	**290**	**9**
常用有色金属矿采选		66	62	867	1268	290	9
非金属矿采选业	**2625**	**2141**	**1858**	**-1123**	**1853**	**1648**	**26**
土砂石开采	2625	2141	1858	-1123	1853	1648	26
农副食品加工业	**12195**	**9838**	**5994**	**23959**	**30202**	**4671**	**781**
谷物磨制	436	108	109	284	341	50	6
饲料加工	722	1107	389	2450	2724	207	34
植物油加工	1998	133	339	12018	12945	712	33
屠宰及肉类加工	1268	274	345	5263	5620	57	45
水产品加工	7344	7965	4600	3878	8261	3461	642
蔬菜、菌类、水果和坚果加工	347	148	108	41	81		9
其他农副食品加工	80	105	105	26	232	183	13
食品制造业	**5227**	**3420**	**2478**	**9455**	**14095**	**3619**	**353**
罐头食品制造	3183	2270	1566	4412	8287	3330	285
其他食品制造	2044	1150	912	5044	5808	290	68
酒、饮料和精制茶制造业	**1540**	**-295**	**931**	**10965**	**24575**	**5134**	**70**
酒的制造	111	-901	259	9308	21364	3748	32
饮料制造	1293	494	561	1443	2821	1225	31
精制茶加工	135	112	110	215	390	160	7

4-28 续表 1

单位：万元

项　　目	销售费用	财务费用	#利息支出	利润总额	利税总额	本年应交增值税	平均用工人数（人）
纺织业	**23035**	**14912**	**11864**	**53266**	**76304**	**19131**	**1320**
棉纺织及印染精加工	2419	4505	4207	6720	10002	2698	160
毛纺织及染整精加工	407	389	362	916	2108	997	54
化纤织造及印染精加工	2263	1532	1918	4691	8321	3148	199
针织或钩针编织物及其制品制造	1023	626	651	-121	709	640	50
家用纺织制成品制造	3930	1633	858	12710	14310	1061	198
产业用纺织制成品制造	12995	6228	3867	28350	40855	10587	661
纺织服装、服饰业	**1876**	**1218**	**1088**	**2282**	**4763**	**2146**	**174**
机织服装制造	1158	641	608	1169	2510	1153	98
针织或钩针编织服装制造	447	474	395	715	1518	694	59
服饰制造	272	103	85	398	735	299	17
皮革、毛皮、羽毛及其制品和制鞋业	**15181**	**9063**	**6122**	**18076**	**42779**	**21366**	**2336**
皮革制品制造	479	438	412	-231	523	638	73
制鞋业	14702	8626	5710	18307	42255	20728	2263
木材加工和木、竹、藤、棕、草制品业	**2381**	**2019**	**1514**	**2620**	**6527**	**3450**	**273**
人造板制造	652	658	592	1137	2579	1308	43
木制品制造	1319	676	419	590	2335	1505	159
竹、藤、棕、草等制品制造	410	686	502	893	1614	637	71
家具制造业	**38675**	**5021**	**12849**	**65276**	**83317**	**12006**	**2147**
木质家具制造	7377	3070	2115	2121	5953	2885	377
竹、藤家具制造	783	690	672	914	3463	2231	108
金属家具制造	25475	-862	8477	57991	66974	4945	1410
塑料家具制造	4518	1368	987	4406	5733	755	164
其他家具制造	521	755	598	-156	1193	1190	87
造纸和纸制品业	**15182**	**6877**	**5883**	**42989**	**78762**	**31211**	**745**
造纸	4358	1363	914	24515	48924	21775	143
纸制品制造	10825	5514	4969	18475	29838	9436	602
印刷和记录媒介复制业	**9384**	**3975**	**3365**	**15146**	**24553**	**7752**	**614**

4-28 续表 2

单位：万元

项目	销售费用	财务费用	#利息支出	利润总额	利税总额	本年应交增值税	平均用工人数(人)
印刷	9384	3975	3365	15146	24553	7752	614
文教、工美、体育和娱乐用品制造业	**31504**	**16184**	**8591**	**47339**	**80874**	**28765**	**2058**
文教办公用品制造	607	296	118	205	539	303	25
乐器制造		47	47	79	178	85	7
工艺美术及礼仪用品制造	27284	12815	6644	40782	67385	22373	1734
体育用品制造	2214	2349	1319	5022	9483	4207	158
玩具制造	1156	536	427	712	2613	1699	118
游艺器材及娱乐用品制造	244	142	36	540	677	98	16
石油、煤炭及其他燃料加工业	**894**	**353**	**351**	**755**	**1300**	**438**	**7**
精炼石油产品制造	894	353	351	755	1300	438	7
化学原料和化学制品制造业	**50038**	**24765**	**18575**	**280196**	**327035**	**37504**	**1208**
基础化学原料制造	4751	5815	1475	114787	127772	10224	232
农药制造	3204	1578	816	27220	31377	3285	109
涂料油墨颜料及类似产品制造	11578	5646	5361	50926	63884	10494	387
合成材料制造	7693	6228	6752	9062	12579	2528	138
专用化学产品制造	17346	2422	2366	60091	71771	9967	197
日用化学产品制造	5467	3076	1806	18110	19651	1007	145
医药制造业	**190873**	**75026**	**54391**	**633340**	**773095**	**113720**	**3161**
化学药品原料药制造	116589	70323	49023	538432	651763	91410	2794
化学药品制剂制造	15265	2832	3355	60931	73181	10258	174
中药饮片加工	6	70	53	-94	-43	45	6
中成药生产	40720	1260	1264	31141	42874	10307	88
兽用药品制造	1136	-59		4923	5200		19
生物药品制品制造	16744	572	696	-2307	-446	1517	67
卫生材料及医药用品制造	414	29		313	565	183	14
化学纤维制造业	**358**	**1056**	**1166**	**616**	**1154**	**470**	**31**
合成纤维制造	358	1056	1166	616	1154	470	31
橡胶和塑料制品业	**184183**	**68589**	**56208**	**381837**	**525859**	**119728**	**7076**
橡胶制品业	32926	14057	12485	79347	107161	22944	1475
塑料制品业	151257	54533	43723	302490	418698	96785	5601
非金属矿物制品业	**64265**	**17883**	**18240**	**97857**	**159180**	**52964**	**1194**
水泥、石灰和石膏制造	1178	676	918	9018	11926	2555	24

4-28　续表 3

单位：万元

项　　目	销售费用	财务费用	#利息支出	利润总额	利税总额	本年应交增值税	平均用工人数（人）
石膏、水泥制品及类似制品制造	53652	12443	12982	78660	127917	42829	730
砖瓦、石材等建筑材料制造	4603	1785	1783	2543	5892	2949	110
玻璃制造	641	415	427	783	1912	893	59
玻璃制品制造	1160	509	575	6531	8029	1163	105
玻璃纤维和玻璃纤维增强塑料制品制造	1976	621	387	-17	1114	969	62
陶瓷制品制造	703	1378	1112	283	2217	1499	103
石墨及其他非金属矿物制品制造	352	56	56	56	172	106	1
黑色金属冶炼和压延加工业	**7596**	**3823**	**3421**	**28317**	**37414**	**7522**	**245**
钢压延加工	7596	3823	3421	28317	37414	7522	245
有色金属冶炼和压延加工业	**5830**	**7110**	**9324**	**18394**	**30970**	**10608**	**464**
常用有色金属冶炼	79	189		1227	1269	38	4
贵金属冶炼		118	114	19	102	79	6
有色金属合金制造	355	1656	380	98	1262	889	29
有色金属压延加工	5396	5148	8830	17049	28337	9602	425
金属制品业	**82223**	**35453**	**33060**	**204692**	**266985**	**51602**	**3567**
结构性金属制品制造	3786	1794	1148	3158	5814	2235	155
金属工具制造	3438	2183	1578	8242	11931	3165	220
集装箱及金属包装容器制造	1372	988	822	3020	4687	1438	102
金属丝绳及其制品制造	827	1102	940	2523	4174	1466	70
建筑、安全用金属制品制造	14903	10594	6985	11776	26247	11961	891
金属表面处理及热处理加工	2777	2992	2429	7383	17073	8500	604
搪瓷制品制造	35	101	10	120	126		8
金属制日用品制造	46209	6106	10074	146294	154902	5752	645
铸造及其他金属制品制造	8877	9593	9075	22175	42034	17086	873
通用设备制造业	**215950**	**120084**	**78064**	**477259**	**693242**	**177903**	**12375**
锅炉及原动设备制造	2364	553	437	4888	7491	2134	112
金属加工机械制造	18853	8967	6508	44716	67755	19555	1169
物料搬运设备制造	10543	1944	1702	12658	18907	5088	318
泵、阀门、压缩机及类似机械制造	129172	71965	36732	297151	413698	96075	7002
轴承、齿轮和传动部件制造	33519	25270	22256	72144	111686	32326	2049
烘炉、风机、包装等设备制造	16205	7056	6184	35458	54299	14998	1276

4-28 续表 4

单位：万元

项目	销售费用	财务费用	#利息支出	利润总额	利税总额	本年应交增值税	平均用工人数（人）
文化、办公用机械制造	436	476	830	477	1224	566	37
通用零部件制造	4038	3057	2644	13546	21546	6837	349
其他通用设备制造业	819	797	771	-3778	-3363	326	64
专用设备制造业	**109336**	**45163**	**33619**	**262381**	**361017**	**79797**	**5524**
采矿、冶金、建筑专用设备制造	**6691**	1637	1423	35739	43267	6137	344
化工、木材、非金属加工专用设备制造	28655	17308	15573	107183	157331	42452	1802
食品、饮料、烟草及饲料生产专用设备制造	717	251	220	1653	3072	1219	60
印刷、制药、日化及日用品生产专用设备制造	899	289	290	1855	3062	1008	56
纺织、服装和皮革加工专用设备制造	23409	7874	3285	44841	51625	2737	1195
电子和电工机械专用设备制造	526	-21		2326	2808	433	14
农、林、牧、渔专用机械制造	24937	8037	4020	31250	41294	8159	893
医疗仪器设备及器械制造	14710	4867	4436	26074	40598	12322	891
环保、邮政、社会公共服务及其他专用设备制造	8793	4922	4372	11460	17960	5331	270
汽车制造业	**151108**	**119627**	**115061**	**376132**	**577264**	**138797**	**7983**
汽车整车制造	2927	45139	53750	79610	121108	5317	401
汽车用发动机制造	1611	323		13921	16562	2112	73
汽车零部件及配件制造	146570	74165	61310	282601	439594	131368	7509
铁路、船舶、航空航天和其他运输设备制造业	**44251**	**23351**	**20811**	**96626**	**176937**	**55464**	**2800**
铁路运输设备制造	12140	4450	4929	38422	48488	8578	179
船舶及相关装置制造	365	846	1168	2166	11430	8048	409
航空、航天器及设备制造	504	578	404	2549	3622	944	23
摩托车制造	15562	13080	10503	36326	82481	26017	1582
自行车和残疾人座车制造	139	158	156	115	358	159	10
助动车制造	14987	4059	3628	16192	29459	11541	575
非公路休闲车及零配件制造	554	180	24	857	1100	178	23
电气机械和器材制造业	**139496**	**55530**	**46144**	**223198**	**332357**	**90969**	**5359**
电机制造	33118	14382	13958	108846	150721	34700	2331
输配电及控制设备制造	23139	8587	6508	23864	46805	19813	737
电线、电缆、光缆及电工器材制造	20908	11736	12107	28862	45994	14561	467
电池制造	68	59	59	284	441	140	10
家用电力器具制造	35775	10087	6223	38476	46718	5693	799

4-28　续表 5

单位：万元

项　目	销售费用	财务费用	#利息支出	利润总额	利税总额	本年应交增值税	平均用工人数（人）
非电力家用器具制造	16080	1303	1056	12197	17756	4801	251
照明器具制造	9790	9274	6141	9040	21326	10392	707
其他电气机械及器材制造	618	104	92	1629	2596	870	57
计算机、通信和其他电子设备制造业	**23222**	**20929**	**5293**	**-48718**	**-25286**	**18466**	**1267**
通信设备制造	1757	389	14	5115	5562	258	51
非专业视听设备制造	1067	15424	177	-125822	-125212	167	18
智能消费设备制造	8953	551	664	17422	22416	4254	174
电子器件制造	4579	4157	2478	35325	40294	2892	485
电子元件及电子专用材料制造	6496	141	1759	19119	31129	10525	517
其他电子设备制造	370	267	202	123	525	371	23
仪器仪表制造业	**27619**	**7603**	**5251**	**67580**	**92058**	**20425**	**1197**
通用仪器仪表制造	26041	7283	4991	66147	89108	19120	1114
专用仪器仪表制造	653	61	0	699	1040	260	25
光学仪器制造	469	171	172	455	1363	801	43
其他仪器仪表制造业	456	89	89	279	547	244	16
其他制造业	**13204**	**5842**	**3486**	**27690**	**47770**	**17669**	**1174**
日用杂品制造	12827	5580	3292	27298	46710	17112	1138
其他未列明制造业	377	262	194	392	1060	558	37
废弃资源综合利用业	**5319**	**4546**	**4551**	**26839**	**48286**	**17839**	**193**
金属废料和碎屑加工处理	5051	3325	3625	16974	35306	15298	128
非金属废料和碎屑加工处理	268	1221	926	9865	12981	2541	65
金属制品、机械和设备修理业	**29**	**156**	**132**	**281**	**950**	**596**	**11**
铁路、船舶、航空航天等运输设备修理	29	156	132	281	950	596	11
电力、热力生产和供应业	**270**	**23596**	**23220**	**126441**	**165193**	**31083**	**122**
电力生产	210	23060	22583	124353	162862	31078	91
热力生产和供应	60	536	637	2088	2332	4	31
燃气生产和供应业	**10596**	**883**	**394**	**24534**	**27758**	**2647**	**81**
燃气生产和供应	10596	883	394	24534	27758	2647	81
水的生产和供应业	**20**	**1162**	**1483**	**8802**	**9584**	**549**	**13**
自来水生产和供应	20	0	-1	-44	8	45	1
污水处理及其再生利用		1162	1483	8846	9577	504	12

4-29 规模以上非国有工业主要经济效益指标(一)

(2020年)

项　　目	企业亏损面(%)	资产负债率(%)	流动比率	产成品存货周转天数(天)	新产品产值率(%)
总　计	**8.95**	**55.38**	**1.18**	**25.57**	**41.90**
按轻重工业分					
轻工业	12.03	50.30	1.19	34.81	36.89
重工业	7.02	58.18	1.18	21.42	44.31
按工业行业分					
有色金属矿采选业		50.42	1.01	216.20	
非金属矿采选业	33.33	92.94	0.33	21.45	
农副食品加工业	26.19	58.16	1.10	36.41	24.34
食品制造业	15.38	59.71	1.11	110.55	28.87
酒、饮料和精制茶制造业	16.67	42.82	1.60	13.62	3.10
纺织业	15.45	62.39	1.12	30.33	32.33
纺织服装、服饰业		65.79	0.93	38.41	31.94
皮革、毛皮、羽毛及其制品和制鞋业	7.80	72.55	0.96	21.26	53.01
木材加工和木、竹、藤、棕、草制品业	26.09	70.49	0.96	27.52	32.25
家具制造业	26.58	60.63	1.06	38.21	43.40
造纸和纸制品业	10.00	56.18	1.17	13.48	38.61
印刷和记录媒介复制业	7.02	45.89	1.34	9.22	29.21
文教、工美、体育和娱乐用品制造业	16.18	64.56	0.97	19.25	28.59
石油、煤炭及其他燃料加工业		59.57	0.79	1.41	0.27
化学原料和化学制品制造业	4.65	37.40	1.65	29.75	44.44
医药制造业	19.05	36.11	1.60	72.53	49.31
化学纤维制造业		71.27	0.76	2.26	9.60
橡胶和塑料制品业	9.44	49.00	1.19	27.93	29.41
非金属矿物制品业	12.21	64.44	1.13	14.71	12.98
黑色金属冶炼和压延加工业		69.04	1.14	16.35	16.42
有色金属冶炼和压延加工业	7.69	64.39	1.08	10.83	24.08
金属制品业	6.69	62.13	0.98	22.67	28.22
通用设备制造业	3.81	55.08	1.19	25.63	42.20
专用设备制造业	8.91	59.25	1.14	34.25	49.82
汽车制造业	7.85	67.52	1.08	16.36	67.10
铁路、船舶、航空航天和其他运输设备制造业	11.80	63.99	1.13	23.38	37.84
电气机械和器材制造业	8.07	59.28	1.22	20.94	38.84
计算机、通信和其他电子设备制造业	22.73	50.02	1.76	37.88	68.08
仪器仪表制造业	1.75	41.91	1.79	27.83	53.49
其他制造业	7.50	54.70	1.14	20.99	35.92
废弃资源综合利用业	12.50	55.50	1.15	17.71	1.28
金属制品、机械和设备修理业		33.32	1.79	8.30	27.01
电力、热力生产和供应业	15.38	49.24	0.47		
燃气生产和供应业		41.54	0.94	9.12	
水的生产和供应业	25.00	54.70	0.96	1.11	

4-30 规模以上非国有工业主要经济效益指标(二)

(2020年)

项目	企业亏损率(%)	成本费用利润率(%)	百元营业收入实现利税(元)	百元固定资产原值实现利税(元)	营业收入利润率(%)
总 计	**7.54**	**7.76**	**10.25**	**22.99**	**7.25**
按轻重工业分					
轻工业	3.47	10.40	12.88	27.62	9.57
重工业	10.39	6.51	8.99	20.60	6.13
按工业行业分					
有色金属矿采选业		48.80	46.11	92.26	31.52
非金属矿采选业	236.65	-2.03	3.28	6.59	-1.99
农副食品加工业	10.96	3.22	3.93	16.35	3.12
食品制造业	3.75	5.66	8.04	18.73	5.39
酒、饮料和精制茶制造业	2.17	11.83	21.97	24.48	9.80
纺织业	3.09	6.77	9.12	21.69	6.37
纺织服装、服饰业		3.78	7.64	13.01	3.66
皮革、毛皮、羽毛及其制品和制鞋业	13.45	2.84	6.55	21.19	2.77
木材加工和木、竹、藤、棕、草制品业	12.26	2.57	6.24	17.03	2.50
家具制造业	5.13	6.91	8.30	25.80	6.50
造纸和纸制品业	3.12	6.99	12.34	30.71	6.73
印刷和记录媒介复制业	4.54	5.18	8.08	12.87	4.98
文教、工美、体育和娱乐用品制造业	7.02	7.12	11.31	28.78	6.62
石油、煤炭及其他燃料加工业		4.61	7.55	17.59	4.39
化学原料和化学制品制造业	0.28	18.66	19.14	47.79	16.40
医药制造业	3.11	23.00	23.21	34.23	19.01
化学纤维制造业		1.87	3.45	5.38	1.84
橡胶和塑料制品业	2.29	8.83	11.23	23.03	8.15
非金属矿物制品业	6.83	5.96	9.13	31.79	5.61
黑色金属冶炼和压延加工业		5.30	6.61	32.70	5.00
有色金属冶炼和压延加工业	22.99	1.63	2.72	18.35	1.61
金属制品业	4.54	9.79	12.28	29.17	9.41
通用设备制造业	1.84	7.02	9.56	21.27	6.58
专用设备制造业	4.08	8.92	11.38	24.31	8.27
汽车制造业	13.10	4.64	6.82	20.18	4.45
铁路、船舶、航空航天和其他运输设备制造业	3.80	5.09	8.81	26.55	4.81
电气机械和器材制造业	3.20	5.12	7.32	23.94	4.91
计算机、通信和其他电子设备制造业	159.19	-6.16	-3.08	-4.46	-5.94
仪器仪表制造业		11.16	13.71	40.81	10.07
其他制造业	1.90	6.61	10.99	20.21	6.37
废弃资源综合利用业	4.54	4.40	7.69	30.20	4.28
金属制品、机械和设备修理业		3.14	10.46	12.86	3.10
电力、热力生产和供应业	0.83	21.05	22.62	7.78	17.32
燃气生产和供应业		18.36	17.80	20.88	15.73
水的生产和供应业	0.50	58.22	40.65	22.76	37.33

主要统计指标解释

工业 我国的工业，包括:

1.自然资源的开采，如采矿、晒盐、森林采伐等(但不包括禽兽捕猎和水产捕捞)。

2.对农副产品的加工、再加工，如: 粮油加工、食品加工、轧花、缫丝、纺织、制革等。

3.对采掘品的加工、再加工，如: 冶金加工、石油加工、化学加工、机械加工、木材加工等，以及电力、煤气及水的生产和供应等。

4.对生产资料的修理、翻新，如: 机械设备的修理、交通运输工具(除汽车、摩托车、自行车外)的修理等。

轻工业 指提供生活消费品和制作手工工具的工业。按其所使用的原料不同，可分为:

1.以农产品为原料的轻工业，指直接或间接以农产品为基本原料的轻工业。主要包括食品饮料制造、烟草加工、纺织、缝纫、毛皮制作、造纸以及印刷等工业。

2.以非农产品为原料的轻工业，指以工业品为原料的轻工业。主要包括文教用品、工艺美术用品制造、化学药品制造、合成纤维制造、日用金属制品、工具制造、医疗器械制造、文化和办公用机械制造等工业。

重工业 指提供生产资料的工业，是为国民经济各部门提供物质技术基础的工业。按其生产的产品用途，可以分为:

1.采掘(伐)工业，指对自然资源的开采、非金属矿开采和木材采伐等工业。

2.原料工业，指提供国民经济各部门使用的原料、动力和燃料的工业。包括金属冶炼及加工、炼焦及焦炭、化学、化工原料、水泥、人造板、电力、石油加工等。

3.制造工业，指对原材料进行加工制造的工业。包括装备国民经济各部门和机械设备制造工业、金属结构、水泥制品等工业，以及为农业提供的生产资料和化肥、农药等工业。

根据上述划分原则，修理业中修理作业对象是重工业的划分为重工业，否则划为轻工业。

轻重工业增加值的划分按“工厂法”计算，即一个工业企业在正常情况下生产的主要产品的性质属于轻工业，则该企业的全部总产值作为轻工业增加值；一个工业企业生产的主要产品的性质属于重工业，则该企业的全部总产值作为重工业增加值。

工业增加值 指以货币形式表现的，工业企业在报告期内生产活动的最终成果，是企业生产过程中新增加值的价值。工业增加值是国内生产总值（GDP）的组成部分，也是计算工业发展速度所依据的总量指标。工业增加值有两种计算方法，一是“生产法”，二是“收入法”。

统计上大中小微型企业划分 是根据工业和信息化部、国家统计局、国家发展改革委、财政部《关于印发中小企业划型标准规定的通知》要求，国家统计局结合统计工作的实际情况，制定了《统计上大中小微型企业划分办法》。办法对工业（制造业，电力、热力、燃气及水生产和供应业）等 15 个行业门类以及社会工作行业大类的各种组织形式的法人企业或单位，依据从业人员、营业收入、资产总额等指标或替代指标，将企业划分为大型、中型、小型、微型等四种类型。个体工商户参照本办法进行划分。

企业划分由政府综合统计部门根据统计年报每年确定一次，定报统计原则上不进行调整。

工业划分大型、中型、小型、微型等四种类型标准是：大型：从业人员大于（等于）1000 人且营业收入大于（等于）4 亿元，中型：从业人员大于（等于）300 人小于 1000 人且营业收入大于（等于）2000 万元小于 4 亿元，小型：从业人员大于（等于）20 人小于 300 人且营业收入大于（等于）300 万元小于 2000 万元，微型：从业人员小于 20 人或营业收入小于 300 万元。

其他行业划型标准详见国家统计局《关于印发统计上大中小微型企业划分办法（2017）的通知》（国统字〔2017〕213 号）。

固定资产投资和建筑业

Investment in Fixed Assets and Construction

5-1　主要年份固定资产投资

单位：万元

年　份	固定资产投资总　额	#建筑安装工程	#设　备工器具购　置	#工业性投　资	房屋建筑施工面　积(万平方米)	#住　宅面　积	房屋建筑竣工面　积(万平方米)	#住　宅面　积
1978	11445	3051	1030		22.7	1.3	13.3	0.8
1980	29443	4783	704		56.6	1.7	27.5	0.8
1985	88708	51926	22425		198.0	87.4	118.2	52.2
1986	86792	43514	12975		181.9	78.8	98.5	42.8
1987	126606	57294	36028		198.1	91.7	100.8	46.7
1988	156973	95999	40873		208.0	88.7	136.6	58.2
1989	144696	104312	23348		179.1	116.6	131.4	85.5
1990	144816	123999	17944		584.8	494.0	529.5	469.8
1991	181125	146663	29637		610.2	506.3	550.2	489.1
1992	254339	189328	56233		666.1	539.7	635.5	505.2
1993	493979	353498	112489		908.7	600.5	727.5	578.9
1994	777823	516232	203632		1084.0	781.5	812.9	648.7
1995	1243560	860881	228039		1470.6	1043.5	1155.2	890.1
1996	1210136	843453	290689		1340.1	836.5	1053.7	739.0
1997	1085782	740058	230332		1125.8	744.6	853.1	645.8
1998	1251596	842666	266145		1005.7	572.2	698.5	469.5
1999	1513842	1014241	337732		1222.9	750.6	883.8	597.9
2000	1797340	1125880	403737		1391.6	814.7	977.5	622.3
2001	2221123	1298037	540078		1600.7	922.4	1001.5	644.9
2002	2743742	1717415	510791		1669.2	977.8	845.6	530.9
2003	3710971	1993837	775450	1865200	2210.6	1061.7	1025.0	576.7
2004	4610152	2644982	1224614	2480708	3050.4	1189.1	1475.8	541.3
2005	4506515	2211104	1105801	2433001	2733.6	1028.0	926.7	310.3
2006	5405680	2735059	1116659	3185471	3011.4	1070.2	810.3	157.4
2007	6243547	2943924	1746791	4047263	3205.5	1100.8	788.9	235.5
2008	6547565	3413340	1597396	3880391	3299.4	1084.8	941.5	218.9
2009	7297767	3780515	1787850	3985862	3388.3	1301.5	842.9	177.1
2010	8380672	4376587	1730419	4217694	4179.4	1608.7	992.6	230.7
2011	10078106	5783429	1772687	4225747	4717.8	1954.4	1035.3	305.7
2012	12425575	7333646	2129036	4984720	5769.2	2071.7	1110.9	277.7
2013	15078661	9378073	2274369	6001972	6127.4	2024.2	1233.0	277.4
2014	17659343	10305686	3062026	7200129	6548.1	2111.9	1194.9	260.1
2015	19960258	13045702	3875915	8164860	7066.8	2250.7	1372.0	341.3
2016	22726317	14616917	4132867	8760168	6086.7	2153.1	1192.0	366.8
2017	25182649	15919981	4470314	9126543	5583.8	2158.9	1513.3	350.7
2018年比上年增长%	8.1	-8.7	-10.1	5.2	0.4	13.6	-49.2	-21.0
2019年比上年增长%	10.7	11.9	-4	3.7	11.6	15.6	-20.2	-36.2
2020年比上年增长%	4.2	8.4	7.3	-7.8	-11.2	15.4	-18.2	38.8

注：2004年及以前固定资产统计范围为全社会统计口径，2005年起为计划总投资500万元及以上项目(单位)投资和全部房地产业投资，下同。

5-2 市区固定资产投资

(1990-2020年)

单位：万元

年 份	市 区	椒江区	黄岩区	路桥区
1990	51503	23367	28136	
1991	66045	35114	30931	
1992	106363	40820	65543	
1993	202901	68165	88154	46582
1994	320921	132714	115381	72826
1995	474858	212421	146488	115949
1996	559698	283683	128820	147195
1997	479387	224520	146205	108662
1998	484542	203703	132167	148672
1999	595443	298051	128881	168511
2000	672946	338550	153720	180676
2001	921925	472034	228505	221386
2002	1226586	537090	314181	375315
2003	1539595	665439	367659	506497
2004	1987261	948041	440483	598737
2005	1901390	869907	354538	676945
2006	2076254	919935	400488	755811
2007	2237360	899738	488586	849036
2008	2356171	883901	537886	934384
2009	2554443	984229	585823	984391
2010	2650487	1286012	603655	760820
2011	3269198	1629559	721256	918383
2012	4239132	2093110	895807	1250215
2013	5323748	2652320	1101417	1570011
2014	6015251	2794765	1318026	1902460
2015	6257563	2892333	1561861	1803369
2016	7718594	3786302	1807988	2124304
2017	9004529	4539199	2048801	2416529
2018年比上年增长%	18.2	27.6	10.8	2.9
2019年比上年增长%	8	11.9	25.1	-16.8
2020年比上年增长%	4.2	2.4	8.5	5.6

5-3 各县市固定资产投资

(1990-2020年) 单位：万元

年份	三门县	天台县	仙居县	温岭市	临海市	玉环市
1990	6747	18140	5580	29059	22939	10848
1991	8151	12572	8366	47672	22850	15469
1992	9592	19388	12883	43493	38080	24540
1993	19622	34323	23808	113969	59223	40133
1994	26849	36364	37129	190387	94955	71218
1995	28267	64300	56590	297225	179751	142569
1996	29688	50431	40486	255426	148454	125953
1997	29174	38254	31167	258867	151227	97706
1998	34915	55370	38284	283185	226814	128486
1999	43721	81417	54801	302301	266319	169840
2000	53252	129449	74635	362265	303319	201474
2001	71390	130236	91784	405741	366335	233712
2002	101498	160046	113108	504223	340292	297989
2003	156993	234006	159980	749591	398817	471989
2004	213481	299254	183847	813098	591389	521822
2005	231719	304093	161384	629751	634255	643923
2006	339785	328869	214638	864211	741380	840543
2007	567262	259677	250977	1074708	880811	972752
2008	736483	322894	242251	1304522	1061898	523346
2009	1062719	349736	265777	1434085	1216285	414722
2010	1283718	365333	384916	1680988	1414364	600866
2011	1304908	615595	677742	1935988	1555046	719629
2012	1326271	888285	964641	2359129	1733894	914223
2013	1386594	1090714	1183587	2861789	2112229	1120000
2014	1658844	1307380	1415868	3396117	2514391	1351492
2015	2001133	1712668	1826470	3661243	2865694	1635487
2016	1493936	1957186	2103938	4287971	3215259	1949433
2017	1656986	2031610	2169791	4722658	3413671	2183404
2018年比上年增长%	-12.9	6.2	-27.6	14.5	10.1	-12.4
2019年比上年增长%	-0.6	26.4	30.4	19.2	-3.9	20.5
2020年比上年增长%	-21	4.4	0.2	9.2	8.5	7.1

5-4 分注册类型和分行业固定资产投资

(2012-2020年)　　　　单位：万元

指　　标	2012年	2013年	2014年	2015年	2016年	2017年	2018年比上年增长%	2019年比上年增长%	2020年比上年增长%
总　　计	**12425575**	**15078661**	**17659343**	**19960258**	**22726317**	**25182649**	**8.1**	**10.7**	**4.2**
按注册登记类型分									
内　　资	12155902	14775755	17232825	19544420	22030213	24749090	8.0	11.1	3.4
国　有	3282212	3554370	4294543	5390998	4382901	4351798	-30.8	-14.5	-34.2
集　体	390973	553540	748509	1276118	579631	639070	-47.0	131.3	-21.6
股份合作	71488	74796	67554	53388	131260	64475	-46.1	4.4	5
联　营	5900	9330	45740	43513	20587	27007	-68.4	208.6	-80.1
国有联营				2100	3447				
集体联营	1100								-100
国有与集体联营		7330	43560	41413	15090	22450	-83.8	-100	
其他联营	4800	2000	2180		2050	4557	298.5	18.1	2.3
有限责任公司	4486288	5144054	6754426	6750663	7331549	8515794	-3.7	24.7	43.7
国有独资公司	136320	248898	189299	458728	2053649	3190148	-18.6	-4.1	20.9
其他有限责任公司	4349968	4895156	6565127	6291935	5277900	5325646	5.1	38	51.0
股份有限公司	442109	713216	843215	624592	751255	653556	82.1	65.1	-67.2
私　营	3186089	4505373	4089934	4884322	7918045	9726446	43.0	-0.9	-19.7
其　他	290843	221076	388904	520826	914985	770944	-43.2	-2.2	18.4
港澳台商投资	134378	159152	174662	159038	153962	123228	26.0	60.2	26.7
外商投资	104979	125773	241017	241575	526810	310331	10.8	-38.9	81
个体经营	30316	17981	10839	15225	15332			1527.7	-84.3
按控股情况分									
国有及国有控股投资	3653755	4026401	4780458	6261480	8261557	9811317	-18.3	-11.4	12.9
非国有控股投资	8771820	11052260	12878885	13698778	14464760	15371332	29.9	22.1	0.9
其中：民间投资	8649593	10888027	12667930	13514920	14153556	15118664	30.1	23	1.2
按三次产业分									
第一产业	101617	113256	120610	116967	199576	193179	-52.8	28.5	60.1
第二产业	5034625	6108333	7318795	8217272	8779275	9153641	5.2	3.2	-7.9
第三产业	7289333	8857072	10219938	11626019	13747466	15835829	9.6	13.2	7.9

5-5 房地产开发投资(一)

(1990-2020年)

单位：万元

年份	房地产开发投资额	按构成分				按用途分			
		建筑工程	安装工程	设备工器具购置	其他费用	住宅	办公楼	商业用房	其他
1990	8194	6710	275	24	1185	7150	281	305	458
1991	10189	8430	353	20	1386	8448	350	345	1046
1992	15553	13883	303	116	1251	14202	51	301	999
1993	28711	23716	217	25	4753	26894	76	565	1176
1994	82515	62926	552	166	18871	75499	988	1419	4609
1995	159558	122500	2916	380	33762	127092	11651	15511	5304
1996	121127	92518	6324	70	22215	85634	15481	14727	5285
1997	104333	73766	3447	1826	25294	71713	7920	19661	5039
1998	117780	84340	2701	127	30612	85617	7906	20758	3499
1999	132302	89549	5510	789	36454	110507	4733	11342	5720
2000	240974	130421	3331	1437	105785	168037	9747	28495	34695
2001	320213	177790	2215	10	140198	202389	22195	35997	59632
2002	467686	266652	3239	830	196965	341552	21108	63200	41826
2003	564954	352618	8735	3161	200440	424154	25944	84714	30142
2004	872958	481399	15770	6744	369045	663979	28550	107465	72964
2005	1161255	623378	8219	10858	518800	861037	25225	142498	132495
2006	1014720	683178	7936	6502	317104	747737	29087	115110	122786
2007	957290	587516	38787	11473	319514	704099	38954	101569	112668
2008	1262494	720615	33797	13709	494373	916313	35852	127714	182615
2009	1522741	853863	43029	17847	608002	1141388	21398	186986	172969
2010	1960774	1006068	89339	7196	858171	1426309	33732	232572	268161
2011	3191643	1515055	101869	14941	1559778	2413168	80266	327401	370808
2012	3573761	1802660	174419	27746	1568936	2645443	65919	415194	447205
2013	4535381	2552868	286010	33465	1663038	3188965	141114	455742	749560
2014	4960473	2656655	245475	25821	2032522	3328394	138189	633626	860264
2015	4386861	2535144	275097	51466	1525154	2727785	166293	783328	709455
2016	4242066	2328849	541306	17474	1354437	2632860	171461	663170	774575
2017	4610267	2556976	318843	40360	1694088	2988486	174731	492727	954323
2018	6595529	2604531	124769	35401	3830828	4513258	140154	507170	1434947
2019	7909506	3428551	67984	25240	4387731	5786269	143471	610387	1369379
2020	8992118	4095610	94137	25741	4776630	6586985	196720	514687	1693726

5-6 房地产开发投资(二)

(1990-2020年)　　单位：万元

年 份	本年资金来源情况						新增固定资产	竣工房屋价值
	合 计	国家预算内	国内贷款	利用外资	自筹资金	其他资金		
1990							7272	7889
1991	11082	30	2190		2449	6413	6470	10209
1992	22943		7028		3111	12804	11310	8857
1993	36563	325	4860		9843	21535	13609	16227
1994	93134		15127	1972	22574	53461	36228	36012
1995	161024		28593	2474	30885	99072	101864	106643
1996	144789	990	33293	3000	29933	77573	108977	89927
1997	139262	1290	36866	2288	30133	68685	102019	82388
1998	154570	4340	38504	3248	23264	85214	80912	73028
1999	206298	940	50835	1942	41025	111556	129283	76465
2000	382577	267	120185	954	74591	186580	141600	120678
2001	473031		132419	602	102743	237267	156477	144599
2002	725117		200653		117922	406542	185457	160782
2003	1023823		295050		155163	573610	303535	262133
2004	1295343		254892	26959	226655	786837	250858	233921
2005	1538953		331226	22386	386168	799173	569856	504322
2006	1578898		308258	100	307844	962696	343951	258215
2007	1777193		278898	2729	406546	1089020	533574	475246
2008	1824484		258255		548569	1017660	666306	604153
2009	2838076		376276	5770	584235	1871795	364144	334377
2010	3503328		516728		945118	2041482	860992	512974
2011	4483613		341327	300	1902184	2239802	1051826	805925
2012	4819965		595161		1551372	2673432	886531	516976
2013	6709128		1227633		2267615	3213880	1598647	1226297
2014	8588750		852236		2351256	2797763	1380069	1086854
2015	7905130		664705		1642792	3507188	2286251	1325805
2016	8748870		568046		1850552	4600405	2665596	2162909
2017	8411765		993709		2276285	5141771	2651162	1787357
2018	11431794		1315281		3812459	6304054	2541946	2083932
2019	10951819		1637028		3563278	5751513	1261830	1038846
2020	14520419		1749995		5075849	7694575	2361990	1843097

5-7 房地产开发投资(三)

(1990-2019年) 单位：万平方米

年 份	施 工 面 积	#住 宅	竣 工 面 积	#住 宅	商 品 房 销售面积	#住 宅	商 品 房 待售面积	商品房 销售额 (万元)	#住 宅
1990	39.25	35.79	21.87	20.17					
1991	76.68	69.85	29.22	27.99	14.90	14.69		5522	4231
1992	56.18	52.03	22.30	19.67	22.71	22.35		9241	6948
1993	89.17	72.06	32.41	29.34	21.27	20.87		11656	8763
1994	187.18	169.96	56.10	53.55	47.10	46.45		36848	36051
1995	289.59	246.60	135.80	126.42	53.38	50.05	15.60	81544	66163
1996	227.15	168.47	105.24	90.12	65.97	59.88	25.04	79251	65456
1997	201.87	141.53	92.32	73.75	72.37	63.58	31.40	103124	76673
1998	192.65	147.61	82.95	63.60	53.25	48.78	23.71	73521	63292
1999	244.51	206.26	94.93	77.89	68.74	62.11	21.43	106200	85235
2000	312.24	256.48	129.03	108.54	110.05	87.29	16.33	182013	126406
2001	405.47	305.35	124.14	97.35	137.98	116.54	10.55	237291	173452
2002	600.13	464.99	135.26	110.13	119.12	100.46	3.76	231988	176534
2003	721.41	559.51	201.32	164.32	168.49	144.06	4.44	446640	349028
2004	920.36	712.30	199.17	162.31	175.67	148.92	3.53	455713	346156
2005	1159.08	879.84	304.14	226.41	184.29	159.91	28.31	769814	638832
2006	1238.32	951.84	188.92	142.09	259.72	231.23	24.19	1227395	1042565
2007	1286.12	952.59	231.88	189.86	281.33	241.65	36.77	1435164	1201307
2008	1364.52	979.98	296.18	218.10	227.91	197.37	35.06	1226328	1046742
2009	1454.63	1071.97	171.42	130.15	422.36	378.90	34.84	2715370	2461015
2010	1801.61	1292.62	190.60	138.74	462.89	390.57	38.84	3304746	2830011
2011	2323.08	1685.01	301.55	226.45	327.00	278.58	47.99	2852331	2542727
2012	2438.97	1752.54	209.60	142.01	319.72	275.96	46.30	3053129	2765035
2013	2712.55	1897.03	333.78	246.95	351.75	301.16	79.62	3398341	2995371
2014	3026.32	2006.11	329.06	224.75	344.55	272.53	124.52	3070081	2636502
2015	3299.43	2114.83	359.18	250.92	442.03	352.07	181.27	3969866	3424699
2016	3345.56	2111.07	561.36	356.57	662.06	531.31	299.22	6057732	5289852
2017	3323.14	2052.07	448.78	289.13	829.39	622.76	231.92	7521414	6393626
2018	3791.87	2360.67	396.94	246.70	933.43	612.43	140.84	9539001	7767312
2019	4296.01	2707.98	272.48	151.85	850.81	629.90	129.99	9150292	7822897
2020	5032.54	3177.85	368.82	216.02	858.36	668.15	133.31	11222340	9989725

5-8 房地产开发企业财务状况(一)

(2020年)

单位：万元

指 标	流动资产合计	#存货	固定资产合计	#本年折旧	资产合计	负债合计
总 计	**39348038**	**24772434**	**857447**	**39036**	**41975326**	**36902566**
一、按登记注册类型分						
内资企业	38615779	24367986	840543	38435	41158251	36333917
国有企业	645913	586266	175	8	710758	602959
国有独资公司	1885994	1061880	156206	4648	2461414	1973296
其他有限责任公司	19388265	12539272	297663	15678	20260548	18580419
股份有限公司						
私营有限责任公司	16641089	10135892	375760	17527	17663226	15125526
私营股份有限公司	54517	44676	10740	575	62306	51717
港澳台商投资企业	311878	151779	13164	378	388935	261891
港澳台商合资经营企业	311878	151779	13164	378	388935	261891
港澳台商独资经营企业						
外商投资企业	420382	252669	3740	222	428140	306759
中外合资经营企业	382390	215634	3734	222	390138	267033
外资企业	37991	37035	5		38002	39725
二、按控股情况分						
国有控股	4114090	2740007	333762	12525	4982011	4205025
集体控股						
私人控股	33574509	20898284	506385	25889	35215563	31049478
港澳台商控股	146527	77744	13028	364	164297	154064
外商控股	130114	118136	3722	220	137857	81509
其 他	1382797	938263	550	37	1475598	1412490
在总计中：非国有	35233948	22032427	523685	26511	36993315	32697542
民间投资	34957306	21836547	506935	25926	36691160	32461968

5-9 房地产开发企业财务状况(二)

(2020年) 单位：万元

指 标	所有者权益合计	#实收资本	营业收入	营业成本	税金及附加	管理费用
总 计	**5072760**	**3317906**	**7939735**	**6246005**	**292985**	**225404**
一、按登记注册类型分						
内资企业	4824334	3063156	7928726	6234491	291584	220263
国有企业	107800	2114	1051	959	20	1177
国有独资公司	488118	166155	98244	74736	3770	5604
其他有限责任公司	1680129	1241415	1506758	1213263	75778	88043
股份有限公司						
私营有限责任公司	2537700	1639483	6317134	4940044	211916	125177
私营股份有限公司	10588	13990	5539	5489	99	263
港澳台商投资企业	127044	129035	10504	11330	1090	1573
港澳台商合资经营企业	127044	129035	10504	11330	1090	1573
港澳台商独资经营企业						
外商投资企业	121381	125715	505	185	311	3567
中外合资经营企业	123104	120000	505	185	293	3539
外资企业	-1723	5715	0		18	28
二、按控股情况分						
国有控股	776987	301109	186334	137637	14828	12867
集体控股						
私人控股	4166084	2874239	7708345	6069321	270889	206384
港澳台商控股	10233	19035	2293	2032	401	1116
外商控股	56348	55715	505	185	154	622
其 他	63108	67808	42257	36830	6714	4415
在总计中：非国有	4295773	3016797	7753401	6108368	278157	212537
民间投资	4229192	2942047	7750603	6106151	277603	210799

5-10 房地产开发企业财务状况(三)

(2020年) 单位：万元

指　　标	财务费用	#利息支出	销售费用	营业利润	利润总额	所得税费用	应付职工薪酬
总　　计	**69864**	**76377**	**283244**	**868710**	**839509**	**224770**	**132016**
一、按登记注册类型分							
内资企业	69031	75297	278965	875845	851552	225558	129090
国有企业	-249			-858	-907	17	666
国有独资公司	3592	4526	441	15276	18307	3394	2939
其他有限责任公司	20221	45539	126399	3850	16947	35316	54790
股份有限公司							
私营有限责任公司	45421	25203	151769	858292	817978	186831	70362
私营股份有限公司	46	30	356	-715	-771		332
港澳台商投资企业	901	1080	2261	-6592	-6567	-818	1650
港澳台商合资经营企业	901	1080	2261	-6592	-6567	-818	1650
港澳台商独资经营企业							
外商投资企业	-69		2018	-543	-5476	30	1277
中外合资经营企业	-69		2013	-493	-5426	30	1193
外资企业	0		5	-51	-50	0	84
二、按控股情况分							
国有控股	3475	5533	7968	14838	18640	5027	7051
集体控股							
私人控股	69422	69241	266706	867117	833297	217505	119401
港澳台商控股	1072	1076	969	-3296	-3297		687
外商控股	-9		97	-543	-510	30	739
其　他	-4096	527	7504	-9405	-8622	2208	4139
在总计中：非国有	66389	70844	275275	853872	820869	219743	124965
民间投资	65326	69768	274209	857712	824675	219713	123539

5-11 建筑业企业生产情况(一)

(2020年) 单位：万元

指标	企业数(个)	建筑业总产值	#建筑工程	#安装工程	#在外省市完成	竣工产值
总计	**586**	**11548369**	**10586948**	**550354**	**2181246**	**6578280**
其中：国有控股企业	22	240022	210034	29400	72702	66258
一、按登记注册类型分						
内资	585	11502976	10541555	550354	2181246	6578280
国有企业	3	58186	58186		12382	31029
集体企业	5	302312	301215		108701	127535
股份合作企业	2	16838	16838			9920
有限责任公司	54	1538802	1266057	230620	302568	1114777
国有独资公司	10	58853	36242	22022	571	14010
其他有限责任公司	44	1479949	1229815	208598	301997	1100767
私营企业	521	9586837	8899259	319734	1757595	5295019
私营有限责任公司	503	6560423	6144584	286126	1144300	3575279
私营股份有限公司	18	3026415	2754675	33608	613296	1719740
港、澳、台商投资企业						
港、澳、台商独资经营企业						
外商投资企业	1	45393	45393			
外资企业	1	45393	45393			
二、按建筑业行业分						
房屋建筑业	213	7689677	7330196	109028	1652230	5157022
土木工程建筑业	271	3113376	2882610	114997	453230	1059138
建筑安装业	42	345892	50129	266998	11684	191524
建筑装饰和其他建筑业	60	399424	324014	59330	64102	170597

注：本表统计范围为有工作量的总承包和专业承包的建筑业企业，下同。

5-12 建筑业企业生产情况(二)

(2020年) 单位：万平方米

指标	房屋建筑施工面积	#本年新开工面积	房屋建筑竣工面积	#住宅	#厂房和仓库
总计	**11998.58**	**3262.66**	**2684.24**	**1330.36**	**780.53**
其中：国有控股企业	38.37	14.20	29.99		
一、按登记注册类型分					
内资	11994.35	3262.66	2684.24	1330.36	780.53
国有企业	37.54	13.37	29.17		
集体企业	310.01	78.24	38.88	29.60	3.48
股份合作企业	10.26	6.43	8.40		4.56
有限责任公司	1211.59	364.21	239.11	158.56	22.74
国有独资公司	0.83	0.83	0.82		
其他有限责任公司	1210.76	363.38	238.29	158.56	22.74
私营企业	10424.94	2800.42	2368.68	1142.19	749.74
私营有限责任公司	7723.29	2014.52	1619.51	731.71	573.60
私营股份有限公司	2701.66	785.90	749.17	410.48	176.14
港、澳、台商投资企业					
港、澳、台商独资经营企业					
外商投资企业	4.23				
外资企业	4.23				
二、按建筑业行业分	**11998.58**	**3262.66**	**2684.24**	**1330.36**	**780.53**
房屋建筑业	11536.82	3072.64	2552.70	1314.81	754.46
土木工程建筑业	428.68	184.52	121.92	14.81	17.18
建筑安装业	28.83	3.12	8.89		8.89
建筑装饰和其他建筑业	4.25	2.39	0.73	0.73	

主要统计指标解释

固定资产投资额 指以货币表示的工作量指标，包括实际完成的建筑安装工程价值，设备、工具、器具的购置费，以及实际发生的其他费用。没用到工程实体的建筑材料、工程预付款和没有进行安装的需要安装的设备等，都不能计算投资完成额。

建筑工程（建筑工作量） 指各种房屋、建筑物的建造工程，又称建筑工作量。包括：①各种房屋如厂房、仓库、办公室、住宅、商店、学校、医院、俱乐部、食堂、招待所等工程；房屋的土建工程；列入房屋工程预算内的暖气、卫生、通风、照明、煤气等设备的价值及装设油饰工程；列入建筑工程预算内的各种管道(如蒸汽、压缩空气、石油、给排水等管道)、电力、电讯电缆、导线的敷设工程。②设备基础、支柱、操作平台、梯子、烟囱、凉水塔、水池、灰塔等建筑工程；炼焦炉、裂解炉、蒸汽炉等各种窑炉的砌筑工程及金属结构工程。③为施工而进行的建筑场地的布置、工程地质勘探，原有建筑物和障碍物的拆除，平整土地、施工临时用水、电、汽、道路工程，以及完工后建筑场地的清理、环境绿化美化工作等。④矿井的开凿，井巷掘进延伸，露天矿的剥离，石油、天然气钻井工程和铁路、公路、港口、桥梁等工程。⑤水利工程，如水库、堤坝、灌溉以及河道整治等工程。⑥防空、地下建筑等特殊工程及其他建筑工程。

安装工程（安装工作量） 指各种设备、装置的安装工程，又称安装工作量。包括：①生产、动力、起重、运输、传动和医疗、实验等各种需要安装设备的装配和安装，与设备相连的工作台、梯子、栏杆等装设工程，附属于被安装设备的管线敷设工程，被安装设备的绝缘、防腐、保温、油漆等工作。②为测定安装工程质量，对单个设备、系统设备进行单机试运、系统联动无负荷试运工作(投料试运工作不包括在内)。在安装工程中，不包括被安装设备本身价值。

设备、工具、器具购置 是指建设单位或企、事业单位购置或自制的，达到固定资产标准的设备、工具、器具的价值。新建单位及扩建单位的新建车间，按照设计或计划要求购置或自制的全部设备、工具、器具，不论是否达到固定资产标准均计入“设备、工具、器具购置”中。①设备：指各种生产设备、传导设备、动力设备、运输设备等。②工具、器具：是指具有独立用途的各种生产用具、工作工具和仪器。

其他费用 是指在固定资产建造和购置过程中发生的，除建筑安装工程和设备、工器具购置费以外的各种应分摊计入固定资产的费用。

民间投资 从投资主体为标准划分，政府或代表政府的国有企、事业单位投资建造和购置固定资产，均为政府投资，非国有、合资企业投资建造和购置固定资产则为民间投资。从2002年年报开始，国家投资统计制度中新增加了“国有及国有控股”指标，根据现有的统计资料，一般认为投资总额中扣除国有及国有控股投资部分即为非国有投资。因此，在做民间投资分析时，可以从非国有经济投资中再扣除外商及港澳台商投资部分即为民间投资，但要注意在扣除时，不要再次扣除国有控股部分的外商及港澳台商投资，否则会引起重复扣除。

基础设施投资 目前关于基础设施的界定，国际、国内尚没有统一的标准。我们通常在进行基础设施投资分析时，采用的基础设施投资范围包括：水利、环境和公共设施管理业；电力、燃气及水的生产供应业；交通运输、仓储和邮政业；电信和其他信息传输服务业；教育设施；广播、电视、电影和音像业；文化艺术业；体育设施；卫生设施。

房地产开发投资 是指报告期内完成的全部用于房屋建设工程、土地开发工程投资额以及公益性建筑和土地购置费等投资额。包括各种经济类型的房地产开发公司、商品房建设公司及其他房地产开发单位统一开发的包括统代建、拆迁还建的住宅、厂房、仓库、饭店、宾馆、度假村、写字楼、办公楼等房屋建筑物和配套的服务设施、土地开发工程，如道路、给水、排水、供电、供热、通讯、平整场地等基础设施工程的投资。不包括单纯的土地交易活动。

新增固定资产 指通过投资活动所形成的新的固定资产价值。包括已经建成投入生产或交付使用的工程价值和达到固定资产标准的设备、工具、器具的价值及有关应摊入的费用。

房屋建筑施工面积 指报告期内房屋建筑按照设计要求已全部完工，达到住人和使用条件，经验收鉴定合格或达到竣工验收标准，可正式移交使用的各栋房屋建筑面积的总和。

房屋建筑面积的统计范围是从房屋外墙线算起的各层平面面积的总和，包括房屋结构（如柱、墙）占用的面积和地下室面积。多层建筑按各自然层面积总和计算，包括房屋内的楼隔层，突出墙面的眺望间、门斗、有柱雨罩的面积，不包括突出墙面结构的构件、艺术装饰等所占的面积，如台阶等。凹阳台、挑阳台按其水平投影面积一半计算建筑面积。

房屋建筑竣工面积 指在报告期内，按照设计所规定的工程内容全部完成，达到了设计规定的交工条件，经有关部门检查验收鉴定合格的房屋建筑面积。

商品房销售面积 指报告期内出售商品房屋的合同总面积（即双方签署的正式买卖合同中所确定的建筑面积)。由现房销售面积和期房销售面积两部分组成。

待售面积 指报告期末已竣工的可供销售或出租的商品房屋建筑面积中，尚未销售或出租的商品房屋建筑面积，包括以前年度竣工和本期竣工的房屋面积，但不包括报告期已竣工的拆迁还建、统建代建、公共配套建筑、房地产公司自用及周转房等不可销售或出租的房屋面积。按照商品房待售时间的长短可以划分为待售一年以下、待售一到到三年（含一年）和待售三年以上（含三年)。

商品房销售额 指报告期内出售商品房屋的合同总价款（即双方签署的正式买卖合同中所确定的合同总价)。该指标与商品房销售面积同口径，由现房销售额和期房销售额两部分组成。

建筑业统计单位 指从事房屋、构筑物建造和设备安装活动的法人企业。建筑业法人企业应同时具备的条件是：①依法成立，有自己的名称、组织机构和场所，能够承担民事责任；②独立拥有和使用资产，承担负债，有权与其他单位签订合同；③独立核算盈亏，能够编制资产负债表。建筑业企业同时也是建筑业统计报表的基本填报单位。建筑业包括施工总承包、专业承包和劳务分包。建筑业法人单位和产业活动单位按注册所地原则进行统计。

建筑业总产值 建筑业总产值是以货币表现的建筑业企业在一定时期内生产的建筑业产品和服务的总和。建筑业总产值包括建筑工程产值、安装工程产值和其他产值三部分内容。建筑业总产值包括:

1.建筑工程产值：指列入建筑工程预算内的各种工程价值。

2.设备安装工程产值：指设备安装工程价值。

3.其他产值：建筑业总产值中除建筑工程、安装工程以外的产值。包括房屋构筑物修理产值、非标准设备制造产值、总包企业向分包企业收取的管理费以及不能明确划分的施工活动所完成的产值。

房屋构筑物修理产值：指房屋和构筑物的修理所完成的产值，但不包括被修理房屋、构筑物本身价值和生产设备的修理价值。

非标准设备制造产值：指加工制造没有定型的非标准生产设备的加工费和原材料价值(如化工厂、炼油厂用的各种罐、槽，矿井生产统一使用的各种漏斗、三角槽、阀门等)以及附属加工厂为本企业承建工程制作的非标准设备的价值。

竣工产值 一般是以单位工程为对象，当该工程按照设计所规定的工程内容全部完成，达到了设计规定的交工条件，经有关部门检查验收鉴定合格的单位工程价值，即为竣工产值。竣工产值包括范围是：对跨年度施工的单位工程，其竣工产值应当包括该工程从开始到竣工的全部自行完成价值；对有些大型单位工程，如大型厂房、高级宾馆、各种管道、公路、铁路等，能够分跨、分层、分段施工并按合同规定，能够分开交付使用的，可以分开计算竣工产值。

交通运输邮电通信和电力

Transportation, Posts, Telecommunications and Electricity Consumption

6-1 主要年份客运量和货运量

年 份	客运量(万人)					货运量(万吨)			港口货物吞吐量(万吨)
	合 计	铁 路	公 路	水 运	民用航空	合 计	#公 路	#水 运	
1952	86		39	47		39		39	
1957	280		211	69		217	111	106	
1962	515		330	185		143	40	103	
1965	659		539	120		202	79	123	
1970	797		605	192		265	106	159	
1975	1155		708	447		301	117	184	
1978	1920		1502	418		382	136	246	
1980	2693		2166	527		431	122	309	
1985	6018		5610	408		1143	697	446	
1990	7934		7652	280	2	2113	1281	832	
1994	9127		8924	196	7	4022	3005	1017	
1995	9338		9123	207	8	4396	3168	1228	
1996	9736		9520	204	12	4121	3023	1098	
1997	9981		9800	170	11	4084	3018	1066	
1998	10051		9894	147	10	4074	2942	1132	
1999	9986		9831	145	10	4587	3260	1327	1134
2000	10049		9899	138	12	4688	3347	1341	1271
2001	10187		10110	62	15	5452	3587	1865	1398
2002	11294		11234	53	7	5971	3868	2103	1613
2003	11921		11851	63	7	7380	4650	2730	2150
2004	10646		10553	83	10	8655	5168	3487	2722
2005	10892		10807	73	12	8629	4330	4299	2819
2006	12143		12021	108	14	10318	4816	5502	3027
2007	14320		14162	140	18	12006	5707	6299	3507
2008	28470		28291	158	21	16143	10025	6118	3898
2009	29201	40	28941	193	27	15830	10021	5809	4294
2010	30137	272	29623	210	32	18155	10500	7655	4706
2011	30577	350	29973	223	31	19685	11220	8462	5099
2012	30874	426	30210	217	21	21245	11744	9493	5358
2013	15204	547	14423	203	31	19464	9040	10424	5628
2014	13869	695	12931	209	33	20222	9628	10565	6049
2015	12851	836	11177	208	30	21215	9990	11200	6237
2016	11086	948	9895	209	34	22902	11658	11213	6771
2017	9795	1306	8236	209	44	27899	14377	13482	7057
2018	8596	1373	6992	174	58	29183	15393	13758	7167
2019	9747	1335	8314	29	71	29923	16330	13573	5248
2020	6525	802	5570	45	109	27802	15372	12401	5121

注：1.从2008年开始公路运输统计口径作了调整；2013年全国开展了交通运输业经济统计专项调查，公路运输相关指标统计口径作了调整，公路客运量、货运量、客运周转量、货运周转量不包括公交车和出租车的数据，下同。

2.从2019年起，客货运量、货物吞吐量统计范围从往年的全行业口径改为已办理港口经营许可证的港口企业，下同。

6-2 主要年份客运周转量和货运周转量

年 份	客运周转量（万人公里）				货运周转量（万吨公里）			
	合 计	铁 路	公 路	水 运	合 计	铁 路	公 路	水 运
1952	2429		1404	1025	2866		55	2811
1957	8904		7308	1596	8162		651	7511
1962	14722		10337	4385	12075		485	11590
1965	14280		12188	2092	17778		1253	16525
1970	18505		15439	3066	23941		1700	22241
1975	23800		18625	5175	25409		1859	23550
1978	43841		32032	11809	52630		3401	49229
1980	62337		46205	16132	58734		3879	54855
1985	164001		150726	13275	190588		44649	145939
1990	248166		236650	11516	277473		68381	209092
1994	339888		330580	9308	592027		201379	390648
1995	376539		367190	9349	662074		260199	401875
1996	435206		428349	6857	800486		366380	434106
1997	490569		485100	5469	799378		368430	430948
1998	562752		558186	4566	903920		376450	527470
1999	599956		595898	4058	1136367		355856	780511
2000	609219		605222	3997	1265144		367388	897756
2001	573927		570954	2973	1547704		370050	1177654
2002	530396		527998	2398	2107028		372897	1734131
2003	552254		550315	1939	2861369		378638	2482731
2004	486854		485418	1436	3607218		343161	3264057
2005	497676		496490	1186	4391979		321865	4070114
2006	568713		567631	1082	5738826		391389	5347437
2007	697739		696613	1126	6778528		454670	6323858
2008	856179		855012	1167	7642498		1274580	6367918
2009	897620	10498	885604	1518	8045858		1314321	6731537
2010	977082	68930	905849	2303	11106446		1419832	9686614
2011	1038253	119485	916120	2647	12382359	640	1566498	10815222
2012	1062380	134317	925562	2501	13252138	1680	1688270	11562188
2013	747599	187251	558711	1637	14196836	5650	1486510	12704676
2014	773225	235190	536282	1753	14663554	6027	1577113	13080414
2015	781350	267193	512420	1737	15710683	5313	1661631	14043739
2016	728398	299520	426965	1913	16231545	6468	1810187	14414890
2017	752840	394690	356230	1920	18143241	8400	2197246	15938597
2018	715627	414993	298782	1852	18307816	6669	2330935	15970212
2019	692563	400506	290830	1227	18778916	6019	2444729	16328168
2020	306435	126383	178618	1434	17970468	6079	1967192	15997197

6-3 公路基本情况

(2020年) 单位：公里

指　标	通　车 总里程	国　道 公　路	省　道 公　路	县　道 公　路	乡　道 公　路	专　用 公　路	村　道 公　路
合　计	**13239**	**686**	**734**	**2623**	**2106**	**56**	**7035**
按技术等级分							
高速公路	500	271	229				
一　级	863	341	218	291	4	6	4
二　级	1217	73	285	647	143	2	67
三　级	592		2	319	179	1	92
四　级	6852			1366	1780	48	3658
准四级	3214						3214
按路面类型分							
有铺装	12871	686	734	2567	2085	51	6748
水泥混凝土	10085	12	104	1414	1905	37	6612
沥青混凝土	2786	673	630	1153	179	14	136
简易铺装	80			56	16		9
未铺装	288				5	5	278
桥　梁							
座	6244						
米	493978						
隧　道							
道	378						
延　米	290477						

6-4 按管理性质分公路里程

(1986-2020年)

单位：公里

年 份	通 车 总里程	国 道	省 道	县 道	乡 道	专用公路	村 道
1986	2160	155	616	792	502	95	
1987	2104	155	615	815	511	7	
1988	2197	155	618	862	554	7	
1989	2230	151	608	973	494	7	
1990	2256	150	588	995	516	7	
1991	2302	149	588	1005	560		
1992	2315	149	590	1015	561		
1993	2381	148	595	1045	593		
1994	2438	148	599	1060	632		
1995	2470	158	599	1064	649		
1996	2521	158	598	1087	678		
1997	2589	169	596	1118	707		
1998	3618	176	602	1154	1686		
1999	3650	176	592	1198	1685		
2000	3766	234	592	1230	1710		
2001	3994	232	591	1481	1575	115	
2002	4018	232	591	1503	1576	117	
2003	4060	232	591	1534	1586	117	
2004	4125	232	585	1613	1576	119	
2005	4128	232	585	1617	1576	119	
2006	9087	232	649	1655	1604	98	4849
2007	10200	232	652	1691	1606	98	5921
2008	10593	274	653	2352	2045	65	5204
2009	10988	274	696	2386	2042	66	5523
2010	11267	273	695	2391	2042	66	5800
2011	11528	273	720	2403	2042	66	6024
2012	11688	273	729	2422	2070	66	6129
2013	11910	273	728	2491	2080	66	6272
2014	12283	267	730	2701	2022	64	6500
2015	12480	268	734	2750	2029	64	6636
2016	12578	463	677	2615	2042	64	6717
2017	12780	484	677	2682	2061	60	6817
2018	13014	660	681	2616	2102	56	6898
2019	13112	675	680	2617	2093	56	6990
2020	13239	686	734	2623	2106	56	7035

注：从2006年开始通车公路里程及相关指标包括村道，下同。

6-5 运输线路长度

(1986-2020年)

单位：公里

年份	铁路营业里程	公路通车里程	等级公路合计	#高速公路	#一级	#二级	#三级	#四级	内河航道里程	民用航空航线(条)
1986		2160	1206			32	26	1148	1091	
1987		2104	1239			32	36	1171	1096	2
1988		2197	1347			33	43	1271	1074	2
1989		2230	1386			31	43	1312	1074	2
1990		2256	1384			93	110	1181	1074	4
1991		2302	1446			93	110	1243	986	4
1992		2315	1493			120	132	1241	986	3
1993		2381	1611			210	153	1248	986	5
1994		2438	1693			256	182	1255	986	8
1995		2470	1791			272	188	1331	986	7
1996		2521	1854		22	299	299	1234	986	10
1997		2589	1927		21	329	331	1246	986	10
1998		3618	3029		60	364	477	2128	986	7
1999		3650	3065		60	373	488	2144	986	7
2000		3766	3180	90	60	374	486	2170	986	12
2001		3994	3530	128	124	975	511	1792	986	8
2002		4018	3561	128	140	965	512	1816	986	4
2003		4060	3611	128	141	981	515	1846	993	4
2004		4125	3686	128	177	1030	516	1835	993	4
2005		4128	3688	128	182	1031	512	1835	993	4
2006		9087	8522	188	209	1115	536	3999	993	4
2007		10200	9691	188	236	1169	544	4203	993	5
2008		10593	10175	230	237	1203	565	5053	993	9
2009	94	10988	10671	274	255	1223	568	5301	993	9
2010	94	11267	11005	274	299	1196	556	5507	993	9
2011	94	11528	11287	298	307	1196	565	5577	984	9
2012	94	11688	11453	298	325	1209	565	5731	1007	8
2013	94	11910	11681	298	410	1194	563	5898	1007	11
2014	94	12283	12055	298	555	1233	563	6090	1007	12
2015	94	12480	12297	298	608	1241	566	6246	1007	9
2016	94	12578	12517	298	652	1218	565	6363	1007	15
2017	94	12780	12752	298	757	1230	573	6455	1007	14
2018	94	13014	13014	447	792	1222	588	6601	1007	15
2019	94	13112	13112	446	825	1223	588	6679	1007	20
2020	94	13239	13239	500	863	1217	592	6852	1007	22

6-6 公路运输工具拥有量

(1999-2020年)

单位：辆

年 份	汽 车	#营业性汽车	载客汽车	载货汽车	其他汽车	摩托车	挂 车
1999	35538		12328	22805	405	170224	76
2000	52390		18485	33386	519	267219	99
2001	70357		26569	43135	653	323187	135
2002	98863	20750	41259	56757	847	391797	172
2003	136432	23522	63937	71352	1143	477445	204
2004	170650	27400	83831	83536	3283	528609	466
2005	211745	24453	114664	93795	3286	576227	324
2006	260615	25996	157742	99091	3782	622064	667
2007	315913	24959	206790	105016	4107	656827	924
2008	368029	24502	254013	109517	4499	646246	1223
2009	457161	25046	330605	123306	3250	664074	1893
2010	565917	27284	423241	139133	3543	677287	2720
2011	678938	32750	520767	154518	3653	632821	3302
2012	793273	33789	623700	165915	3658	586604	3603
2013	922061	33153	738660	179521	3880	575657	4100
2014	1039522	31792	862643	173361	3518	592177	4243
2015	1160758	27530	996106	161221	3431	561369	4429
2016	1327839	33154	1153475	171146	3218	274361	4816
2017	1482967	37742	1294940	184644	3383	171019	5112
2018	1629324	36536	1424418	201201	3705	143060	5494
2019	1752182	37371	1534736	213341	4105	139578	5777
2020	1869405	42930	1635938	229032	4435	160709	6406

6-7 水路运输工具拥有量

(1996-2020年)

年 份	机动船拥有量(艘)			净载重量(吨位)	载客量(客位)
	合 计	货 船	客 船		
1996	3996	3868	128	239092	12397
1997	3596	3434	123	230381	6471
1998	3327	3279	48	267942	3060
1999	2849	2808	40	345076	2812
2000	2354	2338	16	399659	1671
2001	2389	2375	14	512720	1531
2002	2481	2466	15	652575	1545
2003	2281	2263	18	780320	2224
2004	2127	2113	14	960802	1737
2005	2078	2064	14	1365200	1784
2006	2109	2095	14	1703568	1742
2007	2057	2042	15	1606295	1651
2008	1866	1854	12	1429165	1572
2009	1201	1189	12	2267030	1610
2010	938	926	12	2494626	1227
2011	829	817	12	2739021	1377
2012	772	759	13	3160552	1457
2013	619	606	13	3597236	1457
2014	595	581	14	3932078	1617
2015	564	550	14	3811131	1617
2016	532	517	14	3663501	1870
2017	514	503	11	4115623	1570
2018	501	489	12	4963248	2048
2019	413	406	7	5030722	1340
2020	420	413	7	4859964	1340

6-8 按货类分港口货物吞吐量

(2020年) 单位：吨

指　　标	合　计	#外 贸	出　港	#外 贸	进　港	#外 贸
港口货物吞吐量	**50909215**	**5624792**	**4514895**	**752322**	**46394320**	**4872470**
1. 煤炭及制品	16011199	4387622	11717		15999482	4387622
2. 石油、天然气及制品	1799617		84730		1714887	
成品油	1663692		69364		1594328	
3. 钢铁	6974850		357209		6617641	
其中：钢　材						
生　铁						
4. 矿建材料	7770565		524728		7245837	
其中：砂						
5. 水　泥	6245221	244658	675048	79040	5570173	165618
6. 木　材	1972				1972	
7. 非金属矿石	6579773		624876		5954897	
8. 化肥及农药	16616				16616	
9. 盐	1690				1690	
10. 粮　食	27048		10078		16970	
11. 机械、设备、电器	200		80		120	
12. 化工原料及制品	128178		1335		126843	
13. 轻工、医药产品						
14. 农、林、牧、渔业产品	17844	8316			17844	8316
15. 其　他	5334442	984196	2225094	673282	3109348	310914
其中：集装箱重量	5280496	983763	2179711	672849	3100785	310914
滚装船汽车吞吐量						

6-9 主要年份邮电业务量

年份	邮电业务总量(万元)	邮电业务收入(万元)	函件(万件)	订销报刊累计份数(万份)	固定电话用户数(万户)	移动电话用户数(万户)	互联网宽带接入用户数(户)	移动互联网用户数(户)
1949	20		64	18				
1952	47		150	364				
1957	133		493	707				
1962	278		608	700				
1965	299		585	1623				
1970	354		610	2694				
1975	458		686	3133				
1978	611		775	3635	0.67			
1980	792		1106	4707	0.76			
1985	1514		1987	7332	1.28			
1990	5376		1989	7401	2.86			
1994	30034		2428	8937	12.76	0.61		
1995	51505		2376	10740	20.29	1.99		
1996	76928		2489	11750	26.99	4.27	2	
1997	105213		2172	10172	36.13	9.24	447	
1998	164086		2205	10201	53.29	16.19	3957	
1999	226838		2360	10889	77.10	41.20	7663	
2000	362332		2630	11339	100.81	78.35	62305	
2001	331815		3581	11826	117.09	127.33	182318	
2002	400261		3484	11766	143.66	157.78	278892	
2003	590142	354574	3446	12800	169.13	225.02	390310	
2004	836830	390559	2705	12187	198.32	283.06	393280	
2005	889277	426046	2227	12276	207.69	360.83	282427	
2006	1063520	475040	1583	12693	214.30	432.97	373162	
2007	1318754	561391	1444	12614	215.53	517.74	461203	
2008	1463341	646065	1373	13065	211.86	554.13	558170	
2009	1536168	625391	1592	13254	189.95	591.34	683016	
2010	1467071	663022	1516	12724	178.72	719.60	863564	
2011		691300	1774	12933	170.99	791.45	1126632	3567678
2012		763311	1803	14419	165.07	782.99	1265399	4685981
2013		770435	1935	16407	152.04	744.77	1512076	5028731
2014		755726	1597	15922	140.55	758.62	1676744	5427455
2015		726790	1286	16324	120.44	739.78	1785103	6056687
2016		764482	776	11108	106.81	770.84	2084579	6063636
2017		746635	605	13809	92.26	826.46	2262561	6888502
2018		795915	762	10589	107.70	958.00	2450698	6886762
2019		849388	519	9702	100.80	960.57	2532310	7113845
2020	7402461	892458	540	9657	97.45	895.49	2611887	2434780

注：2001年起邮电业务总量为2000年不变价，下同；2004年及以前互联网宽带接入用户数为国际互联网用户数。

6-10 邮电企业主要指标

(1978-2020年)

年 份	邮电局(所)数(个)	邮路及农村投递线路长度(公里)	固定电话主线普及率(户/百人)	移动电话普及率(户/百人)	快递服务企业业务量(万件)	快递服务企业业务收入(亿元)
1978	294		0.15			
1980	302	14529	0.16			
1985	339	15451	0.26			
1986	348	16224	0.28			
1987	350	16072	0.33			
1988	349	15788	0.40			
1989	348	16306	0.46			
1990	345	15835	0.55			
1991	342	16063	0.66			
1992	336	15616	0.88			
1993	321	16052	1.39	0.01		
1994	294	16112	2.42	0.12		
1995	293	16263	3.83	0.38		
1996	280	16552	5.06	0.80		
1997	284	16476	6.74	1.72		
1998	368	16485	9.88	3.00		
1999	433	16264	14.20	7.59		
2000	408	16211	18.44	14.33		
2001	365	16433	21.35	23.21		
2002	343	16715	26.10	28.66		
2003	232	15779	30.61	40.72		
2004	327	18645	35.67	50.92		
2005	417	20038	37.10	64.45		
2006	437	20989	37.95	76.68		
2007	475	21587	37.85	90.93		
2008	456	24444	36.91	96.53		
2009	468	24372	32.84	102.22		
2010	465	24315	30.65	123.40		
2011	447	24937	29.14	134.88	3666	5.55
2012	457	24690	27.90	132.50	6489	8.21
2013	442	26232	25.59	125.37	10255	12.07
2014	456	18564	23.54	127.05	18553	17.44
2015	425	16653	20.16	123.81	29479	24.29
2016	385	17178	17.80	128.44	49250	34.20
2017	392	17166	15.28	136.94	53945	33.19
2018	304	18099	17.79	158.24	70312	39.96
2019	344	20668	16.39	156.20	82471	44.07
2020	374	46177	16.06	147.53	84220	43.79

注：1. 2003年起邮电局、所总数不包括代办点。 2. 固定电话、移动电话普及率自2019年起按常住人口口径计算。

6-11 全社会用电量(一)

(1986-2020年)

单位：万千瓦时

年 份	全社会用电量(包括厂用电量及线损)	农林牧渔水利业	工业用电	建筑业
1986	68185	6771	47606	346
1987	81333	6388	55928	473
1988	97744	7037	65001	664
1989	101163	5700	65199	675
1990	114048	5679	69416	776
1991	138918	6359	85071	863
1992	160412	6734	101102	1296
1993	194360	6768	123414	1678
1994	224103	7876	140052	2103
1995	253892	8161	155598	3038
1996	270237	8048	165274	3477
1997	290184	7393	178064	4960
1998	318937	7261	195749	5732
1999	377370	7130	241075	5995
2000	460236	8795	309357	6397
2001	525430	9104	358175	7167
2002	647020	9444	452978	8157
2003	779903	9986	552753	9746
2004	848560	8488	618333	11720
2005	1048465	10346	744117	15354
2006	1240624	11841	870314	22439
2007	1438263	11939	1031548	22180
2008	1566240	12296	1111781	21438
2009	1718830	13185	1214514	24205
2010	1962057	12937	1391383	30082
2011	2219849	12924	1570324	33710
2012	2273310	13487	1566705	35761
2013	2479714	15862	1692994	46231
2014	2544168	15726	1731691	50460
2015	2527487	15634	1677933	51046
2016	2821453	17422	1834332	68452
2017	3105087	18991	2053891	73967
2018	3295674	18244	2146201	88135
2019	3312213	17751	2128694	75494
2020	3488544	18835	2245547	74000

6-12 全社会用电量(二)

(1986-2020年)

单位：万千瓦时

年份	交通运输仓储邮政业	商业住宿和餐饮业	其他事业	城乡居民生活用电	乡村	城市
1986	236	839	2264	10123	6955	3168
1987	275	1104	2798	14368	9519	4849
1988	336	1357	3557	19793	13133	6660
1989	357	1418	3961	23854	15623	8231
1990	419	1675	4309	31774	20812	10962
1991	570	2050	5212	38794	24925	13869
1992	621	2015	5897	42746	27256	15490
1993	792	2448	7123	52137	33011	19126
1994	1008	2961	8410	61693	38905	22788
1995	1283	3476	9447	72889	45249	27640
1996	1747	4883	10965	75844	46172	29672
1997	1919	5422	12457	79969	47386	32583
1998	2260	6753	14770	86414	49907	36507
1999	2562	8689	18014	93905	53254	40650
2000	3328	10993	21000	100365	55896	44470
2001	4283	16426	23287	106988	60513	46475
2002	5135	20333	25686	125287	71591	53696
2003	6605	24063	32205	144544	81424	63120
2004	6517	28488	33012	142002	75818	66184
2005	6895	32660	59243	179849	101689	78160
2006	8522	40554	69979	216975	127247	89728
2007	9660	45522	79839	237575	141979	95596
2008	9492	49541	87478	274214	158919	115295
2009	10352	59848	94167	302559	177569	124990
2010	16645	68668	102487	339856	204750	135106
2011	19681	81565	114534	387110	235962	151148
2012	18570	91379	126222	421186	253065	168122
2013	20425	100071	138626	465505	280428	185077
2014	23988	109302	147256	465746	281880	183865
2015	25243	114348	135725	481992	293354	188639
2016	27552	129661	160121	555139	336178	218961
2017	31387	144585	176535	575693	351380	224313
2018	34374	152957	192374	622837	380372	242465
2019	39577	160151	154580	643741	390055	253686
2020	37792	159818	152505	698913	425807	273106

6-13 分产业和行业全社会用电量

(2020年)

类　别	用户数 (个)	用户用电 装接容量 (千瓦)	本年用电量 (万千瓦时)
总　计	**2936994**	**37831944**	**3488544.285**
#按产业分	**342862**	**21295180**	**2789631.495**
第一产业	10610	206687	11741.5111
第二产业	151585	13671767	2316502.753
第三产业	180667	7416726	461387.2308
按用途分			
一、农、林、牧、渔业	**19760**	**329777**	**18834.9316**
农　业	8669	149155	7414.0871
林　业	164	2959	126.0304
畜牧业	1052	22816	1544.7219
渔　业	725	31757	2656.6717
农、林、牧、渔服务业	9150	123090	7093.4205
其中：排　灌	7535	93129	3643.1624
二、工　业	**141785**	**11911146**	**2245547.249**
采矿业	616	98367	7395.9069
制造业	132057	10737979	2040685.792
农副食品加工业	6738	261189	32694.112
食品制造业	1387	69931	8638.9722
酒、饮料及精制茶制造业	1516	37858	3066.9222
烟草制品业	10	1552	79.9546
纺织业	5967	225672	48587.0391
纺织服装、服饰业	3646	118722	19821.3381
皮革、毛皮、羽毛及其制品和制鞋业	4915	344876	46795.1112
木材加工和木、竹、藤、棕、草制品业	6403	111894	11338.3807
家具制造业	1060	98611	14348.0575
造纸和纸制品业	2077	134498	41504.3637
印刷和记录媒介复制业	1342	75350	12293.9393
文教、工美、体育和娱乐用品制造业	9051	336887	48610.5713
石油、煤炭及其他燃料加工业	108	2137	157.2257
化学原料和化学制品制造业	498	197504	39158.5845
医药制造业	378	443860	146104.8018
化学纤维制造业	71	14747	3321.3305

6-13 续表

类　　别	用户数（个）	用户用电装接容（千瓦）	本年用电量（万千瓦时）
橡胶和塑料制品业	21317	2011092	401270.1548
非金属矿物制品业	2353	287687	50868.2851
黑色金属冶炼和压延加工业	25	9875	5467.7201
有色金属冶炼和压延加工业	511	184590	35103.941
金属制品业	14461	1182675	247669.5618
通用设备制造业	32329	2008300	383871.313
专用设备制造业	4427	514847	108724.1893
汽车制造业	1045	502266	93854.676
铁路、船舶、航空航天和其他运输设备制造业	1507	513115	65839.9902
电气机械和器材制造业	2641	488089	92839.78
计算机、通信和其他电子设备制造业	359	131603	30930.7395
仪器仪表制造业	314	34809	5625.6007
其他制造业	4110	289845	29641.206
废弃资源综合利用业	942	75292	9413.912
金属制品、机械和设备修理业	549	28606	3044.0181
电力、热力、燃气及水生产和供应业	9112	1074800	197465.5497
电力、热力生产和供应业	3937	810272	160889.3862
燃气生产和供应业	110	13021	896.4946
水的生产和供应业	5065	251507	35679.6689
三、建筑业	**10349**	**1789227**	**73999.5227**
四、交通运输、仓储和邮政业	**2523**	**445243**	**37791.502**
五、信息传输、软件和信息技术服务业	**20230**	**300228**	**37393.4107**
六、批发和零售业	**54829**	**1732549**	**117192.0547**
七、住宿和餐饮业	**8650**	**518318**	**42626.0384**
八、金融业	**1718**	**158299**	**11757.6944**
九、房地产业	**7528**	**1302371**	**35788.6694**
十、租赁和商务服务业	**3858**	**273976**	**16195.9064**
十一、公共服务及管理组织	**71632**	**2534046**	**152504.5162**
十二、城乡居民生活用电	**2594132**	**16536764**	**698912.79**
城镇居民	816022	5951341	273105.9946
乡村居民	1778110	10585423	425806.7954

主要统计指标解释

货(客)运量 指运输业实际运送的货物(旅客)数量。货运按吨计算，客运按人计算。货物不论运输距离长短，货物类别，均按实际重量统计；旅客不论行程远近或票价多少，均按一人一次作为客运量统计。半价票、小孩票也按一人统计。货(客)运量是反映运输业为国民经济和人民生产服务的数量指标，也是制定和检查运输生产计划，研究运输发展规模和速度的重要指标。

货物(旅客)周转量 指运输业实际运送的货物(旅客)数量与相应运输距离乘积之总和，通常以吨公里和人公里为计算单位。计算货物周转量通常按发出站与到达站之间的最短距离，也就是计费距离计算。它是反映运输业生产总成果的重要指标，也是编制和检查运输生产计划、计算运输效率、劳动生产率以及核算运输单位成本的主要基础资料。

铁路营业里程 又称营业长度，指办理客货运输业务的铁路正线总长度。凡是全线或部分建成双线及以上的线路，以第一线的实际长度计算；复线、站线、段管线、岔线和特殊用途线以及不计算运费的联络线都不计算营业里程。铁路营业里程是反映铁路运输业基础设施发展水平的重要指标，也是计算客货周转量、运输密度和机车车辆运用效率等指标的基础资料。

公路里程 也称“公路通车里程”，是指实际达到公路工程技术标准等级的公路长度。它包括大中城市的郊区公路以及通过小城镇街道的公路里程，也包括桥梁、渡口的长度，但不包括城市的街道以及厂矿、林区和农业生产用道的里程。两条或多条公路共同走向的同一条路段，只计算一次，不得重复计算里程长度。公路里程是反映公路建设发展规模的重要指标，也是计算运输网密度等指标的基础资料。

内河航道里程 也称“内河通航里程”，是反映内河水运网规模、水平和发展情况的主要指标。指在一定时期内，能通航运输船舶及排筏的天然河流、湖泊水库、运河及通航渠道的长度。包括全年季节性通航累计三个月以上的航道，但不包括仅供零散流放竹、木排的河道。

港口货物吞吐量 指由水运进出港口港区范围、并经过装卸的货物数量。吞吐量可以分进口、出口，又可以分为国内贸易和对外贸易。货物吞吐量的货种分类及其主要流向流量，反映了港口在国内外物资交换和对外贸易运输中的地位和作用。

载货汽车拥有量 是指以辆为单位计算的，在报告期末，全社会拥有的载货汽车总辆数。按公路监理部门和公安部门的机动车管理单位所掌握的领有车辆牌照资料加以整理计算。

订销报刊累计份数 是以万份为计算单位，报告期订阅和零售国内外报刊各出版期的总份数。在计算时，订阅的报刊按出版期计算，零售的按实销份数计算。凡正常性或临时加发的零售份数，报告期出版的或报告期前出版的份数都统计在内，但不包括变价出售的报刊。订销报刊累计份数应按进口交换量计算。

全社会用电量 是指国民经济各行业及城乡居民消费的电量。它包括电力企业售电量与自备电厂自发自用电量及其售给附近用户电量之和。它是考察电力消费去向、作为电力分配依据的重要指标。

7

原材料和能源

Crude Material and Energy

7-1 全社会单位生产总值能耗

(2005-2020年)

年 份	能源消费总量(万吨标准煤)	单位GDP能耗(吨标准煤/万元)	单位GDP能耗降低率(%)	能源消费弹性系数(%)	电力消费总量(亿千瓦时)	单位GDP电耗(千瓦时/万元)	单位GDP电耗降低率(%)	电力消费弹性系数(%)
2005	790.75	0.632			104.85	837		1.70
2006	880.45	0.615	2.65	0.78	124.07	866	-3.46	1.27
2007	967.47	0.590	4.05	0.68	143.83	877	-1.27	1.10
2008	1005.25	0.560	5.18	0.41	156.62	872	0.60	0.92
2009	1029.39	0.531	5.12	0.28	171.88	886	-1.65	1.15
2010	1105.30	0.505	4.85	0.57	196.21	897	-0.88	1.08
2011	1107.85	0.421	2.79	0.63	221.98	847	-4.73	1.46
2012	1116.54	0.395	6.14	0.12	227.33	810	4.70	0.32
2013	1182.96	0.388	1.80	0.76	247.97	814	-1.05	1.14
2014	1214.08	0.371	4.50	0.35	254.42	777	4.57	0.35
2015	1245.45	0.349	4.10	0.33	252.75	703	6.72	-0.10
2016	1364.19	0.355	-1.80	1.25	282.15	728	-3.69	1.49
2017	1457.53	0.351	1.10	0.85	310.51	741	-1.76	1.23
2018	1512.49	0.339	3.50	0.48	329.57	734	1.33	0.84
2019	1512.80	0.323	4.70	0.02	331.22	708	4.33	0.10
2020	1562.31	0.323	0.10	0.97	348.85	720	-1.88	1.58

7-2 规模以上工业企业能源购进、消费与库存情况

(2020年)

能源名称		购进量	工业生产消费	年末库存量
能源合计	**(吨标准煤)**		**13437103**	
原煤	(吨)	13333578	13553422	563282
煤制品	(吨)	144	168	
焦炭	(吨)	133	133	4
天然气(气态)	(万立方米)	19021	18986	7
液化天然气(液态)	(吨)	71606	71272	356
汽油	(吨)	17686	15958	111
煤油	(吨)	1836	1843	19
柴油	(吨)	63330	62258	3265
燃料油	(吨)	4891	4928	115
液化石油气	(吨)	2369	2359	4
润滑油	(吨)	4968	4840	188
石蜡	(吨)	5181	5157	133
溶剂油	(吨)	2939	2895	161
石油焦	(吨)	5	5	
石油沥青	(吨)	5935	5935	
其他石油制品	(吨)	8042	8024	415
热力	(百万千焦)	12875878	15256941	
电力	(万千瓦时)	1343614	1499564	
城市垃圾用于燃料	(吨)	600940	1990121	
生物燃料	(吨标准煤)	40521	40869	885
其他燃料	(吨标准煤)	714	714	

 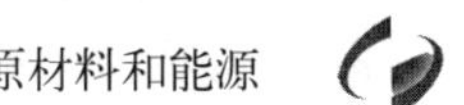

7-3 规模以上工业按行业分主要能源消费量(一)

(2020年) 单位：吨

行业名称	原煤	煤制品	焦炭	天然气(万立方米)	液化天然气	汽油	煤油
合　　计	**13553422**	**168**	**133**	**18986**	**71272**	**15958**	**1843**
有色金属矿采选业						8	
非金属矿采选业						5	
农副食品加工业	3118			245	60	115	
食品制造业	556			215	2751	63	
酒、饮料和精制茶制造业				46		30	
纺织业	12616			1235	108	305	
纺织服装、服饰业				2	30	33	
皮革、毛皮、羽毛及其制品和制鞋业				16		329	5
木材加工和木、竹、藤、棕、草制品业				32	170	74	
家具制造业	7			700	120	171	
造纸和纸制品业	194756	168		1471	1243	141	
印刷和记录媒介复制业				29	2730	232	
文教、工美、体育和娱乐用品制造业				54	1463	740	
石油加工、炼焦和核燃料加工业				110		12	
化学原料和化学制品制造业	18179			895	2066	450	
医药制造业	35278			1129	36	649	
化学纤维制造业	1786			31			
橡胶和塑料制品业	24912			2206	2669	2010	30
非金属矿物制品业	12720			492	1865	389	
黑色金属冶炼和压延加工业	12643			359	160	74	
有色金属冶炼和压延加工业	44			595	2530	37	17
金属制品业				2416	16649	834	186
通用设备制造业			133	1650	2177	2576	825
专用设备制造业				613	180	1621	198
汽车制造业				2641	11673	970	100
铁路、船舶、航空航天和其他运输设备制造业				805	3141	1332	13
电气机械和器材制造业				279	1054	1474	431
计算机、通信和其他电子设备制造业				12	1096	232	
仪器仪表制造业				40	596	135	38
其他制造业				29	527	40	
废弃资源综合利用业				638		9	
金属制品、机械和设备修理业						14	
电力、热力生产和供应业	13236807				16179	669	
燃气生产和供应业						91	
水的生产和供应业						93	

7-4 规模以上工业按行业分主要能源消费量(二)

(2020年) 单位：吨

行业名称	柴油	燃料油	液化石油气	其他石油制品	热力(百万千焦)	电力(万千瓦时)
合　　计	**62258**	**4928**	**2359**	**8024**	**15256941**	**1499564**
有色金属矿采选业	27					376
非金属矿采选业	1881					2709
农副食品加工业	769				251541	17144
食品制造业	90				163816	3427
酒、饮料和精制茶制造业	60				181087	2316
纺织业	240		7		198148	28153
纺织服装、服饰业	35	16				700
皮革、毛皮、羽毛及其制品和制鞋业	61		1	2		16998
木材加工和木、竹、藤、棕、草制品业	122					3611
家具制造业	523		1	2	21722	12011
造纸和纸制品业	664	406		308	2886235	38692
印刷和记录媒介复制业	247	880	7		6817	5711
文教、工美、体育和娱乐用品制造业	303		2	2		9321
石油加工、炼焦和核燃料加工业	186	1178				132
化学原料和化学制品制造业	1271	58	15		1677117	46861
医药制造业	4049				6054998	128194
化学纤维制造业						4077
橡胶和塑料制品业	2503	175	314	310	2595050	190901
非金属矿物制品业	33443	1131	12		453013	35371
黑色金属冶炼和压延加工业	83			24		9356
有色金属冶炼和压延加工业	175	400			1152	31236
金属制品业	1772	166	670	2695	71720	115613
通用设备制造业	3949	349	1037	1733		147530
专用设备制造业	1149		1	1809		65967
汽车制造业	1114		25	387		124253
铁路、船舶、航空航天和其他运输设备制造业	1152		4	569	79434	30027
电气机械和器材制造业	1871	45	125	175		56332
计算机、通信和其他电子设备制造业	152			6		36067
仪器仪表制造业	141		137			9151
其他制造业	91				143684	8488
废弃资源综合利用业	1459	125			73798	7903
金属制品、机械和设备修理业	27					559
电力、热力生产和供应业	2565				397607	291624
燃气生产和供应业	74					165
水的生产和供应业	9					18586

7-5 规模以上工业按行业分能源消费情况

(2020年) 单位：吨标准煤

行业名称	综合能耗		万元产值综合能耗		节能量
	绝对额	比上年增长(%)	绝对额	比上年降低(%)	
合　计	**8615571**	**-1.4**	**0.164**	**3.65**	**326719**
有色金属矿采选业	514	15.7	0.155	0.45	2
非金属矿采选业	6078	294.6	0.102	-148.42	-3630
农副食品加工业	36709	6.4	0.052	-3.41	-1210
食品制造业	18119	3.0	0.102	0.39	71
酒、饮料和精制茶制造业	9761	-7.6	0.093	1.37	136
纺织业	75097	4.7	0.094	-2.39	-1755
纺织服装、服饰业	1057	0.3	0.020	-29.30	-239
皮革、毛皮、羽毛及其制品和制鞋业	21696	-18.9	0.033	-8.97	-1784
木材加工和木、竹、藤、棕、草制品业	5456	0.5	0.054	-9.57	-476
家具制造业	28690	37.5	0.035	-44.49	-8844
造纸和纸制品业	229158	1.0	0.342	-1.30	-2952
印刷和记录媒介复制业	14401	5.4	0.055	-14.85	-1863
文教、工美、体育和娱乐用品制造业	16618	11.9	0.024	-14.15	-2060
石油加工、炼焦和核燃料加工业	3596	155.3	0.210	-51.29	-1219
化学原料和化学制品制造业	145996	15.8	0.098	-20.00	-24338
医药制造业	412329	7.6	0.107	2.55	10782
化学纤维制造业	6701	-9.8	0.215	-29.23	-1516
橡胶和塑料制品业	399145	-1.8	0.092	-0.44	-1733
非金属矿物制品业	149828	21.9	0.081	-8.48	-11716
黑色金属冶炼和压延加工业	25861	6.4	0.061	-11.66	-2701
有色金属冶炼和压延加工业	51745	-4.9	0.055	-8.04	-3850
金属制品业	218296	2.6	0.107	-6.99	-14264
通用设备制造业	226099	11.2	0.032	-3.27	-7156
专用设备制造业	99655	7.7	0.033	-2.17	-2116
汽车制造业	212663	2.4	0.026		
铁路、船舶、航空航天和其他运输设备制造业	64725	11.6	0.032	6.18	4263
电气机械和器材制造业	82611	6.0	0.019		
计算机、通信和其他电子设备制造业	47235	-7.1	0.062	-12.36	-5197
仪器仪表制造业	13521	8.2	0.019	-5.43	-698
其他制造业	17485	1.4	0.042	-6.92	-1131
废弃资源综合利用业	59113	-11.3	0.128	-16.94	-8561
金属制品、机械和设备修理业	757	-23.6	0.088	22.09	215
电力、热力生产和供应业	5891419	-4.0	1.094	7.73	493635
燃气生产和供应业	444	51.0	0.004	-53.85	-156
水的生产和供应业	22993	5.4	0.107	2.63	622

7-6 规模以上工业主要能源消费量(一)

(1999-2020年)

单位：吨

年 份	原 煤	煤制品	焦 炭	汽 油	煤 油
1999	4106147	82	8316	9148	2926
2000	4665482	180	11642	11126	3946
2001	4787214	116	20011	13388	5731
2002	4747322	238	17291	17346	7123
2003	5414989	316	25424	20048	7188
2004	5868900	1238	33611	27533	17612
2005	5873411	149	36615	32360	11661
2006	5726068	637	42483	41334	12363
2007	9963353	1829	45799	48012	11149
2008	13518900	1169	40008	43092	9252
2009	13409540	909	26507	40899	7139
2010	13922044		26360	42102	7051
2011	15110170	19840	17550	24602	4367
2012	12884375	12429	12847	20775	2618
2013	13294169	15434	12020	20646	1701
2014	11451570	10025	8671	19664	1472
2015	10766567	11949	7351	21413	1923
2016	13855653	13049	7029	21869	1552
2017	15643953	6564	5036	22164	1539
2018	15719125	3769	4117	23325	2069
2019	14513957	1725	1081	22964	2086
2020	13553422	168	133	15958	1843

7-7 规模以上工业主要能源消费量(二)

(1999-2020年) 单位：吨

年 份	柴 油	燃料油	液 化 石油气	热 力 (百万千焦)	电 力 (万千瓦时)
1999	32822	280	588	659930	184951
2000	29953	1132	968	1766294	236146
2001	34289	2140	1811	2171882	270509
2002	43914	3128	3536	2881165	298967
2003	78053	4898	4683	3470891	447453
2004	169985	9364	11036	3894369	460304
2005	135280	35860	6351	4909302	585211
2006	141321	20129	8837	5053894	681262
2007	169879	20395	9347	5904636	821157
2008	147176	19341	8358	6024796	925013
2009	108967	16628	7303	5950744	963462
2010	124310	14216	7450	6226344	1101773
2011	80976	10104	6622	5802316	1004928
2012	52553	6329	5321	5894498	1006422
2013	48547	5277	4464	5542756	1088458
2014	46202	4813	4599	5735865	1114778
2015	46174	4597	4156	6684579	1116193
2016	44994	4241	2669	8176855	1264510
2017	47409	3454	2058	12210588	1415123
2018	50759	2896	1841	14062208	1520249
2019	54893	3489	1888	14614721	1534998
2020	62258	4928	2359	15256941	1499564

7-8 规模以上工业取水量

(2007-2020年) 单位：万立方米

年 份	取水总量	地表水	地下水	自来水	海水	其他水	外供水
2007	149758	9823	703	10760	128437	33	
2008	173590	20283	492	7276	145484	17	
2009	58765	45791	92	482	10392	2099	
2010	61986	45371	523	11740	1774	2578	45782
2011	60522	44807	450	11256	1642	2367	45975
2012	69715	52894	358	11824	1737	2902	53942
2013	75950	58370	348	12715	1738	2780	60255
2014	74950	60111	311	12867	1610	52	62468
2015	78807	64301	292	12781	1372	12	66614
2016	82693	66455	268	14730	1154	13	70452
2017	91454	74161	228	15719	1282	63	78566
2018	93343	75596	192	16077	1397	81	80011
2019	92669	74520	180	16102	1751	114	77936
2020	94585	76853	119	16139	1357	117	80779

7-9 规模以上工业按行业分取水量

(2020年) 单位：万立方米

行业名称	取水总量						外供水
		地表水	地下水	自来水	海水	其他水	
合 计	**94585.18**	**76853.12**	**119.02**	**16139.05**	**1356.70**	**117.30**	**80779.34**
有色金属矿采选业	10.83		10.83				
非金属矿采选业	19.96	10.25		9.71			
农副食品加工业	270.79	65.60	0.31	203.57		1.31	
食品制造业	188.21	1.52	19.47	167.23			
酒、饮料和精制茶制造业	96.14	1.31		94.75		0.07	
纺织业	301.20	49.72	3.90	241.02		6.57	
纺织服装、服饰业	9.78	0.42		9.26		0.09	
皮革、毛皮、羽毛及其制品和制鞋业	140.69	6.30	0.15	134.24			
木材加工和木、竹、藤、棕、草制品业	30.24	0.27	0.15	29.82			
家具制造业	174.76	14.03	0.05	160.68			
造纸和纸制品业	390.32	269.31	0.12	114.06		6.83	2.05
印刷和记录媒介复制业	33.15	0.92		32.06		0.17	
文教、工美、体育和娱乐用品制造业	87.36	2.25	2.04	82.99		0.08	
石油、煤炭及其他燃料加工业	0.87			0.87			
化学原料和化学制品制造业	432.17	65.16	0.02	332.26		34.74	
医药制造业	1319.67	117.48	1.46	1179.94		20.79	
化学纤维制造业	3.50	0.04		3.46			
橡胶和塑料制品业	723.47	101.61	16.83	603.41		1.62	
非金属矿物制品业	459.39	150.47	3.71	297.33		7.87	
黑色金属冶炼和压延加工业	29.68	4.93		24.75			
有色金属冶炼和压延加工业	50.09	2.00	1.83	46.26			
金属制品业	469.38	50.47	6.97	411.46		0.48	
通用设备制造业	569.61	16.77	3.52	543.95		5.37	
专用设备制造业	313.49	9.05	0.64	303.20		0.60	
汽车制造业	577.70	2.89	5.59	557.70		11.53	
铁路、船舶、航空航天和其他运输设备制造业	228.15	1.94		225.80		0.41	
电气机械和器材制造业	329.90	3.51	3.63	321.50		1.27	
计算机、通信和其他电子设备制造业	245.00	1.07		243.91		0.02	
仪器仪表制造业	32.97	0.10	0.91	31.96			
其他制造业	154.69	10.54	36.63	107.52			
废弃资源综合利用业	105.50	37.99		67.51			
金属制品、机械和设备修理业	9.17			9.17			
电力、热力生产和供应业	2970.18	1054.87	0.27	558.15	1356.70	0.20	60.77
燃气生产和供应业	4.66			4.66			
水的生产和供应业	83802.51	74800.33		8984.90		17.28	80716.51

主要统计指标解释

能源购进量 指能源使用单位在报告期内外购的、用于本企业消费的各种一次能源和二次能源。购进量的统计原则是：谁购进，谁统计。

能源消费量 是指能源使用单位在报告期内实际消费的一次能源或二次能源的数量。包括终端消费和中间消费。能源消费数量分别用实物量和价值量表示。能源消费量统计的原则是：

(1)谁消费、谁统计；

(2)何时投入使用，何时计算消费量；

(3)消费量只能计算一次。

工业企业的能源消费量包括工业企业在生产过程中作为燃料、动力、原料、辅助材料使用的能源以及工艺用能、非生产用能。作为能源加工转换企业，还要包括能源加工转换的投入量。具体包括：

(1)用于本企业产品生产、工业性作业和其他生产性活动的能源；

(2)用于技术更新改造措施、新技术研究和新产品试制以及科学试验等方面的能源；

(3)用于经营维修、建筑及设备大修理、机电设备和交通运输工具等方面的能源；

(4)用于劳动保护的能源；

(5)其他非生产消费的能源。

综合能源消费量 是指报告期内工业企业在工业生产活动中实际消费的各种能源的总和。

万元工业总产值综合能耗 是指综合能源消费量与工业总产值之比，它反应单位工业总产值所耗的能源量。

标准煤 各种能源折算成以煤当量为统一标准的计量单位。

能源消费弹性系数 是反映能源消费增长速度与国民经济增长速度之间比例关系的指标。计算公式：

能源消费弹性系数＝能源消费量年平均增长速度/国民经济年平均增长速度

电力消费弹性系数 是反映电力消费增长速度与国民经济增长速度之间比例关系的指标。计算公式：

电力消费弹性系数＝电力消费量年平均增长速度/国民经济年平均增长速度

国民经济年平均增长速度，可根据不同的目的或需要，用国民生产总值，国内生产总值等指标来计算，本资料是采用生产总值指标计算的。

取水总量 指工业企业从各种水源提取的，并用于工业生产活动的水量总和。包括地表水、地下水、自来水、由管道供应的未经达标处理的水、经城市污水处理厂处理后回用的中水、海水，以及企业从市场购得的其他水或水的产品(如纯净水、矿泉水、蒸汽、热水、地热水等)。

8

批发零售和住宿餐饮业

Wholesale and Retail Sale Trade and Accommodation and Restaurants

8-1 主要年份社会消费品零售总额

单位：万元

年份	社会消费品零售总额	批发和零售业	住宿和餐饮业	其他
1949	3257	3178	61	18
1952	5196	5066	100	30
1957	13064	12636	353	75
1962	18197	17188	892	117
1965	19656	19011	536	109
1970	24796	23298	721	777
1975	31157	29890	860	407
1978	49157	47252	1204	701
1980	76294	72577	1731	1986
1985	169672	155903	4911	8858
1990	371549	338638	13646	19265
1994	1034412	923292	72458	38661
1995	1450730	1320504	106434	23792
1996	1737176	1556437	115987	64751
1997	1821677	1612332	132116	77228
1998	1882692	1661716	133057	87919
1999	2065954	1799071	157706	109177
2000	2185914	1933324	174853	77736
2001	2476392	2169429	222804	84160
2002	2828190	2428385	309306	90500
2003	3252703	2747491	395026	110186
2004	3721584	3146729	470634	104220
2005	4332035	3635183	579414	117437
2006	5044658	4245481	676223	122954
2007	5887261	4967827	791966	127469
2008	7019244	6219558	779848	19838
2009	7978219	7114609	836668	26943
2010	9457716	8451632	1006084	
2011	11243314	10006608	1236706	
2012	12778841	11352058	1426784	
2013	13970429	12437603	1532826	
2014	15761946	14053036	1708909	
2015	17436479	15575820	1860659	
2016	19243405	17155464	2087942	
2017	21352953	18973349	2379604	
2018	23502986	20799940	2703046	
2019	25446294	22475622	2970672	
2020	23960699	20979038	2981660	

注：第四次经济普查后，国家修正了1994年以来的历史数据。

8-2 市区主要年份社会消费品零售总额

单位：万元

年 份	市 区	椒江区	黄岩区	路桥区
1949	1076	374	702	
1952	1805	624	1181	
1957	4309	1522	2787	
1962	7016	2633	4383	
1965	7252	2810	4442	
1970	8202	2920	5282	
1975	9250	3453	5797	
1978	17280	6439	10841	
1980	25401	7748	17653	
1985	70360	27755	42605	
1990	142578	59519	83059	
1994	386377	146619	104408	135350
1995	553034	223732	111089	218213
1996	663850	245383	150304	268164
1997	703877	224198	176307	303372
1998	726139	225090	188648	312400
1999	808145	239840	223925	344379
2000	887364	266039	237137	384188
2001	1028501	319272	275079	434150
2002	1200228	375093	313040	512094
2003	1381562	431911	350605	599046
2004	1592391	497000	399900	695491
2005	1869294	588109	468078	813107
2006	2193664	681730	553696	958238
2007	2573539	796143	642574	1134822
2008	3071525	946678	756962	1367884
2009	3466197	1103547	901447	1461203
2010	4104622	1290855	1062868	1750899
2011	4818346	1508310	1245585	2064452
2012	5474591	1743853	1408423	2322315
2013	5862532	1911661	1536699	2414172
2014	6644874	2159419	1755503	2729952
2015	7386063	2354822	1963675	3067566
2016	8116470	2521293	2137802	3457375
2017	8899664	2762419	2382990	3754256
2018	9285469	2873695	2516903	3894871
2019	10004859	3125471	2777049	4102339
2020	9185533	2904746	2477528	3803259

注：第四次经济普查后，对各县(市、区)2018年和2019年数据作了修正。

8-3 各县市主要年份社会消费品零售总额

单位：万元

年 份	三门县	天台县	仙居县	温岭市	临海市	玉环市
1949	226	376	116	569	737	157
1952	252	524	181	1146	894	394
1957	615	1132	635	2786	2378	1209
1962	767	1308	940	3455	3279	1432
1965	948	1478	1038	3876	3540	1524
1970	1338	2001	1776	5249	4435	1795
1975	2097	2979	2055	6673	5758	2345
1978	3525	3731	2679	10583	6851	4508
1980	5359	5790	4401	15173	12193	7977
1985	10331	10571	8348	31718	21887	16456
1990	20298	33129	15637	74716	56942	28249
1994	40805	66980	37969	251317	141685	79306
1995	59402	83421	57532	371144	183057	124342
1996	59020	101511	68760	477408	189263	119885
1997	60178	105683	69266	517735	181061	127677
1998	57449	111444	74776	551521	163911	133218
1999	66516	118778	79902	587884	203676	144955
2000	75880	125285	86181	604442	230696	170963
2001	84497	141571	97410	642717	269731	193876
2002	101627	163583	114621	711693	317185	230107
2003	125379	186643	133469	796888	368667	271759
2004	151200	216200	156400	922800	432200	317509
2005	172396	243753	182602	1073924	501395	369147
2006	200757	281620	212075	1249273	583674	425807
2007	235352	327617	246518	1457003	682491	494012
2008	281905	393193	293847	1736376	814122	593376
2009	325938	435291	346606	2025050	938029	641673
2010	375712	496479	409210	2355278	1106588	756617
2011	449656	584424	478806	2802448	1285862	904169
2012	527306	682002	555664	3266826	1475823	1060805
2013	617992	745795	612587	3779022	1626290	1248461
2014	705021	850878	698901	4305372	1838683	1419498
2015	796498	980053	804952	4738870	2018966	1541381
2016	868747	1065088	880458	5267628	2232939	1700075
2017	962132	1195167	983170	5933498	2506214	1877462
2018	1015407	1264274	1026491	6289005	2639241	1983098
2019	1109144	1391024	1099487	6895708	2784890	2161182
2020	1038440	1299155	1059739	6691232	2568015	2118585

注：第四次经济普查后，对各县(市、区)2018年和2019年数据作了修正。

8-4 限额以上批发和零售业企业销售情况

(2020年)

名　称	法人企业(个)	年末从业人数(人)	销售额(万元)	年末零售营业面积(平方米)
总　计	**1453**	**49767**	**25893588**	**1712130**
一、批发业	**904**	**24657**	**19897863**	**197808**
其中：大中型	187	16615	8913191	93204
按登记注册类型分				
内资企业	898	24572	19274261	197808
国有企业	4	1140	1402420	
股份合作企业	6	100	47798	
有限责任公司	81	6324	3520180	21223
股份有限公司	5	474	605981	700
私营企业	802	16534	13697883	175885
外商投资企业	6	85	623602	
按批发行业分				
农、林、牧、渔产品批发	8	239	34020	150
食品、饮料及烟草制品批发	42	2468	1704914	11325
纺织、服装及家庭用品批发	129	4369	1205955	30880
文化、体育用品及器材批发	36	827	271189	4087
医药及医疗器材批发	34	3375	1294140	16585
矿产品、建材及化工产品批发	437	8763	10124844	83509
机械设备、五金产品及电子产品批发	180	3560	4873933	45724
贸易经纪与代理	14	304	182652	1418
其他批发业	24	752	206216	4130

8-4 续表

名　　称	法人企业(个)	年　末从业人数(人)	销售额(万元)	年末零售营业面积(平方米)
二、零售业	**549**	**25110**	**5995725**	**1514322**
其中：大中型	136	18318	4514848	983280
按登记注册类型分				
内资企业	538	22793	4822552	1280372
国有企业	1	16	2534	300
集体企业				
股份合作企业	6	78	21722	5573
有限责任公司	86	5074	1223984	394729
股份有限公司	6	2403	468322	102844
私营企业	439	15222	3105989	776926
其他企业				
港、澳、台商投资企业	6	1410	120124	158035
外商投资企业	5	907	1053049	75915
按零售行业分				
综合零售	56	5479	465565	500859
食品、饮料及烟草制品专门零售	30	794	64548	17641
纺织、服装及日用品专门零售	5	202	23789	38450
文化、体育用品及器材专门零售	13	656	61053	45377
医药及医疗器材专门零售	19	3215	240873	57336
汽车、摩托车、燃料及零配件专门零售业	248	11001	4411334	780985
家用电器及电子产品专门零售	45	1677	203670	41256
五金、家具及室内装饰材料专门零售	4	37	3795	2260
货摊、无店铺及其他零售业	129	2049	521099	30158
按经营方式分				
独立门店	427	16775	4934838	1205788
连锁总店	13	5153	366720	166251
连锁直营店	8	792	265100	79890
其　他	100	2379	427648	62193
按零售业态分				
有店铺零售	425	23133	5498192	1494126
食杂店	6	267	9573	4855
便利店	5	221	14544	7444
超市	34	1147	81357	66890
大型超市	11	3351	259274	231942
百货店	8	738	109249	172223
专业店	200	9177	1652851	448472
专卖店	156	7782	3266054	476285
购物中心	2	73	13819	55955
厂家直销中心	3	377	91473	30060
无店铺零售	124	1977	497533	20196

8-5 限额以上住宿和餐饮业企业基本情况

(2020年)

名 称	法人企业(个)	年末从业人数(人)	营业额(万元)	客房间数(间)	床位数(个)	餐位数(位)	年末餐饮营业面积(平方米)
总 计	**270**	**16604**	**308313**	**17301**	**27069**	**119969**	**758124**
一、住宿业	**99**	**8163**	**140658**	**14627**	**22166**	**49807**	**360731**
其中：大中型	23	5147	93659	6462	9828	33575	175176
按登记注册类型分							
内资企业	95	7394	128492	13439	20391	45601	334781
国有企业							
股份合作企业							
有限责任公司	9	1056	18057	1298	1923	3406	25480
私营企业	85	6054	103905	11938	18183	41045	299363
港、澳、台商投资企业	4	769	12166	1188	1775	4206	25950
外商投资企业							
按住宿行业分							
旅游饭店	57	6864	116074	10230	15615	45840	277393
一般旅馆	37	1218	22485	4276	6353	3760	79542
民宿服务	5	81	2100	121	198	207	3796
按星级分							
五 星	5	1152	16169	1267	1748	11110	41228
四 星	15	2589	50197	3317	5092	17721	117681
三 星	9	746	11998	986	1515	4352	28118
二 星							
一 星	1	10	321	68	98		20
其 他	69	3666	61973	8989	13713	16624	173684
二、餐饮业	**171**	**8441**	**167655**	**2674**	**4903**	**70162**	**397393**
其中：大中型	10	2059	50017	1012	1935	8397	109616
按登记注册类型分							
内资企业	169	8057	157365	2284	4385	67897	371793
集体企业	1	28	436			415	850
有限责任公司	8	1001	18257	888	1487	6970	82999
股份有限公司							
私营企业	160	7028	138673	1396	2898	60512	287944
港、澳、台商投资企业	1	54	518	91	142	610	5800
按餐饮行业分							
正餐服务	168	8398	166473	2674	4903	69917	396513
快餐服务	3	43	1182			245	880
其他餐饮业							
按经营方式分							
独立门店	167	8304	164566	2674	4903	69022	393093
连锁门店							
其 他	4	137	3088			1140	4300

8-6 限额以上批发和零售业企业财务状况(一)

(2020年) 单位：万元

名称	企业数(个)	流动资产合计	#存货	固定资产原价	累计折旧	#本年折旧
总计	**1453**	**8232718**	**1493539**	**1251597**	**511223**	**53904**
一、批发业	**904**	**6563355**	**982240**	**649741**	**277778**	**17360**
其中：大中型	187	3539252	581236	454247	201090	4712
按登记注册类型分						
内资企业	898	6304149	980450	649543	277708	17348
国有企业	4	502316	50331	68081	38640	546
股份合作企业	6	16035	3836	2987	2032	143
有限责任公司	81	1518471	246465	103571	43118	3735
股份有限公司	5	498422	21118	91403	42548	-11961
私营企业	802	3768906	658700	383502	151371	24884
港、澳、台商投资企业						
外商投资企业	6	259205	1791	197	70	12
按批发行业分						
农、林、牧产品批发	8	49361	32510	13788	2652	371
食品、饮料及烟草制品批发	42	598293	100299	98462	48016	2018
纺织、服装及家庭用品批发	129	503908	64227	44624	14234	2216
文化、体育用品及器材批发	36	401188	102922	11313	6111	613
医药及医疗器材批发	34	516677	82980	26717	13944	1970
矿产品、建材及化工产品批发	437	2942791	415444	300885	122280	2231
机械设备、五金产品及电子产品批发	180	1411307	165871	130436	61844	6730
贸易经纪与代理	14	72535	531	7397	4668	418
其他批发业	24	67296	17457	16120	4029	792

8-6 续表

单位：万元

名　　称	企业数(个)	流动资产合　计	#存 货	固定资产原　价	累　计折　旧	#本年折旧
二、零售业	**549**	**1669363**	**511299**	**601857**	**233445**	**36544**
其中：大中型	136	1147888	367923	397266	169193	26830
按登记注册类型分						
内资企业	538	1469026	448987	369466	153687	23923
国有企业	1	417	96	327	265	11
集体企业						
股份合作企业	6	8338	405	1773	1042	208
有限责任公司	86	419828	113464	149542	58772	7435
股份有限公司	6	112398	31531	20040	7757	1139
私营企业	439	928045	303491	197785	85852	15131
其他企业						
港、澳、台商投资企业	6	78752	3039	78423	29194	4051
外商投资企业	5	121586	59272	153968	50564	8570
按零售行业分						
综合零售	56	260656	31074	177107	57085	7898
食品、饮料及烟草制品专门零售	30	46167	15774	19451	8726	1204
纺织、服装及日用品专门零售	5	24305	17469	17770	5626	935
文化、体育用品及器材专门零售	13	64150	16966	47853	12555	1295
医药及医疗器材专门零售	19	134789	31563	8911	5295	478
汽车、摩托车、燃料及零配件专门零售	248	958790	341958	304256	133996	22559
家用电器及电子产品专门零售	45	81237	31385	15083	6510	1114
五金、家具及室内装饰材料专门零售	4	3728	141	164	34	28
货摊、无店铺及其他零售业	129	95541	24971	11263	3618	1033
按经营方式分						
独立门店	427	1351993	428249	506575	192523	32149
连锁总店	13	176539	48926	16956	11049	1267
连锁直营店	8	38283	12163	31301	8046	1331
其他	100	101600	21892	45384	21817	1788
按零售业态分						
有店铺零售	425	1584941	485789	595677	232079	35908
食杂店	6	4931	798	1049	386	93
便利店	5	5971	649	526	344	138
超市	34	33883	7448	4844	2806	396
大型超市	11	79865	18076	56951	30189	3644
百货店	8	138770	5167	114202	23228	3706
专业店	200	583244	175535	172685	68236	11788
专卖店	156	634967	257228	224058	98791	14881
购物中心	2	14901	8646	17397	5372	856
厂家直销中心	3	88410	12243	3964	2726	406
无店铺零售	124	84422	25510	6180	1365	636

8-7 限额以上批发和零售业企业财务状况(二)

(2020年) 单位：万元

名称	资产合计	负债合计	所有者权益	#实收资本	#个人资本	主营业务收入
总计	**10915587**	**7654112**	**3268122**	**1560270**	**604087**	**22718063**
一、批发业	**8474309**	**5865845**	**2607702**	**988729**	**501754**	**17610344**
其中：大中型	5092239	3139141	1953098	557471	299759	7795045
按登记注册类型分						
内资企业	8214971	5629666	2584543	982521	501096	17043742
国有企业	599337	162809	436528	6274		1251592
股份合作企业	17328	7583	9744	1418	730	42513
有限责任公司	1666683	1311200	355472	176501	23558	3172635
股份有限公司	893991	298050	595942	227051	67740	288020
私营企业	5037632	3850024	1186858	571277	409069	12288983
港、澳、台商投资企业						
外商投资企业	259338	236179	23159	6208	658	566602
按批发行业分						
农、林、牧产品批发	63389	48003	15386	6650	680	33293
食品、饮料及烟草制品批发	728405	251116	477285	23218	6032	1527200
纺织、服装及家庭用品批发	559973	413292	146681	52294	24856	1147220
文化、体育用品及器材批发	435193	414477	20708	16040	10912	258084
医药及医疗器材批发	544404	409248	135156	43859	14413	1156090
矿产品、建材及化工产品批发	3950397	2777273	1172456	611635	346997	8921743
机械设备、五金产品及电子产品批发	2027119	1435301	591738	210199	79508	4231793
贸易经纪与代理	77636	66075	11561	6656	3038	182230
其他批发业	87792	51061	36731	18178	15318	152692

8-7 续表

单位：万元

名　　称	资　产合　计	负　债合　计	所有者权　益	#实　收资　本	#个人资本	主营业务收　　入
二、零售业	**2441278**	**1788267**	**660420**	**571541**	**102332**	**5107719**
其中：大中型	1709085	1275455	433630	399875	62887	3971698
按登记注册类型分						
内资企业	1975898	1587624	395683	336971	100452	4109145
国有企业	479	292	188	24		2243
集体企业						
股份合作企业	9108	3772	5336	520	520	19223
有限责任公司	583337	437514	153623	99660	11677	1109298
股份有限公司	243381	136179	107202	41070	1411	415338
私营企业	1139593	1009868	129334	195696	86845	2563043
其他企业						
港、澳、台商投资企业	156275	108277	47998	39953		106277
外商投资企业	309105	92366	216739	194617	1880	892297
按零售行业分						
综合零售	451627	362886	89347	92176	12551	395530
食品、饮料及烟草制品专门零售	65597	39239	26414	7897	4399	60756
纺织、服装及日用品专门零售	37639	15873	21766	26210	1705	21509
文化、体育用品及器材专门零售	120598	80163	40435	14533	798	59913
医药及医疗器材专门零售	176028	102491	80309	39382	1355	222364
汽车、摩托车、燃料及零配件专门零售	1384540	1033472	351380	357221	62860	3911548
家用电器及电子产品专门零售	95977	72875	22764	19578	11080	180885
五金、家具及室内装饰材料专门零售	3858	2371	1487	1332	52	3358
货摊、无店铺及其他零售业	105415	78897	26518	13212	7532	251856
按经营方式分						
独立门店	1898004	1434819	469981	487468	92198	4306552
连锁总店	232311	162655	69656	46415	6472	320206
连锁直营店	152723	81418	71917	5508	1099	229729
其他	148077	108599	39478	22149	2564	249975
按零售业态分						
有店铺零售	2350838	1717436	640811	558548	94750	4869568
食杂店	5834	7153	-1319	101	100	9343
便利店	7305	3460	3844	1584	20	13043
超市	41530	53993	-11857	7452	2862	61742
大型超市	142539	130516	12023	21382	5001	215876
百货店	258120	174073	84047	60878	4788	102830
专业店	888364	612209	283082	137941	30938	1484278
专卖店	885854	642707	243023	301168	49223	2888508
购物中心	28072	6380	21692	25455		13875
厂家直销中心	93220	86945	6275	2587	1818	80074
无店铺零售	90441	70831	19609	12992	7582	238151

8-8 限额以上批发和零售业企业财务状况(三)

(2020年) 单位：万元

名　　称	营业成本	税金及附加	其他业务利润	销售费用	管理费用
总　计	**21063110**	**185573**	**80762**	**842437**	**347296**
一、批发业	**16430931**	**173747**	**34884**	**545398**	**211650**
其中：大中型	6921458	167908	28758	387087	134101
按登记注册类型分					
内资企业	15889382	173139	34884	543792	211041
国有企业	886073	155718	943	18951	29943
股份合作企业	39562	50	63	1587	508
有限责任公司	2825955	6301	1691	243640	30249
股份有限公司	327820	1144	14502	7945	16484
私营企业	11809972	9925	17685	271670	133856
港、澳、台商投资企业					
外商投资企业	541549	608		1606	610
按批发行业分					
农、林、牧产品批发	32643	26	12	2538	2236
食品、饮料及烟草制品批发	1128526	156262	1537	35975	39825
纺织、服装及家庭用品批发	1035429	1478	2840	50155	22456
文化、体育用品及器材批发	238386	178	225	10408	6884
医药及医疗器材批发	897985	3714	1552	175899	22511
矿产品、建材及化工产品批发	8699383	7049	24400	175325	74119
机械设备、五金产品及电子产品批发	4088898	4509	3652	82309	35823
贸易经纪与代理	170671	48	611	6547	2425
其他批发业	139010	484	56	6243	5371

8-8 续表

单位：万元

名称	营业成本	税金及附加	其他业务利润	销售费用	管理费用
二、零售业	**4632179**	**11826**	**45878**	**297039**	**135646**
其中：大中型	3631619	8166	40563	226905	91273
按登记注册类型分					
内资企业	3738504	8681	30190	243962	116441
国有企业	1976	4		171	66
集体企业					
股份合作企业	15670	48		1125	581
有限责任公司	960893	3098	9608	71323	29041
股份有限公司	362587	784	1292	49968	4606
私营企业	2397378	4747	19290	121376	82148
其他企业					
港、澳、台商投资企业	90052	898	15688	14628	6467
外商投资企业	803624	2247		38450	12738
按零售行业分					
综合零售	358656	2773	23057	53574	21531
食品、饮料及烟草制品专门零售	53963	94		3368	3964
纺织、服装及日用品专门零售	18595	259	980	2029	1173
文化、体育用品及器材专门零售	47877	323	1153	6139	4102
医药及医疗器材专门零售	173451	502	999	32282	7365
汽车、摩托车、燃料及零配件专门零售	3624494	6869	14751	139135	77923
家用电器及电子产品专门零售	166424	329	4856	11145	9716
五金、家具及室内装饰材料专门零售	3015	4		82	234
货摊、无店铺及其他零售业	185704	671	84	49288	9639
按经营方式分					
独立门店	3935928	9630	32036	191233	109925
连锁总店	272473	727	5049	53508	12394
连锁直营店	221707	595	1006	17150	1747
其他	201128	867	7788	35114	10767
按零售业态分					
有店铺零售	4450654	11265	44374	251165	127168
食杂店	8430	25		645	644
便利店	11017	33		1804	808
超市	56061	156	328	8262	2689
大型超市	199950	865	13107	35907	10167
百货店	90015	1693	9253	7361	7053
专业店	1294551	2912	7947	97297	46466
专卖店	2704403	5195	12390	94408	55942
购物中心	11922	271	1349	1301	1439
厂家直销中心	74305	115		4180	1960
无店铺零售	181525	560	1505	45874	8478

8-9 限额以上批发和零售业企业财务状况(四)

(2020年) 单位：万元

名 称	财务费用	#利息费用	营业利润	利润总额	应付职工薪酬	应交增值税
总 计	**132942**	**46110**	**496083**	**534188**	**388875**	**188368**
一、批发业	**75995**	**41303**	**398769**	**425613**	**218208**	**140779**
其中：大中型	39303	31178	342574	357923	163104	111502
按登记注册类型分						
内资企业	67100	40745	383187	408053	217492	138122
国有企业	-14962	15310	180915	180929	26145	46963
股份合作企业	143	15	669	677	698	326
有限责任公司	11379	1166	78165	94054	61556	43756
股份有限公司	-7042	4632	76494	77536	11802	256
私营企业	77581	19621	46944	54858	117291	46822
其他企业						
港、澳、台商投资企业						
外商投资企业	8895	558	15582	17560	716	2658
按批发行业分						
农、林、牧产品批发	1128	10	-5142	569	2573	94
食品、饮料及烟草制品批发	-13127	15398	188014	195194	36307	49583
纺织、服装及家庭用品批发	8356	728	32629	36531	29512	6907
文化、体育用品及器材批发	2934	159	19	260	5904	441
医药及医疗器材批发	4089	771	53283	52907	36421	32354
矿产品、建材及化工产品批发	51760	13542	147544	152967	69932	31122
机械设备、五金产品及电子产品批发	18610	10346	-20264	-17406	30755	17216
贸易经纪与代理	1757	144	709	1753	2655	34
其他批发业	487	206	1977	2838	4149	3028

8-9 续表

单位：万元

名　　称	财务费用	#利息支出	营业利润	利润总额	应付职工薪酬	应交增值税
二、零售业	**56947**	**4807**	**97314**	**108575**	**170667**	**47589**
其中：大中型	48944	3835	54715	63722	131506	33832
按登记注册类型分						
内资企业	48741	2155	60156	70665	149100	40928
国有企业			27	27	90	39
集体企业						
股份合作企业	283	8	1517	1526	529	380
有限责任公司	7089	1452	42235	46801	41395	13384
股份有限公司	2221	337	9657	10464	18756	5070
私营企业	39148	358	6721	11848	88329	22054
其他企业						
港、澳、台商投资企业	4332	2200	2723	3081	7769	1314
外商投资企业	3874	452	34435	34830	13798	5347
按零售行业分						
综合零售	8639	2248	2175	5509	30251	4996
食品、饮料及烟草制品专门零售	-44	603	-611	770	5043	753
纺织、服装及日用品专门零售	249	24	183	170	1216	351
文化、体育用品及器材专门零售	-193	505	3493	3944	5655	94
医药及医疗器材专门零售	120	120	27227	28302	20535	4195
汽车、摩托车、燃料及零配件专门零售	46459	1251	55858	60452	89126	30472
家用电器及电子产品专门零售	1654	-108	336	331	9066	1832
五金、家具及室内装饰材料专门零售	13		10	13	166	31
货摊、无店铺及其他零售业	51	164	8642	9085	9610	4865
按经营方式分						
独立门店	53897	3983	78100	85853	121145	37234
连锁总店	693	347	16342	19338	32369	5400
连锁直营店	2293	82	-3048	-2685	6695	1631
其他	-9	395	6533	6681	10450	3421
按零售业态分						
有店铺零售	56821	4722	93675	104543	162094	43502
食杂店	139		-538	-528	1366	30
便利店	55	1	161	211	1371	269
超市	2968	34	-3320	-2782	5133	690
大型超市	1054	-27	2244	4214	19883	2729
百货店	4544	2240	3389	4014	3678	1273
专业店	9981	1455	47810	52028	62581	16412
专卖店	37755	912	43544	46725	65247	21398
购物中心	49	22	241	393	528	286
厂家直销中心	275	86	144	268	2308	415
无店铺零售	127	85	3639	4032	8573	4087

8-10 限额以上住宿和餐饮业企业财务状况(一)

(2020年) 单位：万元

名　　称	企业数(个)	流动资产合　　计	#存 货	固定资产原　　价	累　计折　旧	#本年折旧
总　　计	**270**	**368393**	**11503**	**583558**	**257859**	**23965**
一、住宿业	**99**	**307489**	**5498**	**446082**	**217418**	**18050**
其中：大中型	23	245140	4045	375821	179414	14410
按登记注册类型分						
内资企业	95	288961	4654	318985	148750	13060
国有企业						
股份合作企业						
有限责任公司	9	33408	448	62498	14682	1270
私营企业	85	189804	4047	231377	123117	10283
港、澳、台商投资企业	4	18527	844	127097	68668	4990
外商投资企业						
按住宿行业分						
旅游饭店	57	296304	5055	424533	202887	16629
一般旅馆	37	10524	438	20377	13986	1323
二、餐饮业	**171**	**60904**	**6004**	**137476**	**40442**	**5915**
其中：大中型	10	23112	2853	90486	19696	3000
按登记注册类型分						
内资企业	169	58309	5598	70033	30407	3931
集体企业	1	51	1	165	148	2
有限责任公司	8	20264	739	22028	12744	1324
私营企业	160	37994	4859	47841	17515	2605
港、澳、台商投资企业	1	128	0	1883	633	110
外商投资企业	1	2467	308	406	65559	9401
按餐饮行业分						
正餐服务	168	60835	6001	137305	40396	5903
快餐服务	3	70	3	171	46	12
其他餐饮业						

8-11 限额以上住宿和餐饮业企业财务状况(二)

(2020年) 单位：万元

名称	资产总计	负债合计	所有者权益	#实收资本	#个人资本	主营业务收入
总计	**1073256**	**1013351**	**63897**	**228149**	**51921**	**292016**
一、住宿业	**853282**	**833445**	**21299**	**158305**	**37180**	**134302**
其中：大中型	656873	617825	39049	123040	27556	89963
按登记注册类型分						
内资企业	760085	766361	-4814	121475	21474	122280
国有企业						
股份合作企业						
有限责任公司	104325	113659	-9334	6834	4284	17613
私营企业	489639	527204	-36102	102641	17190	98381
港、澳、台商投资企业	93197	67084	26113	36830	15706	12022
外商投资企业						
按住宿行业分						
旅游饭店	818564	798870	21822	142159	31482	111210
一般旅馆	33014	34413	-2064	14818	5278	20993
二、餐饮业	**219974**	**179905**	**42598**	**69844**	**14741**	**157714**
其中：大中型	133150	104147	29003	45130	6797	48316
按登记注册类型分						
内资企业	145781	123477	24833	38611	14741	148742
集体企业	69	207	-138	37		423
有限责任公司	45304	44293	1011	9097	139	17738
私营企业	100408	78977	23961	29477	14602	130581
港、澳、台商投资企业	1384	872	511	1800		454
外商投资企业	72809	55556	17253	29433		8519
按餐饮行业分						
正餐服务	219798	179841	42486	69764	14671	156533
快餐服务	177	64	112	80	70	1182
其他餐饮业						

8-12 限额以上住宿和餐饮业企业财务状况(三)

(2020年) 单位：万元

名　　称	营　业 成　本	税金及 附　加	其他业务 利　润	销　售 费　用	管　理 费　用
总　　计	**155201**	**1000**	**50658**	**89911**	**71354**
一、住宿业	**58990**	**864**	**50322**	**48280**	**47872**
其中：大中型	35449	705	50322	38688	30934
按登记注册类型分					
内资企业	53431	640	46693	42738	43942
国有企业					
股份合作企业					
有限责任公司	9158	90	1991	3351	7136
私营企业	42263	535	2093	37928	32058
港、澳、台商投资企业	5559	224	3629	5542	3930
外商投资企业					
按住宿行业分					
旅游饭店	46174	757	50322	43919	38854
一般旅馆	11444	107		3890	8827
二、餐饮业	**96211**	**136**	**336**	**41631**	**23481**
其中：大中型	21887	37		19171	7738
按登记注册类型分					
内资企业	93259	128	336	36806	21169
集体企业	230			198	43
有限责任公司	9263	3		6124	3723
私营企业	83766	125	336	30484	17403
港、澳、台商投资企业	155	7		168	260
外商投资企业	2797	1		4657	2052
按餐饮行业分					
正餐服务	95158	136	336	41613	23463
快餐服务	1053			18	19
其他餐饮业					

8-13 限额以上住宿和餐饮业企业财务状况(四)

(2020年)

单位：万元

名称	财务费用	#利息费用	营业利润	利润总额	应付职工薪酬	应交增值税
总　计	**13168**	**10289**	**-29079**	**-26535**	**74829**	**365**
一、住宿业	**11343**	**9629**	**-24754**	**-23165**	**39163**	**678**
其中：大中型	7745	6408	-17496	-16780	26754	780
按登记注册类型分						
内资企业	10062	8419	-22982	-21646	35021	402
国有企业						
股份合作企业						
有限责任公司	819	102	-2283	-1913	5184	117
私营企业	8138	7180	-17646	-17026	28499	209
港、澳、台商投资企业	1281	1210	-1772	-1520	4142	275
外商投资企业						
按住宿行业分						
旅游饭店	10820	9277	-21720	-20196	32766	523
一般旅馆	523	353	-3098	-3075	5950	153
二、餐饮业	**1825**	**659**	**-4325**	**-3370**	**35665**	**-313**
其中：大中型	1085	337	-1312	-1143	10225	-325
按登记注册类型分						
内资企业	1237	659	-2952	-2054	34063	-321
集体企业	3	3	-51	-4	169	
有限责任公司	473	412	-1723	-1652	4538	-494
私营企业	761	244	-1178	-398	29356	173
港、澳、台商投资企业	1		-84	-75	177	7
外商投资企业	587		-1290	-1241	1425	1
按餐饮行业分						
正餐服务	1825	659	-4417	-3462	35457	-313
快餐服务			92	92	208	
其他餐饮业						

8-14 各类商品市场基本情况

(1990-2020年)

年 份	市场数(个)			市场成交额(亿元)
		#消费品市场	#生产资料市场	
1990	837			28.70
1991	822			32.80
1992	810			46.80
1993	851			71.70
1994	854			181.60
1995	859	740	119	352.10
1996	858	729	129	420.40
1997	843	687	156	396.50
1998	841	684	157	396.20
1999	811	687	124	439.80
2000	585	477	108	474.90
2001	569	464	105	541.50
2002	585	481	104	542.90
2003	538	440	98	577.40
2004	544	443	99	634.96
2005	530	435	95	671.76
2006	523	430	93	727.50
2007	538	444	94	798.79
2008	537	446	91	844.48
2009	571	478	93	905.77
2010	488	404	83	1019.87
2011	497	410	86	1136.65
2012	509	426	82	1295.21
2013	528	443	84	1435.20
2014	533	446	86	1512.84
2015	537	449	84	1615.00
2016	526	451	70	1307.62
2017	496	424	68	1392.20
2018	470	399	66	1414.27
2019	440	377	63	1386.00
2020	357	298	59	1278.90

主要统计指标解释

社会消费品零售总额 指企业（单位、个体户）通过交易直接售给个人、社会集团非生产、非经营用的实物商品金额，以及提供餐饮服务所取得的收入金额。社会消费品零售总额包括：

一、批发和零售业单位：

1. 售予城乡居民的各种生活消费品；

2. 售予入境旅游的外国人、华侨、港澳台同胞的各类商品；

3. 售予行政事业单位、社会团体、军队和武警等机构的商品，以及以零售方式售予各类企业的商品。具体包括：用于非生产和社会交往的办公用品，如通讯设备、计算器具和设备、电讯网络设备、文印设备、音像视听器材和设备、纸张、本册、文具及装订文印材料、家具、日用电器、针纺织品、清洁卫生用品、文体用品、奖品、纪念品、礼品等；供内部人员乘坐的交通工具和燃料；用于办公设施修缮的各类配件、材料、工具等；用于取暖和防暑降温的设备、燃料、材料及食品等；专用于教学的用品和设备；非营利医疗机构的中、西药品、中药材和医疗设备器材；非专用的劳动保护用品；不对外营业的内部食堂用的餐具、炊具、设备、清洁卫生工具和食品、燃料等；军队、武警用于其人员生活的衣着品和个人用品；其他各类非生产性设备和用品。

二、住宿和餐饮业单位出售的主食、菜肴、烟酒饮料和其他商品。

商品销售额 指对本单位以外的单位和个人出售（包括对国（境）外直接出口）的商品（包括售给本单位消费用的商品，含增值税）。在批发和零售业中，在国内市场上销售以及出口商品的总价。

批发 指除零售以外的一切商品销售活动，包括对生产经营单位批发、对批发零售贸易业批发和出口。

连锁企业（或称连锁店、连锁公司） 指在核心企业或总店的领导下，由分散的、经营同类商品或服务的企业或活动单位，采取共同方针，实行集中采购和分散销售的有机结合，通过规范化经营，实现规模效益的经济联合组织形式。一般连锁店应由若干个分店组成。其经营特征：（1）经营同类商品；（2）使用统一商号；（3）统一采购配送或特许经营。

连锁门店包括下列三种形式：

1. 直营连锁：指连锁店铺由连锁公司全资或控股开设，在总部的直接控制下，开展统一经营。2. 特许连锁：指拥有注册商标、企业标志、专利、专有技术等经营资源的企业（特许人），以合同形式将其拥有的经营资源许可其他经营者（被特许人）使用，被特许人按合同约定在统一的经营模式下开展经营，并向特许人支付特许经营费用。3. 自愿连锁：指若干个店铺或企业自愿组合起来，在不改变各自资产所有权关系的情况下，以同一个品牌形象面对消费者，以共同进货为纽带开展的连锁经营形式。

限额以上批发企业 指年主营业务收入在2000万元及以上的批发企业。

限额以上零售企业 指年主营业务收入在500万元及以上的零售企业。

限额以上住宿企业 指年主营业务收入在200万元及以上的住宿企业。

限额以上餐饮企业 指年主营业务收入在200万元及以上的餐饮企业。

营业额 指住宿和餐饮业单位在经营活动中因提供服务或销售商品等取得的收入，包括：客房收入、餐费收入、商品销售收入和其他收入。

客房数 指住宿和餐饮业单位提供住宿服批发零售贸易业和住宿餐饮业务的房间数，该指标按年内正常情况下实有数统计。

床位数 指住宿和餐饮业单位供应旅客使用的床位数，不包括临时加床和内部工作人员使用的床位。该指标按年内正常情况下实有数统计。

餐位数 指住宿和餐饮业单位为顾客提供就餐服务时，正常可同时容纳就餐人员的餐位数量，不包括临时加的餐位。该指标按年内正常情况下实有

数统计。

年末餐饮营业面积 指住宿和餐饮业单位对外提供就餐服务的单位面积和从事食品加工、烹饪、调制的厨房面积，不包括办公用房和仓库等面积。该指标按年末实有面积统计。

市场成交额 指经乡镇及以上政府主管部门批准，有固定交易场所，进行经常性常年交易、并设有专职管理人员的现货商品交易市场所有摊位、写字间或门面的商品交易额之和。

9

对外经济贸易和旅游

Foreign Economy and Trade, Tourism

9-1 外贸进出口额

(1990-2020年) 单位：万美元、万元

年 份	进出口总 额	出口额				进口额
			外贸企业	三资企业	生产企业	
1990	1028	1020				8
1991	3823	3793	3280	513		30
1992	6127	6127	4767	1360		
1993	14732	14177	7564	5673	940	555
1994	24496	20314	10925	5999	3390	4182
1995	32591	27778	15344	5880	6554	4813
1996	40111	32857	14618	8367	9872	7254
1997	46636	35757	14778	10764	10215	10879
1998	47337	37969	13785	11963	12221	9368
1999	65932	49001	13157	18728	17116	16931
2000	114436	86877	26168	27824	32885	27559
2001	154277	117860	34356	38611	44893	36417
2002	219125	180240	50000	54234	76006	38885
2003	328806	265072	61566	74823	128683	63734
2004	478862	379895	81865	103464	194566	98967
2005	635301	519553	102866	145028	271659	115748
2006	843174	703475	129048	203560	370867	139699
2007	1109292	936472	165165	241736	529571	172820
2008	1381114	1176443	177425	267234	731785	204671
2009	1203152	1006683	163521	194230	648932	196469
2010	1700137	1396259	222856	250367	923037	303878
2011	2050352	1703492	260251	270695	1172546	346860
2012	2062194	1723882	249216	253316	1221350	338312
2013	2187783	1872069	317703	246506	1307860	315714
2014	2207924	1935131	288280	235657	1411194	272793
2015	2116577	1882887	284189	207592	1391106	233690
2016	13108112	11693755	1631197	1113314	8949244	1414358
2017	15778907	13794733	2404792	1291261	10098681	1984173
2018	17429914	15375961	2688878	1318638	11368444	2053953
2019	17000805	15651471	2830148	1270463	11550861	1349334
2020	18984818	17608621	3929183	1245316	12434121	1376197

注：从2016年起以人民币为计价单位。

9-2 市区外贸进出口总额

(1994-2020年) 单位：万美元、万元

年 份	市 区	#椒江区	#黄岩区	#路桥区
1994	19237	5360		
1995	23880	6829		1389
1996	21197	7160		2211
1997	28247	8504	8959	1919
1998	26032	7360	9392	3454
1999	36609	11392	12544	2847
2000	64900	16936	15792	8606
2001	89475	21210	18985	16170
2002	119773	41150	26796	25477
2003	167141	58566	33435	38298
2004	240127	77922	47954	62426
2005	320224	88099	74365	91445
2006	401949	128764	83257	130490
2007	512334	168648	100432	172434
2008	635350	144851	142103	238820
2009	561927	147928	119877	184505
2010	787554	211139	154229	281062
2011	948350	253431	190352	346583
2012	934491	257432	196573	329031
2013	982645	269903	215912	338781
2014	968173	270706	212143	339216
2015	888127	233047	211009	290578
2016	5418626	1536534	1333919	1720441
2017	6792785	1843348	1598299	2456366
2018	7224305	2145879	1678573	2446041
2019	6351386	1708463	1863666	1700402
2020	7244782	1648031	2008812	2297010

注：从2016年起以人民币为计价单位。

9-3 各县市外贸进出口总额

(1994-2020年)　　单位：万美元、万元

年　份	三门县	天台县	仙居县	温岭市	临海市	玉环市
1994	31		403	913	3912	
1995	116		1060	2977	4558	
1996	359		2427	7449	6671	2008
1997	427		3226	6987	5519	2230
1998	598		3296	6525	7067	3819
1999	823		4834	8200	10011	5455
2000	1448		6150	16253	16041	9644
2001	1580	2562	7842	22526	17982	12310
2002	2862	4699	9951	40565	21964	19311
2003	5135	7076	12184	63076	40317	33877
2004	8052	13229	16750	77594	62404	60706
2005	13192	18511	16757	102914	69254	94449
2006	20199	25445	19253	139575	86520	150233
2007	29127	34374	25314	187436	112232	208475
2008	37313	45133	30274	223813	141852	267379
2009	34266	35759	32126	191761	141260	206053
2010	51152	47767	40570	281324	195826	295945
2011	66586	60884	51073	339599	237234	346627
2012	68715	60653	57428	355682	247900	337325
2013	69423	60839	63476	398550	256559	356291
2014	72811	67378	70371	399584	264282	365326
2015	68811	70721	73386	382427	281752	351352
2016	445216	426859	416647	2471219	1828402	2101144
2017	507424	471978	486539	2975188	2150280	2394713
2018	560652	520472	662666	3284535	2442049	2735233
2019	699586	549248	584061	3602635	2534508	2679381
2020	697007	584144	591856	4363968	2795995	2707067

注：从2016年起以人民币为计价单位。

9-4 市区外贸出口总额

(1994-2020年) 单位：万美元、万元

年 份	市 区	#椒江区	#黄岩区	#路桥区
1994	10780	4639		
1995	12593	5601		1389
1996	8121	5677		2211
1997	2665	6700	7488	1919
1998	3134	6088	8571	3454
1999	3628	8632	10293	2587
2000	13435	14615	13248	5217
2001	61197	18513	16416	9252
2002	91223	36993	23252	16293
2003	121000	50749	29328	25376
2004	162515	60690	40484	37933
2005	222720	61460	65979	55671
2006	284051	84084	74182	79852
2007	368009	116834	90500	110186
2008	469614	109870	132570	159853
2009	398931	106705	109293	108726
2010	543002	155048	139145	148179
2011	662545	195259	174854	180442
2012	656580	197145	183631	171062
2013	731468	213054	204125	193553
2014	746168	214012	200604	214138
2015	701205	198975	199668	181320
2016	4384280	1361530	1262048	1034521
2017	5272098	1656456	1515032	1318043
2018	5734430	1962039	1576970	1308385
2019	5589758	1576718	1776966	1247668
2020	6405627	1537600	1919183	1759716

注：从2016年起以人民币为计价单位。

9-5 各县市外贸出口总额

(1994-2020年) 单位：万美元、万元

年 份	三门县	天台县	仙居县	温岭市	临海市	玉环市
1994	28		403	913	3551	
1995	106	137	1060	2977	3915	
1996	359	130	2390	7393	4583	1993
1997	384	200	3191	6832	4149	2229
1998	502	314	3258	5353	4286	3009
1999	731	400	4723	7675	5759	4573
2000	1224	788	6071	14817	9148	8314
2001	1376	2385	7735	21145	13287	10735
2002	2631	4437	9888	35838	18591	17632
2003	4772	6688	12004	57299	31391	31918
2004	7306	12226	16556	74860	48942	57490
2005	12203	17053	16491	100123	62382	88581
2006	18471	23967	18886	134695	79037	144368
2007	27360	33192	25032	181513	104096	197270
2008	34341	42944	29974	212539	131933	255098
2009	31920	34220	31818	181556	132468	195770
2010	48487	44082	40188	266525	180117	273858
2011	64328	56338	49693	327396	218467	324727
2012	65995	56321	56041	341184	228690	319070
2013	66258	57375	60558	383859	235805	336746
2014	68749	64903	67674	384576	248724	354340
2015	66242	65965	71052	372092	265425	340906
2016	428165	402868	405060	2310408	1715768	2047205
2017	484848	439651	479256	2777010	2026812	2315057
2018	536012	483685	654997	3041244	2285997	2639595
2019	618527	519974	564638	3432538	2346847	2579189
2020	678881	558351	573064	4198018	2571342	2623337

注：从2016年起以人民币为计价单位。

9-6 外贸主要商品出口情况

(2015-2020年)

单位：万元

类 别	2015年	2016年	2017年	2018年	2019年	2020年
机电产品	**6411285**	**6472309**	**7705054**	**8738719**	**8670464**	**9975279**
高新技术产品	**729879**	**759029**	**837666**	**964652**	**1069670**	**1395140**
主要商品(类别)						
家用电器	539042	569476	702182	796056	446216	496058
其中：压缩机	199303	196420	161240	116358	122906	126489
空 调	12270	11186	19029	76364	22463	17004
冷藏箱	113279	115952	135300	145269	150928	185560
汽摩及部件	672327	700718	804586	910635	896435	908233
1. 汽车及部件	520974	527952	601482	671453	677996	651660
汽车整车	14416	3764	577	43	605	3484
汽车零部件	506559	524188	600906	671411	677390	648177
2. 摩托车及部件	151353	172766	203104	239181	218440	256573
服装机械	174657	199275	252156	301428	309064	292190
塑料模具	752544	780222	895288	1001353	1110051	1261222
医化产品	1328772	1338443	1518315	1747395	1892470	2216161
纺织服装	493472	473456	578352	627403	591088	674580
帐 篷	156271	157519	178519	190053	203707	205608
鞋 类	952297	915900	1016745	1071504	1193199	1026640
灯 具	325565	307592	351501	389515	393277	519077
农产品	448560	428492	367587	582012	568865	548129
阀门、龙头	1132548	1109979	1257179	1375112	1414171	1456774
家 具	1099628	1047690	1179322	1247424	1265277	1444045
太阳伞	137660	139750	158982	173578	220528	241224
工艺品	166655	165221	126018	143363	160393	144367
太阳能板	88756	103637	57012	67133	87728	103707
喷雾器	294980	327757	372542	413639	447423	588355
船 舶	37099	36654	33194	59956	58494	10786
液体泵	558401	592735	649644	700307	824862	903997
铝制品	336637	310312	431110	436745	404912	359271
铜制品	200313	189582	219765	249566	245013	241855

9-7 外贸主要商品进口情况

(2015-2020年)

单位：万元

类　别	2015年	2016年	2017年	2018年	2019年	2020年
机电产品	**207870**	**138360**	**193341**	**253726**	**319681**	**336370**
高新技术产品	**30853**	**37717**	**34150**	**39295**	**44923**	**32896**
主要商品(类别)						
钢铁废碎料	480076	432764	565531	347425	17663	7205
铜废碎料	353919	360963	644955	753712	371928	285373
铝废碎料	3096	4600	7631	44759	21852	8362
未锻轧的铜锌合金(黄铜)	11187	10228	17265	20456	21070	48172
化工原料	106597	110631	110696	132183	129207	126595
纺织原料	18347	19037	22016	21088	18221	26598
塑料制品	143155	139280	166845	217670	215568	217929
橡胶制品	19335	20392	23388	18938	19087	23556
皮　革	4076	2789	2336	1983	2989	2538
农产品	24277	43361	27635	52612	22474	21962
光学、医疗仪器	20397	25201	42873	56802	62343	73669
矿产品	1771	83660	82931	99805	76807	37717
液晶装置	12912	17839	26224	34396	255	
金属加工中心	5763	9560	10103	16410	8595	6014
玻璃制品	21287	9184	14124	11503	9105	16268
木制品	12235	32244	48259	33386	8396	5758
发动机	4759	4777	2917	3675	3528	2705
压缩机	2456	1708	515	2359	2388	4005

9-8 主要国家(地区)外贸进出口总额

(2015-2020年)

单位：万元

国家(地区)	2015年	2016年	2017年	2018年	2019年	2020年
中国香港	110595	64856	61118	185245	83118	93860
中国台湾	139303	139841	164684	197720	163729	179082
印　度	489730	520579	620860	721544	814268	861877
以色列	67107	67560	85872	96302	84931	85812
日　本	831237	830749	1100807	1164401	687092	726346
沙特阿拉伯	163636	127411	159453	163132	201887	228753
韩　国	325585	329263	432027	478668	408170	459017
土耳其	174659	155500	184951	174866	160540	227849
阿联酋	314607	256048	286636	252298	288491	294285
印度尼西亚	167346	191450	218034	254276	292380	289734
菲律宾	88456	92648	123428	135612	142764	161712
新加坡	137912	52027	68890	91968	119561	135908
泰　国	208022	231712	232898	271358	314315	388113
越　南	149055	178430	220192	255612	246534	281475
埃　及	140904	117533	94633	119942	135316	156488
尼日利亚	124009	121486	169872	186632	212706	182554
波　兰	174484	178613	240867	293210	275494	328770
罗马尼亚	35637	43984	54535	64142	62222	70327
比利时	136981	128128	145687	175766	170475	245598
丹　麦	50555	44664	54150	57340	65527	69014
英　国	501442	488920	567635	601714	622237	721094
德　国	650537	672252	813066	854780	900499	1032310
法　国	327953	323732	385142	401112	446307	434037
意大利	361075	367875	434314	467424	480965	503525
荷　兰	347018	363309	390357	394293	379106	572162
希　腊	46205	49989	57369	61735	69623	66678
西班牙	267159	267167	315042	340353	347369	353548
瑞　典	64468	66427	78089	93692	101239	171132
阿根廷	88410	88945	122892	114782	75112	104106
巴　西	200427	165494	238845	285480	346960	382694
智　利	127296	122000	153574	155790	161839	168970
墨西哥	337338	329481	368932	433691	473996	443208
委内瑞拉	19353	12379	7210	6457	12961	13671
加拿大	323786	338462	363182	396948	366587	463466
美　国	2403835	2384700	2981908	3343045	2879298	3506946
澳大利亚	270699	276735	324844	344391	307058	405029

9-9 主要国家(地区)外贸出口总额

(2015-2020年)

单位：万元

国家(地区)	2015年	2016年	2017年	2018年	2019年	2020年
中国香港	101553	58160	53792	78674	59499	86931
中国台湾	96598	98403	106603	123439	121492	137426
印　度	469760	494218	595242	685110	773865	798147
以色列	65869	66405	83300	93735	82548	83468
日　本	275226	303372	350122	372269	374989	421422
沙特阿拉伯	148424	113032	116478	109000	163646	197524
韩　国	221152	223311	311579	347690	305519	315360
土耳其	172188	149183	177613	169906	157927	221996
阿联酋	306433	244626	266193	230811	254432	265315
印度尼西亚	164931	187865	212268	244433	285020	275881
菲律宾	87651	89827	116792	131576	137117	158579
新加坡	84825	29265	43977	69621	96005	114128
泰　国	189845	209345	208658	232691	259483	316592
越　南	134276	164863	195432	233175	238435	270809
埃　及	140615	116154	91201	113479	135263	154864
尼日利亚	121789	115882	153553	174433	207367	166297
波　兰	172130	176350	238228	290771	268644	323453
罗马尼亚	34840	42287	47337	56833	54771	63763
比利时	120688	112441	124111	156283	164597	234794
丹　麦	48935	43724	50786	55908	64717	67581
英　国	463732	453020	509785	550401	586637	698684
德　国	595329	599658	725773	780970	831721	975680
法　国	313142	309807	364662	386894	431984	422164
意大利	338049	344853	395018	427749	455284	477931
荷　兰	306439	320610	319508	360115	368946	565333
希　腊	44258	48616	53661	60812	69493	66406
西班牙	254118	253007	289573	324529	331896	342352
瑞　典	61035	63156	74181	89986	93410	156474
阿根廷	88337	88560	122287	113572	73438	103656
巴　西	196725	158165	231856	274475	342422	375732
智　利	110407	108394	136435	144869	144814	143549
墨西哥	333698	324131	365845	430185	468307	441337
委内瑞拉	19353	11927	6487	5735	9916	12511
加拿大	309080	325575	346861	384241	360201	459361
美　国	2175018	2231926	2780747	3188134	2786598	3456097
澳大利亚	256318	262797	301565	321144	302321	395172

9-10 主要国家(地区)外贸进口总额

(2015-2020年) 单位：万元

国家(地区)	2015年	2016年	2017年	2018年	2019年	2020年
中国香港	9042	6696	7326	106571	23619	6929
中国台湾	42705	41438	58081	74281	42238	41656
印　度	19970	26361	25618	36434	40403	63730
以色列	1238	1155	2572	2567	2383	2344
日　本	556011	527377	750685	792132	312103	304924
沙特阿拉伯	15212	14379	42975	54132	38242	31229
韩　国	104433	105952	120448	130979	102651	143657
土耳其	2471	6317	7338	4960	2613	5854
阿联酋	8174	11422	20443	21487	34059	28970
印度尼西亚	2415	3585	5766	9843	7360	13853
菲律宾	805	2821	6636	4036	5646	3133
新加坡	53087	22762	24913	22346	23556	21780
泰　国	18177	22367	24240	38667	54831	71520
越　南	14779	13567	24760	22437	8099	10666
埃　及	289	1379	3432	6463	52	1624
尼日利亚	2220	5604	16319	12199	5339	16257
波　兰	2354	2263	2639	2439	6851	5317
罗马尼亚	797	1697	7198	7309	7451	6565
比利时	16293	15687	21576	19483	5877	10804
丹　麦	1620	940	3364	1432	810	1433
英　国	37710	35900	57850	51312	35600	22410
德　国	55208	72594	87293	73811	68778	56630
法　国	14811	13925	20480	14218	14323	11873
意大利	23026	23022	39296	39675	25681	25593
荷　兰	40579	42699	70849	34178	10160	6829
希　腊	1947	1373	3708	923	130	271
西班牙	13041	14160	25469	15823	15473	11196
瑞　典	3433	3271	3908	3705	7829	14658
阿根廷	73	385	605	1209	1673	450
巴　西	3702	7329	6989	11005	4538	6961
智　利	16889	13606	17139	10922	17025	25421
墨西哥	3640	5350	3087	3506	5689	1872
委内瑞拉		452	723	721	3045	1160
加拿大	14706	12887	16321	12707	6386	4105
美　国	228817	152774	201161	154911	92700	50849
澳大利亚	14381	13938	23279	23248	4737	9856

9-11 对外经济合作和境外投资企业情况

(1988-2020年) 单位：万美元

年份	对外经济合作		境外投资企业				
	项目数(个)	营业额	当年投资境外企业(家)	中方投资额	境外企业直接出口	年末实有投资境外企业(家)	期末在外人数(人)
1988	304	28					
1989	671	91					
1990	428	99					
1991	240	85					
1992	119	53	2	58		2	767
1993	135	55	1	10	28	3	935
1994	92	42	1	5	57	4	655
1995	79	40	1	9	229	5	598
1996	76	36	6	79	409	11	609
1997	34	23	4	22	347	15	659
1998	40	34	6	51	528	19	690
1999	43	128	8	176	2405	22	416
2000	11	101	11	135	8838	27	243
2001	4	28	18	610	11724	31	344
2002	1	6262	25	548	15959	73	228
2003		6464	29	950	23053	97	252
2004		1320	39	1182	31578	136	428
2005		1800	48	1892	38680	184	444
2006		2600	55	5254	45869	245	808
2007	10	3784	38	5001	54489	277	466
2008	2	4002	39	6852		315	130
2009	1	5085	26	5119		342	146
2010	3	31175	29	7341		371	1912
2011	14	7403	38	6436		408	87
2012	16	3636	38	8216		446	65
2013	16	9521	33	6310		478	185
2014	16	7182	35	8668		513	
2015	15	8115	34	13693		547	216
2016	15	13010	47	17150		594	35
2017	15	12060	31	50070		625	95
2018	15	11590	35	206321		660	107
2019	15	12894	42	34639		702	77
2020	16	8669	26	20657		727	48

9-12 利用外资情况

(1985-2020年)

单位：万美元

年 份	项目数(企业数)(个)	总投资	合同外资	实际利用外 资
1985	1	55	16	
1986	2	67	26	
1987	2	33	29	
1988	5	206	87	9
1989	12	1451	304	15
1990	9	314	109	21
1991	16	1035	405	43
1992	95	5211	2201	548
1993	266	24561	8461	2596
1994	155	17371	5438	2589
1995	123	17241	7763	3700
1996	70	12318	5335	3510
1997	51	9129	3037	3697
1998	91	25491	9994	3849
1999	93	16842	9949	4347
2000	120	22040	10715	5083
2001	107	23773	13329	5568
2002	173	60977	27919	11800
2003	200	94406	40204	21588
2004	123	61354	27507	21684
2005	117	63180	39893	25107
2006	139	160026	79829	31138
2007	95	135601	81681	31150
2008	38	43468	27300	23890
2009	25	28613	14334	18806
2010	28	16765	11842	13206
2011	20	11786	6320	14301
2012	25	53829	78482	47520
2013	29	53757	26982	40001
2014	40	54108	34586	27705
2015	17	34709	18289	11635
2016	36	159240	103894	33683
2017	48	159492	77847	44332
2018	44	82060	50532	28893
2019	78	126675	149128	65118
2020	78	151475	89984	36319

注：实际利用外资从2004年开始使用商务部统计口径，合同外资从2006年开始使用商务部统计口径。

9-13 分国别和地区利用外资

(2019-2020年) 单位：万美元

	2019年			2020年		
	利用外资企业数(家)	合同外资	实际利用外资	利用外资企业数(家)	合同外资	实际利用外资
总计	**78**	**149126**	**65118**	**78**	**89984**	**36319**
亚洲	**58**	**107179**	**33812**	**59**	**72554**	**29426**
阿富汗				1	71	
香港	21	94454	28655	28	61881	25577
印度	2	4			38	
伊朗	1	12				
伊拉克				1	7	
以色列				1	723	
日本	3	204	13	2	220	73
澳门地区				1	1403	
马来西亚		-19		1	1	
新加坡	3	6799	2068	5	7039	3552
韩国	6	1614	1172	4	364	141
土耳其				1	15	
阿联酋			105			50
台湾省	18	3088	1297	14	792	33
非洲	**2**	**49**				
加纳						
塞舌尔		-9				
苏丹	1	15				
欧洲	**9**	**7082**	**6313**	**7**	**14807**	**3058**
英国	3	6139	2800	2	5160	2679
德国		-156	179	3	3650	350
法国	1	77	2268	1	16	
意大利	1	-2		1	5981	29
西班牙	1	7				
乌克兰	1	1007	1007			
塞尔维亚	1	7				
其他	1	3				
南美洲		**31082**	**21679**	**1**	**545**	**3040**
开曼群岛		-8478				
英属维尔京群岛		39560	21679	1	545	3040
北美洲	**8**	**318**	**32**	**12**	**1856**	**779**
加拿大	1	47		3	747	
美国	7	271	32	9	1109	779
大洋洲		**-142**		**2**	**222**	**16**
澳大利亚				2	222	16
萨摩亚		-142				
其他	**2**	**3558**	**3282**			
创业投资公司投资						
投资性公司投资	2	3558	3282			

9-14 分行业利用外资

(2019-2020年)　　　　单位：万美元

类别	2019年			2020年		
	利用外资企业数(家)	合同外资	实际利用外资	利用外资企业数(家)	合同外资	实际利用外资
总　　计	**78**	**149126**	**65118**	**78**	**89984**	**36319**
制造业	**29**	**75952**	**29331**	**14**	**26328**	**23760**
农副食品加工业				1	4399	
食品制造业	1	289		1	47	
酒、饮料和精制茶制造业				1	5981	
纺织业	1	250				246
纺织服装、服饰业					140	
皮革、毛皮、羽毛(绒)及其制品业	1	800	800			
家具制造业			62			18
文教、工美、体育和娱乐用品制造业					109	120
化学原料及化学制品制造业	2	1212	100			
医药制造业	3	61840	16225	1	1275	16496
橡胶和塑料制品业	1	1062	1155			
非金属矿物制品业	1	186	414			
金属制品业		344	2630		1537	505
通用设备制造业	6	2378	2233	4	7383	468
专用设备制造业	2	4403	4784	2	434	743
交通运输设备制造业	5	2354	26	1	2830	3062
电气机械及器材制造业	5	741	829	1	71	73
通信设备、计算机及其他电子设备制造业	1	41	5			10
仪器仪表制造业		47	71	2	58	
工艺品及其他制造业		5	-1		2064	2019
电力、热力、燃气及水生产和供应业		**500**	**496**	**3**	**2085**	**357**
电力、热力生产和供应业				1	917	357
燃气生产和供应业		500	496	1	467	
水的生产和供应业				1	701	
建筑业	**2**	**4258**	**1828**	**1**	**6258**	**600**
房屋建筑业	1	3000	600	1	6258	600
土木工程建筑业	1	1258	1228			
交通运输、仓储和邮政业	**4**	**10071**	**3492**	**3**	**2472**	**5552**
道路运输业	1	30		3	2472	2150
装卸搬运和仓储业	3	10041	3492			3402
信息传输、软件和信息技术服务业	**3**	**1748**	**1636**	**6**	**8554**	
金融业				**3**	**2**	
资本市场服务				3	2	
批发和零售业	**20**	**8962**	**431**	**17**	**14723**	**656**
批发业	16	7660	273	10	14622	656
零售业	4	1302	158	7	101	
住宿和餐饮业	**3**	**617**				
住宿业	1	603				
餐饮业	2	14				
房地产业		**30013**	**21941**	**2**	**3030**	
租赁和商务服务业	**2**	**-1110**	**150**	**9**	**11034**	**2469**
商务服务业	2	-1110	150	9	11034	2469
科学研究和技术服务业	**12**	**14106**	**2751**	**17**	**11845**	**451**
研究和试验发展				6	894	1
专业技术服务业				1	59	
科技推广和应用服务业				10	10892	450
水利、环境和公共设施管理业	**1**	**3802**	**3062**	**1**	**2903**	**2474**
生态保护和环境治理业				1	2903	2474
居民服务、修理和其他服务业	**1**	**3**		**1**	**750**	
文化、体育和娱乐业				**1**		
教育	**1**	**204**				

9-15 旅游设施基本情况

(2000-2020年)

年 份	旅行社数(家)	星 级饭店数(家)	景 区(个)	#3A	#4A	#5A
2000	15	4				
2001	23	8	2		1	
2002	25	9	5		3	
2003	34	11	6		3	
2004	38	12	7		3	
2005	47	18	8		4	
2006	56	20	9	1	4	
2007	64	26	12	3	5	
2008	70	29	14	4	5	
2009	93	31	18	6	6	
2010	102	33	20	6	6	
2011	114	38	21	7	6	
2012	122	41	24	9	7	
2013	130	43	28	13	7	
2014	145	54	37	19	9	
2015	140	50	46	23	9	2
2016	145	47	59	34	9	2
2017	157	54	72	44	13	2
2018	174	54	80	53	13	2
2019	168	35	93	64	15	2
2020	172	35	100	69	17	2

9-16 国际国内旅游情况

(2000-2020年)　　单位：万人次

年份	旅游总人数	国内旅游人数	国际旅游入境人数				旅游总收入(亿元)	国内旅游收入(亿元)	国际旅游(外汇)收入(万美元)
				外国人数	港澳人数	台湾人数			
2000	509.92	507.65	2.27	1.14	0.36	0.77	38.62	37.87	903
2001	642.97	639.67	3.30	1.73	0.34	1.23	48.70	47.50	1418
2002	925.49	921.10	4.39	2.15	0.43	1.81	74.93	71.85	3720
2003	1068.64	1063.86	4.78	1.94	0.83	2.01	86.71	83.51	3855
2004	1243.90	1237.61	6.29	3.50	0.79	2.00	100.40	97.15	3923
2005	1615.03	1607.50	7.53	4.30	1.10	2.13	139.09	134.79	5304
2006	1812.69	1803.80	8.89	5.44	1.96	1.50	150.32	145.10	6448
2007	2182.97	2173.66	9.31	6.52	1.20	1.59	175.28	170.63	6200
2008	2605.23	2594.85	10.38	7.06	1.28	2.05	208.59	203.70	7046
2009	2895.87	2887.22	8.65	5.91	0.95	1.79	230.04	226.65	4964
2010	3295.95	3285.66	10.29	6.83	1.02	2.45	273.23	269.42	5629
2011	3977.70	3965.36	12.34	6.93	1.40	4.00	329.25	325.16	6334
2012	4492.92	4468.92	24.00	10.90	2.71	10.40	412.18	406.67	8726
2013	5176.43	5165.54	10.89	6.11	2.69	2.09	493.37	490.73	4265
2014	6094.38	6078.85	15.53	11.51	2.31	1.70	583.55	580.53	4909
2015	7436.03	7419.17	16.86	12.74	2.04	2.07	749.25	745.63	5876
2016	8930.73	8911.49	19.24	14.88	2.13	2.24	942.65	938.35	6478
2017	10326.13	10275.57	19.88	15.58	2.14	2.16	1133.34	1109.98	6750
2018	11840.08	11821.70	18.38	14.60	1.71	2.07	1302.23	1298.02	6355
2019	13169.58	13155.70	13.88	11.46	0.62	1.80	1470.08	1466.89	4614
2020	11415.30	11413.80	1.47	1.18	0.11	0.18	1247.16	1246.92	355

9-17 接待外国旅游人数

(2010-2020年)　　　　单位：人次

国别(地区)	2010年	2011年	2012年	2013年	2014年	2015年	2016年	2017年	2018年	2019年	2020年
总　计	**68312**	**70527**	**108965**	**61084**	**115129**	**127380**	**148828**	**155832**	**146046**	**114639**	**11796**
亚洲小计	**26747**	**32660**	**57404**	**22829**	**45866**	**70648**	**84633**	**115670**	**76393**	**79489**	**7599**
其中：日　本	7654	10106	22900	6838	5456	5253	7932	40836	28599	10513	628
韩　国	4803	5729	12772	4439	30392	53794	58416	22055	29420	48939	5375
印度尼西亚	953	1398	1590	737	783	691	2095	10656	1126	1312	75
新加坡	1837	2542	2179	808	340	605	1612	8572	713	794	116
泰　国	576	709	1223	677	581	576	770	1429	968	1236	92
马来西亚	1697	2182	2534	1103	772	753	2044	10141	1739	1898	185
菲律宾	859	1678	2006	519	337	412	1411	7485	669	736	75
印　度	2442	2477	3576	2759	2531	2930	3558	4332	5346	4945	261
美洲小计	**12145**	**11818**	**15877**	**7730**	**6363**	**5481**	**8127**	**10871**	**11143**	**10135**	**1499**
其中：美　国	7660	7868	10345	5263	4357	3579	4897	6558	6444	6060	1043
加拿大	2197	2030	2145	984	628	663	1048	1564	1338	1187	196
非洲小计	**2469**	**1575**	**3294**	**2142**	**2063**	**2095**	**2718**	**2842**	**3776**	**3738**	**221**
大洋洲小计	**3263**	**2686**	**2956**	**1087**	**836**	**1148**	**1352**	**1830**	**1481**	**1294**	**182**
其中：澳大利亚	1673	1468	1858	861	607	865	881	1301	1201	1068	137
新西兰	603	611	634	152	72	69	172	245	142	124	30
欧洲小计	**18944**	**19766**	**27174**	**11722**	**9348**	**9581**	**13559**	**19244**	**20927**	**19049**	**1981**
其中：英　国	2792	2959	3820	1232	983	1022	1486	1924	2239	1733	349
法　国	2289	2248	3325	1451	970	934	1245	1525	1687	1354	172
德　国	2934	3462	5355	1959	2112	1775	2166	3009	3407	2968	337
意大利	1910	1822	2468	1256	797	923	1108	1386	1566	1936	264
瑞　士	334	358	554	140	112	94	203	453	273	206	61
瑞　典	398	549	92	276	211	180	1160	2577	2898	2943	196
荷　兰	1142	1131	628	754	511	569	586	699	1222	744	38
俄罗斯	2633	2290	1472	1838	1234	1094	1505	2476	2609	2358	187
西班牙	1189	1613	3078	555	469	1095	793	821	1142	1018	70
其他	**4744**	**2022**	**2260**	**15574**	**50653**	**38427**	**38439**	**5375**	**32326**	**934**	**315**

主要统计指标解释

进出口总额 指实际进出我国国境的货物总金额。包括对外贸易实际进出口货物，来料加工装配进出口货物，国家间、联合国及国际组织无偿援助物资和赠送品，华侨、港澳台胞和外籍华人捐赠品，租赁期满归承租人所有的租赁货物，进料加工进出口货物，边境地方贸易及边境地区小额贸易进出口货物(边民互市贸易除外)，中外合资企业、中外合作经营企业、外商独资经营企业进出口货物和公用物品，到、离岸价格在规定限额以上的进出口货样和广告品(无商业价值、无使用价值和免费提供出口的除外)，从保税仓库提取在中国境内销售的进口货物，以及其他进出口货物。我国规定出口货物按离岸价格统计，进口货物按到岸价格统计。

利用外资 指各级政府、部门、企业、中国银行和其他单位通过对外借款、吸收客商直接投资和商品信贷及其他方式，从国外和港澳台地区筹措的资金。对外借款包括通过外国政府贷款、国际金融组织贷款、外国银行的买方信贷和现汇贷款及对外发行债券等方式，从国外和港澳台地区借用的资金。

外商直接投资 是指外国企业和经济组织或个人(包括华侨、港澳台胞以及我国在境外注册的企业)按我国有关政策、法规，在我国境内开办独资企业、与我国境内的企业或经济组织共同举办合资企业、合作经营企业、股份制企业或合作开发资源的投资以及客商从企业得到的收益的再投资。

入境旅游人数 指来我国观光游览、度假、探亲访友、就医疗养、购物、参加会议或从事经济、科技、文化、体育、宗教活动的外国人、港澳台同胞等入境人数。不包括外国在我国的常住机构，如领使馆、通讯社、企业办事处的工作人员；来我国常驻的外国专家、留学生以及在岸逗留不过夜人员。统计时，外国人、港澳台同胞每入境一次统计1人次。

国内旅游人数 指国内居民在中国（大陆）观光游览、度假、探亲访友、就医疗养、购物、参加会议或从事经济、文化、体育、宗教活动的人数，其出游的目的不是通过所从事的活动谋取报酬。统计时，国内游客每出游一次统计1人次。

国际旅游（外汇）收入 指入境旅游的外国人、港澳台同胞在中国（大陆）旅行、游览过程中用于交通、参观游览、住宿、餐饮、购物、娱乐等全部费用，对国家来说就是国际旅游（外汇）收入。

国内旅游收入 又称旅游总花费。指国内游客在国内旅行、游览过程中用于交通、参观游览、住宿、餐饮、购物、娱乐等全部花费。

10

财政金融保险

Public Finance, Banking and Insurance

10-1　主要年份财政收入与支出

单位：万元

年　份	财　政 总收入	地方财政 一般预算 收　入	#增值税	#营业税	#企　业 所得税	#个　人 所得税	地方财政 一般预算 支　出
1949	480						200
1952	972						455
1957	3337						1333
1962	5186						2778
1965	5769						2242
1970	6635						3706
1975	6502						5908
1978	11897						9871
1980	13677						10539
1985	31377						20480
1990	65925						49925
1994	168869	86479	26512	14130	19487	7263	121969
1995	203050	104642	30869	21779	27759	8348	144858
1996	239739	120900	34773	29431	28419	12476	165445
1997	263381	134112	38469	33386	30582	14966	196390
1998	309568	162619	44488	42649	36767	18617	223500
1999	380039	197303	51709	50744	45112	23042	258937
2000	531793	261491	72941	55766	79621	29137	331947
2001	650425	388056	75314	74685	127995	47260	428608
2002	868285	431122	99245	104977	67392	36378	556353
2003	1086780	526964	118324	137692	73324	37603	688820
2004	1266669	626046	61696	162942	102201	38264	791520
2005	1474457	723324	157257	174958	107334	44788	880887
2006	1756878	861115	193493	213294	130776	53233	1040000
2007	2183788	1088551	233654	273535	175148	66079	1269285
2008	2480225	1260498	264386	300397	180448	82885	1538078
2009	2631616	1360227	283823	355692	160627	87158	1759524
2010	3106245	1648845	293775	432931	224035	115832	2227592
2011	3704657	2001150	325771	503206	289871	145347	2655309
2012	4089456	2204230	380110	574263	310909	136008	2879269
2013	4484660	2477341	441897	603749	334446	142687	3290300
2014	4852909	2652092	494463	607423	375250	162998	3714666
2015	5397827	2980170	551873	656380	382176	187590	4572105
2016	5838322	3432835	1012917	322062	408521	192637	5143996
2017	6569658	3822482	1498834		493303	223635	5630966
2018	7451904	4311768	1685337		551254	264757	6537506
2019	7298349	4384983	1597274		544642	181437	7703304
2020	6828276	4012385	1524829		503249	192838	7001415

注：1. 2004年外贸出口退税政策调整，当年全市财政总收入新口径997540万元，地方财政一般预算收入新口径559726万元，考虑历史年份资料可比性，本表中财政总收入和地方财政一般预算收入仍按老口径计算；

2. 由于营改增的全面实施，2017年财政部门对2016年全市地方财政一般预算收入数据作了调整，调整后数据为3439463万元，2017年地方财政一般预算收入比上年增长11.1%。

10-2 市区主要年份财政总收入

单位：万元

年 份	市 区	#椒江区	#黄岩区	#路桥区
1978	4251		3943	
1980	4755		4536	
1985	13145	4057	8342	
1986	16577	5121	10543	
1987	17495	5766	11004	
1988	21474	6285	12853	
1989	24235	6776	15215	
1990	27001	8058	16714	
1991	32591	10562	18749	
1992	34652	12586	21347	
1993	55318	18327	35357	
1994	70347	24287	45688	
1995	83037	27794	30574	23410
1996	96367	32026	34121	26691
1997	112168	35714	39065	31475
1998	134217	41890	45882	36661
1999	157289	47437	52837	43459
2000	208039	64645	67479	61638
2001	272467	85241	83200	81319
2002	362205	109502	116320	102318
2003	465779	146011	145003	127678
2004	551899	177441	150536	154065
2005	638204	199738	172172	181630
2006	751477	236223	201549	222566
2007	923035	287488	247435	277733
2008	1048382	316242	272368	327095
2009	1122393	325118	284464	361155
2010	1349410	386899	326821	441433
2011	1627998	460759	386512	534966
2012	1763763	513458	418183	542848
2013	1945430	571320	475971	581901
2014	2061986	598475	520502	594698
2015	2282818	633653	580611	633997
2016	2484906	674010	617978	666956
2017	2703610	727436	699538	738445
2018	3063269	820660	789429	843216
2019	3035299	834657	697934	827158
2020	2878168	751673	673538	707458

注：2004年，外贸出口退税政策调整，考虑历史年份资料可比性，本表中的财政总收入按老口径计算，下同。

10-3 各县市主要年份财政总收入

单位：万元

年份	三门县	天台县	仙居县	温岭市	临海市	玉环市
1978	725	1112	867	1805	2290	847
1980	727	1155	996	2308	2736	1000
1985	1591	2342	1970	5353	4676	2300
1986	2034	2807	2383	6548	5982	3056
1987	2281	3425	2777	7951	6903	3744
1988	2378	3908	3185	9991	7646	4842
1989	2692	4488	3648	11534	9136	5393
1990	2750	4940	3743	13124	8655	5712
1991	3693	5310	4116	13777	10027	6505
1992	3473	5788	4287	15156	12215	7883
1993	5131	8302	7618	21187	20069	12352
1994	6013	10515	9518	29221	26515	16740
1995	6910	12075	12180	36439	31918	20491
1996	7248	13521	13515	49666	35314	24108
1997	6703	14129	14898	51094	36511	27878
1998	8451	16607	16665	61306	40486	31836
1999	11587	20443	22479	85474	44531	38236
2000	16727	28481	29023	134805	59033	55685
2001	24058	33107	30869	139009	75647	75268
2002	31573	46005	42428	177911	108006	100157
2003	41062	56010	48889	222880	130019	122141
2004	43646	67148	46986	260234	151112	145644
2005	53318	77008	54972	294209	176646	180100
2006	65283	87518	66118	333938	212782	239762
2007	86168	100088	81199	418892	266106	308300
2008	107153	115380	92418	453898	306516	356478
2009	116279	124429	93432	475522	329502	370059
2010	136675	140142	106582	570123	401886	401427
2011	163436	170690	130233	665511	480167	466622
2012	179500	198451	146808	721978	526902	552054
2013	196980	214333	161768	785977	580080	600092
2014	213292	233522	188972	877077	633301	644759
2015	236843	258932	234602	983574	678102	722956
2016	247706	298917	267136	1031980	764240	743437
2017	262791	329491	305219	1157118	977423	834006
2018	302235	363628	347331	1307043	1144567	923831
2019	292538	369951	348070	1266938	1111390	874163
2020	266081	342709	329556	1189771	1018556	803435

10-4 市区地方财政一般预算收入

(1994-2020年) 单位：万元

年 份	市 区	#椒江区	#黄岩区	#路桥区
1994	35834	13611	21851	
1995	42731	15353	15078	11478
1996	49805	17625	16843	12954
1997	57294	19437	18463	15076
1998	72242	24133	21552	18169
1999	85777	28575	24656	22023
2000	110603	38256	31889	29440
2001	171574	56224	47410	48688
2002	197148	63389	56618	51859
2003	245674	82592	69231	62841
2004	295117	98446	73551	77737
2005	337181	111041	83309	87855
2006	385038	125449	96266	104460
2007	472813	150971	118769	133120
2008	537741	164540	132707	155408
2009	590145	180667	142843	178598
2010	723612	226478	166018	225550
2011	899464	275213	197394	288078
2012	981790	301439	215851	291821
2013	1103883	329903	249939	321492
2014	1156668	326413	273714	328326
2015	1283947	350386	310189	358834
2016	1451939	385494	371145	395787
2017	1568587	416047	416795	427609
2018	1751242	472176	477200	470360
2019	1787223	496123	430800	470600
2020	1654041	443280	397974	383876

注：2004年，外贸出口退税政策调整，考虑历史年份资料可比性，本表中的地方财政一般预算收入按老口径计算。

10-5 各县市地方财政一般预算收入

(1994-2020年)　　单位：万元

年 份	三门县	天台县	仙居县	温岭市	临海市	玉环市
1994	2939	4856	4613	16558	13675	8004
1995	3414	5801	5956	19688	17013	10039
1996	3719	6189	6712	23688	19027	11760
1997	3401	6275	7093	27144	19597	13308
1998	4459	7170	7668	34018	21029	16033
1999	6470	8802	10167	41458	24623	20006
2000	10051	13127	13252	56588	30221	27649
2001	15803	18053	18005	77538	44345	42738
2002	16733	20108	17680	80018	53615	45820
2003	21431	25841	20518	97357	64853	51290
2004	22221	32819	22150	117954	73308	62477
2005	27527	37511	25052	134798	86296	74959
2006	34156	42547	30822	158013	106651	103888
2007	45679	51610	40626	204069	136172	137582
2008	61111	60533	48023	233759	161023	158308
2009	66069	65442	49377	250238	173388	165568
2010	80734	78081	56698	305918	221272	182530
2011	96022	96610	68553	361688	261957	216856
2012	106818	110722	79028	388678	286066	251128
2013	118035	122958	92990	438479	325006	275990
2014	127657	132867	105588	478388	352566	298358
2015	144987	150268	134660	541213	380108	344987
2016	155766	170371	162468	616886	449188	426217
2017	167830	192068	185250	680900	542928	484919
2018	186290	218960	208400	772850	640650	533376
2019	181700	223312	210900	782700	659900	539248
2020	161600	203992	198237	721157	594890	478468

10-6 地方财政收入及分类(一)

(1994-2020年) 单位：万元

年份	一般预算收入合计	增值税	营业税	企业所得税	企业所得税退税	个人所得税	资源税	固定资产投资方向调节税
1994	86479	26512	14130	19487	-1503	7263	174	746
1995	104642	30869	21779	27759	-1425	8348	127	1015
1996	120900	34773	29431	28419	-1286	12476	165	1485
1997	134112	38469	33386	30582	-406	14966	134	1726
1998	162619	44488	42649	36767	-1015	18617	92	1481
1999	197303	51709	50744	45112	-2683	23042	103	1048
2000	261491	72941	55766	79621	-1303	29137	115	174
2001	388056	75314	74685	127995		47260	116	-83
2002	431122	99245	104977	67392		36378	126	-7
2003	526964	118324	137692	73324		37603	104	
2004	626046	61696	162942	102201		38264	147	
2005	723324	157257	174958	107334		44788	1068	
2006	861115	193493	213294	130776		53233	3021	
2007	1088551	233654	273535	175148		66079	3616	
2008	1260498	264386	300397	180448		82885	3835	
2009	1360227	283823	355692	160627		87158	3643	
2010	1648845	293775	432931	224035		115832	3440	
2011	2001150	325771	503206	289871		145347	3244	
2012	2204230	380110	574263	310909		136008	3596	
2013	2477341	441897	603749	334446		142687	3891	
2014	2652092	494463	607423	375250		162998	5392	
2015	2980170	551873	656380	382176		187590	8051	
2016	3432835	1012917	322062	408521		192637	9312	
2017	3822482	1498834		493303		223635	13524	
2018	4311768	1685337		551254		264757	11103	
2019	4384983	1597274		544642		181437	8969	
2020	4012385	1524829		503249		192838	8940	

注：1. 2002年起税收收入分享政策调整，企业所得税和个人所得税原全部计入地方财政收入，2002年调整为中央与地方五五分成，2003年调整为中央与地方六四分成。2. 2016年5月1日起，营业税改征增值税试点全面推开，全部营业税纳税人由缴纳营业税改为缴纳增值税。增值税从原来的中央与地方75%：25%分成调整为50%：50%分成。

10-7 地方财政收入及分类(二)

(1994-2020年)　　单位：万元

年　份	城市维护建设税	房产税	印花税	城镇土地使用税	土地增值税	车船税	屠宰税	农业牧业税	农业特产税
1994	6206	1300	317	310		388	222	3644	3259
1995	7624	1749	405	358	1	487	459	4692	3736
1996	8615	2303	520	264	53	518	530	6633	3122
1997	9992	2730	503	341	111	549	582	5454	3060
1998	11180	3690	701	411	185	618	675	6290	3018
1999	12923	4475	941	493	238	867	861	5067	3088
2000	16088	5230	1380	568	364	865	816	5153	3459
2001	23042	7391	1837	697	687	1147	826	5071	3054
2002	28231	10313	3075	873	1682	1452	185	5260	1734
2003	33817	13358	4603	1246	3805	1780	2	5675	
2004	39259	16937	6925	1665	4630	2382		8	
2005	48171	23685	8914	5122	10326	2206			
2006	57246	26871	11622	7018	13809	2764			
2007	72070	32401	14975	10763	23934	3418			
2008	83087	42637	18677	43442	30663	8952			
2009	87333	46689	18271	58842	42016	11285			
2010	104067	47562	25590	57364	55868	14941			
2011	133390	71139	27484	80487	78145	18114			
2012	144439	88276	28327	86141	97642	27477			
2013	157384	98990	32327	91507	119470	32468			
2014	161947	118367	40082	102976	144222	36914			
2015	174320	133407	46114	115244	107636	41720			
2016	191407	142690	39287	128627	131348	44968			
2017	209809	148602	47707	113682	182677	50960			
2018	245367	168687	54604	114584	233003	56004			
2019	228805	191948	52090	120231	232189	55583			
2020	222754	119570	57180	56083	201651	59478			

10-8 地方财政收入及分类(三)

(1994-2020年) 单位：万元

年份	耕地占用税	契税	专项收入	罚没和行政事业性收费收入	国有资本经营收入	国有资源(资产)有偿使用收入	其他收入	政府性基金收入
1994	2585	805			-4061		4695	3517
1995	2703	926		1528	-12533		4035	4642
1996	2546	1949		1578	-17606		4412	5228
1997	3161	1915		2528	-21372		5601	5121
1998	2374	3004	5340	4629	-22580		5	12572
1999	3040	5062	6603	3908	-19358		20	15017
2000	4218	9172	8588	5858	-37213		494	17379
2001	6519	12351	11332	23138	-34591		268	32307
2002	16442	19952	15361	43183	-24833		101	87451
2003	21022	32045	15704	42425	-16755		1190	136992
2004	11271	41950	17648	66231	-15713	47	1236	174957
2005	8789	45804	24471	75473	-16634	54	1538	216982
2006	12095	48778	30800	75791	-21847	63	2288	268984
2007	12003	69976	38817	76555	-21372	2971	8	918572
2008	13857	70792	44947	87121	-20346	4149	569	1304414
2009	16421	94645	47278	73789	-33569	6167	117	1567329
2010	25612	153125	55462	82591	-55067	11563	154	3063426
2011	38067	142764	68842	97919	-41196	18532	24	3036436
2012	40576	120240	73174	110933	-23655	5634	140	2780556
2013	49525	189654	79221	103630	-28641	25135	1	3268178
2014	47254	158025	80532	128483	-26929	14691	2	1917587
2015	33805	144297	272474	125144	-25127	21586	3480	1392457
2016	121153	176970	287221	164117	-18871	60450	18019	1723387
2017	99849	230272	269784	132040	-39983	137999	9788	3419117
2018	49794	322952	299935	168768	-35912	106058	12787	5447128
2019	99510	319198	255213	363443	-24512	138341	15802	8405080
2020	28911	381930	289729	282809	-37056	98601	16815	5863774

10-9 地方财政支出情况

(2013-2020年) 单位：万元

指　　标	2013年	2014年	2015年	2016年	2017年	2018年	2019年	2020年
地方一般预算支出合计	**3290300**	**3714666**	**4572105**	**5143996**	**5630966**	**6537506**	**7703304**	**7001415**
一般公共服务	434685	432342	448465	556074	661327	780115	858023	835412
国　防	4813	4349	4952	5673	4747	5710	6330	9449
公共安全	245934	255423	287148	375460	387919	470696	516284	514759
教　育	776018	838763	986283	1084686	1226156	1345144	1473112	1491485
科学技术	88293	98099	167047	115254	137217	169642	287879	175336
文化体育与传媒	53947	57955	82662	94947	94683	115514	118798	173899
社会保障和就业	284134	299655	413170	485830	637531	665531	949443	760182
医疗卫生与计划生育	236732	302110	351056	417362	426663	514996	605866	677722
节能环保	75006	86254	101208	84377	212227	186855	304181	158394
城乡社区	115388	164815	275500	383773	436064	665440	749245	393326
农林水	507938	524531	699888	728122	756782	720018	714661	744922
交通运输	210660	267768	407770	438323	216580	379142	322703	266493
工业商业金融等	132844	113133	171013	116918	123193	133904	233719	211249
其他支出	123908	269469	175943	257197	309877	384799	563600	588787
政府性基金支出合计	**3204272**	**2103902**	**1593654**	**1692955**	**3537090**	**5722397**	**7985546**	**6217032**
一般公共服务								
教　育	50135	72333						
文化教育与传媒	2690	3016			209	15	383	611
社会保障和就业	32938	32392	14515	24038	16034	15178	13694	11512
城乡社区	2846285	1675321	1256112	1434590	3219250	5385800	4693348	4542790
农林水	72418	78386	2936	819	666	540	147	259
交通运输	8599	7704	3732	2982	1718	2809	97972	92512
工业商业金融等	2317	2118	1172	1865	1206	370		
其他支出	188890	232632	315187	228661	298007	317685	3180002	1569348
社会保险基金支出合计	**946946**	**1195510**	**1720132**	**2567860**	**3389250**	**3753332**	**4308675**	**5043041**
企业职工基本养老保险基金支出	433248	579481	983878	1366012	1697808	1998889	2210235	3010411
城乡居民基本养老保险基金支出	97545	127096	152692	142785	161917	170289	185030	200615
机关事业单位基本养老保险基金				371739	697912	576622	574564	557068
城镇职工基本医疗保险基金支出	138152	166396	202484	272861	340178	427634	527314	567634
城乡居民基本医疗保险基金支出	216458	249662	290294	315384	373042	446868	540405	513218
工伤保险基金支出	39841	47027	49008	49064	61824	66790	75333	68931
失业保险基金支出	10862	12438	26179	31791	29851	30239	162357	125164
生育保险基金支出	10840	13410	15597	18224	26718	36001	33437	

注：2020年起，生育保险基金支出纳入城镇职工基本医疗保险基金支出，不再单独列支。

10-10 主要年份金融主要指标

单位：万元

年份	金融机构本外币存款年末余额	#金融机构人民币存款余额	#城乡居民储蓄存款年末余额	金融机构本外币贷款年末余额	#金融机构人民币贷款余额	#短期贷款	#中长期贷款
1952		560	143		193		
1957		1784	521		5388		
1962		3593	601		12898		
1965		5238	1110		11989		
1970		6927	1384		22740		
1975		11875	2546		26090		
1978		16368	4401		34604		
1980		32389	11209		53673		
1985		98546	40501		123613		
1990		312614	153584		307913		
1994		1061934	546404		838094	695657	96289
1995		1399917	727602		1052121	865819	123833
1996		1896944	1017397		1335406	1052894	179930
1997		2496502	1360738		1711067	1424932	208135
1998		3394537	1939241		2126197	1723669	301773
1999		4320709	2468949		2726762	2108507	478072
2000	5407241	5289565	2896237	3307634	3304269	2596518	556846
2001	6428949	6290422	3526960	4096823	4023234	2669865	1272296
2002	8284108	8117593	4362702	5794759	5716237	3642042	1733151
2003	10740254	10561850	5421684	8237648	8090895	4909163	2783124
2004	11823111	11640689	6010774	9454142	9328902	5693519	3373348
2005	13849843	13694418	7117604	10580440	10445507	6411816	3764513
2006	16659867	16499842	8582033	13132416	12946754	8271509	4473442
2007	19375543	19213038	9287212	16159896	15770372	10527055	5124007
2008	23717020	23533773	12044432	19262657	18930765	12392248	6068898
2009	29356051	29152567	14437498	25180611	24229188	15603817	8219377
2010	35884773	35627957	17250805	30558214	29405118	19324859	9845344
2011	39989019	39590586	20588359	34707628	33545934	22740162	10542262
2012	45091738	44573554	23719853	38931604	37839726	25873733	11258308
2013	52197210	51541069	26981269	44541067	43402430	29596023	13455469
2014	56710259	56090430	28924078	50393663	49122356	32077228	16170388
2015	63059372	61886513	31454786	55184387	54296010	33499572	18306354
2016	70686244	69232204	35933933	58260273	57589217	33879939	20933601
2017	76184056	74292622	38768188	64124819	63666783	35711164	26842421
2018	85189153	83857431	41625764	73543353	72887742	39133406	31891069
2019	94573897	93454500	45229972	85431854	85046532	43221072	39049620
2020	106303100	104520942	51038968	98722521	98324505	46882100	48078416

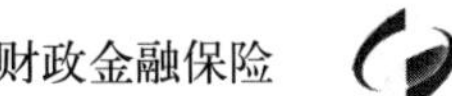

10-11 金融机构年末人民币存款余额

(2015-2020年) 单位：万元

指　　标	2015年	2016年	2017年	2018年	2019年	2020年
各项存款合计	**61886513**	**69232204**	**74292622**	**83857431**	**93454500**	**104520942**
境内存款	61842164	69192850	74243030	83792044	93415681	104474949
住户存款	32323686	37033664	40386881	45802900	53335154	60248813
活期存款	13926084	16555690	18063936	19353331	21003661	21530944
定期及其他存款	18397602	20477975	22322946	26449569	32331494	38717869
非金融企业存款	14772755	15213827	16538448	19281772	22405619	25700731
活期存款	5611710	6541473	7623605	8634210	9833153	9833907
定期及其他存款	9161045	8672354	8914843	10647562	12572466	15866824
广义政府存款	10981102	12314313	13878553	14828819	15147178	15071523
财政性存款	466085	474904	782999	906303	1337570	1004672
机关团体存款	10515017	11839409	13095554	13922516	13809608	14066851
非银行业金融机构存款	3764622	4631045	3439148	3878553	2527730	3453882
境外存款	44349	39354	49592	65387	38819	45993

10-12 金融机构年末人民币贷款余额

(2015-2020年) 单位：万元

指　　标	2015年	2016年	2017年	2018年	2019年	2020年
各项贷款合计	**54296010**	**57589217**	**63666783**	**72887742**	**85046532**	**98324505**
境内贷款	54295215	57568913	63665528	72886713	85044275	98323089
住户贷款	28118314	30837146	35310241	40564471	45926098	51829700
短期贷款	17686180	17891517	19140138	21576033	23625810	24633338
消费贷款	4385616	4684742	5446716	5466557	5805443	5285280
经营贷款	13300565	13206775	13693422	16109476	17820367	19348058
中长期贷款	10432133	12945629	16170103	18988438	22300288	27196362
消费贷款	8540088	10362537	12578873	14760026	16727763	19101749
经营贷款	1892045	2583092	3591230	4228412	5572525	8094613
非金融企业及机关团体贷款	26169902	26720767	28347787	32322243	39118177	46493389
短期贷款	15813392	15988423	16571026	17557373	19595262	22248762
中长期贷款	7874221	7987972	10672317	12902631	16749332	20882054
票据融资	2375160	2693577	1087419	1850899	2759807	3352654
各项垫款	107129	50795	17024	11339	13775	9919
非银行业金融机构贷款	7000	11000	7500			
境外贷款	795	20304	1255	1029	2256	1416

10-13　财产和人寿保险业务收支情况

(1989-2020年)　　单位：万元

年　份	保费收入			赔款、给付		
	合　计	财产险	人身险	合　计	财 产 险 赔款支出	人身险赔款 支出及给付
1989	3917	2214	1703	6844	6307	537
1990	4688	2727	1961	3483	2762	721
1991	8452	4515	3937	3087	2445	642
1992	15956	8234	7722	8186	6486	1700
1993	21221	12611	8610	9370	5492	3878
1994	21844	12987	8857	12187	11060	1127
1995	28985	17973	11012	9609	8268	1341
1996	34669	20489	14180	11173	9513	1660
1997	44182	22755	21427	56522	43690	12832
1998	57600	26061	31539	25928	12149	13779
1999	74468	30348	44120	22303	14691	7612
2000	92422	36150	56272	27915	15957	11958
2001	128548	43389	85159	34789	20314	14475
2002	173031	53802	119229	40151	27902	12249
2003	194986	56614	138372	52557	33194	19363
2004	240338	76198	164140	127470	101907	25563
2005	274479	98715	175764	101523	82333	19190
2006	311690	126931	184759	93238	66165	27073
2007	374198	162896	211302	141927	89755	52172
2008	515523	193432	322091	183381	117919	65462
2009	575102	233688	341414	207852	125507	82345
2010	729151	294241	434910	184306	139505	44801
2011	758807	342052	416755	228258	173571	54687
2012	843994	391421	452573	291713	227214	64499
2013	962828	445690	517138	362328	269691	92638
2014	1123907	517174	606733	383806	296430	87375
2015	1274452	579060	695392	459763	321127	138637
2016	1461460	617343	844117	533770	349695	184074
2017	1703004	640951	1062053	530434	351045	179389
2018	1785000	738000	1047000	579600	392100	187500
2019	1921554	773293	1148261	819215	641349	177866
2020	2192534	852308	1340226	709138	530252	178886

主要统计指标解释

财政总收入 包括地方上划中央税收入和地方财政收入两部分。

一般预算收入 指按国家预算收入科目规定，属于地方负责组织征收的收入数，包括①各种税收收入类，指税务机关征管的“工商税收类”；海关征管的“关税类”；财政机关征管的“农业税类”“国有企业所得税类”等。②企业收入类。③企业亏损补贴类。④其他收入等。

增值税 是以商品生产流通和劳务服务各个环节的增值额为征税对象的一种流转税。按现行财政体制，增值税属于中央与地方的共享税种，其中：中央分享75%，地方分享25%；2016年5月份开始中央和地方各50%。

一般预算支出 指按国家预算支出科目规定，属于地方财政的各类预算支出，包括一般公共服务支出、公共安全支出、教育支出、科学技术支出、文化体育与传媒支出、社会保障和就业支出、医疗卫生支出、环境保护支出、城乡社区事务支出、农林水事务支出、交通运输支出、工业商业金融事务支出等。

金融机构存款 指企业、机关、团体和居民根据可以收回的原则，把货币存入各类金融机构保管，并取得一定利息的一种信用活动形式。根据存款对象的不同可划分为企业存款、财政存款、机关团体存款、居民储蓄存款等。

金融机构贷款 指各类金融机构根据必须归还的原则，按一定利率为企业、个人等提供资金的一种信用活动形式。根据贷款对象的不同分为工业贷款、建筑业贷款、商业贷款、农业贷款等。

城乡居民储蓄存款余额 包括城镇居民储蓄和农村居民个人储蓄两部分存款余额。不包括工矿企业、部队、机关团体等集体存款。

保费收入 指被保险人按其得到保险利益的保障程度(保险金额)的一定比率向保险人缴付的费用。

赔款 指保险人对财产保险的保险事故给予的经济补偿或对人身保险的保险事故给付的保险金。

11

物　价

Prices

11-1　主要年份市区物价总指数

年　份	居民消费价格总指数		商品零售价格指数	
	以上年为100	以1978年为100	以上年为100	以1978年为100
1978	100.0	100.0	99.9	100.0
1980	108.8	111.6	109.5	113.2
1985	109.4	134.9	109.8	137.3
1986	107.7	145.3	107.4	147.5
1987	111.8	162.4	112.0	165.2
1988	124.8	202.7	125.2	206.8
1989	117.7	238.6	117.1	242.2
1990	100.9	240.8	100.4	243.2
1991	104.6	251.8	104.2	253.4
1992	111.4	280.6	111.5	282.5
1993	118.7	333.0	116.0	327.7
1994	125.3	417.3	124.2	407.1
1995	115.2	480.7	114.0	464.0
1996	108.8	523.0	105.2	488.2
1997	102.4	535.6	99.9	487.7
1998	99.6	533.4	98.0	477.9
1999	99.2	529.1	98.3	469.8
2000	100.8	533.4	99.1	465.6
2001	98.4	524.8	99.0	460.9
2002	99.0	519.6	99.3	457.7
2003	100.4	521.7	98.4	450.4
2004	104.3	544.1	100.5	452.7
2005	100.0	544.1	99.2	449.1
2006	100.2	545.2	99.4	446.4
2007	104.0	567.0	104.4	466.0
2008	104.2	590.8	105.6	492.1
2009	99.4	587.3	99.5	489.6
2010	104.6	614.3	104.3	510.7
2011	106.3	653.0	106.7	544.9
2012	102.0	666.1	102.1	556.3
2013	101.8	678.1	100.3	558.1
2014	102.3	752.5	101.4	565.9
2015	100.7	698.6	99.5	563.1
2016	101.6	709.8	100.9	568.2
2017	102.4	726.8	101.5	576.7
2018	102.4	744.1	101.6	585.9
2019	102.3	761.1	101.7	595.9
2020	102.1	776.9	101.6	605.3

11-2　市区居民消费价格分类指数

(2018-2020年，以上年为100)

指　　标	2018年	2019年	2020年
居民消费价格指数	**102.4**	**102.3**	**102.1**
服务价格指数	**103.5**	**101.5**	**100.6**
消费品价格指数	**101.6**	**102.8**	**103.1**
食品烟酒	101.5	105.8	106.5
食　品	101.1	107.9	108.9
粮　食	100.1	99.2	101.6
鲜　菜	108.1	108.6	104.7
畜肉类	96.6	130.3	137.1
水产品	101.0	97.1	99.7
烟　酒	99.9	100.2	101.4
衣　着	102.3	101.1	101.4
居　住	105.8	100.4	100.0
生活用品及服务	101.5	102.1	102.0
交通和通信	100.3	98.8	97.0
教育文化和娱乐	102.2	101.4	101.9
医疗保健	101.4	103.8	100.2
其他用品和服务	99.7	102.6	102.7

11-3　市区商品零售价格分类指数(一)

(1994-2020年，以上年为100)

年　份	商品零售价格总指数	食品类	饮料、烟酒类	服装、鞋帽类	纺织品类	家用电器及音像器材类	文化办公用品类	日用品类	体育娱乐用品类
1994	124.2	136.2	103.5	126.7	119.4	108.3		111.3	
1995	114.0	122.6	92.4	114.0	117.7	98.2		111.1	
1996	105.2	106.3	102.9	103.9	110.6	97.9		108.9	
1997	99.9	99.9	96.9	103.5	102.4	95.6		100.4	
1998	98.0	99.2	94.7	101.8	99.3	96.6		96.8	
1999	98.3	97.6	95.9	99.3	98.4	92.4		98.0	
2000	99.1	97.4	101.3	98.6	100.1	90.7		96.9	
2001	99.0	98.7	102.4	96.8	100.2	96.8		98.1	
2002	99.3	100.3	98.8	95.8	98.6	97.8		98.7	
2003	98.4	102.7	103.6	95.4	99.9	94.7	94.2	97.6	96.5
2004	100.5	111.9	103.2	97.2	100.1	94.7	96.7	98.9	99.7
2005	99.2	103.1	98.5	89.7	99.0	97.3	97.0	100.8	100.0
2006	99.4	101.6	100.5	93.0	98.5	98.5	98.7	100.7	95.9
2007	104.4	112.8	102.0	97.3	100.8	98.5	98.0	100.5	95.8
2008	105.6	110.0	103.0	89.0	99.3	99.3	99.4	104.5	93.1
2009	99.5	113.5	99.9	91.4	105.0	96.4	97.6	101.1	94.2
2010	104.3	108.8	100.4	95.6	96.8	97.1	94.3	99.8	97.2
2011	106.7	115.8	103.8	100.3	100.5	98.8	98.3	104.6	97.8
2012	102.1	105.6	103.9	104.5	112.0	97.3	95.7	102.9	98.4
2013	100.3	105.2	100.1	101.4	103.1	99.2	95.7	100.6	99.5
2014	101.4	103.7	99.7	101.2	105.9	99.3	97.0	99.3	101.2
2015	99.5	102.2	103.5	104.3	98.4	97.0	98.1	99.5	100.1
2016	100.9	103.3	102.4	102.5	104.6	99.7	98.7	101.7	102.9
2017	101.5	99.9	101.4	102.5	98.0	100.2	99.9	101.4	102.6
2018	101.6	101.4	100.4	102.3	99.0	97.0	102.4	101.7	99.9
2019	101.7	107.0	100.8	101.1	97.7	100.9	103.3	101.6	99.7
2020	101.6	107.7	101.6	101.4	101.7	102.0	102.7	101.3	102.0

11-4 市区商品零售价格分类指数(二)

(1994-2020年，以上年为100)

年 份	交通、通信用品类	家具类	化妆品类	金 银 珠宝类	中、西药品及医疗保健用品类	书报、杂志及电子出版物类	燃料类	建筑材料及五金电料类
1994			105.5	110.0	95.0	154.3	100.2	113.4
1995			110.4	98.1	109.9	109.6	101.1	110.9
1996			103.4	100.0	111.5	137.0	98.3	101.5
1997			97.2	100.7	104.3	108.7	100.3	94.5
1998			93.1	93.0	103.3	108.3	91.6	89.5
1999			95.4	91.1	101.5	105.9	104.3	101.9
2000			93.6	100.8	101.9	103.1	131.2	100.0
2001			92.4	81.8	96.7	109.8	89.8	99.4
2002			97.9	99.2	96.0	99.5	93.7	100.9
2003	88.1	90.6	101.1	103.5	91.6	99.3	108.8	98.5
2004	86.4	96.3	97.5	113.3	81.9	100.4	109.8	102.6
2005	89.1	95.9	100.7	103.5	96.4	99.8	114.2	100.1
2006	91.7	96.9	99.8	112.3	97.2	99.2	112.3	104.1
2007	96.7	94.8	100.5	108.0	102.8	99.3	108.2	105.9
2008	97.1	90.2	100.7	111.8	117.2	101.8	117.9	108.8
2009	100.6	90.4	98.4	99.3	103.5	106.1	85.1	99.2
2010	99.2	96.8	97.8	115.5	109.1	101.3	119.7	105.4
2011	96.3	100.0	101.4	120.2	109.0	102.5	113.7	105.3
2012	92.8	103.3	103.7	102.6	100.4	100.6	103.5	102.7
2013	95.9	102.8	100.9	94.2	91.2	100.0	99.6	100.6
2014	100.4	101.8	98.7	92.3	104.9	100.0	98.8	99.4
2015	97.0	101.3	100.5	94.8	105.5	100.3	82.3	98.9
2016	99.0	102.0	102.1	107.8	101.5	104.7	94.1	100.9
2017	98.8	103.1	99.8	100.8	102.9	101.4	110.4	102.6
2018	97.9	103.3	101.2	98.1	102.9	104.0	110.7	102.0
2019	97.8	102.5	102.5	108.1	101.5	104.7	96.8	100.9
2020	98.7	101.9	102.5	114.1	100.5	101.7	89.9	100.8

11-5　工业生产者价格指数

(2013-2020年，以上年为100)

项　目	2013年	2014年	2015年	2016年	2017年	2018年	2019年	2020年
一、工业生产者出厂价格指数(PPI)	**97.6**	**99**	**97.3**	**97.9**	**103.2**	**102.0**	**100.1**	**98.8**
其中：轻工业	98.4	100.2	99.1	99.1	102.5	101.2	100.3	98.9
重工业	97.2	98.4	96.4	97.5	103.4	102.2	100.0	98.7
其中：生产资料	97.2	98.5	96.3	97.5	104.2	102.3	99.4	98.4
生活资料	98.4	100	99.1	98.8	100.7	101.1	101.6	99.5
按工业行业大类分								
农副食品加工业	102.5	102.3	99.3	101.3	97.8	99.7	111.6	111.2
食品制造业	94	97.9	98.7	98.9	96.6	94.9	99.8	96.7
酒、饮料和精制茶制造业	99	101	97.3	97.4	99.9	99.9	98.2	99.0
纺织业	97.6	98.5	98.7	98.5	104.0	102.6	101.6	98.2
纺织服装、服饰业	94.5	97	100.7	96.5	97.4	100.0	103.1	98.2
皮革、毛皮、羽毛及其制品和制鞋业	102.7	102.5	100.5	100.8	100.8	102.7	100.7	98.4
木材加工和木、竹、藤、棕、草制品业	98.9	99.9	99.4	99	100.2	100.4	99.3	97.9
家具制造业	95.5	99.6	100	103	100.5	99.6	101.7	101.8
造纸和纸制品业	96.1	99.9	99.2	102.8	126.4	103.0	88.1	98.8
印刷和记录媒介复制业	102	102.1	97.9	99.6	101.7	104.9	101.2	99.6
文教、工美、体育和娱乐用品制造业	93.7	100.5	100.9	94.8	101.2	102.4	100.6	100.7
化学原料和化学制品制造业	98.3	101.5	94.9	94.9	109.1	113.5	98.5	89.8
医药制造业	97.1	98.7	98.5	98	100.6	104.3	104.2	99.3
化学纤维制造业	96.9	93	86.5	103.1	114.9	104.4	97.1	88.8
橡胶和塑料制品业	98	99.9	97.5	97.6	100.3	99.2	100.0	99.2
非金属矿物制品业	96.6	101.1	94.1	99.8	110.4	118.1	104.9	102.3
黑色金属冶炼和压延加工业	96.4	97.1	95.3	94.9	117.6	113.8	97.4	97.2
有色金属冶炼和压延加工业	92.6	94.9	93.8	99.5	119.8	101.5	97.0	102.0
金属制品业	95.7	98.5	96.6	97.4	103.5	103.5	101.8	99.9
通用设备制造业	95.7	98.5	97	98.2	103.4	103.0	101.7	98.5
专用设备制造业	102.7	99.4	95.9	99.8	100.9	101.4	100.7	99.1
汽车制造业	99.8	99.7	97.3	97.5	100.3	98.6	98.8	98.5
铁路船舶航空航天和其他运输设备制造业	98.6	99.3	98.9	99.2	102.5	99.6	99.0	98.6
电气机械和器材制造业	97.5	98.5	96.7	96.9	102.6	100.6	97.8	98.5
计算机、通信和其他电子设备制造业	101.2	97.9	93.1	98.2	99.2	98.0	97.1	96.1
仪器仪表制造业	93.8	97.7	97.4	95.2	96.7	100.5	99.5	96.4
其他制造业	99.9	98.7	98.2	98.9	104.4	100.5	100.2	101.5
废弃资源综合利用业	87.8	92.8	89.8	100.4	111.7	105.7	100.5	100.6
电力、热力生产和供应业	100.7	99.7	98.9	95.3	99.6	98.4	98.0	97.5
燃气生产和供应业	98.8	102.5	87.2	89.4	103.7	106.4	105.1	94.2
水的生产和供应业	100	100	100	102.7	107.9	102.0	100.0	96.0
二、工业生产者购进价格指数(IPI)	**97.1**	**98**	**95.1**	**98.4**	**108.2**	**103.9**	**97.3**	**97.3**
燃料、动力类	94.3	97.2	91	97.5	103.0	100.7	99.4	99.2
黑色金属材料类	95.9	95.6	92.4	96.1	118.0	107.1	97.9	98.8
有色金属材料及电线类	96.4	95.3	92.3	98	115.2	103.4	95.5	100.1
化工原料类	96.8	98.6	94.6	98.5	109.3	104.4	93.6	93.1
木材及纸浆类	98.9	100.8	99.4	99.6	111.9	103.8	96.2	99.2
建筑材料及非金属类	97.9	102.9	97.8	94.8	117.5	119.1	103.8	99.7
其他工业原材料及半成品类	97.3	97.3	97.5	99.2	104.1	102.4	97.8	97.2
农副产品类	101.3	100	98.8	101.4	103.2	101.9	108.3	105.9
纺织原料类	99.2	99.6	97.6	99.5	106.3	105.4	96.5	93.2

注：2018年起，工业行业划分标准的依据是《国民经济行业分类》(GB/T4754-2017)。

主要统计指标解释

居民消费价格指数 居民消费价格是指城乡居民支付生活消费品和服务项目消费的价格，是社会产品和服务项目的最终价格。居民消费价格指数是度量一组具有代表性的消费商品及服务项目价格水平随着时间而变动的相对数，反映居民家庭购买的消费品及服务价格水平的变动情况。它是宏观经济分析和决策、价格总水平监测和调控以及国民经济核算的重要指标。调查内容包括食品烟酒、衣着、居住、生活用品及服务、交通及通信、教育文化和娱乐、医疗保健、其他用品和服务 8 大类的商品及服务项目。编制居民消费价格指数共设 262 个基本分类，每个分类设置 2-10 个代表规格品，代表规格品 846 种，采用加权算术平均公式计算指数。计算指数的价格来源于各采价点，权数根据住户调查中居民的实际消费构成每 5 年调整。

商品零售价格指数 商品零售价格是商品在流通过程中最后一个环节的价格，指工业、商业、餐饮业和其他零售企业向城乡居民、机关团体出售生活消费品和办公用品的价格。商品零售价格指数是指反映一定时期内商品零售价格变动趋势和变动程度的相对数。调查内容包括即食品、饮料烟酒、服装鞋帽、纺织品、家用电器及音像器材、文化办公用品、日用品、体育娱乐用品、交通通信用品、家具、化妆品、金银珠宝、中西药品及医疗保健用品、书报杂志及电子出版物、燃料、建筑材料及五金电料 16 大类，编制商品零售价格指数共设 229 个基本分类，代表规格品 738 种，采用加权算术平均公式计算指数。计算指数的价格来源于各采价点(即商场、商店、农贸市场等)，权数根据批发零售贸易统计中的相关资料和典型调查资料每 5 年调整。

工业生产者出厂价格指数 工业生产者出厂价格是指工业产品第一次出售时的出厂价格，工业生产者出厂价格指数是以出厂代表产品的价格变动来反映全部出厂产品的价格变化趋势和变动幅度。编制工业生产者出厂价格指数共设 31 大类行业。

工业生产者购进价格指数 工业生产者购进价格是指企业作为中间投入的原材料、燃料、动力购进价格。工业生产者购进价格指数是以购进代表产品的价格变动来反映全部购进产品的价格变化趋势和变动幅度。编制工业生产者购进价格指数共设 9 大类。

12

人民生活

People's Livelihood

12-1　分行业在岗职工工资总额

单位：万元

行　　业	2020年
总　　计	**7413216**
按国民经济行业分	
农、林、牧、渔业	
采矿业	3017
制造业	4479018
电力、热力、燃气及水生产和供应业	131953
建筑业	1681680
批发和零售业	361502
交通运输、仓储和邮政业	162013
住宿和餐饮业	73260
信息传输、软件和信息技术服务业	77218
金融业	
房地产业	164659
租赁和商务服务业	142937
科学研究、技术服务业	60640
水利、环境和公共设施管理业	22943
居民服务、修理和其他服务业	22167
教　育	2559
卫生和社会工作	18132
文化、体育和娱乐业	9519
公共管理、社会保障和社会组织	

注：本表统计范围为辖区内规模以上工业、有资质的建筑业、限额以上批发和零售业、限额以上住宿和餐饮业、有开发经营活动的全部房地产开发经营业、规模以上服务业法人单位。

12-2 分行业在岗职工平均工资

单位：元

行　　业	2020年
总　　计	**67568**
按国民经济行业分	
农、林、牧、渔业	
采矿业	68874
制造业	67837
电力、热力、燃气及水生产和供应业	150615
建筑业	59540
批发和零售业	73621
交通运输、仓储和邮政业	84219
住宿和餐饮业	48140
信息传输、软件和信息技术服务业	130812
金融业	
房地产业	97976
租赁和商务服务业	64880
科学研究、技术服务业	127074
水利、环境和公共设施管理业	57894
居民服务、修理和其他服务业	56048
教　育	65943
卫生和社会工作	77821
文化、体育和娱乐业	62056
公共管理、社会保障和社会组织	

注：本表统计范围为辖区内规模以上工业、有资质的建筑业、限额以上批发和零售业、限额以上住宿和餐饮业、有开发经营活动的全部房地产开发经营业、规模以上服务业法人单位。

 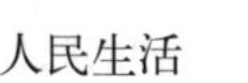 

12-3 全体居民家庭人均可支配收入和消费支出情况

(2013–2020年)

单位：元

指标名称	2013年	2014年	2015年	2016年	2017年	2018年	2019年	2020年
人均可支配收入	**28215**	**30950**	**33788**	**36915**	**40439**	**43973**	**47988**	**50643**
工资性收入	16868	18652	20493	22324	24505	26572	28879	30130
经营净收入	5618	5997	6365	6869	7446	8069	8783	9480
财产净收入	2978	3281	3627	4039	4402	4814	5310	5711
转移净收入	2751	3019	3302	3684	4086	4518	5016	5322
人均消费支出	**19502**	**21641**	**23822**	**25143**	**27129**	**29421**	**31768**	**30969**
食品烟酒	5925	6526	7085	7426	7890	8489	9092	9073
食　品	3971	4356	4738	5000	5229	5547	5894	5879
烟　酒	629	692	756	794	853	895	950	947
衣　着	1553	1723	1888	1951	2054	2210	2361	2282
居　住	4623	5133	5678	5863	6408	6957	7479	7357
生活用品及服务	1123	1272	1401	1457	1579	1700	1833	1793
交通通信	3110	3480	3850	4174	4515	4917	5333	5051
交　通	2356	2689	2986	3234	3631	3920	4302	4016
通　信	754	791	864	940	885	998	1030	1035
教育文化娱乐	1626	1790	2029	2256	2519	2778	3078	2935
教　育	993	1082	1189	1365	1480	1672	1845	1789
文化娱乐	634	708	840	890	1039	1107	1233	1146
医疗保健	1045	1167	1289	1382	1499	1659	1820	1754
其他用品及服务	497	550	602	635	665	711	771	724

12-4 主要年份城乡居民家庭人均收支情况

(1990-2020年)

单位：元

年份	全市城镇常住居民		市区城镇常住居民		全市农村常住居民	
	人均可支配收入	人均消费支出	人均可支配收入	人均消费支出	人均可支配收入	人均消费支出
1990	1595	1476	1528	1236		
1991	1938	1862	1991	1688		
1992	2307	2293	2348	2157		
1993	3514	3096	3697	2943		
1994	4960	4111	5355	3915		
1995	6489	5636	7088	5397		
1996	6793	5826	7487	5647		
1997	7221	6869	8062	6312	3836	
1998	7761	7305	8684	7393	4169	
1999	8189	7370	9052	7306	4378	
2000	8728	7493	9465	7372	4668	
2001	10105	8543	10724	8612	5032	
2002	11639	9564	12782	9857	5401	
2003	13404	10532	14983	10795	5823	4548
2004	15870	11892	17176	12968	6529	4672
2005	17132	13380	18890	14330	7269	6010
2006	18749	14052	20582	15360	8006	6544
2007	20626	15726	22946	15565	9053	7749
2008	22395	16425	24943	15614	9975	8466
2009	24061	17732	26705	17364	10873	8864
2010	26802	19401	29484	19499	12287	9655
2011	30030	21430	33140	22502	14244	11332
2012	33467	22333	37058	24014	15829	12117
2013	36480	24031	40356	25983	17523	13643
2014	39763	26458	44082	28698	19362	15307
2015	43266	28892	47990	31448	21225	17102
2016	47162	30021	52318	33462	23164	18598
2017	51374	32514	57032	35809	25369	19709
2018	55705	35100	61779	38266	27631	21510
2019	60351	37616	67041	40794	30221	23364
2020	62598	36131	69488	39300	32188	23001

注：2013年起住户调查方法制度进行城乡一体化改革，2012年及以前年份数据依据改革后新调查口径推算所得，下同。

12-5 城镇居民家庭人均可支配收入和消费支出情况

(2013-2020年)

单位：元

指标名称	2013年	2014年	2015年	2016年	2017年	2018年	2019年	2020年
人均可支配收入	**36480**	**39763**	**43266**	**47162**	**51374**	**55705**	**60351**	**62598**
工资性收入	21045	23149	25402	27644	30247	32684	35260	36226
经营净收入	6974	7365	7699	8241	8856	9579	10359	11022
财产净收入	4596	5033	5548	6167	6651	7244	7909	8290
转移净收入	3864	4216	4617	5111	5621	6198	6824	7061
人均消费支出	**24031**	**26458**	**28892**	**30021**	**32514**	**35100**	**37616**	**36131**
食品烟酒	7125	7802	8457	8796	9402	10058	10713	10564
食 品	4628	5043	5476	5741	6019	6326	6685	6603
烟 酒	665	726	790	819	879	914	968	959
衣 着	2042	2257	2463	2507	2623	2814	2981	2844
居 住	5817	6393	6994	7079	7798	8426	8981	8685
生活用品及服务	1443	1628	1782	1848	2014	2159	2314	2226
交通通信	3934	4351	4690	4890	5271	5729	6137	5695
交 通	3081	3464	3719	3846	4293	4599	4984	4541
通 信	853	887	971	1044	978	1130	1153	1154
教育文化娱乐	1914	2084	2372	2631	2968	3256	3591	3382
教 育	1053	1131	1232	1434	1567	1761	1944	1869
文化娱乐	861	953	1140	1197	1401	1495	1647	1513
医疗保健	1087	1204	1323	1421	1562	1725	1894	1805
其他用品及服务	669	739	811	849	876	933	1005	930

12-6 农村居民家庭人均可支配收入和消费支出情况

(2013-2020年)

单位：元

指标名称	2013年	2014年	2015年	2016年	2017年	2018年	2019年	2020年
人均可支配收入	**17523**	**19362**	**21225**	**23164**	**25369**	**27631**	**30221**	**32188**
工资性收入	11466	12739	13986	15185	16591	18057	19709	20721
经营净收入	3862	4198	4598	5027	5504	5966	6519	7100
财产净收入	884	978	1081	1183	1303	1430	1576	1729
转移净收入	1311	1446	1560	1769	1970	2178	2417	2638
人均消费支出	**13643**	**15307**	**17102**	**18598**	**19709**	**21510**	**23364**	**23001**
食品烟酒	4372	4849	5266	5587	5807	6303	6763	6770
食 品	3121	3453	3760	4005	4139	4462	4758	4762
烟 酒	582	647	711	760	816	869	923	928
衣 着	919	1022	1127	1205	1270	1368	1471	1415
居 住	3078	3475	3934	4231	4493	4910	5320	5308
生活用品及服务	708	803	895	933	979	1061	1142	1125
交通通信	2045	2335	2737	3213	3474	3787	4177	4056
交 通	1419	1670	2015	2412	2718	2973	3323	3205
通 信	626	665	722	801	756	814	854	851
教育文化娱乐	1254	1403	1573	1753	1900	2113	2342	2245
教 育	914	1018	1131	1274	1360	1546	1704	1666
文化娱乐	340	386	442	479	540	567	638	579
医疗保健	991	1119	1244	1328	1412	1566	1715	1675
其他用品及服务	275	301	326	348	374	402	435	407

12-7 全体居民家庭住房和耐用消费品情况

(2013-2020年)

指标名称		2013年	2014年	2015年	2016年	2017年	2018年	2019年	2020年
平均每户家庭人口数	**(人)**	**2.91**	**2.96**	**3.00**	**3.01**	**3.03**	**3.04**	**3.08**	**3.10**
人均现住房建筑面积	**(平方米)**	**48.3**	**49.0**	**51.4**	**52.5**	**52.7**	**54.0**	**54.7**	**55.0**
每百户耐用消费品拥有量									
家用汽车	(辆)	34	39	41	45	49	57	58	62
摩托车	(辆)	25	29	26	23	20	15	12	12
助力车	(辆)	68	74	81	87	91	91	101	101
洗衣机	(台)	76	81	86	87	89	91	94	97
电冰箱(柜)	(台)	91	96	98	99	101	104	107	107
彩色电视机	(台)	166	173	179	181	184	184	185	186
空　调	(台)	124	136	148	152	158	177	182	186
热水器	(台)	84	92	98	100	103	104	105	109
排油烟机	(台)	63	68	72	75	78	80	83	85
固定电话	(部)	49	49	46	41	37	31	29	24
移动电话	(部)	214	227	233	235	240	250	251	254
计算机	(台)	73	80	86	88	89	82	81	84
照相机	(架)	29	31	30	27	24	17	16	16

12-8 城镇居民家庭住房和耐用消费品情况

(2013-2020年)

指标名称		2013年	2014年	2015年	2016年	2017年	2018年	2019年	2020年
平均每户家庭人口数	**(人)**	**2.89**	**2.95**	**2.99**	**3.00**	**3.01**	**3.03**	**3.06**	**3.05**
人均现住房建筑面积	**(平方米)**	**46.2**	**46.9**	**48.4**	**48.8**	**49.1**	**50.8**	**51.3**	**51.9**
每百户耐用消费品拥有量									
家用汽车	(辆)	43	49	51	54	57	65	66	69
摩托车	(辆)	24	28	24	20	16	13	11	11
助力车	(辆)	61	67	74	78	82	84	93	94
洗衣机	(台)	85	90	95	96	97	97	100	102
电冰箱(柜)	(台)	96	99	101	101	103	105	107	107
彩色电视机	(台)	183	190	196	197	198	192	190	191
空　调	(台)	164	177	191	195	199	214	215	215
热水器	(台)	93	102	108	110	112	112	113	115
排油烟机	(台)	75	82	87	90	92	91	92	93
固定电话	(部)	54	53	51	46	41	36	33	28
移动电话	(部)	226	237	242	245	249	256	257	258
计算机	(台)	92	97	104	105	105	98	96	98
照相机	(架)	42	44	43	40	37	25	24	22

12-9　农村居民家庭住房和耐用消费品情况

(2013-2020年)

指标名称		2013年	2014年	2015年	2016年	2017年	2018年	2019年	2020年
平均每户家庭人口数	**（人）**	**2.93**	**2.98**	**3.02**	**3.03**	**3.05**	**3.07**	**3.10**	**3.16**
人均现住房建筑面积	**（平方米）**	**51.1**	**51.7**	**55.5**	**57.4**	**57.8**	**58.5**	**59.6**	**59.7**
每百户耐用消费品拥有量									
家用汽车	（辆）	22	26	29	34	39	44	47	51
摩托车	（辆）	26	31	28	28	25	18	14	14
助力车	（辆）	77	84	91	100	104	101	111	113
洗衣机	（台）	65	70	73	76	78	83	85	89
电冰箱(柜)	（台）	84	91	94	96	97	102	106	106
彩色电视机	（台）	143	151	156	159	165	173	178	178
空　调	（台）	73	83	92	94	102	125	135	140
热水器	（台）	73	80	85	86	90	92	94	98
排油烟机	（台）	47	50	53	54	58	64	70	72
固定电话	（部）	43	44	39	35	31	24	23	18
移动电话	（部）	199	214	221	222	228	242	244	248
计算机	（台）	48	57	62	65	68	60	58	63
照相机	（架）	12	13	12	8	7	6	6	5

12-10　市区全体居民家庭人均可支配收入和消费支出情况

(2013-2020年)　　单位：元

指标名称	2013年	2014年	2015年	2016年	2017年	2018年	2019年	2020年
人均可支配收入	**31781**	**34903**	**38083**	**41654**	**45720**	**49707**	**54177**	**57129**
工资性收入	18582	20374	22481	24182	26559	28791	31354	32759
经营净收入	6110	6629	7105	7369	7969	8688	9482	10088
财产净收入	3981	4402	4864	5657	6209	6718	7371	7756
转移净收入	3108	3497	3633	4446	4984	5510	5969	6526
人均消费支出	**21321**	**23663**	**26062**	**27950**	**30070**	**32299**	**34632**	**33692**
食品烟酒	6527	7213	7877	8271	8805	9384	10052	9732
食　品	4336	4773	5200	5464	5760	6184	6699	6907
烟　酒	666	736	806	822	858	920	931	741
衣　着	1812	2008	2219	2296	2479	2656	2838	2772
居　住	4964	5492	5923	6303	6717	7250	7691	7488
生活用品及服务	1240	1369	1503	1629	1769	1901	2042	2050
交通通信	3381	3848	4343	4822	5225	5584	5988	5902
交　通	2508	2886	3313	3732	4311	4596	4973	4869
通　信	873	961	1030	1089	914	987	1015	1033
教育文化娱乐	1779	1962	2213	2511	2790	3028	3311	3101
教　育	1033	1130	1177	1308	1542	1675	1806	1906
文化娱乐	745	832	1036	1202	1249	1353	1505	1195
医疗保健	900	986	1099	1165	1257	1387	1521	1511
其他用品及服务	719	786	884	953	1027	1109	1190	1136

12-11 市区城镇居民家庭人均可支配收入和消费支出情况

(2013-2020年)

单位：元

指标名称	2013年	2014年	2015年	2016年	2017年	2018年	2019年	2020年
人均可支配收入	**40356**	**44082**	**47990**	**52318**	**57032**	**61779**	**67041**	**69488**
工资性收入	22837	24828	27352	29263	31995	34510	37394	38436
经营净收入	7123	7722	8239	8341	8938	9761	10680	11221
财产净收入	5794	6374	7039	8235	8951	9662	10548	10889
转移净收入	4602	5158	5361	6479	7149	7846	8419	8942
人均消费支出	**25983**	**28698**	**31448**	**33462**	**35809**	**38266**	**40794**	**39300**
食品烟酒	7938	8755	9515	9879	10473	11097	11837	11323
食　品	5161	5587	6056	6284	6607	7078	7557	7897
烟　酒	735	841	915	943	970	1039	1038	783
衣　着	2338	2576	2829	2908	3120	3320	3534	3423
居　住	5945	6527	7027	7453	7941	8567	9008	8674
生活用品及服务	1588	1746	1894	2050	2216	2367	2533	2508
交通通信	4060	4603	5135	5637	6003	6343	6742	6617
交　通	2957	3396	3871	4316	4948	5214	5589	5445
通　信	1102	1206	1264	1322	1055	1130	1153	1172
教育文化娱乐	2097	2293	2597	2929	3261	3531	3855	3585
教　育	1153	1253	1277	1409	1685	1832	1957	2047
文化娱乐	944	1040	1320	1521	1576	1699	1898	1538
医疗保健	1060	1159	1291	1358	1458	1604	1757	1734
其他用品及服务	958	1039	1160	1248	1337	1437	1529	1436

12-12 市区农村居民家庭人均可支配收入和消费支出情况

(2013-2020年)

单位：元

指标名称	2013年	2014年	2015年	2016年	2017年	2018年	2019年	2020年
人均可支配收入	**18607**	**20544**	**22446**	**24592**	**27059**	**29626**	**32374**	**34480**
工资性收入	12046	13408	14793	16053	17593	19278	21118	22356
经营净收入	4555	4920	5316	5814	6369	6902	7453	8012
财产净收入	1195	1318	1430	1533	1684	1822	1986	2016
转移净收入	811	898	907	1193	1412	1625	1816	2097
人均消费支出	**14160**	**15788**	**17560**	**19131**	**20602**	**22373**	**24189**	**23415**
食品烟酒	4360	4802	5292	5698	6054	6534	7028	6817
食　品	3218	3501	3850	4153	4364	4695	5244	5093
烟　酒	539	573	634	628	673	722	749	664
衣　着	1005	1118	1257	1318	1420	1552	1658	1579
居　住	3456	3872	4181	4464	4699	5060	5459	5313
生活用品及服务	706	778	886	955	1031	1127	1210	1211
交通通信	2338	2667	3094	3517	3942	4320	4709	4591
交　通	1814	2089	2434	2799	3260	3569	3929	3813
通　信	525	578	661	718	681	751	780	778
教育文化娱乐	1290	1444	1607	1841	2013	2191	2390	2214
教　育	846	937	1019	1148	1305	1414	1551	1647
文化娱乐	444	506	588	693	708	777	839	566
医疗保健	654	715	796	856	925	1025	1120	1104
其他用品及服务	352	390	448	481	516	564	615	587

12-13 市区全体居民家庭住房和耐用消费品情况

(2013-2020年)

指标名称		2013年	2014年	2015年	2016年	2017年	2018年	2019年	2020年
平均每户家庭人口数	**(人)**	**3.11**	**3.08**	**3.13**	**3.09**	**3.10**	**3.12**	**3.22**	**3.19**
人均现住房建筑面积	**(平方米)**	**45.1**	**46.1**	**48.1**	**51.6**	**51.8**	**51.5**	**52.0**	**52.6**
每百户耐用消费品拥有量									
家用汽车	(辆)	49	54	57	61	66	68	67	71
摩托车	(辆)	23	24	22	20	17	15	13	13
助力车	(辆)	65	70	74	79	84	82	83	84
洗衣机	(台)	81	84	89	92	94	96	97	99
电冰箱(柜)	(台)	92	96	99	102	104	106	107	107
彩色电视机	(台)	187	191	193	194	197	195	196	194
空　调	(台)	154	165	178	181	183	187	192	194
热水器	(台)	101	104	109	109	111	112	114	115
排油烟机	(台)	71	75	79	81	85	87	88	90
固定电话	(部)	57	52	53	49	43	39	40	38
移动电话	(部)	223	239	246	250	252	257	259	261
计算机	(台)	88	95	101	102	101	98	98	98
照相机	(架)	36	37	36	33	33	30	30	28

12-14 市区城镇居民家庭住房和耐用消费品情况

(2013-2020年)

指标名称		2013年	2014年	2015年	2016年	2017年	2018年	2019年	2020年
平均每户家庭人口数	**(人)**	**2.97**	**2.99**	**3.03**	**3.06**	**3.08**	**3.07**	**3.23**	**3.20**
人均现住房建筑面积	**(平方米)**	**42.7**	**43.3**	**45.6**	**47.6**	**48.5**	**48.4**	**48.8**	**49.2**
每百户耐用消费品拥有量									
家用汽车	(辆)	58	63	64	69	73	76	77	78
摩托车	(辆)	21	22	20	16	16	13	11	10
助力车	(辆)	61	66	72	76	81	76	77	78
洗衣机	(台)	88	92	98	99	100	101	103	104
电冰箱(柜)	(台)	95	99	103	104	108	109	111	111
彩色电视机	(台)	202	207	205	205	209	205	208	204
空　调	(台)	188	202	216	217	216	218	223	223
热水器	(台)	109	112	115	114	117	117	119	119
排油烟机	(台)	79	83	88	88	91	92	93	94
固定电话	(部)	63	57	60	56	48	42	44	42
移动电话	(部)	233	244	252	254	259	262	265	267
计算机	(台)	101	109	115	116	113	110	111	110
照相机	(架)	52	53	47	42	43	39	39	36

12-15 市区农村居民家庭住房和耐用消费品情况

(2013-2020年)

指标名称		2013年	2014年	2015年	2016年	2017年	2018年	2019年	2020年
平均每户家庭人口数	**(人)**	**3.31**	**3.21**	**3.29**	**3.14**	**3.13**	**3.20**	**3.20**	**3.18**
人均现住房建筑面积	**(平方米)**	**48.9**	**50.5**	**52.0**	**58.0**	**57.2**	**56.6**	**57.5**	**58.8**
每百户耐用消费品拥有量									
家用汽车	(辆)	36	41	45	49	54	55	51	57
摩托车	(辆)	26	28	25	25	19	18	17	17
助力车	(辆)	72	75	78	85	89	93	94	94
洗衣机	(台)	70	73	75	80	83	87	89	90
电冰箱(柜)	(台)	86	91	94	99	98	99	102	101
彩色电视机	(台)	165	166	174	177	177	178	178	176
空　调	(台)	101	108	119	123	130	135	139	141
热水器	(台)	88	91	98	102	101	103	106	106
排油烟机	(台)	58	62	66	70	75	78	80	81
固定电话	(部)	48	44	43	38	35	33	34	32
移动电话	(部)	209	230	237	244	241	247	249	248
计算机	(台)	68	73	79	80	81	78	77	76
照相机	(架)	12	14	18	17	16	15	14	13

12-16 各县市区城镇常住居民人均可支配收入

(2006-2020年)

单位：元

年　份	全　市	市　区				三门县	天台县	仙居县	温岭市	临海市	玉环市
			椒江区	黄岩区	路桥区						
2006	18749	20582	19715	18398	25080	13732	13988	12513	20634	16307	23987
2007	20626	22946	22236	20090	26914	15485	15626	14184	22533	18135	25717
2008	22395	24943	24491	21908	29067	17327	17638	15583	24348	19700	27309
2009	24061	26705	26360	23870	30395	18864	19051	17039	26206	21314	28414
2010	26802	29484	29276	26270	32938	21026	21258	19198	28569	24627	32884
2011	30030	33140	33018	29441	36919	23521	24000	21401	31593	27386	36664
2012	33467	37058	37394	32842	40641	26222	26676	23802	34763	30735	40608
2013	36480	40356	40722	35963	44055	28818	29291	26134	37995	33348	44019
2014	39763	44082	44101	39404	48416	31805	32257	28526	41225	36488	47761
2015	43266	47990	47993	43048	52587	34771	35276	31201	44743	39676	51586
2016	47162	52318	52563	47180	56840	37908	38526	34072	48941	43332	55979
2017	51374	57032	56949	51609	62286	41156	41928	37127	53178	47309	61057
2018	55705	61779	61532	55861	67703	44933	45265	40506	57793	51520	66027
2019	60351	67041	66899	60963	72982	48875	48984	43940	62948	55915	71344
2020	62598	67041	69053	63103	76052	50538	50746	45741	65277	58319	74492

12-17 各县市区农村常住居民人均可支配收入

(1997-2020年)

单位：元

年 份	全 市	市 区				三门县	天台县	仙居县	温岭市	临海市	玉环市
			椒江区	黄岩区	路桥区						
1997	3836		4239	3812	4068	2772	3193	2651	5046	3161	3834
1998	4169		4918	4270	4540	3018	3355	2771	5385	3484	5180
1999	4378		5254	4526	5072	3285	3526	2931	5748	3967	5445
2000	4668		5621	4894	5454	3588	3786	3080	5999	4304	5924
2001	5032		5966	5220	5765	3950	4125	3242	6328	4665	6425
2002	5401		6336	5680	6172	4226	4358	3439	6662	4963	6885
2003	5823		6723	6145	6669	4627	4714	3719	7052	5311	7479
2004	6529	7131	7530	6664	7549	5163	5115	4025	7552	5943	8298
2005	7269	7920	8166	7132	8470	5801	5576	4811	8081	6482	8923
2006	8006	8799	8841	7811	9406	6653	6132	5354	8734	7580	9586
2007	9053	9966	9958	9050	10842	7574	6902	6211	10017	8839	10612
2008	9975	10922	10876	9998	11827	8594	7876	7010	11073	9883	11654
2009	10873	11855	11767	10978	12790	9413	8654	7751	12099	10851	12620
2010	12287	13148	13135	12195	14098	10597	9901	8916	13846	12271	14659
2011	14244	15108	15009	14289	16176	12287	11583	10421	16037	14157	17033
2012	15829	16824	16757	15954	17906	13695	12923	11626	17794	15736	18898
2013	17523	18607	18533	17629	19841	15201	14306	12929	19681	17404	20940
2014	19362	20544	20527	19477	21825	17040	15765	14398	21786	19180	22950
2015	21225	22446	22386	21338	23823	18788	17401	15930	23739	20973	25171
2016	23164	24592	24419	23404	26182	20428	18947	17453	25922	22932	27446
2017	25369	27059	26857	25834	28750	22241	20697	19129	28412	25052	29996
2018	27631	29626	29394	28276	31534	24313	22468	20970	30743	27418	32453
2019	30221	32374	32007	30992	34501	26601	24644	22962	33842	30131	35340
2020	32188	32374	33872	33102	36888	28309	26370	24454	36244	32150	37645

12-18 各县市区城镇常住居民人均消费支出

(2007-2020年)　　单位：元

年　份	全　市	市　区				三门县	天台县	仙居县	温岭市	临海市	玉环市
			椒江区	黄岩区	路桥区						
2007	15726	15565	17474	15738	15272	11349	12126	10075	17300	15319	21579
2008	16425	15614	17754	15446	16600	11961	12812	10181	18674	15998	22683
2009	17732	17364	19799	17807	17464	12404	13278	11729	19982	16980	23163
2010	19401	19499	22443	19801	17689	13316	15574	13281	21156	20319	23171
2011	21430	22502	23565	22342	20549	14629	17229	13945	23728	20686	26617
2012	22333	24014	25082	24307	22027	15633	17616	14552	25051	20989	27307
2013	24031	25983	27239	26875	23815	16774	19289	17175	27180	21727	29274
2014	26458	28698	30099	29509	26449	18904	21179	19116	29871	24161	32113
2015	28892	31448	32718	32637	28988	20511	23064	21066	32732	26529	34018
2016	30021	33462	34747	33528	32032	22275	23871	22941	34193	29182	36954
2017	32514	35809	37839	34333	34982	24177	25327	24958	36467	31517	39861
2018	35100	38266	40715	35535	38206	26219	26467	27053	39311	34271	42852
2019	37616	40794	43503	37603	40886	28213	28337	29152	42241	36825	45820
2020	36131	40794	42641	35138	39618	27218	27518	27098	41086	34646	43046

12-19 各县市区农村常住居民人均消费支出

(2007-2020年)　　单位：元

年　份	全　市	市　区				三门县	天台县	仙居县	温岭市	临海市	玉环市
			椒江区	黄岩区	路桥区						
2007	7749	8519	9627	6490	9213	5829	5600	5607	7759	8601	8977
2008	8466	9261	10421	6503	10491	6389	6006	6765	7984	9215	10425
2009	8864	8918	9275	6922	10313	6937	6288	7677	8617	10512	11204
2010	9655	10031	11624	7581	10592	7677	8214	8181	9693	9624	11788
2011	11332	11836	13374	10149	12308	9721	9625	9146	11206	12526	12198
2012	12117	12584	13818	10817	13048	10180	10406	9503	12786	12794	13487
2013	13643	14160	15765	12130	14872	11074	11384	10947	14526	14002	14783
2014	15307	15788	17751	13537	16391	12580	12591	12437	16327	15752	16512
2015	17102	17560	20147	15067	17800	13851	13787	13818	18194	17485	18223
2016	18598	19131	21497	16533	19723	15034	14518	15158	19619	19076	19927
2017	19929	20602	23423	17773	21010	16303	15456	16233	21102	20182	21540
2018	21510	22373	25564	19008	23075	17647	16445	17735	22685	22029	23176
2019	23364	24189	27530	20570	25049	19053	17708	19214	24722	23969	25125
2020	23001	24189	26030	20224	24579	18937	17120	18508	24778	24116	24453

主要统计指标解释

工资总额

指本单位在报告期内直接支付给本单位全部在岗职工的劳动报酬总额。工资总额不论是计入成本的还是不计入成本的，不论是以货币形式支付的还是以实物形式支付的，均应列入工资总额的计算范围。

工资总额是税前工资，包括单位从个人工资中直接为其代扣或代缴的个人所得税、社会保险基金和住房公积金等个人缴纳部分，以及房费、水电费等。工资总额应包含：

（1）基本工资：也可称为标准工资、合同工资、谈判工资。指本单位在报告期内（年度）支付给本单位在岗职工的按照法定工作时间提供正常工作的劳动报酬。各单位给个人确定的底薪可作为基本工资。包括工龄工资。基本工资不含定时、定额发放的各种奖金、各种津贴和补贴、加班工资，也不包括补发的上一年度的基本工资。

（2）绩效工资：也可称为效益工资、业绩工资。指根据本单位利润增长和员工工作业绩定期支付给本单位在岗职工的奖金；支付给本单位从业人员的超额劳动报酬和增收节支的劳动报酬。具体包括：值加班工资、绩效奖金（如年度、季度、月度等）、全勤奖、生产奖、节约奖、劳动竞赛奖和其他名目的奖金；以及某工作事项完成后的提成工资、年底双薪等。但不包括入股分红、股权激励兑现的钱和各种资本性收益。

（3）工资性津贴和补贴：指本单位制定的员工相关工资政策中，为补偿本单位在岗职工特殊或额外的劳动消耗和因其他特殊原因支付的津贴，以及为保证其工资水平不受物价影响而支付的物价补贴。具体包括：补偿特殊或额外劳动消耗的津贴及岗位性津贴、保健性津贴、技术性津贴、地区津贴和其他津贴。如：过节费、通讯补贴、交通补贴、公车改革补贴、不休假补贴、无食堂补贴、单位发给员工的可自行支配的住房补贴以及为员工缴纳的各种商业性保险等。上述各种项目既包括货币性质的，也包括实物性质的和各种形式的充值卡、购物卡（券）等。

（4）其他工资：指上述基本工资、绩效工资、工资性津贴和补贴三类工资均不能包括的发给在岗职工的工资，如补发上一年度的工资等。

城市建设和环境保护

City Construction and Environment Protection

13-1 城市和县城建设基本情况(一)

(2000-2020年)

年 份	建成区面 积(平方公里)	城市维护建设资金支出(亿元)	全年供水总量(万吨)	#居民家庭用 水 量	用 水普及率(%)
2000	133.55	10.31	14184	4604	80.67
2001	152.84	14.76	16310	5834	92.84
2002	168.40	20.34	17860	6639	92.89
2003	190.67	28.06	19448	7427	92.41
2004	209.89	20.90	20116	8434	93.92
2005	219.85	16.78	22135	9484	95.00
2006	231.37	14.29	19519	7762	98.48
2007	235.96	16.81	21777	8366	99.04
2008	243.39	21.94	21077	8592	98.19
2009	247.05	25.14	22717	9725	99.12
2010	249.97	44.64	24205	10631	99.36
2011	251.89	38.98	24942	11504	100
2012	254.22	37.67	25520	11393	100
2013	256.13	47.98	26589	12351	100
2014	269.67	39.81	27721	13003	100
2015	285.60	44.35	29086	13699	100
2016	289.72	40.75	31081	14756	100
2017	296.95		32787	18878	100
2018	301.47		32561	16028	100
2019	311.70		34387	16577	100
2020	318.63		35746	17165	100

注：统计范围为2005年及以前为行政区域内镇和街道，2006年起仅包括临海、温岭两市为城市规划区，其他县为县政府所在地建制镇或街道。

13-2 城市和县城建设基本情况(二)

(2000-2020年)

年 份	排水管道长度(公里)	建成区排水管道密度(公里/平方公里)	铺设道路面积(万平方米)	人均城市道路面积(平方米)	公共汽车总数(辆)
2000	1040	7.79	1781		816
2001	1275	8.34	2079		691
2002	1485	8.82	2411		842
2003	1906	10.00	2800		853
2004	2081	9.91	3147		969
2005	2240	10.19	3387		1110
2006	2169	9.37	3575	16.06	1128
2007	2451	10.39	3843	16.75	1207
2008	2758	11.33	4052	16.64	1518
2009	2988	12.09	4295	20.27	1358
2010	3205	12.82	4444	20.87	1477
2011	3489	13.85	4777	22.43	1506
2012	3626	14.26	4895	22.84	1613
2013	3812	14.88	5090	23.64	1962
2014	4139	15.35	5093	23.52	1840
2015	4401	15.41	5170	23.63	1955
2016	4590	15.84	5304	24.11	2048
2017	5274	8.87	4891	21.76	2430
2018	5551	9.01	5372	23.27	2817
2019	5365	12.22	5517	23.56	3086
2020	6418	15.23	5884	22.15	3407

注：统计范围为2005年及以前为行政区域内镇和街道，2006年起仅包括临海、温岭两市为城市规划区，其他县为县政府所在地建制镇或街道。

13-3　城市和县城建设基本情况(三)

(2000-2020年)

年 份	绿化覆盖面　积(公顷)	园林绿地面　积(公顷)	公园绿地面　积(公顷)	人均公园绿地面积(平方米)	公园个数(个)	公园面积(公顷)
2000	3247	2154	472	2.32	36	388
2001	3766	2672	537	2.38	39	402
2002	4324	3168	678	2.95	57	489
2003	5164	3810	909	3.85	75	628
2004	5876	4312	1071	4.45	84	714
2005	6208	4639	1175	4.85	96	851
2006	6700	4813	1194	5.36	97	872
2007	7435	5569	1335	5.82	118	1068
2008	9421	8403	1815	7.45	129	1411
2009	9712	8738	2075	9.80	132	1632
2010	10396	9502	2158	10.14	137	1806
2011	10417	9767	2217	10.41	138	1838
2012	10702	9604	2374	11.08	141	1925
2013	11196	10392	2558	11.88	144	2071
2014	12522	11470	2715	12.54	152	2187
2015	12899	11796	2795	12.78	160	2279
2016	13148	12091	2883	13.10	161	2311
2017	14752	13651	3304	14.70	177	2589
2018	13789	13151	3740	16.20	166	2921
2019	14146	13061	3383	14.45	171	2789
2020	14568	13510	3650	13.74	183	2804

注：统计范围为2005年及以前为行政区域内镇和街道，2006年起仅包括临海、温岭两市为城市规划区，其他县为县政府所在地建制镇或街道。公园绿地面积和人均公园绿地面积2005年及以前分别为公共绿地面积和人均公共绿地面积。

13-4 废水排放和处理情况

(1990-2020年)

年 份	工业废水排放量(万吨)	工业废水中有害物质含量(吨)						
		#六价铬	#砷	#铅	#挥发酚	#氰化物	#石油类	#化学需氧量(万吨)
1990	5313	1.22	0.19	0.70	8.07	8.23	30.51	1.90
1991	3718	1.65	0.02	0.32	4.54	7.56	1.76	27.65
1992	3560	1.60	0.21	0.05	10.24	4.77	2.50	2.10
1993	3407	1.95		0.06	2.51	2.03	9.90	1.80
1994	2811	3.25	0.62	0.02	0.70	1.11	3.68	1.50
1995	2409	2.40	0.01	0.10	1.51	5.07	32.43	1.50
1996	1968	1.33	0.04	0.48	1.40	0.84	32.87	1.03
1997	3527	6.00	0.03	0.09	18.79	0.61	97.37	2.82
1998	4222	1.71	0.15	0.09	0.35	1.16	193.12	2.69
1999	4800	1.58	0.19	0.11	0.45	0.84	231.85	2.77
2000	4809	3.10	0.05	0.06	0.33	1.96	53.92	1.96
2001	4235	1.69	0.06	0.07	1.09	1.68	40.74	1.35
2002	4273	1.40	0.07	0.08	0.69	1.16	37.49	1.30
2003	4018	1.13	0.49	0.02	1.68	0.86	107.65	1.52
2004	4265	0.93	0.01	0.07	0.45	0.71	58.90	1.33
2005	4428	0.74	0.46	0.03	0.01	0.54	17.96	1.02
2006	4892	2.47	0.01	0.10	0.01	1.93	14.68	0.99
2007	5292	0.71	0.01	0.08	0.52	0.77	41.17	1.04
2008	5317	0.78	0.01	0.10		0.34	45.02	0.96
2009	5125	0.40	…	0.06		0.25	10.38	0.82
2010	5709	0.20	…	0.06		0.09	6.69	0.97
2011	6305	0.60	0.06	0.02	0.17	0.38	92.92	0.91
2012	6152	0.52	0.04	0.02	1.06	0.29	81.84	0.90
2013	6278	0.36	0.04	0.02	1.06	0.17	66.86	0.94
2014	6065	0.40	0.01		0.04	0.33	48.22	0.88
2015	6251	0.42	0.02	0.03	0.30	0.42	50.75	0.80
2016	5725	0.36	0.03	0.01	0.10	0.26	28.78	0.54
2017	5125	0.31	0.02	0.01	0.07	0.88	24.00	0.41
2018	5114	0.43	…	…	0.07	0.98	15.75	0.27
2019	5105	0.29	…	0.02	0.04	1.26	25.18	0.22
2020	4199	0.15	0.00	0.01	0.01	0.31	0.06	0.16

13-5 废气排放和处理情况

(1990-2020年)

年 份	废 气 排放量 (亿标立方米)	二氧化硫 排 放 量 (吨)	烟粉尘 排放量 (吨)	氮氧化物 排 放 量 (吨)
1990	239.02	52710	39230	
1991	218.09	48833	25526	
1992	219.39	44619	27605	
1993	251.84	49694	23115	
1994	268.93	50746	21038	
1995	294.57	51297	23027	
1996	272.89	52491	15479	
1997	330.02	69114	18815	
1998	372.82	68830	21186	
1999	398.41	69277	20146	
2000	455.94	62344	18011	
2001	450.2	58040	10386	
2002	449.89	66396	9726	
2003	501.43	57488	9886	
2004	543.21	71716	10588	
2005	927.96	78831	8244	
2006	548.39	75494	8117	28099
2007	1214.77	65624	11019	38344
2008	1957.98	48380	8964	46712
2009	1279.56	30878	7313	51049
2010	1395.68	24552	6165	61704
2011	1700.82	48981	16619	48087
2012	1446.82	44209	13016	41566
2013	1507.23	43170	12297	39130
2014	1313.12	28083	13106	31461
2015	1318.99	31868	16263	26255
2016	839.42	13211	9152	10480
2017	2225.79	10958	8784	10106
2018	1800.81	8004	8151	9583
2019	2238.46	6034	11124	9567
2020	3567.70	3815	9047	6634

13-6 工业固体废物排放和处理情况

(1990-2020年)　　单位：万吨

年 份	工业固体废物产生量	工业固体废物倾倒丢弃量	工业固体废物贮存量	工业固体废物综合利用量	工业固体废物综合利用率(%)	工业固体废物处理量
1990	87.89	3.21	73.64	10.80	12.30	
1991	86.00	0.13	77.00			
1992	90.40	0.05	76.35	83.90		
1993	85.81	0.07	14.01	8.19	9.50	
1994	91.26	0.05	12.59	9.07	9.90	
1995	103.69	0.16	13.89	52.73	50.90	
1996	111.16	0.15	96.44	84.45	75.90	
1997	107.30	0.21	14.11	96.02	89.40	
1998	103.31	0.12	12.70	83.67	81.00	
1999	101.36	0.07	11.37	86.74	85.60	
2000	100.81	0.07	8.20	90.34	89.60	1.14
2001	109.48	0.01	6.71	101.43	92.70	1.34
2002	104.09	0.05	2.34	99.92	96.00	1.78
2003	146.33	0.01	7.65	135.51	92.60	2.53
2004	167.57	0.03	6.00	158.46	94.60	3.09
2005	154.09	0.01	4.23	147.88	96.00	2.16
2006	171.78	0.03	0.07	163.97	95.50	7.90
2007	214.32	0.30	3.11	204.90	95.60	6.25
2008	313.18	0.02	5.02	305.43	97.50	2.72
2009	242.06	0.12	3.21	225.07	93.00	13.78
2010	245.85	0.09	1.05	239.97	97.60	4.84
2011	266.54	0.27	0.30	237.27	89.80	28.70
2012	242.85	0.30	3.04	228.80	94.20	10.72
2013	326.50		0.15	314.87	96.40	11.66
2014	363.43		0.83	251.09	95.30	11.92
2015	228.00		1.52	222.97	97.80	3.84
2016	270.13	…	1.33	257.88	95.40	11.79
2017	464.02		0.75	423.81	91.27	39.97
2018	413.48		0.59	394.64	95.41	18.56
2019	404.03		0.31	395.78	97.77	8.73
2020	366.17		0.36	361.10	98.63	5.40

注：本表统计范围：2011年开始为一般工业固体废物，不包括危险废物。

13-7 工业污染治理情况

(1990-2020年) 单位：万元

年 份	工业污染治理投入	#治理废水	#治理废气	#治理固体废物	#治理噪声	#治理其他	当年安排治理项目(个)
1990	370	282	66				62
1991	517	387	128				26
1992	2087	1327	730				44
1993	2287	1250	1037				24
1994	1160	1140	8				15
1995	1975	475	1425				22
1996	2480	400	1560	520			6
1997	2342	1798	144	350		50	24
1998	2337	1978	213	111	1	35	57
1999	9447	5331	919	600	5	2592	182
2000	22299	20334	1010	40	321	595	290
2001	6918	5928	584	405			59
2002	10207	8455	1394	108	250		60
2003	22999	19224	765		10		71
2004	10652	6690	2187	9	10	1756	74
2005	25239	7262	16276	68		1634	127
2006	23516	8794	7546	157		1719	123
2007	21975	9881	11818	52		208	192
2008	16992	6178	10526			288	123
2009	8167	6188	1803	115		61	54
2010	5862	3489	2178	50		145	56
2011	17227	10760	4877	201	800	590	143
2012	6812	3779	1847	58	850	278	23
2013	94642	25576	46310	326	897	21533	165
2014	83622	8478	61465	182	30	13386	81
2015	90425	9611	66569	10793	120	3332	216
2016	68757	16756	49638	327	0.7	1820	163
2017	21521	2760	6298	75		12128	83
2018	10378	2420	4406	70		3267	78
2019	31447	7412	7223	9181		7295.5	95
2020	69148	3277	12628			52875.9	148

主要统计指标解释

工业废水排放量 指经过企业所有排放口排到企业外的生产废水总量。包括外排的直接冷却水和矿区超标排放的有毒有害矿井地下水，但不包括外排的间接冷却水(清污不分流的应计算在内)。

废气排放总量 指燃料燃烧和生产工艺过程中排放的废气总量。以标准状态下每年亿标立方米表示。

粉尘排放量 指生产工艺过程中排放的固体微粒的重量。工业固体废物产生量指工矿企业、事业单位在生产(试验)过程中产生的固体废弃物总量。不包括矿山开采的剥离及掘进时产生的废石（煤矸石除外)。

工业固体废物综合利用量 指已用作农业肥料、造田、生产建筑材料，以及其他方式综合利用的工业固体废弃物。不包括填埋量和焚烧量。

工业固体废物处理量 指以填埋、焚烧方式处理的工业固体废弃物(包括用炉渣修路)，不包括倒入江、河中的废渣。

14

教育科技和质量监督

Education, Science and Qualitical Supervision

14-1 教育事业基本情况

(2020年)

单位：人

项　目	学校数(所)	毕业生数	招生数	在校学生数	教职工数	#专任教师
一、普通高等学校	4	10494	13726	39955	3004	2130
台州学院	1	3896	4161	15414	1595	1150
台州职业技术学院	1	3653	4594	12154	740	495
台州科技职业学院	1	2341	3465	8940	414	311
浙江汽车职业技术学院	1	604	1506	3447	255	174
二、成人高等教育		11231	11192	36160	349	254
其中：台州广播电视大学	1	8873	8959	31093	349	254
三、普通中等专业学校	2	939	1527	3957	215	184
四、成人中等专业学校	1	418	583	1675	18	14
五、技工学校	9	5182	8079	24472	1887	1428
六、普通中学	277	102855	103801	313353	26838	24208
高　中	78	30885	34598	100235	9780	8553
初　中	199	71970	69203	213118	17058	15655
七、职业高中	21	19347	25680	68440	4066	3825
八、小　学	367	72156	66526	425552	26058	24592
九、幼儿园	1026	66053	61878	192458	24414	12865
十、特殊教育	10	385	423	2375	332	309

注：成人高等教育数据含普通高等学校成人教育；特殊教育学生含普通学校附设及随班就读人数。

14-2 主要年份高等学校基本情况

单位：人

年 份	毕业生数	招生数	在校学生数	教职工数	#专任教师
1977		146	146	64	18
1978		267	413	173	79
1980	146	275	776	188	101
1985	280	333	921	300	145
1990	477	486	962	295	133
1991	459	499	988	312	139
1992	401	540	1124	337	141
1993	403	539	1403	339	147
1994	533	834	1794	386	167
1995	378	558	1692	390	169
1996	389	448	1606	396	179
1997	638	491	1443	395	180
1998	457	603	1674	399	183
1999	457	1360	2296	491	284
2000	478	2309	4125	649	381
2001	590	3375	6892	1007	619
2002	1703	4803	10623	1160	702
2003	2703	5048	12784	1324	840
2004	2859	5818	15371	1689	1083
2005	3867	6957	18069	1759	1145
2006	4559	7709	21079	1833	1235
2007	5414	8627	24307	2049	1370
2008	6362	9486	27254	2136	1447
2009	7580	9738	29164	2239	1520
2010	8530	9469	29749	2317	1579
2011	8222	9657	30933	2336	1595
2012	9144	9602	31132	2400	1616
2013	8876	10099	32018	2389	1593
2014	9008	10100	32631	2437	1645
2015	9101	10430	33567	2345	1633
2016	9504	10636	34205	2466	1667
2017	9825	10715	34728	2496	1741
2018	10474	11366	35216	2633	1786
2019	10523	13061	37349	2857	2022
2020	10494	13726	39955	3353	2384

14-3 主要年份普通中等专业学校基本情况

单位：人

年份	学校数(所)	毕业生数	招生数	在校学生数	教职工数	#专任教师
1949	4	54	413	1323	66	35
1952	7	238	1056	2242	215	113
1957	5	466	759	1809	216	113
1962	4	857	158	552	201	106
1965	2	40	610	756	116	61
1970	2				114	60
1975	5	472	704	1618	242	111
1978	5	519	1006	1893	362	179
1980	6	1277	1223	2834	556	245
1985	7	999	1211	3019	677	334
1990	7	1184	1284	3739	728	438
1994	8	1309	3116	6775	735	410
1995	8	1503	3769	8983	778	424
1996	8	1949	4574	11515	802	442
1997	7	2698	2895	8918	797	433
1998	7	2930	2618	8574	805	439
1999	8	2915	2631	8194	801	458
2000	6	2695	2413	7848	782	461
2001	6	2619	2928	8508	810	533
2002	6	2737	4397	9891	670	467
2003	5	1935	3261	9831	589	408
2004	3	3001	1942	8076	356	279
2005	1	3191	1820	6063	134	112
2006	1	2383	1490	4989	150	131
2007	1	1613	1765	4716	148	119
2008	1	1404	1749	4253	158	118
2009	1	1106	1093	3201	194	120
2010	1	856	2221	4384	229	155
2011	1	831	1376	4246	270	154
2012	1	864	700	3803	165	114
2013	2	1428	781	2536	128	86
2014	2	860	1151	2563	146	100
2015	2	588	1562	3332	150	98
2016	2	603	1318	3884	199	148
2017	2	906	1087	3532	223	170
2018	2	1235	1159	3347	197	170
2019	2	1210	1350	3424	200	171
2020	2	939	1527	3957	215	184

14-4 主要年份成人教育基本情况

单位：人

年份	成人高等教育				成人中等教育					
	招生数	在校学生数	毕业生数	教职工数	学校数(所)	招生数	在校学生数	毕业生数	教职工数	#专任教师
1979	136	136		11						
1980	97	168		20						
1985	2057	4152	755	83	6	1099	1740	864	295	103
1990	377	1962	451	113	7	31	2609	522	230	145
1991	328	1698	1165	112	7	232	1914	879	178	100
1992	499	988	735	114	7	493	1338	609	190	111
1993	383	1227	193	110	8	314	1145	511	217	113
1994	804	1546	272	114	8	1741	2777	843	253	147
1995	672	1543	360	124	8	1448	2745	992	274	169
1996	772	1803	295	136	8	1559	2809	1178	253	152
1997	657	2084	455	153	8	1358	3626	605	247	144
1998	1034	2519	848	166	8	1006	3109	816	241	149
1999	1085	2959	812	187	9	1578	3851	1058	332	175
2000	2020	4802	761	227	9	1235	3567	1337	361	207
2001	3217	5911	774	288	9	872	2639	1096	335	205
2002	7083	13150	1317	300	10	902	2558	813	365	230
2003	4748	15614	2003	323	11	1352	3655	1337	396	252
2004	6341	14973	5477	377	11	1160	3504	1179	297	200
2005	7829	16332	5080	401	11	1189	3378	1360	320	224
2006	7851	18898	4731	449	11	777	1957	1042	275	192
2007	7895	19359	7209	551	10	846	2086	615	296	208
2008	8293	21428	5955	460	10	971	2308	617	291	202
2009	9102	24256	5635	438	9	902	2479	607	254	184
2010	7828	22323	7140	442	7	900	2390	792	221	168
2011	12040	29697	7616	433	7	1167	2616	799	218	166
2012	9927	33509	6035	433	6	777	2247	677	158	106
2013	10048	36769	8528	430	4	770	2110	799	52	34
2014	15309	37570	10056	419	2	803	2118	678	36	30
2015	9348	34768	7816	425	2	661	1986	622	57	29
2016	7514	32146	8280	419	1	510	1354	384	15	11
2017	10973	32070	8815	547	1	536	1450	408	15	11
2018	13195	34718	7910	540	1	453	1454	386	14	11
2019	12441	37985	8299	383	1	692	1629	440	16	13
2020	11192	36160	11231	349	1	583	1675	418	18	14

14-5　主要年份技工学校基本情况

单位：人

年　份	学校数(所)	招生数	在　校学生数	毕　业生　数	教　职工　数	
						#专任教师
1979	2	300	300		24	11
1980	2	50	350		29	16
1985	2	173	282		26	14
1990	3	259	617	169	98	50
1991	3	179	648	136	97	50
1992	3	383	737	194	115	55
1993	3	301	848	220	115	60
1994	3	226	935	182	119	63
1995	3	269	792	309	115	63
1996	5	651	1298	253	125	105
1997	5	1287	2194	197	188	147
1998	6	1748	3602	348	287	225
1999	7	2179	5009	625	283	243
2000	7	2704	5952	1091	316	254
2001	7	2485	6146	1519	471	400
2002	6	2638	5600	1776	444	329
2003	6	4320	7658	1934	583	360
2004	6	4210	10961	2260	576	411
2005	6	4883	12263	3193	665	417
2006	7	6075	13513	3055	748	583
2007	6	4931	10818	2374	790	566
2008	6	4980	11744	2573	894	637
2009	6	5359	12947	3760	872	609
2010	6	5847	12145	3721	957	752
2011	6	5105	13961	3460	1038	815
2012	6	3645	9520	2789	1040	820
2013	6	4253	13272	3704	977	889
2014	6	3428	10105	3594	980	565
2015	6	2835	8504	3138	788	660
2016	8	5170	12225	3696	1132	883
2017	8	5974	14002	3781	1259	956
2018	8	7216	17593	3625	1262	871
2019	9	8101	19999	4380	1466	868
2020	9	8079	24472	5182	1887	1428

14-6 主要年份普通中学基本情况

单位：人

年 份	学校数(所)	毕业生数	招生数	在校学生数	教职工数	#专任教师
1949	19	842	1900	7039	628	393
1952	20	1679	5235	14234	894	559
1957	47	4365	7317	18875	1265	791
1962	66	5201	8981	20878	1882	1177
1965	95	5458	10522	26578	1889	1225
1970	597	10193	42406	74170	3236	2476
1975	562	53738	86364	155363	7075	4977
1978	568	91819	92508	225792	11779	10250
1980	431	52095	79063	207727	11586	9464
1985	356	44786	71813	200249	11615	9285
1990	375	53325	71848	200084	11910	9751
1994	360	58196	86696	222141	13429	11250
1995	350	64311	100049	250442	14319	12178
1996	353	64104	98397	280473	15557	13369
1997	352	80778	98522	292662	16940	14712
1998	363	94032	105937	296671	18141	15633
1999	355	91774	114696	311962	19222	16592
2000	335	92374	120734	334081	20342	17663
2001	335	98191	109934	339150	21140	18217
2002	324	107320	106058	331353	21480	18533
2003	311	112144	99440	315106	21622	18572
2004	298	105832	91450	297368	21702	18757
2005	277	103575	89160	283958	21906	18994
2006	270	98117	95207	280281	22013	19257
2007	264	94126	98786	287457	22284	19452
2008	261	88767	98489	293146	22343	19732
2009	259	92922	95980	289083	22606	20003
2010	258	92150	96088	286837	22531	20157
2011	268	92747	95928	283109	23831	20246
2012	274	91534	94847	281149	24156	20436
2013	280	91695	96743	282600	24274	21266
2014	259	93665	95570	282295	25522	22296
2015	253	90447	96689	284963	27175	23774
2016	269	92076	104425	294858	28628	25105
2017	277	91706	106788	305011	28506	25403
2018	281	93285	105870	314118	26047	23253
2019	281	100810	104528	315460	26120	23732
2020	277	102855	103801	313353	26838	24208

14-7 主要年份职业高中基本情况

单位：人

年份	学校数(所)	毕业生数	招生数	在校学生数	教职工数	#专任教师
1979	12	148	595	1128		
1980	25	580	1156	2017		
1985	23	984	4601	7396	519	391
1990	36	3347	5084	11386	1057	800
1991	30	4696	5781	11626	1045	798
1992	31	3937	5434	11874	1131	853
1993	35	4497	5785	12137	1110	827
1994	41	3823	7414	14628	1258	890
1995	42	4682	9760	18668	1469	1066
1996	32	5730	7289	17758	1401	1066
1997	39	7223	10949	22444	1529	1201
1998	56	6172	12662	26808	1701	1294
1999	58	7593	12302	28063	2169	1633
2000	48	8622	14431	31359	2102	1690
2001	55	7467	20516	40641	2410	1933
2002	55	9463	26013	53789	2895	2351
2003	52	11699	30211	65214	3592	2977
2004	53	13952	27275	69999	3588	3026
2005	50	17789	25284	67952	4043	3415
2006	48	20743	25052	65357	3856	3295
2007	44	19086	24591	61795	3646	3084
2008	45	18362	23877	59935	3585	3091
2009	43	17507	27453	64270	3399	2925
2010	42	16616	27252	67242	3457	3024
2011	41	17254	26710	69251	3178	2848
2012	39	19883	23242	67358	3279	2961
2013	34	20448	22133	64890	3499	3151
2014	27	20354	21087	59224	3786	3471
2015	27	18816	21602	59957	3819	3520
2016	21	18728	22951	62380	3881	3587
2017	19	18907	22127	62951	3862	3586
2018	19	19532	22067	63630	3892	3656
2019	19	20164	24397	65981	4077	3855
2020	21	19347	25680	68440	4066	3825

14-8 主要年份小学基本情况

单位：人

年 份	学校数(所)	毕业生数	招生数	在校学生数	教职工数	#专任教师	入学率(%)
1949	1970	4070	48028	96738	5073	4693	
1952	2751	7650	42724	194412	7227	6685	
1957	2546	22037	59246	238276	7364	6812	
1962	3251	26417	67268	249793	7140	5609	
1965	5677	22185	123169	401476	12283	10520	
1970	5014	59807	112006	446081	14722	13817	
1975	6305	78801	148328	670227	21752	20170	
1978	5420	102368	144258	649623	22342	21860	97.16
1980	4956	87440	114734	640215	22876	21723	96.53
1985	4205	102647	81412	497033	21301	19762	97.60
1990	3377	74263	88868	460288	18514	17010	99.17
1994	2446	80450	94110	497515	19306	17952	99.72
1995	2248	89144	79668	486871	19533	18123	99.55
1996	1991	86784	69159	468435	20201	18742	99.80
1997	1847	82228	62084	446885	20765	19315	99.67
1998	1622	84654	55032	416557	20378	18956	99.95
1999	1324	92573	63379	387715	20322	18876	99.91
2000	1134	92160	74022	370452	20309	18809	99.94
2001	977	78918	63708	354473	20363	18797	99.99
2002	914	67435	63532	353256	19905	18449	100.00
2003	843	57553	60557	360886	19903	18364	100.00
2004	794	53181	61380	375140	19911	18353	100.00
2005	749	54819	61482	387461	20197	18782	100.00
2006	729	64240	65903	397107	20611	19209	100.00
2007	678	69621	71122	406204	21097	19530	100.00
2008	600	70039	72607	411801	21445	19928	100.00
2009	575	67116	72375	410767	21684	20319	100.00
2010	561	65150	82428	430476	21924	20510	100.00
2011	560	66089	88358	462265	20852	20716	100.00
2012	502	68184	85023	473217	21135	21132	100.00
2013	356	70730	82574	479447	21685	20364	100.00
2014	343	70587	79361	481586	22821	21318	100.00
2015	329	71447	78428	480907	21635	20536	100.00
2016	346	79179	74539	469238	21816	20902	100.00
2017	352	78157	73468	453416	22579	21714	100.00
2018	360	77399	75739	445719	26088	24698	100.00
2019	367	74874	71292	436487	26405	24689	100.00
2020	367	72156	66526	425552	26058	24592	100.00

14-9 主要年份幼儿园基本情况

单位：人

年 份	幼儿园数(所)	班 数(个)	在 园幼儿数	教 职工 数	#专任教师
1978	68	185	8539	240	233
1980	90	444	18613	519	507
1985	962	1918	59632	2290	2198
1990	401	2218	71938	2748	2580
1991	421	2278	79390	2744	2557
1992	284	2336	77969	2552	2416
1993	293	2319	90189	2824	2677
1994	719	2418	84818	2969	2712
1995	338	2456	83020	3069	2772
1996	403	2544	84601	3235	2855
1997	526	2497	79429	3532	3021
1998	726	2979	90637	3698	3253
1999	651	3037	94797	4225	3339
2000	445	3308	97897	4627	3804
2001	653	4692	128707	6245	3924
2002	588	5056	138302	6953	4432
2003	718	5453	151458	8015	5104
2004	838	5638	164752	9142	5671
2005	1319	5721	172201	9820	6111
2006	1356	6303	193585	11001	6816
2007	1251	6557	205811	12314	7637
2008	1278	6943	225949	13427	8520
2009	1297	7704	239897	15587	9808
2010	1291	8226	259760	18521	11075
2011	1372	8716	262004	18259	10519
2012	1434	8687	251947	20971	12089
2013	1331	7944	233031	21235	11467
2014	1314	8091	230259	22983	12298
2015	1329	8024	224345	23240	11704
2016	1285	7398	220379	23975	12289
2017	1234	7317	216473	24262	12743
2018	1166	6876	201137	23617	12473
2019	1074	6587	192240	23583	12482
2020	1026	6595	192458	24414	12865

14-10 主要年份特殊教育基本情况

单位：人

年 份	学校数(所)	毕业生数	招生数	在校学生数	教职工数	#专任教师
1982			12	12	1	1
1985	1			21	4	3
1990	4		58	178	31	27
1991	4		64	251	39	27
1992	4	17	81	304	56	40
1993	5	45	144	385	70	54
1994	5	25	73	336	87	60
1995	6	17	113	448	131	100
1996	7	31	108	484	141	110
1997	7	26	73	423	143	106
1998	7	78	78	530	122	89
1999	7	299	191	1715	129	95
2000	7	336	153	1624	134	102
2001	7	172	331	2289	131	102
2002	7	337	293	2048	128	103
2003	7	339	337	2230	131	103
2004	7	251	257	1884	136	107
2005	7	166	218	1824	139	109
2006	7	212	265	1815	144	117
2007	7	223	266	2056	150	126
2008	7	226	284	2070	154	136
2009	8	236	263	2045	173	146
2010	9	242	280	2141	186	170
2011	10	163	250	1910	221	193
2012	10	151	300	1898	234	208
2013	10	166	345	2032	256	222
2014	10	279	257	1903	264	235
2015	10	261	272	1793	282	250
2016	10	294	257	1716	305	271
2017	10	284	327	1978	316	282
2018	10	278	406	2334	332	302
2019	10	327	470	2390	334	301
2020	10	385	423	2375	332	309

注：从1999年开始学生数含普通学校附设及随班就读人数。

14-11 主要年份每万人口中在校学生数的大中小学生构成

年 份	各级学校在校学生占全市人口(%)	平均每万人口中(人)			大、中、小学生占学生总数(%)		
		大学生	中学生	小学生	大学生	中学生	小学生
1949	4.37		29.26	402.12		7.96	92.04
1952	8.38		65.45	772.27		7.81	92.19
1957	9.15		73.09	841.99		7.99	92.01
1962	8.84		69.86	814.35		7.90	92.10
1965	12.62		80.43	1181.37		6.37	93.63
1970	13.28		189.33	1138.69		14.26	85.74
1975	19.04		361.24	1542.31		18.98	81.02
1978	19.39	0.91	502.94	1434.96	0.05	25.94	74.01
1980	18.50	1.40	461.27	1386.92	0.08	24.94	74.99
1985	14.59	10.35	433.98	1014.19	0.71	29.75	69.54
1990	13.22	5.67	423.74	892.91	0.43	32.05	67.53
1994	14.21	6.35	469.79	945.29	0.45	33.05	66.50
1995	14.54	6.11	531.82	915.61	0.42	36.59	62.99
1996	14.74	6.40	588.86	878.90	0.43	39.95	59.62
1997	14.54	6.58	613.56	833.77	0.45	42.20	57.35
1998	14.09	7.77	627.91	772.10	0.55	44.65	54.80
1999	13.81	9.68	657.63	714.05	0.70	47.61	51.69
2000	13.94	16.33	700.32	677.71	1.17	50.23	48.60
2001	13.94	23.34	723.92	646.24	1.67	51.95	46.38
2002	14.17	43.19	732.46	641.75	3.05	51.68	45.27
2003	14.31	51.39	726.49	653.06	3.59	50.77	45.64
2004	14.31	54.75	703.47	676.83	3.82	49.02	47.16
2005	14.21	61.45	667.34	692.08	4.32	46.97	48.71
2006	14.22	70.80	648.34	703.26	4.98	45.58	49.44
2007	14.34	76.69	644.32	713.40	5.35	44.92	49.73
2008	14.49	84.80	646.95	717.35	5.85	44.64	49.50
2009	14.45	92.35	643.04	710.09	6.39	44.49	49.12
2010	14.67	89.30	639.64	738.20	6.09	43.60	50.32
2011	15.27	103.32	635.97	787.79	6.77	41.65	51.59
2012	15.26	109.38	616.09	800.77	7.17	40.37	52.47
2013	15.38	115.80	615.12	807.10	7.53	39.99	52.48
2014	15.29	117.58	604.57	806.54	7.69	39.55	52.76
2015	15.29	114.37	609.32	804.88	7.48	39.86	52.66
2016	15.17	110.55	624.29	781.80	7.29	41.16	51.55
2017	15.03	110.68	641.14	751.27	7.36	42.65	49.98
2018	15.13	115.52	660.95	736.24	7.64	43.69	48.67
2019	15.14	124.18	670.07	719.51	8.20	44.27	47.53
2020	13.79	114.86	621.54	642.15	8.33	45.09	46.58

注：大学生包括普通教育、成人教育、本科、专科学生，中学生包括普通中专、成人中专、技工学校、普通中学、职业中学学生，本表仅包括台州市各类学校学生数，不包括在外地就读的台州籍学生数。

14-12 主要年份学校教师负担学生数

单位：人

年 份	高等学校		中等学校		小 学	
	教师数	平均每个教师负担学生	教师数	平均每个教师负担学生	教师数	平均每个教师负担学生
1949			428	19.54	4693	20.61
1952			672	24.52	6685	29.08
1957			904	22.88	6812	34.98
1962			1283	16.70	5609	44.53
1965			1286	21.26	10520	38.13
1970			2536	29.25	13817	32.28
1975			5088	30.85	20170	33.23
1978	79	5.23	10429	21.83	21860	29.72
1980	121	7.80	9725	21.89	21723	29.47
1985	228	22.25	10127	21.00	19762	25.15
1990	246	11.89	11184	19.53	17010	27.06
1994	281	11.89	12760	19.38	17952	27.71
1995	293	11.04	13900	20.26	18123	26.75
1996	315	10.82	15134	20.74	18742	24.99
1997	333	10.59	16647	19.75	19315	23.14
1998	349	12.01	17740	19.10	18956	21.97
1999	411	12.79	19101	18.69	18876	20.54
2000	523	17.07	20275	18.88	18809	19.70
2001	806	15.88	21288	18.65	18797	18.86
2002	891	26.68	21910	18.40	18449	19.15
2003	1042	27.25	22569	17.79	18364	19.65
2004	1329	22.83	22673	17.20	18353	20.44
2005	1397	24.62	23162	16.13	18782	20.63
2006	1502	26.62	23458	15.61	19209	20.67
2007	1652	26.43	23429	15.66	19530	20.80
2008	1737	28.03	23780	15.62	19928	20.66
2009	1795	28.76	23841	15.60	20319	20.22
2010	1645	31.65	24256	15.38	20510	20.99
2011	1880	32.25	24240	15.40	20716	22.31
2012	1901	34.00	24527	14.84	21132	22.39
2013	1877	36.65	25507	14.33	20364	23.54
2014	1934	36.30	26462	13.46	21318	22.59
2015	1929	35.43	28081	12.78	20536	23.42
2016	1957	33.90	29734	12.60	20902	22.45
2017	2105	31.73	30126	12.84	21714	20.88
2018	2096	33.37	27961	14.31	24698	18.05
2019	2304	32.70	28639	14.19	24689	17.68
2020	2384	31.93	29659	13.89	24592	17.30

注：高等学校包括成人教育，中等学校包括普通中专、成人中专、技工学校、普通中学、职业中学。

14-13　全社会研究与试验发展(R&D)活动情况

(2011-2020年)

地　区	R&D活动人员数(万人年)	每万人就业人员中R&D人员(人年)	研究与试验发展经费支出(亿元)	研究与试验发展经费支出相当于GDP比重(%)
2011	2.82	47.06	38.98	1.42
2012	2.24	37.35	42.43	1.46
2013	2.45	40.67	51.25	1.63
2014	2.72	45.10	56.59	1.67
2015	2.93	48.50	63.11	1.78
2016	2.86	70.70	71.10	1.85
2017	2.97	73.15	83.31	1.89
2018	3.37	82.60	88.88	1.82
2019	4.33	106.20	102.30	1.99
2020	4.70	114.90	119.00	2.26

14-14 县级及以上政府部门属研究与开发机构变化情况

(1991-2020年)

单位：万元

年 份	机构数(个)	职工总数(人)	#科技活动人员	经费收入总额	#政府拨款	经费支出总额	#人员费用
1991	8	294	96	248	192	241	94
1992	8	316	83	375	265	294	114
1993	8	277	100	432	375	406	137
1994	8	257	91	574	350	519	163
1995	8	246	89	618	446	604	265
1996	8	230	77	611	470	572	298
1997	8	226	79	804	540	815	347
1998	9	231	84	1020	640	797	450
1999	9	223	71	1135	764	1066	522
2000	8	214	75	1361	868	1209	597
2001	7	198	65	1543	1110	1242	718
2002	7	192	66	1901	1157	1602	755
2003	7	194	68	2197	1501	1871	1036
2004	7	183	70	2170	1511	2051	699
2005	7	188	77	2589	1608	2288	783
2006	7	187	80	3474	2049	2887	1276
2007	7	237	95	4081	2124	3631	2102
2008	7	236	97	4122	2065	3436	1794
2009	7	232	144	4772	2514	4982	1676
2010	7	233	117	4680	2604	4221	1420
2011	7	233	134	5765	2868	4977	1711
2012	7	207	114	6437	2952	5711	3605
2013	7	223	188	6126	3725	5899	2456
2014	7	223	185	6502	4058	6047	2227
2015	7	253	214	7348	4048	7536	3400
2016	7	239	191	7980	4990	7259	3440
2017	8	374	306	10234	6824	11556	6244
2018	9	393	321	19201	12419	16196	5673
2019	8	408	330	20276	9891	17168	7189
2020	11	529	435	22286	12298	17514	9421

注：科技活动人员统计范围：2008年及以前的数据为科学家和工程师的人员数。

14-15 科技成果和专利授权情况

(1990-2020年)

单位：项

年份	科技进步奖励	国家级	部级	省级	市级	合同数	成交额（万元）	专利申请受理量	专利授权量合计	发明	实用新型	外观设计
1990	77	1	1	22	46	4	21	107	58	1	56	1
1991	27			23		368	285	137	99	3	86	10
1992	90			22	60	14	200	218	147	2	131	14
1993	31	1	1	22		481	2167	308	248		194	54
1994	102			19	72	1894	351	251	231	2	187	42
1995	28		1	20		462	1856	285	245		183	62
1996	92			30	52	8141	3864	339	305	1	161	143
1997	68			19	42	1716	1662	448	409	3	187	219
1998	69			19	40	1033	6598	519	483		201	282
1999	95	1		28	56	488	4615	823	791		415	376
2000	113	2		28	78	526	5651	829	772		407	365
2001	112			22	90	623	6948	1480	962	22	410	530
2002	109			27	82	733	13133	2197	1223	14	471	738
2003	77			27	50	932	23772	2345	1795	21	540	1234
2004	72			22	50	854	22696	2803	1698	31	537	1130
2005	68		2	16	50	1029	28153	4834	2136	38	705	1393
2006	80			27	53	446	38116	5626	3365	57	1059	2249
2007	78			19	59	649	37046	6276	4589	82	1723	2784
2008	72	3		15	54	228	88300	9043	4811	168	1805	2838
2009	84	3		16	65	240	43300	8806	8145	225	2292	5628
2010	121	2		18	101	208	22877	10436	10558	285	4348	5925
2011	80			17	63	197	41837	12471	9653	519	4293	4841
2012	79			23	56	118	27672	14111	12182	793	5987	5402
2013	77	1		18	58	192	76255	16956	12673	737	6345	5591
2014	74	3		14	60	1022	173706	20570	16134	791	8597	6746
2015	69	3		16	50	1198	143539	23144	19717	1386	10257	8074
2016	71	1		10	60	1580	360274	27921	20075	1534	10769	7772
2017	65			8	57	1675	1042830	28071	19143	1844	8800	8499
2018	6	1		5		1326	633635	35695	26287	2767	13138	10382
2019	18			18		1467	730847	35090	26936	3071	12894	10971
2020	13			13		1575	614328	40217	34830	4401	15174	15255

14-16 规模以上工业企业研究与试验发展(R&D)活动基本情况(一)

(2020年)

项　　目	有R&D活动企业数(个)	有研发机构企业数(个)	企业办研发机构(个)	发明专利申请数(件)	有效发明专利数(件)
总　　计	**2839**	**867**	**931**	**2157**	**6768**
一、按登记注册类型分					
内资企业	**2754**	**832**	**894**	**1932**	**6075**
国有企业	1	2	2	6	6
股份合作企业	58	8	8	3	25
联营企业	1				
有限责任公司	100	38	47	299	394
股份有限公司	127	79	115	410	1803
私营企业	2467	705	722	1214	3847
港、澳、台商投资企业	**36**	**21**	**23**	**33**	**138**
外商投资企业	**49**	**14**	**14**	**192**	**555**
二、按国民经济行业分					
非金属矿采选业	1				
农副食品加工业	56	2	2	3	6
食品制造业	4	2	2	9	11
酒、饮料和精制茶制造业	1				
纺织业	56	16	16	19	64
纺织服装、服饰业	12	2	2	1	10
皮革、毛皮、羽毛及其制品和制鞋业	196	13	13	1	1
木材加工和木、竹、藤、棕、草制品业	13	1	1	1	25
家具制造业	42	12	12	29	95
造纸和纸制品业	36	6	6	9	21
印刷和记录媒介复制业	35	6	6	8	15
文教、工美、体育和娱乐用品制造业	41	13	13	12	71
石油、煤炭及其他燃料加工业	1				
化学原料和化学制品制造业	61	35	44	76	376
医药制造业	61	46	81	176	1134
化学纤维制造业	3	1	1		
橡胶和塑料制品业	277	100	100	195	533
非金属矿物制品业	56	14	14	48	112
黑色金属冶炼和压延加工业	9	1	1	2	2
有色金属冶炼和压延加工业	45	4	4	5	12
金属制品业	173	32	32	42	210
通用设备制造业	667	193	202	417	1245
专用设备制造业	225	95	97	253	1075
汽车制造业	280	102	106	185	411
铁路、船舶、航空航天和其他运输设备制造业	112	38	39	139	303
电气机械和器材制造业	248	84	86	213	420
计算机、通信和其他电子设备制造业	41	19	21	88	129
仪器仪表制造业	48	23	23	43	285
其他制造业	24	5	5	42	130
废弃资源综合利用业	4	1	1	6	
电力、热力生产和供应业	11	1	1	135	70

14-17 规模以上工业企业研究与试验发展(R&D)活动基本情况(二)

(2020年)

项　　目	R&D人员(人)	R&D人员折合全时当量(人年)	R&D经费内部支出(万元)	R&D经费外部支出(万元)
总　　计	**62035**	**45217**	**1073229**	**108561**
一、按登记注册类型分				
内资企业	**58430**	**42341**	**997694**	**61595**
国有企业	19	9	258	
股份合作企业	520	387	8113	52
联营企业	5		10	
有限责任公司	3521	2493	93849	7997
股份有限公司	8936	6664	227799	33237
私营企业	45429	32788	667665	20308
港、澳、台商投资企业	**1420**	**1100**	**28816**	**2117**
外商投资企业	**2185**	**1775**	**46719**	**44849**
二、按国民经济行业分				
非金属矿采选业	3		2	
农副食品加工业	292	172	4430	38
食品制造业	77	56	862	138
酒、饮料和精制茶制造业	1		11	
纺织业	972	740	13917	10
纺织服装、服饰业	105	61	682	5
皮革、毛皮、羽毛及其制品和制鞋业	1361	858	9302	42
木材加工和木、竹、藤、棕、草制品业	185	133	1365	
家具制造业	1132	822	18293	5
造纸和纸制品业	572	438	5803	152
印刷和记录媒介复制业	441	288	4852	
文教、工美、体育和娱乐用品制造业	893	668	8894	
石油、煤炭及其他燃料加工业	14	12	127	
化学原料和化学制品制造业	1679	1288	35719	2851
医药制造业	5442	4123	172652	40150
化学纤维制造业	19	18	214	
橡胶和塑料制品业	5409	3834	101234	608
非金属矿物制品业	732	491	8566	91
黑色金属冶炼和压延加工业	186	134	1510	
有色金属冶炼和压延加工业	357	188	2715	4
金属制品业	2655	1705	38271	182
通用设备制造业	13425	9694	190720	2440
专用设备制造业	5264	3993	92404	1770
汽车制造业	8370	6298	119883	50067
铁路、船舶、航空航天和其他运输设备制造业	2568	1882	52954	1131
电气机械和器材制造业	5130	3884	91583	1118
计算机、通信和其他电子设备制造业	1610	1222	37755	1965
仪器仪表制造业	1567	1254	23989	1034
其他制造业	861	544	8856	311
废弃资源综合利用业	67	55	739	
电力、热力生产和供应业	646	358	24925	4452

14-18 标准计量质量监督基本情况(一)

(1990-2020年)

年　份	已建市(地)级社会公用计量标准			已开展强制检定计量器具		强制检定计量器具实际检定数(台件)	计量仪器检定(台件)
	类	项	种	项	种		
1990	4	17	29	17	29	18231	36688
1991	4	17	32	15	26	14679	42584
1992	4	17	32	17	26	29432	49265
1993	5	17	43	18	28	27075	48819
1994	5	20	49	16	26	30799	42383
1995	5	25	54	20	27	31752	48518
1996	5	28	58	20	27	36950	55043
1997	6	28	64	20	35	32988	50653
1998	9	32	76	26	40	39919	32058
1999	10	27	40	27	40	18655	53361
2000	10	55	265	36	65	26538	132693
2001	10	52	119	23	36	8685	55176
2002	5	56	143	23	33	35985	78550
2003	5	95	201	21	33	48863	135373
2004	9	98	289	22	38	23751	78087
2005	10	65	114	28	48	10681	113102
2006	10	71	196	22	32	14678	103518
2007	15	98	223	25	35	15678	123518
2008	15	81	199	23	45	29134	95422
2009	11	99	222	23	45	44748	84913
2010	11	99	222	23	45	45160	90432
2011	11	99	222	23	45	35782	108732
2012	11	100	223	24	46	43316	110539
2013	11	108	233	28	51	46846	157169
2014	11	145	334	24	39	26567	118939
2015	10	149	338	25	40	37573	128464
2016	10	159	340	26	45	54028	112571
2017	10	163	342	26	46	64933	119993
2018	10	163	342	26	46	66244	110270
2019	40	256	396	79	130	137850	197993
2020	10	191	355	26	46	54556	122036

14-19 标准计量质量监督基本情况(二)

(1990-2020年)

年 份	产品质量监督受检企业数(个)	受检产品种数(种)	检验产品批次(批次)	检验产品合格批次(批次)	批次合格率(%)	现有工作用房(平方米)
1990	18	3	19	14	73.70	2739
1991	1292	14	1452	788	54.27	2946
1992	1135	11	1373	979	71.30	3300
1993	1330	13	1537	1133	73.72	3600
1994	2126	37	2185	1516	69.38	3600
1995	1428	14	1469	1033	70.32	4074
1996	2031	20	2118	1559	74.00	4100
1997	2866	46	3078	2403	76.00	4300
1998	3058	56	3134	2441	78.00	5900
1999	1966	55	2253	1592	70.66	7900
2000	1423	58	1534	1283	83.60	7930
2001	2100	28	2100	1697	80.83	10280
2002	4376	130	4376	3543	81.20	9280
2003	3634	240	3726	2727	75.00	18790
2004	3981	258	4158	3451	83.00	11800
2005	1956	167	1971	1691	85.79	28500
2006	2170	189	2319	2016	86.90	28500
2007	2497	196	2497	2197	87.99	28500
2008	1012	89	1012	816	80.63	28500
2009	1832	92	1832	1623	88.69	28500
2010	2093	149	2093	1907	91.11	28500
2011	1839	143	1839	1665	90.54	28500
2012	976	55	976	907	92.93	28500
2013	1070	82	1070	1027	95.98	28500
2014	1340	90	1341	1281	95.53	28500
2015	1190	113	1193	1125	94.30	28500
2016	1121	93	1152	1098	95.30	28500
2017	1149	102	1198	1146	95.66	28500
2018	1341	106	1341	1303	97.17	28500
2019	1390	102	1390	1349	97.05	32170
2020	1243	87	1247	1228	98.48	32170

14-20 标准计量质量监督基本情况(三)

(1990-2020年)

年 份	企业产品标准备案数(个)	政府计量部门建立社会公用计量标准(项)	授权建立社会公用计量标准(项)	制造计量器具许可证工商户数(户)	修理计量器具许可证工商户数(户)	技术监督行政执法受理案件数(件)	技术监督行政法结案案件数(件)
1990	258						
1991	227					15	15
1992	446					90	85
1993	416	37		120	50	45	30
1994	501	94		89	60	195	182
1995	2315	95	5	167	56	417	384
1996	2680	123	5	182	87	591	495
1997	3409	123	2	127	69	976	935
1998	4285	122	3	91	71	1162	1096
1999	5511	94	3	89	60	1927	1830
2000	7489	92	7	112	49	2042	2021
2001	9021	125	7	76	7	2493	2487
2002	11327	249	13	29	21	2542	2534
2003	2931	201	13	147	9	2342	2342
2004	15584	289	43	175	1	1557	1551
2005	17007	320	76	28	2	1211	1185
2006	15677	325	30	35	1	580	518
2007	11136	332	31	35	1	3726	3720
2008	10735	339	2	26	1	2292	1978
2009	12019	199		23	1	3726	3720
2010	3875	200	3	21	1	1228	1099
2011	3151	211	3	24	1	957	956
2012	1285	219	3	23	1	556	539
2013	4276	259	3	27	1	501	495
2014	986	269	3	25	1	299	297
2015	1433	298	3	17	1	424	414
2016	12637	316	4	18	1	453	446
2017	8109	325	6	19	1	591	571
2018	3690	342	7	18	1	680	668
2019	3780	396	7	17	1	463	451
2020	3898	355	7	17	1	447	428

注：2015年起企业产品标准备案数统计口径改为企业产品标准自我声明公开数；《标准化法》出台后，取消企业标准备案。

主要统计指标解释

普通高等学校 指按照国家规定的审批程序举办，通过全国统一招生考试，招收高级中等学校毕业生和具有同等学历者，实施高等教育，增减高等专门人才的学校。包括大学、专科学校和短期职业大学。

成人高等学校 指按照国家规定的审批程序批准举办，招收高中毕业生或同等学历者，利用多种形式对成人实施高等教育，培养相当普通高等学校专科或本科毕业水平的专门人才的学校。包括广播电视大学、职工高等学校、农民高等学校、干部管理学校、教育学院、独立函授学院以及普通高等学校举办的函授、夜大等。

中等专业学校 指经国务院各部委或省人民政府批准举办，招收初中(或部分高中)毕业生或具有同等学历者，实施中等专业教育、培养中等专门人才的学校。具体又可分为中等技术学校和中等师范学校两大类。

技工学校 指招收初中(或部分高中)毕业生或同等学历者，实施专业技术教育、培养中级技术工人的学校。包括中央在地方单位办、各级劳动部门办、各级其他部门办和厂矿企业办。其在校学生数不包括培训的在职职工人数。

招生数 指新学年开始时，按照国家招生计划实际招收入学的新生数。不包括留级生和复读学生数。

在校学生数 指学年初开学以后，具有学籍的在校学习的学生总数。

毕业生数 指上学年度内，具有学籍的学生学完教学计划的全部课程，考试及格，获得毕业证书的学生数。不包括结业生和肄业生数。

教职工数 指在学校中工作的固定教职工人数。包括校本部、科研机构、校办工厂、农(林)场和附属机构的人员。不包括下列人员：离休、退休、退职人员；学校办的集体单位和学校附属机构中，属于集体单位的职工；代课教师和各种临时工。

专任教师 指主要从事教育工作的人员。包括临时(一年以内)调去帮助做其他工作的教学人员。不包括调离教学岗位，担任行政领导工作或其他工作的原教学人员；不包括兼任教师和代课教师。

小学学龄儿童入学率 指调查范围内已入学学习的学龄儿童占校内外学龄儿童总数(包括弱智儿童在内，但不包括盲聋哑儿童)的比重，计算公式是：

小学学龄儿童入学率=已入学的小学学龄儿童数/校内外小学学龄儿童总数×100%

专利 是专利数的简称，是对发明人的发明创造经审查合格后，由专利局依据专利法授予发明人和设计人对该项发明创造享有的专有权。从类型来看，包括发明、实用新型和外观设计。

发明 指对产品、方法或者其改进所提出的新的技术方案。实用新型指对产品的形状、构造或者其结合所提出的实用的新的技术方案。

外观设计 指对产品的形状、图案、色彩或者其结合所做出的富有美感并适于工业上应用的新设计。

企业办研发机构 指企业自办（或与外单位合办），管理上同生产系统相对独立（或者单独核算）的专门科技活动机构，如企业办的技术中心、研究院所、开发中心、开发部、实验室、中试车间、试验基地等。

R&D(研究与试验发展) 是指在科学技术领域，为增加知识总量、以及运用这些知识去创造新的应用进行的系统的创造性的活动，包括基础研究、应用研究、试验发展三类活动。

R&D 经费内部支出 是指调查单位在报告年度用于内部开展 R&D 活动（基础研究、应用研究和试验发展）的实际支出。包括用于 R&D 项目（课题）活动的直接支出，以及间接用于 R&D 活动的管理费、服务费、与 R&D 有关的基本建设支出以及外协加工费等。不包括生产性活动支出、归还贷款支出以及与外单位合作或委托外单位进行 R&D 活动而转拨给对方的经费支出。

R&D 经费外部支出 是指报告期委托外单位或

与外单位合作进行科技活动而拨给对方的经费。包括对国内研究机构支出、对国内高等学校支出、对国内企业支出以及对境外机构支出合计。

已开展强制检定工作计量器具 指县级以上政府计量行政部门根据《中华人民共和国强制检定的工作计量器具明细目录》中规定的55项111种，具体开展项、种数。

产品质量监督检验企业数 指报告期内实际受检的企业数。

产品质量监督检验批次 在同一时期，对同一企业生产的同种规格的产品，按规定办法抽取样品，进行一次监督检验，为一个批次。

企业产品标准备案数 指企业已审批发布并办理了备案手续的企业产品标准数。

社会公用计量标准 指经过政府计量行政部门考核、作为统一本地区量值的依据，在社会上实施计量监督具有公证作用的计量标准。项数是指县级以上政府计量行政部门建立并考核发证的项目数。

授权建立的社会公用计量标准 指县以上政府计量行政部门授权其他部门或单位建立的社会公用计量标准器具考核发证的项目数。

制造计量器具许可证工商户数 指取得由县以上政府计量行政部门考核颁发制造计量器具许可证的企业单位数(包括个体工商户数)。

修理计量器具许可证工商户数 指取得县级政府计量行政部门考核颁发的修理计量器具许可证的企业单位数(包括个体工商户数)。

15

文化卫生体育和广播

Culture, Public Health, Sports and Broadcast

15-1　主要年份文化艺术事业单位数

单位：个

年　份	电影放映单　位	艺术表演团　体	文　化馆、站	#文化馆	公　共图书馆
1980	412	12	205	8	7
1985	616	8	441	8	8
1990	577	8	430	8	8
1991	554	8	420	8	8
1992	542	8	202	8	8
1993	516	8	157	8	8
1994	516	8	210	8	8
1995	490	4	168	8	8
1996	493	4	168	8	8
1997	452	4	150	8	8
1998	453	6	181	9	8
1999	453	6	181	9	8
2000	370	6	180	9	8
2001	370	6	163	9	8
2002	380	7	139	9	8
2003	380	8	129	9	8
2004	380	8	131	9	8
2005	42	8	140	9	8
2006	41	7	143	10	9
2007	38	8	144	10	9
2008	26	8	143	10	10
2009	25	8	143	10	10
2010	25	8	143	10	10
2011	27	7	143	10	10
2012	31	6	143	10	10
2013	33	7	143	10	10
2014	47	7	129	10	10
2015	39	169	139	10	10
2016	39	186	139	10	10
2017	44	208	139	10	10
2018		225	139	10	10
2019		224	139	10	10
2020		175	139	10	10

注：2005年起电影放映单位数使用基本单位调查数据(含法人单位和其他法人单位附属的产业活动单位)；2015年起艺术表演团体含私营团体。

15-2 群众文化基本情况

(1996-2020年)

年 份	举办展览场次(个)	组织文艺活动(次)	举办训练班班次(次)	培训人次(万人次)	藏 书(万册)	经费总支出(万元)
1996	689	2059	610	2.00	21.50	833
1997	625	1959	617	2.10	19.80	788
1998	737	2047	795	1.50	18.20	914
1999	666	2213	870	1.30	24.20	989
2000	708	1889	622	1.23	29.91	1424
2001	501	1482	516	1.40	30.20	1340
2002	518	1954	752	1.47	34.94	3474
2003	503	1720	479	1.37	38.03	2955
2004	636	2385	715	1.95	58.75	3177
2005	617	1607	620	2.33	64.20	3548
2006	698	1859	774	2.63	89.60	6046
2007	550	1028	1686	4.05	77.35	2858
2008	694	1999	1344	9.64	83.77	5387
2009	671	2285	4379	9.38	88.61	5831
2010	620	2331	1214	8.30	97.98	6363
2011	596	2186	1245	9.77	105.00	6923
2012	583	2307	1500	14.12	112.00	9648
2013	597	2428	1497	14.20	119.69	11262
2014	823	2805	2536	23.04	262.26	12920
2015	1252	5682	2902	42.57	252.24	15767
2016	1374	6100	4104	49.62	185.97	16574
2017	1484	10237	6912	53.04	204.50	21307
2018	1767	15480	6649	83.12	211.65	19092
2019	2046	25516	11717	76.20	214.12	28026
2020	1815	11854	9680	40.10	232.66	27163

注：本表统计范围为文化馆和文化站。

15-3 主要年份卫生机构数

单位：个

年份	卫生机构数	医院、卫生院	疗养院、所	社区卫生服务中心(站)	诊所卫生所医务室门诊部	卫生防疫机构	妇幼保健机构	卫生监督所	医学在职培训机构	其他卫生机构
1978	618	417								
1980	674	425								
1985	718	357								
1990	730	351	1	333		9	10		1	25
1991	729	359	1	322		9	10		1	27
1992	728	415	1	264		9	10		1	28
1993	701	386	1	266		9	10	1	10	18
1994	698	393	1	264		9	10	1	10	10
1995	709	402	1	265		10	10	1	10	10
1996	694	387	1	265		10	10	1	10	10
1997	717	391	1	284		10	10	1	10	10
1998	680	382	1	255		10	10	1	10	11
1999	635	356	1	236		10	10	1	10	11
2000	645	340	1	262		10	10	1	10	11
2001	664	365	1	238		28	10	1	10	11
2002	932	277	1	378	225	23	10	1	10	7
2003	1097	229	1	344	462	20	10	1	9	21
2004	1223	232	1	135	796	20	10	1	9	19
2005	1285	237	1	327	673	20	10	1	9	7
2006	1243	242	1	346	605	20	10	1	9	9
2007	1401	233	1	413	703	20	10	1	9	11
2008	1379	240	1	417	670	10	10	10	8	13
2009	1394	239	1	440	663	10	10	10	8	13
2010	1380	220	1	470	638	10	10	10	8	13
2011	3061	156	1	548	633	10	10	10	8	5
2012	3101	192	1	515	658	10	10	10	8	5
2013	3096	201	1	497	687	10	10	10	8	4
2014	3260	209	1	479	836	10	10	10	9	4
2015	3455	262	1	424	1047	10	10	10	9	4
2016	3540	271	2	406	1137	10	10	10	9	4
2017	3601	269	2	384	1257	10	10	10	8	8
2018	3691	285	2	345	1247	10	10	10	8	7
2019	3651	233	2	320	1348	10	10	10	8	6
2020	3662	235	2	258	1578	10	10	10	8	6

注：2002年开始卫生机构数包括个体诊所、社区卫生服务站机构数；2003和2011年度均有一部分卫生院转为社区卫生服务站，导致卫生院数减少，社区卫生服务站增加；2011年卫生机构数包括1672家村卫生室，导致卫生机构数增加。

15-4 主要年份卫生机构床位数

单位：张

年份	卫生机构床位数	#医院、卫生院	#疗养院、所	#妇保幼健机构	#社区卫生中心(站)	每万人拥有床位数
1978	4788	4723				10.6
1980	5237	5162				11.3
1985	5974	5858				12.2
1990	7030	6902	60			13.6
1991	7352	7223	60			14.2
1992	7672	7546	70			14.7
1993	7682	7563	70			14.7
1994	7861	7695	112			14.9
1995	8015	7854	112			15.1
1996	8333	8177	112			15.6
1997	8534	8422	112			15.9
1998	8671	8559	112			16.1
1999	8880	8768	112			16.4
2000	9559	9459	100			17.5
2001	10496	10396	100			19.1
2002	10387	10307	80			18.9
2003	11352	11035	100	173	44	20.5
2004	12285	11965	100	201	19	22.1
2005	12634	12367	32	220	15	22.6
2006	13762	13494	25	243		24.4
2007	14293	14025		258	10	25.1
2008	14927	14465	30	253	179	26.0
2009	15563	15160	30	303	70	26.9
2010	16528	16088	30	318	339	28.3
2011	17536	16025	30	336	1130	29.2
2012	18729	17809	30	366	509	31.7
2013	20072	19033	30	366	628	33.8
2014	22267	21334	30	375	513	37.3
2015	24784	23723	50	375	621	41.5
2016	26845	25656	130	376	668	44.7
2017	28257	27282	130	391	446	46.8
2018	29861	28945	130	406	360	48.6
2019	31187	30130	200	471	356	50.7
2020	31594	30533	200	458	373	47.7

注：2007年疗养院、所的床位数并入医院统计。

15-5 主要年份卫生事业基本情况

单位：人

年 份	卫生机构人员数	卫生机构技术人员数	#医生	#护士	其他技术人员	管理人员	工勤人员	每万人拥有卫生技术人员数	#医生数	#护士数
1978	7894	6998	2743	739	36	583	277	15.5	6.1	1.6
1980	9554	8283	2608	655	27	731	513	17.9	5.6	1.4
1985	10998	9391	3357	1073	43	828	736	19.2	6.8	2.2
1990	12879	11011	4512	1969	71	1140	657	21.4	8.8	3.8
1991	13219	11285	4607	2072	86	1172	676	21.8	8.9	4.0
1992	13599	11584	4599	2136	93	1223	699	22.3	8.8	4.1
1993	13952	11763	4483	2248	109	1167	913	22.5	8.6	4.3
1994	14534	12406	4950	2419	127	1094	907	23.6	9.4	4.6
1995	14495	12027	5357	2443	39	1813	616	22.7	10.1	4.6
1996	15240	12628	5676	2597	42	1924	646	23.7	10.6	4.9
1997	17186	14501	6106	2772	49	1982	654	27.1	11.4	5.2
1998	16635	13905	5871	2973	228	1453	1049	25.8	10.9	5.5
1999	17204	14149	6165	2992	211	1683	1161	26.1	11.4	5.5
2000	18017	14841	6479	3309	232	1724	1220	27.2	11.9	6.1
2001	18947	15692	7100	3713	396	1760	1099	28.6	12.9	6.8
2002	19337	16276	6898	4658	726	943	1392	29.6	12.5	8.5
2003	20967	17780	7837	4658	950	881	1356	32.2	14.2	8.4
2004	21548	18484	7804	4873	969	974	1121	33.2	14.0	8.8
2005	24484	20806	8577	5695	1198	898	1582	37.2	15.3	10.2
2006	25517	21372	8826	6232	1190	999	1956	37.8	15.6	11.1
2007	27426	22868	9828	6588	1162	1068	2328	40.2	17.3	11.6
2008	28794	24488	10968	7675	1137	979	2190	42.7	19.3	13.4
2009	30526	25798	11237	8432	1135	977	2616	44.6	19.4	14.6
2010	31855	26765	11521	9104	1282	1037	2771	45.9	19.8	15.6
2011	36660	29890	12606	10227	1515	725	3240	49.8	21.1	17.0
2012	39103	31643	12944	10873	1603	739	3844	53.5	21.9	18.4
2013	40697	32851	13338	11613	1479	948	4208	55.3	22.5	19.5
2014	43156	34836	14226	12731	1763	985	4415	58.3	23.9	21.3
2015	46335	37841	15723	14666	1721	1107	4551	63.3	26.3	24.5
2016	49233	40588	16637	16180	1826	1125	4610	67.6	27.7	27.0
2017	51792	42582	17235	17150	1978	1303	4886	70.6	28.6	28.4
2018	55585	44797	18103	18493	2246	1621	5894	73.0	29.5	30.1
2019	58276	47934	19258	20442	2586	1665	6094	77.9	31.3	33.2
2020	61341	49445	20053	21081	2661	1797	6485	74.7	30.3	31.8

注：2002年及以后卫生机构数为登记注册数；医生系执业(助理)医师数，护士为注册护士数。

15-6 医疗机构诊疗次数和入院人数

(2002-2020年)

年 份	诊 疗 人次数 (万人次)	#门、急诊	入院人数 (万人次)	每百诊次入院人数 (人)	病 床 使用率 (%)	病床周转次数 (次)	出院者平均住院天数(日)
2002	1595	1466	24.1	1.50			
2003	1507	1446	30.5	2.00			
2004	1616	1593	34.8	2.20			
2005	1818	1748	36.9	2.11			
2006	1862	1828	38.6	2.07			
2007	2113	1960	42.3	2.00	84.61	32.5	9.2
2008	2445	2406	45.9	1.88	85.33	33.4	9.1
2009	2746	2716	49.3	1.80	88.40	33.5	9.6
2010	2805	2754	52.3	1.79	89.70	32.9	10.1
2011	3769	3724	57.4	1.51	90.08	33.9	9.6
2012	4283	4239	64.6	1.52	93.03	35.6	9.6
2013	4330	4265	68.1	1.57	89.56	35.4	9.3
2014	4670	4589	72.0	1.54	87.31	34.8	9.1
2015	4739	4650	74.5	1.56	84.08	33.0	9.2
2016	5168	5088	81.0	2.01	83.04	32.6	9.0
2017	5558	5447	87.9	2.03	85.29	33.6	9.0
2018	6035	5908	92.2	1.99	87.58	34.1	9.0
2019	6991	6822	97.7	1.93	85.28	34.2	8.8
2020	6541	6347	86.3	1.86	73.83	29.5	8.6

15-7 医疗机构分类别诊疗次数和入院人数

(2020年) 单位：万人次

类　别	诊　疗人次数	#门、急诊	家庭卫生服务人次数	观察室留　观病例数	健康检查人数	入　院人　数	住院病人手术人次数	每百诊次入院人数(人)
总　计	**6541.44**	**6346.78**	**8.87**	**6.85**	**269.00**	**86.33**	**37.40**	**1.86**
一、医　院	**2497.78**	**2450.98**	**0.28**	**6.51**	**131.23**	**82.01**	**37.15**	**3.35**
综合医院	1797.77	1768.37	0.23	5.82	102.52	63.68	30.99	3.60
中医医院	525.35	514.07	0.02	0.38	18.13	12.27	4.78	2.39
中西医结合医院	41.87	40.02	0.04	0.32	1.83	1.74	0.53	4.35
专科医院	129.44	127.16			8.75	3.82	0.85	3.01
口腔医院	11.10	10.31			0.35			
眼科医院	8.10	8.10			1.75	0.36	0.34	4.42
耳鼻喉科医院	1.19	1.19				0.11	0.11	9.31
肿瘤医院								
妇产(科)医院	19.81	19.30			0.29	0.48	0.15	2.51
儿童医院								
精神病医院	33.85	33.79				1.38	0.03	4.08
皮肤病医院	2.17	2.17						0.06
骨科医院	5.51	5.51				0.35	0.13	6.34
康复医院	21.03	20.11			1.22	0.63	0.08	3.14
整形外科医院	1.36	1.36						
其他专科医院	21.98	21.98			5.14	0.43		1.94
护理院	3.34	1.35				0.50		37.36
二、基层医疗卫生机构	**3901.54**	**3758.89**	**8.59**	**0.33**	**123.65**	**2.60**		**0.13**
社区卫生服务中心(站)	763.18	739.34	1.79	0.07	51.18	0.18		0.02
卫生院	1358.35	1306.88	6.80	0.27	71.09	2.42		0.19
其中：中心卫生院	824.00	786.41	5.43	0.23	47.07	2.37		0.30
村卫生室	1009.02	994.85						
门诊部	127.74	114.47			1.39			
诊所、卫生所、医务室	643.24	603.34						
三、专业公共卫生机构	**140.20**	**135.00**			**14.12**	**1.71**	**0.25**	**1.31**
妇幼保健院(所、站)	136.10	130.90			14.12	1.71	0.25	1.31
其中：妇幼保健院	108.10	102.90			6.27	1.71	0.25	1.67
急救中心(站)	4.10	4.10						
四、其他机构(疗养院)	**1.92**	**1.92**						

15-8 体育基本情况

(1992-2020年)

年 份	体育场(馆)(个)	举办县以上运动会(次)	参加县以上运动会(人)	举办乡镇运动会(次)	参加乡镇运动会(人)	获世界比赛：金牌(枚)	获全国、全省比赛(枚)			向上级体育团体输送人员(人)	国家级裁判员(人)	国家一级裁判员(人)
							金牌	银牌	铜牌			
1992	4					4	87	80	55			
1993	4					3	72	56	49	35		
1994	4	141	27023	68	25921		35	26	18	10		
1995	4	161	27950	94	48530	1	60	72	67	25		
1996	4	180	28103	164	56704		63	86	75	23		
1997	6	102	13756	165	49316		91	57	55	10	7	35
1998	6	10	2000			2	57	51	40		7	40
1999	7	9	6234	6	3250	15	90	83	66	35	7	40
2000	9	12	1420	114	48545	2	60	56	53	27	7	40
2001	9	42	10850	77	26586		77	51	51	13	7	40
2002	9	12	11080	86	18600		104	64	61	7	8	45
2003	9	17	12741	135	18860		86	69	80	43	11	57
2004	11	23	11500	27	5500		117	94	104	30	13	72
2005	11	94	29227	174	32229		167.5	134	123	52	14	113
2006	14	21	21250	18	12500		147	138	146	88	15	124
2007	14	25	26280	35	17250		99	83	77	110	15	142
2008	14	27	28320	26	23620		93	71	103	135	16	167
2009	14	26	27840	30	32460		88.5	76	80	139	17	194
2010	7	28	25370	23	26000		189.7	119	152		18	222
2011	7	10	16800	29	22100	2	285.5	129	51	51	19	237
2012	7	19	26299	25	17800	9	142.5	137	168	71	19	249
2013	12	25	36000	36	22500	1	89.5	90	125	78	19	266
2014	9	20	32000	20	23000	2	176	91	151	53	19	284
2015	12	15	29500	55	33700	4	154.5	158	149	55	20	304
2016	11	17	31000	26	21000	2	224.3	175	215	65	28	324
2017	11	16	37900	15	7700	4	338.5	334	394	83	29	337
2018	12	20	39872	19	10452	7	354.2	315	387	98	41	402
2019	12	126	37064	42	7829	22	333.0	296	325	86	38	444
2020	12	72	38336	6	1400		285	313	353	76	40	464

15-9 广播电视基本情况

(1992-2020年)

年份	广播节目套数(套)	广播电台(个)	无线电视节目套数(套)	有线广播电视网络干线总长(公里)	卫星收转(座)	电视人口覆盖率(%)
1992	3	8	7		112	78.56
1993	4	8	8		215	88.00
1994	4	8	8		917	87.00
1995	4	8	8		1338	90.00
1996	4	8	8		1133	88.61
1997	4	8	8		991	86.37
1998	3	6	7		425	86.37
1999	4	6	7		339	90.45
2000	4	6	7	20507	359	94.26
2001	8	6	8	24639	621	95.67
2002	8	6	10	45161	638	98.04
2003	8	6	10	44832	536	98.64
2004	9	7	10	11038	498	98.80
2005	10	9	10	12515	487	98.91
2006	10	9	10	11705	211	99.01
2007	10	9	10	14449	198	99.48
2008	10	9	10	15125	34	99.47
2009	10	9	10	15475	35	99.48
2010	10	9	10	17519	22	99.47
2011	10	9	10	18425	9	99.42
2012	10	9	10	21771	9	99.56
2013	10	8	10	23012	9	99.63
2014	10	8	10	24881	9	99.63
2015	10	8	10	26409	9	99.72
2016	10	8	10	27216		99.76
2017	10	8	10	28075		99.86
2018	10	8	10	17354		99.87
2019	10	7	10			
2020	10	7	10			100

注：2006年有线广播电视网络干线总长是光节点之前的长度。

主要统计指标解释

文化事业机构 指从事专业文化工作和为专业文化工作服务的独立核算、独立建制的单位。不包括文化主管部门直属单位举办的其他行业和各部门的业余文化组织。

艺术表演团体 指从事戏曲、音乐、舞蹈、杂技等专业艺术表演，有独立账户，实行单独核算的团体。不包括半工半艺、半农半艺和民间职业剧团。

医院 指设有固定床位能收病人住院并能为病人提供医疗和护理服务的医疗机构。包括县及县以上医院、乡镇卫生院、其他医院三部分。

卫生技术人员 指卫生事业机构支付工资的全部固定职工和合同制职工中现任职务为卫生技术工作的专业人员。包括中医师、西医师、中西医结合高级医师、护师、中药师、西药师、检验师、其他技师、中医士、西医士、护士、助产士、中药剂士、西药剂士 、检验士、其他技士、其他中医、护理员、中药剂员、西药剂员、检验员，其他初级卫生技术人员。

医生 包括执业医生和执业助理医生。指具有《医师执业证》及其“级别”为“执业医师”且实际从事医疗、预防保健工作的人员，不包括实际从事管理工作的执业医师。

诊疗人次数 指一定时期内所有诊疗工作的总人次数，包括病人来院就诊的门诊、急诊人次数和出诊、赴家庭病床、到工厂、农村、会议、集体活动等外出诊疗的人次数以及外出进行的单项健康检查人次数。

体育场 指有 400 米跑道，中心含足球场并有固定看台的田径场。

体育馆 指有固定看台可供篮球、排球、羽毛球、乒乓球、体操等项目训练比赛活动用的室内场地。

等级裁判员人数 指经考核正式批准授予等级裁判员称号的人数。裁判员等级分为国际裁判、国家级裁判、一级裁判、二级裁判、三级裁判。

广播(或电视)人口覆盖率 指广播(或电视)覆盖人口与总人口的比率。广播(或电视)覆盖，目前是按某套节目来计算的。广播覆盖人口是指能够用普通收音机在中午收听中波广播节目，并且收听效果能达到听清完整的节目内容的地区的人口数。包括只能收听外省的中波广播的人口数在内。电视覆盖人口是指能够用普通电视接收机，室外天线在离地面四米高外，在晚上收看电视，并且收看效果能达到图像基本稳定、清晰，能看清人物的形象、动作的地区内的人口数。指标计算公式:

广播(或电视)人口覆盖率＝年末广播(或电视)覆盖人口数/年末总人口数×100%

档案工会妇联优抚和社会保障

Archives, Labor Union, The Women's Federation, Preferential Treatment and Social Security

16-1 档案馆档案资料馆藏情况

(1990-2020年)

年 份	馆藏档案				馆藏资料册数(万册)	档案馆面积(平方米)	#库房面积
	全 宗(个)	案 卷(万卷)	录音录像影片(盒)	照 片(万张)			
1990	624	14.83	595	0.55	3.95	6544	4371
1991	713	15.76	637	0.87	4.13	7689	4900
1992	944	18.10	672	0.95	4.30	8709	5412
1993	1008	18.65	704	1.04	4.74	8709	5412
1994	1070	19.77	734	1.17	4.92	8709	5412
1995	1116	21.54	793	1.30	5.16	8709	5412
1996	1133	22.31	770	1.44	5.65	8868	5563
1997	1215	23.31	637	1.74	6.00	8868	5563
1998	1223	24.42	612	1.89	6.44	9337	5885
1999	1322	28.80	766	2.04	6.63	8970	5831
2000	1353	30.66	1485	2.14	6.86	9097	5865
2001	1395	37.16	1617	2.47	7.13	9172	5865
2002	1449	40.93	1563	2.91	7.33	9372	5965
2003	1480	43.68	1597	3.15	7.43	9499	6199
2004	1497	45.22	1627	3.31	7.85	9167	6099
2005	1526	56.93	1783	3.60	8.09	9892	6810
2006	1554	49.66	1806	4.01	8.31	14441	9401
2007	1590	51.97	1820	4.23	8.46	13941	9147
2008	1620	54.24	1844	4.60	8.70	23941	11291
2009	1632	55.40	1860	4.82	8.91	23941	11291
2010	1753	59.27	1867	5.36	9.03	23941	11291
2011	1805	61.28	1923	5.47	9.14	23941	11291
2012	1839	65.92	1944	5.74	9.38	25041	11291
2013	1863	69.70	1969	6.00	9.47	24352	9779
2014	1894	72.20	2223	6.54	9.69	30657	11919
2015	1909	74.96	2224	7.12	10.00	30797	12019
2016	1927	77.27	2255	7.45	10.31	58165	18427
2017	1933	79.86	2292	7.77	10.41	67801	22642
2018	1970	83.63	2292	7.56	10.46	74919	30868
2019	1993	85.62	2309	6.50	10.53	80048	31425
2020	2093	101.03	2323	8.21	11.30	91318	34545

16-2 档案馆档案资料利用情况

(1990-2020年)

年 份	档案资料利用				开 放 档 案	
	利用人次(万人次)	利用档案(万卷、件次)	利用资料(万册、次)	复 制(万页)	全 宗(个)	案 卷(万卷)
1990	0.56	2.45	0.31	1.08		
1991	0.50	1.40	0.20	0.72	222	2.00
1992	0.49	1.16	0.15	0.76	264	2.19
1993	0.34	0.99	0.13	0.94	264	2.22
1994	0.36	1.01	0.15	1.13	264	2.27
1995	0.28	0.64	0.11	0.80	269	3.79
1996	0.24	0.67	0.11	0.51	340	3.90
1997	0.30	0.81	0.09	1.56	422	4.65
1998	0.40	1.01	0.15	0.88	520	5.47
1999	0.52	1.53	0.17	1.18	523	5.48
2000	0.54	1.74	0.16	1.24	528	5.75
2001	0.56	1.63	0.14	2.10	528	5.75
2002	0.79	2.27	0.10	2.94	458	5.88
2003	0.79	2.05	0.19	3.17	653	6.12
2004	1.01	3.04	0.78	4.86	673	6.21
2005	2.09	3.28	1.17	3.13	556	10.96
2006	1.94	19.46	0.52	9.82	556	6.31
2007	1.71	34.07	1.33	8.55	618	6.70
2008	1.64	5.04	0.18	7.25	625	7.01
2009	1.94	3.15	0.55	3.25	625	7.11
2010	1.56	2.50	0.98	3.12	625	7.11
2011	6.15	9.07	1.29	6.79	639	7.36
2012	2.98	3.77	0.28		657	7.36
2013	3.04	4.65	0.29		657	7.36
2014	3.66	4.98	0.18		784	7.42
2015	3.95	11.38	0.12		791	7.42
2016	4.64	7.10	0.14		815	7.79
2017	4.18	8.90	0.17		860	8.27
2018	3.14	4.50	0.26			9.55
2019	2.75	4.20	0.05			11.79
2020	2.45	5.73	0.07			12.08

16-3 工会基本情况

（1990-2020年）　　单位：人

年份	基层工会组织数（个）	建立工会组织单位职工人数	#女职工	建立工会组织单位会员人数	#女会员	建立职工代表大会制度的单位数（个）	全国劳模	省、部级劳模	市级劳模
1990	2228	251674	95376	230452	87158			10	
1991	2248	262784	101983	238735	91425			4	
1992	2324	266339	105200	239708	92282			3	
1993	2291	244083	97152	218933	86362			5	
1994	2273	246203	97268	223354	86867			8	
1995							9	13	
1996	2639	226287	89340	206707	81974			5	
1997	2489	196051	79224	179901	70837			3	
1998	2359	213689	87487	185941	74880	973		5	
1999	2926	265768	110630	217735	89573	971		27	100
2000	5399	503285	204580	408975	164591	621	9	2	
2001	7073	845300	288184	821751	263792	517		11	
2002	5795	865423	368442	818095	339828	1209		4	
2003	5940	890017	367797	826141	339025	1675		5	
2004	7218	973565	395162	888892	370207	2349		36	100
2005	8356	1043045	473879	982363	417495	2400	10		
2006	9205	1142028	469978	1073865	421380	2537		4	
2007	10378	1236408	535409	1167186	497179	2770		4	
2008	11647	1326682	537442	1249840	511820	2904		5	
2009	12538	1432401	558981	1352600	535431	3010		39	79
2010	13343	1580373	621436	1517298	601393	3290	11		
2011	14719	1763071	682306	1712126	666807	3653		5	
2012	16739	2014431	770027	1981778	760996	4106		4	
2013	17639	2119344	809964	2083070	799558	4295		4	
2014	17427	2142399	814445	2100368	800470	4305		49	108
2015	17574	2299533	834233	2258245	822948	4416	10		
2016	17667	2394617	875998	2355832	867304	6267		3	
2017	17766	2436832	891207	2398395	882511	6452		3	106
2018	17902	2457329	899814	2419221	890945	6521		3	
2019	9378	1099910	455567	1048738	444284	4813		49	
2020	10601	1186775	504967	1150338	494632	9038	8		100

注：2019年开展工会情况普查后，剔除原已撤销未剔除数据的工会组织。

16-4 妇女联合会基本情况

(1990-2020年)

年份	巾帼文明岗数(市级以上)(个)	巾帼志愿者(人)	三八红旗手(人)	巾帼建功标兵(省级以上)(人)	实用技术培训人数(万人)	文明家庭(市、县级)(户)	村(社区)儿童之家(个)
1990			83		14.56	725	
1991			73		15.61	151	
1992			20			410	
1993			30			335	
1994			3		9.39	91	
1995			37		15.42	110	
1996			3		17.37	267	
1997			79		17.90	162	
1998			44		19.67	450	
1999					11.40	763	
2000			10		9.72	11563	
2001	746				14.34	40141	
2002	1206	20514	13		10.25	225280	
2003	623	23021	26		10.79	412811	
2004	628	34997	37	7	6.73	482499	
2005	321	32640	34		6.75	289166	
2006	161	35680	28	7	5.66	144701	
2007	227	33600	33	5	4.76	135837	
2008	309	34580	59	38	3.68	647	
2009	309	35280	105	9	5.38	2048	
2010	411	35760	84	10	4.22	1490	
2011	124	36250	56	12	4.79	418	
2012	74	37777	60	15	7.25	2380	
2013	69	37100	49	17	0.90	70611	
2014	62	36659	20	9	0.90	5022	
2015	76	38195	22	7	2.87	334	4310
2016	5	69120	8	3	3.39	393	4486
2017	86	36622		10	1.50	3866	4537
2018	5	52000	9	3	1.76	454	3342
2019	50	68000	17	2	2.10	502	3314
2020	3	70285	10	2	2.16	485	3232

16-5 优抚事业基本情况

(1990-2020年)　　单位：人

年　份	享受定期抚恤金人数	#烈士家属	享受定期补助人数	#在乡复员军人	#带病回乡退伍军人	烈军属享受优待户数(户)	烈军属享受优待总额(万元)	安置退伍军人人数	离退休、退职直接发放人员
1990	821	502	10591	9112	1296	10589	517	1639	772
1991	829	492	10427	8914	1410	10081	524		725
1992	793	483	10330	8697	1543	10455	553	2425	571
1993	797	474	10096	4836	1585	11111	570	1816	561
1994	770	458	10085	8434	1575	11888	689	2546	535
1995	780	467	9977	8314	1589	12728	864	2148	510
1996	721	431	9862	8112	1694	10307	1359	1872	501
1997	724	423	9526	7757	1711	10590	2223	1651	496
1998	694	391	9407	7407	1943	10296	2322	1366	474
1999	672	368	9308	7202	2072	14515	3559	3596	447
2000	646	349	9181	6947	2208	15940	3513	3568	427
2001	626	333	8811	6835	1959	17040	3825	1690	421
2002	611	323	8802	6581	2209	16572	3440	2409	406
2003	602	318	8474	6189	2274	16141	3950	1150	403
2004	590	312	8356	5982	2364	13522	2939	854	402
2005	583	309	7968	5616	2346	11922	4370	1257	391
2006	581	309	7741	5384	2351	9656	4543	1781	392
2007	561	291	7823	5164	2282	10104	5313	1730	386
2008	547	284	9150	4981	3197	10973	6063	2943	375
2009	545	277	9096	4680	3156	10993	7087	2482	363
2010	527	271	8987	4430	3183	11959	8797	2763	357
2011	510	257	9348	4158	3118	13483	11872	2698	349
2012	485	242	36368	3803	2193	14349	11438	2756	325
2013	445	222	36060	3217	2234	16203	9881	2616	318
2014	411	197	36725	2955	2220	18433	15095	2456	309
2015	416	204	37344	2764	2131	16537	15861	2302	303
2016	406	196	37954	2589	2080	24092	18456	2490	279
2017	363	154	38174	1868	2006	32760	24171	2349	184
2018	356	153	40048	1493	1786	4575	11402	1997	112
2019	343	147	40631	1313	1646	4373	12693	1948	111
2020	325	133	40410	1124	873	3761	12740	1942	122

16-6 民政事业基本情况(一)

(1990-2020年)　　单位：人

年份	最低生活保障人数	最低生活保障资金(万元)	社会福利院			收养类单位		
			单位数(个)	床位(张)	年末在院人数	单位数(个)	床位(张)	年末在院人数
1990			4	222	124	82	1133	751
1991			4	194	112	93	1209	850
1992			4	194	114	98	1339	975
1993			4	182	142	98	1374	1056
1994			4	178	154	101	1336	1116
1995			4	178	297	123	1852	1087
1996			4	232	188	165	2225	1321
1997			6	322	177	185	2585	1666
1998			7	372	247	184	2795	1655
1999			7	403	297	179	2847	1640
2000	29611	1441	7	525	359	175	3697	2005
2001	33487	1915	8	735	425	164	4024	2149
2002	48926	1751	9	854	503	149	4980	2396
2003	56751	2260	9	876	552	134	4303	2783
2004	60893	4970	9	908	599	135	5788	3642
2005	56747	4932	9	992	643	168	8327	4411
2006	56527	5126	9	1093	729	196	11753	7094
2007	60186	6917	9	1323	773	194	13237	9346
2008	62988	9422	9	1423	748	209	15061	8524
2009	61624	9960	9	1473	808	203	15574	9284
2010	60705	11988	9	1638	792	224	20518	9803
2011	61666	15686	9	1931	817	327	26949	16290
2012	61612	19035	9	1871	786	342	32939	18461
2013	60252	21227	9	2206	1107	366	38223	19458
2014	58555	20718	9	2117	1102	331	37963	19186
2015	78147	27099	9	2206	1195	345	42111	20502
2016	100223	38021	9	2741	1191	354	46386	21905
2017	101512	49511	9	2232	1068	316	49051	22878
2018	86885	45968	9	2311	1193	302	48683	23835
2019	77825	44709	9	1927	1076	313	48633	20262
2020	66759	52904	8	1892	902	316	48213	17944

16-7 民政事业基本情况(二)

(1990-2020年)　　单位：个

年份	民政福利企业单位数	结婚对数(对)	#涉外结婚对数	离婚对数(对)	社会团体机构数	#地级社团	年末实有殡仪馆	年处理遗体数(具)
1990	431	30054	26	463			1	322
1991	391	29217	22	467	600	118	1	303
1992	425	36625	35	517	874	140	1	354
1993	460	39201	55	841	1134	165	1	348
1994	496	44557	38	1010	1091	171	1	406
1995	425	44544	51	992	1105	182	1	538
1996	382	45338	55	1375	1424	206	1	665
1997	376	40764	62	1559	1264	212	1	720
1998	380	50200	66	1555	1080	218	2	1419
1999	364	57519	83	1679	1131	215	5	13609
2000	345	48006	73	1994	884	202	5	25954
2001	361	46771	78	2080	815	203	5	26260
2002	382	47446	47	2149	887	234	5	27839
2003	388	46640	62	3163	953	256	6	32241
2004	384	46602	64	4795	1027	260	7	33110
2005	381	43853	42	4773	1151	273	7	35629
2006	387	49405	65	6522	1257	293	7	25709
2007	354	46229	3	6702	1315	301	7	33745
2008	323	47479	8	7837	1342	302	7	34621
2009	326	48197	37	8745	1384	333	7	34677
2010	311	47843	40	9516	1431	332	7	44043
2011	301	50064	67	10261	1448	315	7	35307
2012	209	47721	98	11159	1516	337	7	34565
2013	228	44383	185	11630	1598	356	7	35175
2014	207	47049	125	13149	1681	365	7	36330
2015	186	43540	113	14173	1759	384	7	37427
2016	181	35077	129	14443	1944	397	7	37716
2017		34273	134	14814	2036	404	7	38728
2018		32362	197	14857	2120	402	7	37994
2019		30288	184	15026	2487	405	7	38538
2020		27271	49	13381	2500	409	7	37979

16-8　养老保险基本情况

(1995-2020年)

年　份	城镇职工养老保险参保人数(人)	职工参保	离退休参保	城镇养老保险收缴保险基金(万元)	城镇养老保险支付养老金(万元)	城乡居民养老保险参保人数(人)
1995	223450	181285	42165			
1996	231067	186165	44902			
1997	230021	181685	48336	26203	23500	
1998	238425	186402	52023	28957	29778	
1999	289975	232229	57746	29038	35818	
2000	323774	260075	63699	39518	43289	
2001	337621	268966	68655	67635	55314	
2002	475499	404592	70907	74404	68063	
2003	564249	490256	73993	116500	72220	
2004	663682	584910	78772	125341	77926	
2005	699799	616468	83331	140543	87633	
2006	740966	652528	88438	173169	103925	
2007	817298	723023	94275	218071	125779	
2008	906825	806013	100812	262405	153331	
2009	1010435	900749	109686	269939	177683	
2010	1138364	1021004	117360	314867	206125	
2011	1340952	1179823	161129	392608	263072	
2012	1486883	1291768	195115	496811	373575	2124079
2013	1609977	1398087	211890	575193	444999	2316696
2014	1811961	1511186	300775	674310	589138	2460537
2015	1797098	1320752	476346	813370	997801	2336250
2016	1938744	1306268	632476	1081240	1561531	2197064
2017	2133587	1381238	752349	2760245	2320968	2087530
2018	2288528	1476675	811853	2230742	2383536	2113781
2019	2437344	1584026	853318	1579094	2625583	2056701
2020	2677807	1773788	904019	1308969	2926128	1931529

16-9 基本医疗和失业保险情况

(1995-2020年)

年 份	城镇基本医疗保险情况					失业保险情况		
	期末参保人数(人)	职工参保	离退休参保	收缴保险基金(万元)	支付保险基金(万元)	期末参保人数(人)	收缴保险基金(万元)	支付保险基金(万元)
1995	60102	49481	10621			149713	950	530
1996	65328	51544	13784			155772	1438	625
1997	58237	21421	36816	2054	1321	156924	1543	796
1998	109136	91479	17657	4687	2230	153038	2320	1082
1999	126770	97841	28929	8391	3761	231800	3628	1706
2000	127805	96257	31548	5445	5014	262000	3928	1619
2001	132793	90059	42734	7894	7674	284055	4431	2273
2002	223409	157042	66367	16835	9062	309988	5295	1998
2003	296000	219381	76619	40919	18480	320716	6411	1251
2004	330855	250393	87662	43205	27831	346440	8099	2596
2005	375163	282927	92236	45028	33894	348259	9334	1924
2006	427668	326288	101380	50724	38843	392096	11448	2622
2007	487703	380074	107629	52340	31423	443716	13257	2424
2008	586798	471292	115506	59191	35442	516349	17860	1774
2009	662437	530546	131891	72335	45043	562033	20080	4319
2010	744828	604216	140612	88734	53600	627233	27061	7639
2011	925990	762801	163189	136867	67558	748807	31761	10704
2012	1070942	893920	177022	225034	107365	822736	42710	10496
2013	1223191	1041790	181401	214681	139461	895307	51906	13737
2014	1362068	1173943	188125	320215	167409	959460	59122	12439
2015	1407771	1212375	195396	306705	162261	993734	58866	29031
2016	1290458	1087197	203261	398126	223492	1035947	44044	4886
2017	1358141	1145319	212822	491122	333333	975871	44719	27785
2018	1496184	1262774	233410	586170	418908	985931	55901	30239
2019	1638498	1384907	253591	672565	529802	1000561	61488	162356
2020	1805909	1532023	273886	760306	569910	1127796	54165	125165

16-10 工伤和生育保险基本情况

(1995-2020年)

年 份	工伤保险情况			生育保险情况		
	期末参保人数(人)	收缴保险基金(万元)	支付保险基金(万元)	期末参保人数(人)	收缴保险基金(万元)	支付保险基金(万元)
1995	34964			14274		
1996	107496			46942		
1997	132906	618	118	73035	227	137
1998	130593	651	140	135056	378	255
1999	123201	639	200	133177	570	414
2000	122066	719	285	128547	590	451
2001	129824	858	347	129325	681	533
2002	129983	1147	420	126554	805	532
2003	190081	1414	733	123497	732	548
2004	235329	2505	1380	143816	811	542
2005	290154	4107	2541	135991	1106	841
2006	420460	5977	4092	176515	1570	1036
2007	1128802	9726	5713	199769	2421	1695
2008	1480046	16989	9623	243769	3072	2356
2009	1600697	17207	12092	274273	4053	3088
2010	1809065	23439	15435	345769	5373	4110
2011	1972055	31263	22660	574568	7837	5235
2012	2085850	36453	38900	666972	12560	8812
2013	2191494	39033	39841	769415	14525	10841
2014	2286346	42038	46833	856955	17012	13411
2015	2324260	53508	48834	887374	21835	15597
2016	1825047	55916	48877	824371	18462	18224
2017	1819511	64324	61664	872250	20653	26718
2018	1946014	78791	66787	979629	23988	36002
2019	2184116	76117	75332	1073915	27819	33436
2020	2440819	42144	68930	1290227		

注：2020年开始，生育保险和职工基本医疗保险合并实施。

主要统计指标解释

居民最低生活保障人数 指在报告期末家庭平均收入在当地规定的最低生活保障线以下的城镇和农村居民数。包括“三无”对象，失业人员和在职、下岗、退休人员等。

收养类单位 指提供食宿的、不以盈利为目的的革命伤残军人休养院、复退军人慢性病疗养院、复退军人精神病院、光荣院、社会福利院、儿童福利院、精神病人福利院、老年收养性机构（敬老院、养老院、老年公寓）等收养性的社会福利事业单位的总称。分事业单位、企业和民办非企业3类。

城镇职工基本养老保险

1. 参保职工人数 指报告期末按照国家法律、法规和有关政策规定参加城镇职工基本养老保险并在社保经办机构已建立缴费记录档案的职工人数，包括中断缴费但未终止养老保险关系的职工人数，不包括只登记未建立缴费记录档案的人数。

2. 离退休人员人数 指报告期末参加城镇职工基本养老保险的离休、退休和退职人员的人数。

3. 基金收入 指根据国家有关规定，由纳入基本养老保险范围的缴费单位和个人按国家规定的缴费基数和缴费比例缴纳的养老保险基金，以及通过其他方式取得的形成基金来源的收入。包括单位和职工个人缴纳的基本养老保险费、基本养老保险基金利息收入、上级补助收入、下级上解收入、转移收入、财政补贴和其他收入。

4. 基金支出 指按照国家政策规定的开支范围和开支标准从养老保险基金中支付给参加基本养老保险的个人的养老金、丧葬抚恤补助，以及由于保险关系转移、上下级之间调剂资金等原因而发生的支出。包括离休金、退休金、退职金、各种补贴、医疗费、死亡丧葬补助费、抚恤救济费、社会保险经办机构管理费、补助下级支出、上解上级支出、转移支出、其他支出等。

基本医疗保险 建立城镇职工基本医疗保险制度，是对现行公费医疗、劳动医疗制度的创新和机制转换。基本医疗保险实行社会统筹和个人帐户相结合，是建立城镇职工基本医疗保险制度的核心内容。

失业保险参保人数 指报告期末按照国家法律、法规和有关政策规定参加了失业保险的城镇企业、事业单位的职工及地方政府规定参加失业保险的其他人员的人数。

工伤保险参保人数 指报告期末依据国家有关规定参加工伤保险的职工人数和有雇工的个体工商户的雇工数。

生育保险参保人数 指报告期末依据有关规定参加生育保险的人数。

17

各县市区国民经济主要指标

Main Indicators of National Economy by County, City and District

17-1 各县市区法人单位数

(2020年)　　单位：个

地　区	法　人 单位数	单产业法	多产业法人
全　市	**181325**	**178842**	**2483**
市　区	62179	61127	1052
椒江区	24554	23979	575
黄岩区	17580	17372	208
路桥区	20045	19776	269
三门县	9397	9284	113
天台县	19550	19393	157
仙居县	10840	10664	176
温岭市	32817	32360	457
临海市	25748	25438	310
玉环市	20794	20576	218

17-2 各县市区分产业法人单位数

(2020年)　　单位：个

地　区	法　人 单位数	第一产业	第二产业	第三产业	法人单位 数中:工业
全　市	**181325**	**8222**	**62180**	**110923**	**56552**
市　区	62179	953	21193	40033	19072
椒江区	24554	383	5896	18275	4696
黄岩区	17580	330	7562	9688	7182
路桥区	20045	240	7735	12070	7194
三门县	9397	1120	2644	5633	2358
天台县	19550	839	2887	15824	2355
仙居县	10840	2125	2719	5996	2339
温岭市	32817	639	13898	18280	13160
临海市	25748	1848	7677	16223	6832
玉环市	20794	698	11162	8934	10436

17-3 各县市区分产业增加值

(2020年) 单位：万元

地 区	生产总值	第一产业	第二产业	第三产业	人均生产总值			
					人民币(元)		美 元	
					按户籍人口计算	按常住人口计算	按户籍人口计算	按常住人口计算
全 市	**52627196**	**2947774**	**22982076**	**26697346**	**86841**	**79889**	**12590**	**11582**
市 区	19186619	563225	7971916	10651478	117778	89261	17075	12941
椒江区	6918971	228663	2765751	3924557	125202	84739	18151	12285
黄岩区	5573781	192551	2536984	2844246	90532	79117	13125	11470
路桥区	6693867	142010	2669181	3882675	145282	106505	21063	15441
三门县	2733856	349108	1142267	1242481	61112	72133	8860	10458
天台县	3016955	166296	1201817	1648842	50055	64122	7257	9296
仙居县	2605030	167204	1088254	1349572	50241	61008	7284	8845
温岭市	11368732	813943	5024524	5530265	93055	80715	13491	11702
临海市	7384805	496986	3233836	3653983	61291	66530	8886	9645
玉环市	6325643	386026	3348366	2591251	145103	98377	21037	14262

17-4 各县市区分行业增加值(一)

(2020年) 单位：万元

地 区	农、林、牧、渔业	工业	建筑业	批发和零售业	交通运输仓储及邮政业	住宿和餐饮业
全 市	**2987914**	**19004957**	**3990996**	**6516520**	**1258395**	**1073887**
市 区	566594	6740326	1236612	2670169	571354	414073
椒江区	229082	2329460	438781	508525	184685	164841
黄岩区	194907	2291150	246051	570019	153032	124340
路桥区	142605	2119716	551781	1591625	233637	124892
三门县	349236	957228	185996	270016	39571	45895
天台县	166980	970599	231258	368842	108062	77668
仙居县	168392	833124	255267	292427	61327	56555
温岭市	838106	3797954	1231951	1502694	182714	254785
临海市	498876	2639614	595563	728429	228012	140478
玉环市	394698	3069518	279664	647702	81356	133142

17-5 各县市区分行业增加值(二)

(2020年) 单位：万元

地 区	金融业	房地产业	其 他 服务业	营利性服务业	非营利性服务业
全 市	**4139927**	**4541793**	**9112808**	**3495351**	**5617457**
市 区	1902193	1682965	3402333	1369811	2032522
椒江区	995938	608554	1459106	562892	896213
黄岩区	395286	637653	961343	369682	591661
路桥区	510970	436758	981884	437236	544647
三门县	176890	238837	470188	165462	304727
天台县	209850	277354	606341	191438	414903
仙居县	208287	248899	480751	129923	350829
温岭市	799327	950632	1810567	758279	1052288
临海市	504464	702724	1346644	509747	836897
玉环市	322312	456432	940820	411930	528891

17-6 各县市区生产总值增长速度

(2020年) 单位：%

地 区	生产总值	第一产业	第二产业	第三产业	在生产总值中：工 业	人均生产总值按户籍人口计算	人均生产总值按常住人口计算
全 市	**3.4**	**2.3**	**2.8**	**4.1**	**2.5**	**3.2**	**2.3**
市 区	3.2	2.1	2.9	3.5	2.4	2.7	2.0
椒江区	2.6	1.5	1.7	3.4	1.3	1.5	0.2
黄岩区	3.7	2.8	3.3	4.2	3.2	3.6	2.8
路桥区	3.4	1.8	3.6	3.2	2.6	3.2	3.3
三门县	4.4	2.2	4.5	4.8	9.0	4.5	3.4
天台县	3.6	3.9	4.5	2.9	5.3	3.7	1.8
仙居县	3.5	2.3	1.7	5.3	0.9	3.1	1.3
温岭市	3.8	2.0	3.7	4.1	2.8	3.8	3.0
临海市	3.4	2.1	3.0	4.0	3.1	3.5	2.6
玉环市	3.1	3.4	1.7	5.2	0.9	2.8	2.6

注：本表按可比价格计算。

17-7 各县市区年末人口数

(2020年) 单位：人

地区	户籍总户数(户)	户籍总人口数	按性别分		按城乡分		常住人口数(万人)
			男性	女性	城镇人口	农村人口	
全市	**1942436**	**6069798**	**3095093**	**2974705**	**2799292**	**3270506**	**662.7**
市区	507001	1639499	818817	820682	915823	723676	216.4
椒江区	177634	561847	280516	281331	379888	181959	82.7
黄岩区	196510	615849	307611	308238	275638	340211	70.8
路桥区	132857	461803	230690	231113	260297	201506	62.9
三门县	153416	446442	233437	213005	156782	289660	38.0
天台县	195681	601460	312879	288581	199405	402055	47.5
仙居县	143775	521235	269240	251995	159419	361816	43.2
温岭市	427969	1220723	617411	603312	667291	553432	141.7
临海市	371470	1203312	622851	580461	408382	794930	111.5
玉环市	143124	437127	220458	216669	292190	144937	64.4

17-8 各县市区户籍人口自然变动情况

(2020年)

地区	出生		死亡		自然增长	
	人数(人)	出生率(‰)	人数(人)	死亡率(‰)	人数(人)	自然增长率(‰)
全市	**47108**	**7.76**	**37936**	**6.25**	**9172**	**1.51**
市区	12856	7.86	10255	6.27	2601	1.59
椒江区	4919	8.80	3202	5.73	1717	3.07
黄岩区	4561	7.40	4147	6.73	414	0.67
路桥区	3376	7.31	2906	6.30	470	1.01
三门县	3628	8.12	2461	5.51	1167	2.61
天台县	4931	8.19	4151	6.89	780	1.30
仙居县	4774	9.17	3094	5.95	1680	3.22
温岭市	8392	6.87	7892	6.46	500	0.41
临海市	9302	7.73	7291	6.06	2011	1.67
玉环市	3225	7.38	2792	6.39	433	0.99

17-9 各县市区分行业在岗职工年末人数(一)

(2020年) 单位：人

地 区	在岗职工年末人数	采矿业	制造业	电力、热力、燃气及水生产和供应业	建筑业	批发和零售业	交通运输、仓储和邮政业	住宿和餐饮业	信息传输、软件和信息技术服务业
全 市	**1157090**	**494**	**689689**	**8743**	**309844**	**49358**	**19906**	**16463**	**5823**
市 区	382503	52	223826	2826	83019	21278	10389	6429	4913
椒江区	159230		89644	1899	26494	10010	7918	3609	4324
黄岩区	129320		71271	457	40693	3870	1155	1397	393
路桥区	93953	52	62911	470	15832	7398	1316	1423	196
三门县	52946	64	33741	1864	14349	687	478	347	117
天台县	41264	121	28659	373	6807	1160	970	1473	131
仙居县	55375	162	31232	555	18330	2349	237	1441	
温岭市	261358	76	138955	1289	89430	11983	2493	2945	273
临海市	218416	19	108071	803	89296	7758	4551	2231	245
玉环市	145228		125205	1033	8613	4143	788	1597	144

17-10 各县市区分行业在岗职工年末人数(二)

(2020年) 单位：人

地 区	房地产业	租赁和商务服务业	科学研究、技术服务业	水利、环境和公共设施管理业	居民服务、修理和其他服务业	教 育	卫生和社会工作	文化、体育和娱乐业
全 市	**16675**	**23391**	**4697**	**3956**	**4118**	**386**	**2105**	**1442**
市 区	6953	14162	2224	1028	3449	160	903	892
椒江区	3209	5413	1973	228	3282	160	350	717
黄岩区	2548	7063	37	37			256	143
路桥区	1196	1686	214	763	167		297	32
三门县	599	343	82	89	36		130	20
天台县	1155	166	135	83	21			10
仙居县	563	123	154	119			110	
温岭市	4106	7394	1085	455	316	14	255	289
临海市	1955	183	859	1131	273	212	707	122
玉环市	1344	1020	158	1051	23			109

17-11　各县市区农林牧渔业总产值

(2020年)　　单位：万元

地　区	农林牧渔业总产值	农业产值	林业产值	牧业产值	渔业产值	农林牧渔服务业产值
全　市	**5250344**	**1712898**	**67044**	**315663**	**3088728**	**66011**
市　区	963750	463619	4333	26080	460656	9062
椒江区	457745	114641	416	14240	327399	1049
黄岩区	263112	242403	3456	8917	3625	4711
路桥区	242893	106575	461	2923	129632	3302
三门县	717586	110722	4151	30673	571730	310
天台县	258918	154897	14967	83572	3894	1588
仙居县	260487	187759	21800	41396	6963	2569
温岭市	1488517	321616	895	51631	1074766	39609
临海市	826312	402536	19500	70770	329706	3800
玉环市	734774	71749	1398	11541	641013	9073

注：农林牧渔业总产值按当年价格计算，下同。

17-12　各县市区农作物播种面积(一)

(2020年)　　单位：公顷

地　区	农作物播种面积	粮食作物	油料	#油菜籽	#花生	#芝麻	棉花	麻类	甘蔗
全　市	**200341**	**85496**	**6698**	**5592**	**969**	**110**	**215**	**1**	**1726**
市　区	45749	15646	423	355	67	1	16		488
椒江区	10643	4848	153	153			13		15
黄岩区	19616	5698	269	201	67	1			313
路桥区	15490	5100	1	1			3		160
三门县	18288	7557	688	541	80	42	79		65
天台县	24538	10850	1997	1483	495	19	40	1	16
仙居县	23779	12167	1656	1485	144	27			5
温岭市	40967	18636	421	359	55	5	36		1025
临海市	38969	18526	752	643	94	15	40		102
玉环市	8051	2114	761	726	34	1	4		25

17-13 各县市区农作物播种面积(二)

(2020年)　　　　单位：公顷

地　区	药材类	蔬菜	果用瓜			其他作物
				#西瓜	#草莓	
全　市	**5172**	**78976**	**16190**	**8911**	**735**	**5867**
市　区	337	23541	4110	1182	68	1188
椒江区	17	4176	1406	175	17	15
黄岩区	299	11887	474	400	27	676
路桥区	21	7478	2230	607	24	497
三门县	292	6331	3143	967	22	133
天台县	1789	7763	1044	925	41	1038
仙居县	1853	5840	826	754	33	1432
温岭市	349	16595	3018	2043	91	887
临海市	481	14940	2960	2122	460	1168
玉环市	71	3966	1089	918	20	21

17-14 各县市区农作物产量

(2020年)　　　　单位：吨

地　区	粮食作物	油料		棉花	麻类	甘蔗	药材	蔬菜	果用瓜
			#油菜籽						
全　市	**520867**	**13201**	**10888**	**291**	**3**	**134719**	**37910**	**2250222**	**521410**
市　区	92460	691	529	24		30261	1370	689566	128933
椒江区	26497	285	285	20		1480	123	131435	54893
黄岩区	34374	404	242			20723	975	338507	13711
路桥区	31589	2	2	4		8058	272	219624	60329
三门县	44396	1108	869	121		3262	1068	168795	81958
天台县	67768	4004	3065	53	2	681	10196	170962	31305
仙居县	77485	3547	3115			228	21746	162277	20881
温岭市	114473	847	667	40	1	93747	1773	540590	157757
临海市	113410	1623	1340	46		4656	1428	412853	72742
玉环市	10875	1381	1303	7		1884	329	105179	27834

17-15 各县市区茶园面积和茶叶产量

(2020年)

地　区	茶　园总面积(公顷)	#本年采摘面积	茶　叶总产量(吨)	春茶	夏茶	秋茶
全　市	**12282**	**10810**	**5488**	**4195**	**954**	**339**
市　区	261	153	36	35	1	
椒江区						
黄岩区	261	153	36	35	1	
路桥区						
三门县	796	737	627	416	106	105
天台县	7011	6158	2926	2104	685	137
仙居县	1284	1105	489	379	85	25
温岭市	265	245	78	78		
临海市	2567	2314	1325	1176	77	72
玉环市	98	98	7	7		

17-16 各县市区果园面积和水果产量(一)

(2020年)　　单位：公顷

地　区	果　园面　积	柑　桔	梨　园	桃　园	杨　梅	枇　杷
全　市	**67896**	**25474**	**1971**	**4046**	**24120**	**3501**
市　区	13824	5112	87	759	5244	1698
椒江区	2024	859	4	224	583	155
黄岩区	10374	4077	68	338	4269	1281
路桥区	1426	176	15	197	392	262
三门县	5412	3596	176	150	732	221
天台县	4808	813	726	650	1678	153
仙居县	11485	544	262	847	8530	344
温岭市	6664	1077	187	197	1399	279
临海市	21792	11730	497	1335	6283	699
玉环市	3911	2602	36	108	254	107

17-17 各县市区果园面积和水果产量(二)

(2020年)

地区	在果园面积中(公顷)				水果总产量(吨)		
	柿子	葡萄	猕猴桃	其他	合计	柑桔	
							柑
全市	**768**	**5706**	**926**	**1384**	**1499253**	**504278**	**17171**
市区	30	658	113	123	311916	90031	7411
椒江区	11	167	7	14	88716	20643	127
黄岩区	13	144	105	79	136812	65407	7107
路桥区	6	347	1	30	86388	3981	177
三门县	43	363	55	76	151728	57684	1314
天台县	249	159	104	276	97731	21886	99
仙居县	125	231	393	209	112181	6476	2825
温岭市	45	3308	50	122	267261	15880	1519
临海市	170	430	194	454	469117	274534	265
玉环市	106	557	17	124	89319	37787	3738

17-18 各县市区果园面积和水果产量(三)

(2020年) 单位：吨

地区	在水果总产量中					
	柑桔产量中			梨头	桃子	杨梅
	桔	橙	柚			
全市	**446853**	**7469**	**32727**	**27540**	**55923**	**227318**
市区	82033	327	215	892	10906	50111
椒江区	20232	129	155	53	3242	4645
黄岩区	58041	164	50	612	4105	37248
路桥区	3760	34	10	227	3559	8218
三门县	54019	1602	749	883	2092	4268
天台县	21523	61	202	12631	9571	12320
仙居县	2843	491	305	2808	7562	65899
温岭市	9560	3724	1077	2277	2925	16885
临海市	273987	207	75	7500	21463	75306
玉环市	2888	1057	30104	549	1404	2529

17-19 各县市区果园面积和水果产量(四)

(2020年) 单位：吨

地区	在水果总产量中					
	枇杷	柿子	葡萄	猕猴桃	果用瓜	其他水果
全市	**26439**	**6503**	**108522**	**6384**	**521410**	**14936**
市区	15822	696	11921	850	128933	1754
椒江区	926	296	3730	72	54893	216
黄岩区	11445	355	2502	724	13711	703
路桥区	3451	45	5689	54	60329	835
三门县	1412	167	2118	519	81958	627
天台县	805	1874	4205	926	31305	2208
仙居县	628	691	3513	2492	20881	1231
温岭市	3169	509	64837	225	157757	2797
临海市	3159	1191	7030	1317	72742	4875
玉环市	1444	1375	14898	55	27834	1444

17-20 各县市区林业生产情况(一)

(2020年) 单位：公顷

地区	森林抚育面积	人工造林	退化林修复	更新造林	四旁(零星)植树(万株)
全市	**7543**	**5596**	**9238**	**127**	**105.5**
市区	862	829	352		19.5
椒江区	180	110			8.0
黄岩区	472	587	352		5.0
路桥区	210	132			6.5
市直属					
三门县	700	599	200	47	10.0
天台县	1420	805	2000	40	13.0
仙居县	2300	827	2469	19	15.0
温岭市	470	626	440	8	13.0
临海市	1347	863	3333	13	26.0
玉环市	444	1047	444		9.0

17-21 各县市区林业生产情况(二)

(2020年)

地 区	木材采伐(万立方米)	竹材采伐(万根)	主要林产品产量(吨)			
			毛 茶	油茶籽	竹笋干	板 栗
全 市	**14.62**	**105.13**	**5522**	**5586**	**4573**	**1947**
市 区	0.73		35		415	67
椒江区	0.02					
黄岩区	0.66		35		415	67
路桥区	0.05					
三门县	0.32	5.59	556	400	364	210
天台县	6.14	19.84	2921	2200	890	360
仙居县	4.50	32.00	730	2100	755	780
温岭市	0.54	5.80	8		12	
临海市	2.18	41.90	1272	886	2137	530
玉环市	0.20					

17-22 各县市区畜牧业生产情况(一)

(2020年)

地 区	生 猪(万头)					牛(头)	
	年末存栏头数	能繁殖的母猪	其 他生 猪	年内肥猪出栏头 数	全 年饲养量	年 末存 栏	年 内出 栏
全 市	**47.39**	**4.38**	**43.01**	**25.49**	**72.88**	**18299**	**8479**
市 区	4.39	0.28	4.11	1.94	6.33	2192	922
椒江区	1.55	0.06	1.49	0.15	1.70	1260	55
黄岩区	1.56	0.20	1.37	1.38	2.94	804	815
路桥区	1.28	0.02	1.26	0.41	1.69	128	52
三门县	5.37	0.51	4.86	4.39	9.76	1199	274
天台县	6.27	0.61	5.66	7.96	14.23	6243	3147
仙居县	7.29	1.37	5.92	3.32	10.60	2442	1037
温岭市	9.93	0.99	8.94	3.04	12.97	1287	650
临海市	12.62	0.55	12.07	4.02	16.65	4563	2144
玉环市	1.51	0.08	1.44	0.83	2.34	373	305

17-23 各县市区畜牧业生产情况(二)

(2020年)

地 区	羊(万只)		家禽(万只)		兔(万只)		肉类产量(吨)		禽蛋产量(吨)
	年末存栏	年内出栏	年末存栏	年内出栏	年末存栏	年内出栏		#猪肉	
全 市	**4.55**	**4.11**	**1003.92**	**2594.98**	**25.85**	**29.32**	**62689**	**22006**	**25859**
市 区	0.59	0.50	56.61	76.76	2.94	3.57	2956	1627	3219
椒江区	0.29	0.26	11.05	16.04	1.49	1.12	441	134	828
黄岩区	0.17	0.19	28.79	28.71	0.45	1.60	1722	1135	1713
路桥区	0.13	0.06	16.77	32.01	1.00	0.85	793	358	678
三门县	0.46	0.38	77.37	74.69	1.61	0.93	4985	3524	6026
天台县	0.98	0.91	191.83	718.73	3.62	5.01	18576	6847	3405
仙居县	0.57	0.41	89.25	220.59	0.02		5687	2737	1558
温岭市	0.32	0.21	202.95	364.31	0.17	0.71	7103	2855	8318
临海市	1.28	1.24	345.58	1013.53	17.48	19.06	21199	3667	2870
玉环市	0.35	0.47	40.33	126.37	0.01	0.04	2184	750	463

17-24 各县市区渔业基本情况

(2020年) 单位：人

地 区	渔业乡镇(个)	渔业村(个)	渔业户(户)	渔业人口	渔业从业人员	#专业从业人员	海洋渔业从业人员	#专业从业人员	淡水渔业从业人员	#专业从业人员
全 市	**28**	**150**	**74860**	**236228**	**132323**	**96455**	**122792**	**90042**	**9531**	**6413**
市 区	4	18	6479	21786	17482	12049	15340	10697	2142	1352
椒江区	4	13	3303	10471	6562	4474	6377	4374	185	100
黄岩区		1	115	290	560	465			560	465
路桥区		4	3061	11025	10360	7110	8963	6323	1397	787
三门县	8	7	9480	35885	26255	15440	24365	14645	1890	795
天台县					418	130			418	130
仙居县			131	430	345	186			345	186
温岭市	3	46	26304	84281	48094	34557	47718	34338	376	219
临海市	2	8	10815	30545	13958	11753	12473	10862	1485	891
玉环市	11	71	21651	63301	25771	22340	22896	19500	2875	2840

17-25 各县市区渔业机械年末拥有量

(2020年)

地 区	机动渔船								非机动渔船	
	合 计		捕捞渔船		养殖渔船		辅助渔船			
	艘	总吨位	艘	总吨位	艘	总吨位	艘	总吨位	艘	总吨位
全 市	**5367**	**850822**	**3937**	**664801**	**736**	**2875**	**694**	**183146**	**53**	**26**
市 区	978	166393	640	92216	71	1252	267	72925	2	1
椒江区	613	113757	363	49692	27	842	223	63223		
黄岩区	25	23	22	11			3	12	2	1
路桥区	340	52613	255	42513	44	410	41	9690		
三门县	510	28245	446	20114	2	20	62	8111		
天台县										
仙居县									51	25
温岭市	2288	480365	1846	404366	172	279	270	75720		
临海市	671	97989	645	91100	1	9	25	6880		
玉环市	920	77830	360	57005	490	1315	70	19510		

17-26 各县市区水产养殖面积

(2020年) 单位：公顷

地 区	海水养殖面积	#鱼类	#甲壳类	#贝类	#藻类	海上养殖	滩涂养殖	淡水养殖面积
全 市	**24479**	**1030**	**7704**	**11712**	**4001**	**5918**	**10994**	**6927**
市 区	1179	230		554	395	773	406	831
椒江区	295	230		65		295		227
黄岩区								136
路桥区	884			489	395	478	406	468
三门县	13489	34	6153	6127	1175	936	6604	430
天台县								820
仙居县								730
温岭市	4910	64	719	2848	1247	1443	2728	643
临海市	1441	29	388	608	416	445	503	2797
玉环市	3460	673	444	1575	768	2321	753	676

17-27 各县市区水产品产量(一)

(2020年) 单位：吨

地 区	水产品总产量	海洋捕捞			海水养殖					远洋渔业
			#鱼类	#甲壳类		#鱼类	#甲壳类	#贝类	#藻类	
全 市	**1490372**	**839847**	**538337**	**231504**	**524914**	**23863**	**42450**	**434664**	**22402**	**58075**
市 区	268811	221083	165385	46743	31949	9634		20610	1705	
椒江区	211984	188523	140213	40350	19029	9634		9395		
黄岩区	2325									
路桥区	54502	32560	25172	6393	12920			11215	1705	
三门县	305904	13135	7990	4775	289755	2470	28750	252535	6000	
天台县	2719									
仙居县	5160									
温岭市	532209	394809	225145	127309	72232	2432	2214	60209	5842	58075
临海市	120442	77875	65243	9845	15518	205	4780	8389	2144	
玉环市	255127	132945	74574	42832	115460	9122	6706	92921	6711	

17-28 各县市区水产品产量(二)

(2020年)

地 区	淡水捕捞			淡水养殖						观赏鱼(万条)
		#鱼类	#甲壳类		#鱼类	#甲壳类	#池塘	#水库	#河沟	
全 市	**17173**	**13320**	**1109**	**50363**	**42517**	**5811**	**25906**	**10497**	**11059**	**43.56**
市 区	704	662	42	15075	12007	2984	13322	155	427	32.95
椒江区				4432	4140	282	4322			31.00
黄岩区	310	303	7	2015	2003	12	1190	155	265	
路桥区	394	359	35	8628	5864	2690	7810		162	1.95
三门县	357	160	91	2657	2349	254	2645			
天台县	332	308	1	2387	2272	29	885	1407		3.01
仙居县	1409	915	95	3751	3185	65	1850	1495		7.60
温岭市				7093	5780	926	5337	105	870	
临海市	10939	8622	656	16110	14211	982	1357	7122	7323	
玉环市	3432	2653	224	3290	2713	571	510	213	2439	

17-29 各县市区农业机械年末拥有量(一)

(2020年)

地区	农业机械总动力(千瓦)	耕作机械					收获前机械			收获后处理机械	
		耕作机械动力(千瓦)	#大中型拖拉机		#农用小型拖拉机		合计		#联合收割机(台)	台	千瓦
			台	千瓦	台	千瓦	台	千瓦			
全市	**2525294**	**235493**	**1624**	**96679**	**5293**	**53805**	**2917**	**141247**	**2790**	**22384**	**59271**
市区	411774	30214	228	13651	1014	9883	542	21983	537	4681	7567
椒江区	214659	8198	72	4112	415	3762	124	5338	124	129	1655
黄岩区	43817	8966	67	4093	246	2269	165	7207	165	442	2075
路桥区	153298	13050	89	5446	353	3852	253	9438	248	4110	3837
三门县	215290	31094	141	7713	149	1729	256	8106	247	705	8664
天台县	136015	39111	179	9928	1659	14661	245	9812	221	379	2345
仙居县	161169	36174	92	4341	406	4204	248	10067	223	11114	17025
温岭市	900560	40178	534	34495	200	2010	541	30607	525	1450	6375
临海市	496533	51522	417	24809	1735	20400	1046	58637	998	1468	13316
玉环市	203948	7198	33	1740	130	917	39	2034	39	2587	3978

17-30 各县市区农业机械年末拥有量(二)

(2020年)

地区	植保机械			排灌机械				运输机械动力(千瓦)
	合计		#机动喷雾(粉)机(架)	合计		#农用水泵(台)	#节水喷灌机械(套)	
	台	千瓦		台	千瓦			
全市	**48479**	**85344**	**18440**	**116884**	**241382**	**100022**	**3144**	**6048**
市区	11689	21179	4732	18277	37886	17313	1314	361
椒江区	889	3279	772	7015	11294	6767	107	62
黄岩区	3477	2694	3412	1870	5207	1509	50	107
路桥区	7323	15206	548	9392	21385	9037	1157	192
三门县	5971	12523	448	4648	26304	2723	15	1232
大台县	3514	12564	537	5441	15517	4999	37	92
仙居县	8670	9124	640	21610	32428	17042	494	543
温岭市	4035	6227	3724	4877	19760	5135	487	104
临海市	11667	19314	6447	36515	72536	28415	316	3375
玉环市	2933	4412	1912	25516	36951	24395	481	338

17-31　各县市区农业机械年末拥有量(三)

(2020年)

地　区	农副产品加工机械				渔业机械动力(千瓦)	#机动渔船			其他农业机械动力(千瓦)
	合计		#粮食加工机械(台)	#棉花加工机械(台)					
	台	千瓦				(艘)	(吨位)	(千瓦)	
全　市	**12079**	**106083**	**8780**	**88**	**1265493**	**5367**	**850822**	**1217697**	**384933**
市　区	1033	10995	831	3	244631	978	166393	232079	36958
椒江区	194	2260	73		167210	613	113757	165454	15363
黄岩区	661	5259	605		585	25	23	395	11717
路桥区	178	3476	153	3	76836	340	52613	66230	9878
三门县	677	6722	396	18	61815	510	28245	39753	58830
天台县	2559	18583	2002	13	370				37621
仙居县	2835	20784	1776	3	1151				33873
温岭市	1714	17951	1291	24	706487	2288	480365	700987	72871
临海市	2958	28158	2273	26	130681	671	97989	128120	118994
玉环市	303	2888	211	1	120355	920	77830	116758	25794

17-32　各县市区农业机械化农村能源及农业物资消耗情况

(2020年)

地　区	农业机械化情况(万亩)			农村用电量(万千瓦时)	农用塑料薄膜使用量(吨)	农药使用量(吨)
	机耕面积	机播面积	机收面积			
全　市	**208.44**	**50.90**	**103.75**	**1238294**	**11895**	**2623**
市　区	36.96	8.64	17.51	464110	5857	660
椒江区	7.01	2.51	5.22	153256	333	197
黄岩区	13.37	1.69	6.25	65192	2957	328
路桥区	16.58	4.44	6.04	245662	2567	135
三门县	26.91	3.75	10.91	68749	348	189
天台县	25.80	5.51	12.14	35749	445	176
仙居县	27.49	4.78	13.67	49911	157	260
温岭市	39.80	11.76	22.32	291456	2642	508
临海市	46.12	14.57	25.12	228163	1410	716
玉环市	5.35	1.88	2.09	100155	1036	114

17-33 各县市区水利设施建设情况

(2020年)

地区	本年水利资金总投入(万元)	已建成水库(座)	#大型水库	总库容(万立方米)	#大型水库	堤防总长度(公里)	水闸总座数(座)
全市	**499000**	**348**	**4**	**188215**	**134552**	**2434**	**1177**
市区	213400	34	1	79868	73242	465	231
椒江区	15000	4		143		68	90
黄岩区	83100	28	1	79697	73242	352	113
路桥区	14000	2		28		45	28
市本级	101300						
三门县	28800	49		6598		524	230
天台县	35700	73	1	28589	17930	417	27
仙居县	42300	64	1	24309	13500	617	65
温岭市	46000	24		7360		65	303
临海市	73800	89	1	39197	29880	281	152
玉环市	59100	15		2295		65	169

17-34 各县市区农田水利灌溉情况

(2020年) 单位：千公顷

地区	灌溉面积	#耕地灌溉面积	#林地灌溉面积	#园地灌溉面积	规模上灌区数量(处)	实际耕地灌溉面积
全市	**140.37**	**123.31**	**4.23**	**12.82**	**41**	**114.57**
市区	33.97	28.31	3.34	2.32	3	26.77
椒江区	10.58	8.58	0.67	1.33	1	7.97
黄岩区	12.05	9.40	2.12	0.53	1	8.98
路桥区	11.34	10.33	0.55	0.46	1	9.82
三门县	13.37	13.13	0.03	0.21	15	9.56
天台县	14.00	13.78	0.11	0.11	4	11.61
仙居县	15.08	13.60	0.58	0.90	10	13.28
温岭市	30.71	24.27	0.04	6.40	1	23.59
临海市	25.89	24.64	0.11	1.13	4	24.24
玉环市	7.35	5.58	0.02	1.75	4	5.52

17-35　各县市区规模以上工业单位数

（2020年）　　单位：个

地　区	工　业 单位数	#国有及国有控股企业	轻工业	重工业	大型企业	中型企业	小型企业	微型企业
全　市	**4610**	**60**	**1755**	**2855**	**53**	**380**	**4056**	**121**
市　区	1428	25	631	797	22	109	1252	45
椒江区	482	16	197	285	10	47	410	15
黄岩区	464	5	261	203	6	38	416	4
路桥区	482	4	173	309	6	24	426	26
三门县	239	5	67	172	3	24	201	11
天台县	191	5	94	97	2	21	159	9
仙居县	195	7	97	98	3	18	173	1
温岭市	1128	5	413	715	9	76	1022	21
临海市	568	8	335	233	9	64	477	18
玉环市	861	5	118	743	5	68	772	16

17-36　各县市区分注册类型规模以上工业单位数

（2020年）　　单位：个

地　区	国有企业	集体企业	股份合作企业	联营企业	有限责任公司	股份有限公司	私营企业	港澳台商投资公　司	外商投资企业
全　市	**3**	**3**	**109**	**1**	**186**	**152**	**4010**	**70**	**76**
市　区	2	1	34	1	65	96	1178	29	22
椒江区	1	1	2		32	22	405	11	8
黄岩区	1		23		13	5	408	9	5
路桥区			9	1	20	69	365	9	9
三门县			3		10	7	212	1	6
天台县			2		9	16	153	4	7
仙居县			1		18	8	160	4	4
温岭市		1	36		23	7	1038	10	13
临海市	1		7		39	12	488	13	8
玉环市		1	26		22	6	781	9	16

17-37 各县市区分行业规模以上工业单位数(一)

(2020年)　　单位：个

地　区	有色金属矿采选业	非金属矿采选业	农副食品加工业	食品制造业	酒、饮料和精制茶制造业	纺织业	纺织服装、服饰业	皮革、毛皮、羽毛及其制品和制鞋业	木材加工和木竹藤棕草制品业
全　市	**1**	**12**	**87**	**14**	**7**	**123**	**19**	**218**	**23**
市　区		2	6	8	4	34	6	3	4
椒江区			2	1	1	30	4	1	
黄岩区			2	7	3	3	1	1	1
路桥区		2	2			1	1	1	3
三门县		1	2	1		9	3	2	
天台县	1	1	1	2	1	28	1	1	2
仙居县		3	2		1	4			7
温岭市		2	67			7	8	211	2
临海市		2	3	1	1	39	1		7
玉环市		1	6	2		2		1	1

17-38 各县市区分行业规模以上工业单位数(二)

(2020年)　　单位：个

地　区	家具制造业	造纸和纸制品业	印刷和记录媒介复制业	文教、工美、体育和娱乐用品制造业	石油、煤炭及其他燃料加工业	化学原料和化学制品制造业	医药制造业	化学纤维制造业	橡胶和塑料制品业
全　市	**79**	**70**	**58**	**136**	**4**	**88**	**67**	**5**	**551**
市　区	12	27	34	49	2	35	18	2	274
椒江区	6	7	3	4	1	19	13	2	74
黄岩区	5	9	9	40	1	8	5		147
路桥区	1	11	22	5		8			53
三门县	3	4		3		8	2	1	59
天台县	1	4	2	13	1	3	5	2	54
仙居县	8	2	1	44		8	10		30
温岭市	3	15	10	7		4	1		41
临海市	43	17	3	15	1	25	27		65
玉环市	9	1	8	5		5	4		28

17-39 各县市区分行业规模以上工业单位数(三)

(2020年)

单位：个

地 区	非金属矿物制品业	黑色金属冶炼和压延加工业	有色金属冶炼和压延加工业	金 属制品业	通用设备制 造 业	专用设备制 造 业	汽 车制造业	铁路船舶航空航天和 其 他运输设备制 造 业	电气机械和 器 材制 造 业
全 市	**136**	**25**	**78**	**314**	**921**	**359**	**395**	**181**	**409**
市 区	48	4	24	100	151	208	48	95	165
椒江区	24		5	24	59	61	16	32	64
黄岩区	8	1		29	15	112	9	18	22
路桥区	16	3	19	47	77	35	23	45	79
三门县	13	1	2	14	35	10	15	8	33
天台县	8	1	3	9	6	5	13	6	3
仙居县	8	1	2	6	10	7	11		20
温岭市	21	6	6	81	360	52	45	40	106
临海市	30	10	7	39	27	39	33	21	58
玉环市	8	2	34	65	332	38	230	11	24

17-40 各县市区分行业规模以上工业单位数(四)

(2020年)

单位：个

地 区	计算机、通信和其他电子设备制造业	仪器仪表制 造 业	其 他制造业	废弃资源综合利用业	金属制品机械和设备修理业	电力、热力生产和供应业	燃气生产和供应业	水的生产和供应业
全 市	**46**	**57**	**40**	**25**	**2**	**31**	**12**	**17**
市 区	24	2	4	16	1	6	4	8
椒江区	16	1	2	1	1	3	2	3
黄岩区	2		1			2	1	2
路桥区	6	1	1	15		1	1	3
三门县	3		1	1	1	3	1	
天台县	3	4	1			3	1	2
仙居县		1		2		5	1	1
温岭市	12	13	1	1		4	1	1
临海市	2	6	33	2		5	3	3
玉环市	2	31		3		5	1	2

17-41 各县市区规模以上工业增加值

(2020年) 单位：万元

地 区	工 业 增加值	#国有及国有控股企业	轻工业	重工业	大型企业	中型企业	小型企业	微型企业
全 市	**11948045**	**1167453**	**4254625**	**7693420**	**2898025**	**3810406**	**5272653**	**-33039**
市 区	3713262	294334	1412892	2300370	1067314	983783	1759718	-97553
椒江区	1495466	245734	589199	906267	467654	460050	677526	-109763
黄岩区	1246431	19282	630065	616366	337810	346699	558210	3712
路桥区	971366	29319	193627	777738	261850	177034	523983	8498
三门县	1065821	577977	137725	928096	525612	259643	271961	8605
天台县	687683	36545	282958	404725	110565	316475	255058	5585
仙居县	568390	128035	315553	252837	112554	184249	269257	2330
温岭市	1891387	51881	518580	1372807	289601	590397	1001248	10142
临海市	1980492	31129	1368641	611851	589319	691760	688314	11100
玉环市	2041012	47552	218277	1822734	203060	784101	1027098	26753

17-42 各县市区分注册类型规模以上工业增加值

(2020年) 单位：万元

地 区	国有企业	集体企业	股份合作企业	联营企业	有限责任公司	股份有限公司	私营企业	港澳台商投资公 司	外商投资企业
全 市	**7083**	**8239**	**113168**	**279**	**1531315**	**1956400**	**7365856**	**228443**	**737263**
市 区	6562	166	30776	279	318848	744789	2357298	78870	175673
椒江区	836	166	4345		137387	352000	894243	25919	80571
黄岩区	5726		17417		131014	252693	801051	29465	9065
路桥区			9014	279	50448	140097	662004	23486	86037
三门县			5182		606425	92632	341455	2373	17754
天台县			984		40558	282798	316543	4136	42664
仙居县			1439		85257	133741	273967	18893	55093
温岭市		6540	24560		122827	117750	1507557	53285	58869
临海市	521		23080		259095	491426	1133812	34553	38006
玉环市		1534	27147		98305	93265	1435223	36333	349205

17-43 各县市区分行业规模以上工业增加值(一)

(2020年)　　单位：万元

地　区	有色金属矿采选业	非金属矿采选业	农副食品加工业	食品制造业	酒、饮料和精制茶制造业	纺织业	纺织服装服饰业	皮革、毛皮、羽毛及其制品和制鞋业	木材加工和木竹藤棕草制品业
全　市	**1765**	**16328**	**88750**	**42217**	**37995**	**189310**	**15372**	**176939**	**23595**
市　区		1859	11541	25723	5602	44245	4881	2026	6598
椒江区			4070	1271	487	40170	3545	712	
黄岩区			5622	24452	5115	3570	416	1315	1610
路桥区		1859	1849			505	920	-1	4988
三门县		2192	949	2187		21754	3883	1380	
天台县	1765	363	923	11084	30385	26194	690	1222	2706
仙居县		8175	19766		658	2077			8191
温岭市		1718	50539			8357	5133	170193	901
临海市		1325	1128	1009	1350	84438	785		4489
玉环市		696	3904	2214		2247		2118	712

17-44 各县市区分行业规模以上工业增加值(二)

(2020年)　　单位：万元

地　区	家具制造业	造纸和纸制品业	印刷和记录媒介复制业	文教、工美、体育和娱乐用品制造业	石油、煤炭及其他燃料加工业	化学原料和化学制品制造业	医药制造业	化学纤维制造业	橡胶和塑料制品业
全　市	**230990**	**122012**	**72165**	**212311**	**3235**	**418401**	**1371160**	**4496**	**1119857**
市　区	23562	29742	36412	57797	1854	176368	361302	1527	535751
椒江区	12033	12276	4201	10822	1210	105780	241052	1527	136144
黄岩区	9461	7112	9792	42812	644	64262	120250		354536
路桥区	2068	10355	22419	4162		6327			45070
三门县	4421	4508		5513		24877	33959	2288	121043
天台县	542	2888	2009	57841	904	2635	79101	681	92824
仙居县	6788	8305	775	50053		54122	173806		85447
温岭市	1962	55682	20683	20882		12218	49362		51569
临海市	181633	20436	3220	13765	476	145573	669243		192620
玉环市	12083	452	9067	6460		2608	4387		40604

17-45 各县市区分行业规模以上工业增加值(三)

(2020年)

单位：万元

地 区	非金属矿物制品业	黑色金属冶炼和压延加工业	有色金属冶炼和压延加工业	金 属制品业	通用设备制 造 业	专用设备制 造 业	汽 车制造业	铁路船舶航空航天和其他运输设备制造业	电气机械和器材制造业
全 市	**338525**	**66745**	**62214**	**444876**	**1774661**	**824782**	**1369138**	**404906**	**741765**
市 区	169780	2139	13460	130108	352203	500863	389637	134899	410205
椒江区	100949		3153	30210	124476	162302	121539	52480	207299
黄岩区	27738	593		39882	58937	293322	53013	36069	55777
路桥区	41092	1546	10308	60016	168791	45239	215085	46350	147129
三门县	14265	358	650	20969	61809	28537	45222	18467	62436
天台县	20871	761	5895	6459	7258	22802	155491	58334	4101
仙居县	14397	843	1565	3389	12818	32441	11268		18576
温岭市	47805	3437	2773	94588	736022	54220	106025	136887	135379
临海市	52226	43891	8702	45544	57030	63651	79332	27962	59676
玉环市	19181	15317	29169	143819	547522	122269	582163	28358	51392

17-46 各县市区分行业规模以上工业增加值(四)

(2020年)

单位：万元

地 区	计算机、通信和其他电子设备制造业	仪器仪表制 造 业	其 他制造业	废弃资源综合利用业	金属制品机械和设备修理业	电力、热力生产和供 应 业	燃气生产和供应业	水的生产和供应业
全 市	**151525**	**197487**	**126365**	**62641**	**1790**	**1119844**	**40281**	**73603**
市 区	83985	1573	6898	41133	1317	92208	18333	37734
椒江区	30116	981	670	155	1317	76389	10081	-1950
黄岩区	4732		610			4614	3537	16640
路桥区	49137	593	5617	40978		11205	4716	23044
三门县	2833		1155	1464	472	575857	2373	
天台县	27241	22473	747			34161	2884	3451
仙居县		520		1768		48206	2233	2207
温岭市	22338	32111	1691	876		52144	6540	9353
临海市	8162	41614	115874	12643		21360	6265	15068
玉环市	6967	99195		4757		295908	1652	5792

17-47 各县市区规模以上工业主要财务指标(一)

(2020年) 单位：万元

地 区	企业单位数(个)	#亏损企业	新产品产 值	新 产 品销售收入	#出口	年末资产总计
全 市	**4610**	**420**	**20459828**	**17568840**	**5907881**	**74425428**
市 区	1428	134	7066287	6968797	2249904	25232010
椒江区	482	65	2613587	2569142	867201	11927260
黄岩区	464	38	1774486	1707954	574037	6401267
路桥区	482	31	2678213	2691701	808666	6903483
三门县	239	44	775220	640979	194095	9946775
天台县	191	14	1108854	1039116	289092	3836654
仙居县	195	35	644924	582005	155424	3249304
温岭市	1128	75	3791382	3599309	1378488	9330285
临海市	568	74	4341534	2502918	904849	13524598
玉环市	861	44	2731629	2235718	736030	9305803

17-48 各县市区规模以上工业主要财务指标(二)

(2020年) 单位：万元

地 区	流动资产合计	存 货	固定资产原价	固定资产净值	年末负债合计
全 市	**38414409**	**8006273**	**31965620**	**19699364**	**42396112**
市 区	13216403	2653367	9189362	5048110	13623529
椒江区	5536604	1130109	4772441	2570795	5838376
黄岩区	3631660	727736	2336921	1178445	3136511
路桥区	4048139	795522	2080000	1298870	4648643
三门县	2294911	690476	6901388	5870894	7178765
天台县	2242612	380856	1344511	669175	1671581
仙居县	1585995	320694	1564544	1033010	1594076
温岭市	5530702	1234198	3596967	2123205	5240063
临海市	8253988	1625361	4344788	2551687	7852597
玉环市	5289798	1101322	5024060	2403282	5235502

17-49 各县市区规模以上工业主要财务指标(三)

(2020年) 单位：万元

地 区	流动负债	年末所有者权益合计	实收资本	营业收入	营业成本
全 市	**33523189**	**32130891**	**12918283**	**53271127**	**43098778**
市 区	12162398	11747738	4304397	19192934	15855804
椒江区	5064276	6230377	2219424	7316895	5847627
黄岩区	2907180	3264754	1005054	4993518	3922134
路桥区	4190942	2252606	1079919	6882520	6086043
三门县	2618129	2734075	1853227	3331475	2528943
天台县	1489271	2165073	722155	2374698	1744751
仙居县	1057133	1655227	596190	1955517	1413695
温岭市	4834215	4088247	1468402	8416583	6896093
临海市	6612399	5670232	2282932	9788846	7975173
玉环市	4749645	4070300	1690982	8211075	6684319

17-50 各县市区规模以上工业主要财务指标(四)

(2020年) 单位：万元

地 区	销售费用	财务费用	#利息费用	利润总额	利税总额	本年应交增值税	平均用工人数(人)
全 市	**1644333**	**946679**	**841267**	**3939632**	**5597984**	**1327271**	**675747**
市 区	645635	260724	204093	1256735	1773508	419718	218346
椒江区	334531	124270	92653	467329	649247	139009	88273
黄岩区	193379	75545	52031	492091	695172	172504	67436
路桥区	117725	60910	59410	297316	429089	108205	62637
三门县	69042	191544	224797	305699	452717	127174	34763
天台县	89358	34119	30900	294481	387341	71170	28536
仙居县	97697	46505	43390	194733	260391	54800	31217
温岭市	271058	115430	73320	540354	810959	215551	134909
临海市	221042	163073	155458	751939	1028987	198269	104995
玉环市	250500	135284	109308	595690	884082	240591	122981

17-51 各县市区规模以上工业主要经济效益指标(一)

(2020年)

地 区	企 业 亏损面 (%)	资 产 负债率 (%)	流 动 比 率	产成品存货周转天数 (天)	新产品产值率 (%)
全 市	**9.11**	**56.96**	**1.15**	**24.75**	**40.06**
市 区	9.38	53.99	1.09	23.69	39.93
椒江区	13.49	48.95	1.09	29.21	38.10
黄岩区	8.19	49.00	1.25	26.15	38.06
路桥区	6.43	67.34	0.97	15.96	43.37
三门县	18.41	72.17	0.88	19.29	23.64
天台县	7.33	43.57	1.51	41.26	48.84
仙居县	17.95	49.06	1.50	37.07	32.52
温岭市	6.65	56.16	1.14	23.52	45.30
临海市	13.03	58.06	1.25	27.55	47.41
玉环市	5.11	56.26	1.11	21.10	32.83

17-52 各县市区规模以上工业主要经济效益指标(二)

(2020年)

地 区	企 业 亏损率 (%)	成本费用利润率 (%)	百元营业收入实现利税 (元)	百元固定资产原值实现利税 (元)	营业收入利润率 (%)
全 市	**7.20**	**7.93**	**10.51**	**17.51**	**7.40**
市 区	12.86	6.94	9.24	19.30	6.55
椒江区	25.02	6.77	8.87	13.60	6.39
黄岩区	1.45	10.73	13.92	29.75	9.85
路桥区	6.99	4.50	6.23	20.63	4.32
三门县	2.34	10.21	13.59	6.56	9.18
天台县	0.81	14.18	16.31	28.81	12.40
仙居县	4.25	11.05	13.32	16.64	9.96
温岭市	3.27	6.82	9.64	22.55	6.42
临海市	7.91	8.22	10.51	23.68	7.68
玉环市	3.11	7.74	10.77	17.60	7.25

17-53 各县市区国有及国有控股工业主要财务指标(一)

(2020年)　　单位：万元

地　区	企　业单位数(个)	#亏损企业	工　业增加值	新产品产　值	年末资产总计
全　市	**60**	**13**	**1167453**	**504830**	**12752253**
市　区	25	7	294334	401950	3454524
椒江区	16	5	245734	338542	2819149
黄岩区	5	1	19282	2696	235511
路桥区	4	1	29319	60712	399865
三门县	5	1	577977	14408	6966105
天台县	5		36545		222938
仙居县	7	2	128035	88471	1044329
温岭市	5	1	51881		403331
临海市	8	1	31129		285747
玉环市	5	1	47552		375279

17-54 各县市区国有及国有控股工业主要财务指标(二)

(2020年)　　单位：万元

地　区	流动资产合计	存　货	固定资产原价	固定资产净值	年末负债合计	流　动负　债
全　市	**2171190**	**499519**	**9785114**	**7132158**	**8239826**	**2794664**
市　区	918398	140048	1894436	716831	1612143	1293884
椒江区	731079	123617	1630117	611793	1305053	1120659
黄岩区	40872	7244	156517	63689	140255	46575
路桥区	146447	9188	107801	41349	166834	126651
三门县	518077	290713	5970656	5345393	5463036	1026759
天台县	92729	5622	378879	125871	95975	45380
仙居县	349326	44946	704057	523311	484623	105871
温岭市	113388	4150	323176	150289	241147	129602
临海市	78339	13798	158975	80542	139592	95619
玉环市	100934	242	354935	189922	203311	97549

17-55 各县市区国有及国有控股工业主要财务指标(三)

(2020年)

单位：万元

地 区	年末所有者权益合计	实收资本	营业收入	营业成本	税金及附加
全 市	**4512427**	**2586400**	**3534814**	**2633081**	**25201**
市 区	1842382	600040	1221823	898055	9826
椒江区	1514095	469163	997326	716164	8293
黄岩区	95256	37807	58844	45846	602
路桥区	233030	93071	165653	136046	931
三门县	1503069	1395195	1013208	632055	8606
天台县	126963	103104	61076	37621	1304
仙居县	559706	244112	340537	213854	3032
温岭市	162184	59705	440745	431073	1241
临海市	146155	75370	131966	108824	524
玉环市	171967	108873	325459	311598	668

17-56 各县市区国有及国有控股工业主要财务指标(四)

(2020年)

单位：万元

地 区	销售费用	财务费用	#利息费用	利润总额	利税总额	本年应交增值税	从业人员年平均人数(人)
全 市	**158851**	**209710**	**246427**	**333468**	**497992**	**139323**	**16186**
市 区	129688	35065	30607	91344	129456	28287	8694
椒江区	124218	26495	24426	69546	100941	23103	7493
黄岩区	407	3800	742	6774	10430	3055	436
路桥区	5064	4770	5439	15025	18085	2129	765
三门县	59	143994	185017	155953	239496	74937	2093
天台县	285	2744	2836	15821	21731	4606	220
仙居县	24088	19723	18840	48092	64728	13604	1950
温岭市	555	986	1532	6198	16156	8717	1394
临海市	2754	2322	2801	9930	12357	1904	1024
玉环市	1422	4877	4795	6129	14067	7270	811

17-57 各县市区国有及国有控股工业主要经济效益指标(一)

(2020年)

地 区	企 业 亏损面 (%)	资 产 负债率 (%)	流 动 比 率	产成品 存 货 周转天数 (天)	新产品 产值率 (%)
全 市	**21.67**	**64.61**	**0.78**	**12.13**	**14.64**
市 区	28.00	46.67	0.71	13.45	35.42
椒江区	31.25	46.29	0.65	26.07	35.32
黄岩区	20.00	59.55	0.88	5.11	5.27
路桥区	25.00	41.72	1.16	6.58	48.48
三门县	20.00	78.42	0.50	2.44	1.44
天台县		43.05	2.04	0.42	
仙居县	28.57	46.41	3.30	42.29	23.48
温岭市	20.00	59.79	0.87	0.60	
临海市	12.50	48.85	0.82	11.84	
玉环市	20.00	54.18	1.03		

17-58 各县市区国有及国有控股工业主要经济效益指标(二)

(2020年)

地 区	企 业 亏损率 (%)	成本费用 利 润 率 (%)	百元营业收 入实现利税 (元)	百元固定 资产原值 实现利税 (元)	营业收入 利 润 率 (%)
全 市	**3.42**	**10.41**	**14.09**	**5.09**	**9.43**
市 区	9.95	7.82	10.60	6.83	7.48
椒江区	11.54	7.27	10.12	6.19	6.97
黄岩区	9.39	11.90	17.73	6.66	11.51
路桥区	2.10	9.70	10.92	16.78	9.07
三门县	0.21	18.95	23.64	4.01	15.39
大台县		36.03	35.58	5.74	25.90
仙居县	0.94	16.51	19.01	9.19	14.12
温岭市	2.11	1.43	3.67	5.00	1.41
临海市	0.97	8.12	9.36	7.77	7.52
玉环市	10.12	1.91	4.32	3.96	1.88

17-59 各县市区大中型工业主要财务指标(一)

(2020年)

单位：万元

地 区	企业单位数(个)	#亏损企业	工业增加值	新产品产值	年末资产总计
全 市	**433**	**25**	**6708431**	**12668154**	**42483822**
市 区	131	9	2051097	5333290	13681174
椒江区	57	4	927703	1894116	7496089
黄岩区	44	3	684509	1127562	3538433
路桥区	30	2	438885	2311612	2646652
三门县	27		785255	346218	8135662
天台县	23		427040	716967	2516122
仙居县	21	1	296802	402293	1737570
温岭市	85	7	879997	1968225	4424276
临海市	73	6	1281078	2668835	7241705
玉环市	73	2	987161	1232326	4747313

17-60 各县市区大中型工业主要财务指标(二)

(2020年)

单位：万元

地 区	流动资产合计	存 货	固定资产原价	固定资产净值	年末负债合计	流动负债
全 市	**19029784**	**4331442**	**19387810**	**12517160**	**21469802**	**15316850**
市 区	6677268	1296212	4632253	2414175	6174792	5768059
椒江区	2975151	570047	3023208	1548897	3045124	2835668
黄岩区	2001131	392958	932960	471913	1398109	1320770
路桥区	1700987	333208	676085	393365	1731559	1611621
三门县	1148256	442039	6269894	5504685	5940684	1491705
天台县	1459158	232067	496973	299863	934272	817831
仙居县	903887	194920	627998	414549	618567	474580
温岭市	2532507	609532	1728650	1019464	2078204	1903310
临海市	3908231	1067691	2605686	1560787	3283123	2650035
玉环市	2400478	488981	3026356	1303637	2440160	2211330

17-61　各县市区大中型工业主要财务指标(三)

(2020年)　　单位：万元

地　区	年末所有者权益合计	实收资本	营业收入	营业成本	税金及附加
全　市	**21014020**	**6977252**	**25305796**	**19483458**	**157213**
市　区	7506382	2080548	9000989	7126024	46497
椒江区	4450965	1330847	3681371	2815966	23392
黄岩区	2140324	452675	2346202	1714471	15642
路桥区	915093	297026	2973417	2595587	7463
三门县	2194978	1538270	1789029	1222386	12729
天台县	1581850	355781	1287562	883001	8025
仙居县	1119003	236423	862307	563462	5402
温岭市	2346072	669240	3820464	3066305	35215
临海市	3958582	1147627	5051829	3846196	26489
玉环市	2307153	949362	3493615	2776085	22856

17-62　各县市区大中型工业主要财务指标(四)

(2020年)　　单位：万元

地　区	销售费用	财务费用	#利息费用	利润总额	利税总额	本年应交增值税	从业人员年平均人数(人)
全　市	**890603**	**459450**	**447104**	**2807518**	**3587496**	**622766**	**282758**
市　区	372987	101963	86365	904219	1124773	174057	94400
椒江区	220739	54465	48242	362232	447932	62308	44866
黄岩区	113699	31603	18533	361564	467306	90099	26509
路桥区	38549	15895	19591	180423	209535	21650	23025
三门县	33912	157527	196333	239641	340263	87893	14477
天台县	51383	18207	16779	210912	257263	38325	14414
仙居县	45718	15650	15702	134821	162173	21950	12308
温岭市	161490	48868	28416	313967	445296	96114	50922
临海市	126102	62969	54359	592151	724591	105951	54744
玉环市	99012	54266	49149	411807	533137	98474	41493

17-63　各县市区大中型工业主要经济效益指标(一)

(2020年)

地　区	企　业 亏损面 (%)	资　产 负债率 (%)	流　动 比　率	产成品 存　货 周转天数 (天)	新产品 产值率 (%)
全　市	**5.77**	**50.54**	**1.24**	**32.40**	**52.62**
市　区	6.87	45.13	1.16	31.06	64.86
椒江区	7.02	40.62	1.05	36.60	56.48
黄岩区	6.82	39.51	1.52	36.42	54.59
路桥区	6.67	65.42	1.06	18.97	82.44
三门县		73.02	0.77	15.90	19.44
天台县		37.13	1.78	57.31	60.20
仙居县	4.76	35.60	1.90	66.57	45.82
温岭市	8.24	46.97	1.33	28.02	51.67
临海市	8.22	45.34	1.47	41.05	56.53
玉环市	2.74	51.40	1.09	23.44	35.50

17-64　各县市区大中型工业主要经济效益指标(二)

(2020年)

地　区	企　业 亏损率 (%)	成本费用 利润率 (%)	百元营业收 入实现利税 (元)	百元固定资产 原值实现利税 (元)	营业收入 利润率 (%)
全　市	**0.87**	**12.26**	**14.18**	**18.50**	**11.09**
市　区	1.20	10.89	12.50	24.28	10.05
椒江区	1.47	10.51	12.17	14.82	9.84
黄岩区	0.13	17.57	19.92	50.09	15.41
路桥区	2.74	6.45	7.05	30.99	6.07
三门县		15.80	19.02	5.43	13.40
天台县		19.62	19.98	51.77	16.38
仙居县	0.33	18.49	18.81	25.82	15.63
温岭市	1.25	8.83	11.66	25.76	8.22
临海市	0.39	12.99	14.34	27.81	11.72
玉环市	1.64	13.00	15.26	17.62	11.79

17-65　各县市区规模以上非国有工业主要财务指标(一)

(2020年)　　　　单位：万元

地　区	企　业 单位数 (个)	#亏损企业	工　业 增加值	新产品 产　值	年末资 产总计
全　市	**4550**	**407**	**10780592**	**19954999**	**61673175**
市　区	1403	127	3418929	6664336	21777486
椒江区	466	60	1249732	2275045	9108111
黄岩区	459	37	1227149	1771790	6165756
路桥区	478	30	942047	2617501	6503619
三门县	234	43	487843	760811	2980670
天台县	186	14	651138	1108854	3613716
仙居县	188	33	440355	556452	2204975
温岭市	1123	74	1839506	3791382	8926954
临海市	560	73	1949363	4341534	13238851
玉环市	856	43	1993459	2731629	8930524

17-66　各县市区规模以上非国有工业主要财务指标(二)

(2020年)　　　　单位：万元

地　区	流动资 产合计	存　货	固定资 产原价	固定资 产净值	年末负 债合计	流　动 负　债
全　市	**36243219**	**7506755**	**22180507**	**12567206**	**34156286**	**30728526**
市　区	12298005	2513319	7294926	4331280	12011386	10868513
椒江区	4805525	1006493	3142324	1959003	4533323	3943617
黄岩区	3590788	720493	2180404	1114756	2996256	2860606
路桥区	3901692	786333	1972198	1257521	4481808	4064291
三门县	1776834	399763	930732	525500	1715728	1591370
天台县	2149883	375234	965632	543304	1575606	1443892
仙居县	1236670	275748	860487	509699	1109453	951262
温岭市	5417314	1230048	3273791	1972915	4998916	4704612
临海市	8175649	1611563	4185813	2471146	7713005	6516781
玉环市	5188864	1101080	4669126	2213361	5032191	4652096

17-67 各县市区规模以上非国有工业主要财务指标(三)

(2020年)　单位：万元

地区	年末所有者权益合计	实收资本	营业收入	营业成本	税金及附加
全市	**27618464**	**10331883**	**49736314**	**40465697**	**305880**
市区	9905356	3704356	17971111	14957748	87229
椒江区	4716282	1750261	6319570	5131463	34616
黄岩区	3169498	967247	4934675	3876289	29975
路桥区	2019576	986848	6716867	5949997	22638
三门县	1231007	458032	2318267	1896888	11237
天台县	2038109	619051	2313621	1707129	20386
仙居县	1095520	352078	1614980	1199841	7826
温岭市	3926063	1408697	7975839	6465020	53814
临海市	5524077	2207562	9656880	7866349	78256
玉环市	3898333	1582109	7885616	6372721	47133

17-68 各县市区规模以上非国有工业主要财务指标(四)

(2020年)　单位：万元

地区	销售费用	财务费用	#利息费用	利润总额	利税总额	本年应交增值税	从业人员年平均人数(人)
全市	**1485482**	**736968**	**594840**	**3606164**	**5099993**	**1187949**	**659561**
市区	515947	225660	173486	1165391	1644052	391432	209652
椒江区	210313	97775	68226	397783	548306	115906	80780
黄岩区	192973	71745	51289	485317	684742	169449	67000
路桥区	112661	56140	53971	282291	411004	106076	61872
三门县	68983	47550	39780	149746	213220	52238	32670
天台县	89074	31375	28064	278660	365610	66564	28316
仙居县	73609	26782	24551	146641	195663	41196	29267
温岭市	270503	114444	71788	534156	794804	206834	133515
临海市	218288	160750	152658	742010	1016630	196365	103971
玉环市	249078	130407	104514	589561	870015	233321	122170

17-69 各县市区规模以上非国有工业主要经济效益指标(一)

(2020年)

地 区	企 业 亏损面 (%)	资 产 负债率 (%)	流 动 比 率	产成品 存 货 周转天数 (天)	新产品 产值率 (%)
全 市	**8.95**	**55.38**	**1.18**	**25.57**	**41.90**
市 区	9.05	55.16	1.13	24.35	40.24
椒江区	12.88	49.77	1.22	29.65	38.55
黄岩区	8.06	48.60	1.26	26.40	38.43
路桥区	6.28	68.91	0.96	16.17	43.26
三门县	18.38	57.56	1.12	24.90	33.37
天台县	7.53	43.60	1.49	42.16	50.06
仙居县	17.55	50.32	1.30	36.14	34.64
温岭市	6.59	56.00	1.15	25.05	47.78
临海市	13.04	58.26	1.25	27.77	48.07
玉环市	5.02	56.35	1.12	22.13	34.16

17-70 各县市区规模以上非国有工业主要经济效益指标(二)

(2020年)

地 区	企 业 亏损率 (%)	成本费用 利 润 率 (%)	百元营业收 入实现利税 (元)	百元固定资产 原值实现利税 (元)	营业收入 利 润 率 (%)
全 市	**7.54**	**7.76**	**10.25**	**22.99**	**7.25**
市 区	13.08	6.88	9.15	22.54	6.48
椒江区	26.96	6.69	8.68	17.45	6.29
黄岩区	1.33	10.72	13.88	31.40	9.83
路桥区	7.23	4.38	6.12	20.84	4.20
三门县	4.46	6.89	9.20	22.91	6.46
天台县	0.85	13.71	15.80	37.86	12.04
仙居县	5.29	9.97	12.12	22.74	9.08
温岭市	3.28	7.13	9.97	24.28	6.70
临海市	8.00	8.23	10.53	24.29	7.68
玉环市	3.04	8.00	11.03	18.63	7.48

17-71 各县市区固定资产投资增速(一)

(2020年)

单位：%

地 区	投资增速	建筑安装工程	设备工器具购置	其他费用	#土地购置费	#工业性投资
全 市	**4.2**	**8.4**	**7.3**	**-2.5**	**-8.8**	**-7.8**
市 区	4.2	9.3	-1.6	-2.2	-9.8	-15.6
椒江区	2.4	9.6	-3.5	-8.7	-13.5	-30.9
黄岩区	8.5	11.5	49.5	2.2	-2.6	12.8
路桥区	5.6	5.6	-22.3	13.7	-9.9	-6.6
三门县	-21	-9.8	-40.7	-20.6	-27.1	-24.7
天台县	4.4	4.8	-27.8	12.4	11.7	-28.2
仙居县	0.2	8.9	27.2	-18.7	-27.7	15.8
温岭市	9.2	16.3	38.1	-3.0	-11.5	6.5
临海市	8.5	1.8	32.3	10.7	8.8	2.7
玉环市	7.1	9.0	59.2	-22.3	-28.5	10.8

17-72 各县市区固定资产投资增速(二)

(2020年)

单位：%

地 区	新增固定资产	施工房屋面积	#住 宅	竣工房屋面积	#住 宅	竣工房屋价值	#住 宅
全 市	**41.7**	**-11.2**	**15.4**	**-18.2**	**38.8**	**27.8**	**69.4**
市 区	36.2	-4.6	16.1	-8.3	31.1	20.0	33.3
椒江区	103	8.3	22.1	125.3	233.1	211.2	287.3
黄岩区	-56.9	-30.0	3.5	-80.2	-48.6	-70.4	-45.5
路桥区	31.0	2.0	17.1	-9.4	8.7	36.7	46.7
三门县	-50.0	-23.9	11.5	-97.0	-93.4	-97.0	-94.2
天台县	297	20.4	32.3	200.7	533.4	299.7	821.1
仙居县	114.9	-17.8	9.4	12.5		922.9	
温岭市	31.3	-12.2	21.5	-53.5	-20.6	-4.3	33.6
临海市	196.9	-25.9	-2.0	115.4	309.7	450	762.0
玉环市	-13.9	-32.4	17.0	-56.2	-41.5	-9.0	-24.6

17-73　各县市区房地产开发投资(一)

(2020年)　　单位：万元

地　区	投资额					土　地 购置费	新增固 定资产
		住　宅	办公楼	商　业 用　房	其　他		
全　市	**8992118**	**6586985**	**196720**	**514687**	**1693726**	**4197454**	**2361990**
市　区	4653223	3507502	112977	206441	826303	2238213	948221
椒江区	2787137	2010401	108001	96843	571892	1281124	574466
黄岩区	1142551	964777	3837	52145	121792	658054	130427
路桥区	723535	532324	1139	57453	132619	299035	243328
三门县	191307	134397	1904	12610	42396	67429	4005
天台县	638464	452892	4487	57803	123282	324285	228384
仙居县	374066	280031	12148	28314	53573	171701	10048
温岭市	1641389	1152004	34223	109518	345644	640070	625092
临海市	1073314	742797	28123	69653	232741	671304	461919
玉环市	420355	317362	2858	30348	69787	84452	84321

17-74　各县市区房地产开发投资(二)

(2020年)　　单位：万元

地　区	投资额	国　有 控　股	集　体 控　股	私　人 控　股	港澳台 控　股	外　商 控　股	其　他	非国有 控　股	#民　间
全　市	**8992118**	**658861**	**10697**	**7932890**		**8483**	**381187**	**8322560**	**8314077**
市　区	4653223	519605		3793561		5331	334726	4133618	4128287
椒江区	2787137	381929		2070482			334726	2405208	2405208
黄岩区	1142551	92137		1050414				1050414	1050414
路桥区	723535	45539		672665		5331		677996	672665
三门县	191307	1117		190190				190190	190190
天台县	638464		10697	606873			20894	627767	627767
仙居县	374066	18110		355956				355956	355956
温岭市	1641389	95438		1531239		3152	11560	1545951	1542799
临海市	1073314	20115		1053199				1053199	1053199
玉环市	420355	4476		401872			14007	415879	415879

17-75 各县市区房地产开发投资(三)

(2020年)

单位：万平方米

地 区	施 工 面 积	#住宅	竣 工 面 积	#住宅	商品房住宅竣工套数（套）	竣工房屋价值（亿元）	#住宅	商品房销售额（亿元）	#住宅
全 市	**5032.54**	**3177.85**	**368.82**	**216.02**	**16831**	**184.31**	**117.87**	**1122.23**	**998.97**
市 区	2482.21	1563.38	181.37	99.20	7836.00	82.89	45.42	595.70	538.12
椒江区	1436.78	874.52	124.71	56.43	4267	49.22	20.96	321.23	287.50
黄岩区	557.64	378.18	20.30	18.90	1606	10.84	10.40	153.72	142.04
路桥区	487.79	310.67	36.36	23.88	1963	22.83	14.06	120.75	108.58
三门县	210.43	141.41	0.97	0.51	112	0.40	0.21	34.32	30.33
天台县	315.09	211.89	55.68	37.92	2880	22.21	16.61	64.69	55.29
仙居县	247.57	167.77	0.40			1.00		41.16	33.49
温岭市	997.64	595.84	71.03	41.02	2993	41.49	31.37	210.55	186.68
临海市	488.04	313.58	47.46	33.64	2752	29.58	21.13	117.38	103.42
玉环市	291.57	183.98	11.91	3.73	258	6.74	3.12	58.44	51.64

17-76 各县市区房地产开发投资(四)

(2020年)

单位：万平方米

地 区	商品房销售面积	#住宅	现 房	#住宅	期 房	#住宅	商品房住宅销售套数（套）	商品房待售面积	#住宅
全 市	**858.36**	**668.15**	**50.41**	**24.89**	**807.94**	**643.25**	**54368**	**133.31**	**36.75**
市 区	427.26	338.19	23.89	14.20	403.37	323.99	27300	63.68	15.05
椒江区	221.17	178.68	11.24	5.61	209.93	173.08	14684	41.59	7.10
黄岩区	98.64	73.89	12.04	7.98	86.60	65.91	5490	22.09	7.94
路桥区	107.46	85.62	0.61	0.61	106.84	85.00	7126		
三门县	37.40	31.87	2.72	1.10	34.68	30.78	2557	22.37	2.93
天台县	61.21	47.67	1.67	0.27	59.54	47.40	3966	14.07	1.87
仙居县	39.32	27.68	2.95		36.37	27.68	1892		
温岭市	156.97	112.70	12.98	5.74	143.99	106.97	9360	16.56	7.18
临海市	82.18	64.80	0.92	0.83	81.25	63.97	5808	3.88	3.51
玉环市	54.03	45.23	5.29	2.76	48.74	42.47	3485	12.75	6.22

17-77 各县市区房地产开发企业财务状况(一)

(2020年) 单位：万元

地区	单位数(个)	流动资产合计	固定资产原价	#本年折旧	资产总计	负债合计	所有者权益合计	#实收资本
全市	**557**	**39348038**	**857447**	**39036**	**41975326**	**36902566**	**5072760**	**3317906**
市区	225	19539965	395048	18769	20827426	18357131	2470295	1709888
椒江区	107	11301399	298495	13214	12098426	10959910	1138516	805005
黄岩区	54	4634295	26073	1423	4874537	4230311	644227	304592
路桥区	64	3604271	70480	4133	3854463	3166911	687552	600291
三门县	30	883848	12916	898	913035	857880	55155	94276
天台县	34	2381580	110231	2873	2627158	2305604	321554	238488
仙居县	30	2270364	41991	1388	2349595	2225318	124277	122413
温岭市	138	7329749	185358	10464	8084789	7040873	1043916	631049
临海市	50	4974873	90686	3755	5163627	4369942	793684	334112
玉环市	50	1967659	21218	889	2009695	1745818	263877	187681

17-78 各县市区房地产开发企业财务状况(二)

(2020年) 单位：万元

地区	主营业务收入	主营业务成本	税金及附加	销售费用	管理费用
全市	**7338281**	**5823278**	**292985**	**283244**	**225404**
市区	2973723	2374553	130376	141086	93482
椒江区	1826394	1440268	73011	101030	52513
黄岩区	770537	614314	37701	17937	17109
路桥区	376792	319972	19665	22120	23860
三门县	129792	111234	1053	7538	8153
天台县	578602	443606	13711	18952	27355
仙居县	610048	405273	20176	15197	14870
温岭市	1326567	1144606	57103	50846	41018
临海市	928770	720451	35806	26766	20385
玉环市	790779	623556	34761	22859	20141

17-79 各县市区房地产开发企业财务状况(三)

(2020年) 单位：万元

地 区	财务费用	#利息支出	营业利润	利润总额	所得税费用	应付职工薪酬
全 市	**69864**	**76377**	**868710**	**839509**	**224770**	**132016**
市 区	55084	58276	241973	250180	79970	56778
椒江区	35803	51454	157226	166251	55901	33835
黄岩区	8685	4869	90752	89449	20441	13971
路桥区	10596	1954	-6005	-5521	3628	8973
三门县	4613	189	-3142	-2802	2023	5938
天台县	520	1323	84243	80956	14891	8650
仙居县	2211	56	153820	152708	39646	6951
温岭市	6040	9639	108546	88097	29313	28216
临海市	2102	6626	186920	183514	30380	13076
玉环市	-705	268	96349	86856	28549	12408

17-80 各县市区建筑业企业基本情况(一)

(2020年)

地 区	企业数(个)	#国有控股企业	建筑业总产值(万元)	#建筑工程产值	#安装工程产值	#在外省完成产值
全 市	**586**	**22**	**11548369**	**10586948**	**550354**	**2181246**
市 区	195	7	4931312	4488301	209815	797899
椒江区	75	4	2951677	2615952	143154	420625
黄岩区	67	2	1077353	1004079	48978	251090
路桥区	53	1	902282	868271	17683	126184
三门县	62	1	363403	298655	39882	44246
天台县	31	2	379110	346089	5146	65226
仙居县	41	1	779870	680624	23662	166280
温岭市	127	4	2651876	2491131	122376	477501
临海市	92	6	2159630	2054031	105007	624286
玉环市	38	1	283168	228118	44467	5807

17-81 各县市区建筑业企业基本情况(二)

(2020年)

地 区	房屋建筑施工面积(万平方米)	#本年新开工面积	房屋建筑竣工面积(万平方米)	#住 宅	年末自有机械设备总功率(千瓦)
全 市	**11998.58**	**3262.66**	**2684.24**	**1330.36**	**1336757**
市 区	5636.37	1438.57	1023.28	502.03	294961
椒江区	3195.28	878.33	666.35	375.73	71934
黄岩区	2217.35	492.67	252.21	117.15	113193
路桥区	223.74	67.57	104.73	9.16	109834
三门县	320.15	61.79	60.40	40.15	63673
天台县	231.51	52.20	63.14	37.88	327183
仙居县	314.66	97.64	201.96	143.67	62049
温岭市	3148.41	819.59	600.84	218.02	279900
临海市	2086.09	674.56	665.28	387.39	257134
玉环市	261.38	118.31	69.32	1.22	51857

17-82 各县市区客运量货运量及港口货物吞吐量

(2020年)

地 区	客运量(万人)	#铁 路	#公 路	#水 运	#航 空	货运量(万吨)	#公 路	#水 运	#铁 路	港口货物吞吐量(万吨)
全 市	**6525**	**802**	**5570**	**45**	**109**	**27802**	**15372**	**12401**	**29**	**5121**
市 区	1474	426	974	26	109	15497	8055	7413	29	1536
椒江区	379		353	26		8430	2175	6255		1333
黄岩区	494	365	129			4231	3699	532		203
路桥区	601		492		109	2836	2181	626	29	
三门县	381	60	321			1334	488	846		862
天台县	389		389			605	605			
仙居县	835		835			573	573			
温岭市	2189	190	1980	19		4818	2101	2717		475
临海市	462	186	276			3128	2192	936		716
玉环市	795		795			1846	1358	488		1533

17-83 各县市区客运周转量和货运周转量

(2020年)

地 区	客 运 周转量 (万人公里)				货 运 周转量 (万吨公里)			
		铁 路	公 路	水 运		铁 路	公 路	水 运
全 市	**306435**	**126383**	**178618**	**1434**	**17970468**	**6079**	**1967192**	**15997197**
市 区	173013	118108	53541	1364				
椒江区	15617		14253	1364	9278230		250423	9027807
黄岩区	131682	118108	13574		1016255		524650	491605
路桥区	25714		25714		1163265	6079	422749	734437
三门县	13230	8275	4955		876655		68655	808000
天台县	10517		10517		41704		41704	
仙居县	16850		16850		43082		43082	
温岭市	53861		53791	70	3725714		266948	3458766
临海市	21275		21275		1388140		271276	1116864
玉环市	17689		17689		437423		77705	359718

17-84 各县市区公路基本情况(一)

(2020年) 单位：公里

地 区	公 路 总里程	等级公 路合计						
			高速公路	一 级	二 级	三 级	四 级	准四级
全 市	**13239**	**13239**	**500**	**863**	**1217**	**592**	**6852**	**3214**
市 区	2565	2565	59	244	256	128	1277	602
椒江区	646	646	27	62	83	59	245	169
黄岩区	1284	1284	21	94	64	24	649	433
路桥区	635	635	10	88	109	45	383	
三门县	1379	1379	57	69	152	47	950	104
天台县	2048	2048	68	97	60	68	932	823
仙居县	1988	1988	106	82	144	78	894	684
温岭市	2059	2059	45	133	197	124	1372	189
临海市	2419	2419	134	154	338	92	1066	635
玉环市	782	782	32	84	70	56	361	178

17-85 各县市区公路基本情况(二)

(2020年)

地区	路面里程			隧道		桥梁	
	有铺装(公里)	简易铺装(公里)	未铺装(公里)	道	延米	座	米
全市	**12871**	**80**	**288**	**378**	**290477**	**6244**	**493978**
市区	2551	3	11	26	17617	1517	109079
椒江区	646			9	4846	364	33874
黄岩区	1272	2	11	15	11521	689	32473
路桥区	634	1		2	1250	464	42732
三门县	1374		5	49	35138	462	37439
天台县	2000	43	5	29	20570	573	31483
仙居县	1938	27	23	100	75052	622	50508
温岭市	1817	5	237	48	34074	1630	97381
临海市	2410	2	7	90	85023	1166	105424
玉环市	782			36	23002	274	62664

17-86 各县市区公路基本情况(三)

(2020年) 单位：公里

地区	公路总里程	国道	省道	县道	乡道	专用道	村道
全市	**13239**	**686**	**734**	**2623**	**2106**	**56**	**7035**
市区	2565	99	80	647	420	16	1303
椒江区	646	32	50	126	122		316
黄岩区	1284	37	29	367	156	10	684
路桥区	635	30	1	154	142	6	302
三门县	1379	99	58	254	206	23	739
天台县	2048	79	91	364	338	10	1166
仙居县	1988	31	212	436	226	3	1080
温岭市	2059	106	62	289	377		1223
临海市	2419	228	202	448	432	3	1106
玉环市	782	44	29	185	106		417

17-87 各县市区汽车拥有量

(2020年)

单位：辆

地区	汽车拥有量	载客汽车	#个人	载货汽车	#个人	其他汽车	摩托车
全市	**1869405**	**1635938**	**1533273**	**229032**	**170925**	**4435**	**160709**
市区	721129	616782	570350	102410	73603	1937	57466
椒江区	202328	179040	163631	22555	14916	733	14656
黄岩区	228481	194117	179984	33956	24032	408	20945
路桥区	249401	208551	194986	40197	31131	653	18461
市辖区	40364	34798	31515	5432	3299	134	3365
市本级	3657	3044	2398	610	267	3	30
三门县	80619	69590	65364	10747	8619	282	9634
天台县	99222	89870	85563	9107	7143	245	13991
仙居县	97337	87912	83972	9217	7281	208	14488
温岭市	418361	362366	346305	55268	44601	727	28904
临海市	274071	247525	236185	25880	18840	666	23350
玉环市	175700	159286	143545	16044	10787	370	12884

17-88 各县市区邮电通信主要指标

(2020年)

地区	邮电局(所)数(个)	邮电业务收入(万元)	固定电话用户数(户)	移动电话用户数(户)	互联网宽带接入用户数(户)	移动互联网用户数(户)
全市	**374**	**892458**	**974514**	**8954850**	**2611887**	**2434780**
市区	110	363516	410596	3506104	930457	1041233
椒江区	34	120581	200931	1233025	378190	460875
黄岩区	42	90813	100225	893311	276369	249461
路桥区	32	91885	109441	984485	275898	260677
市本级	2	60237		395283		70220
三门县	41	37380	60070	404550	140346	101037
天台县	35	48051	59840	531840	178467	125944
仙居县	30	46539	43584	476768	152439	109527
温岭市	53	197587	164910	1855179	516170	547596
临海市	72	106897	120226	1329507	417801	285619
玉环市	33	92486	115288	850902	276207	223824

17-89 各县市区用电量

(2020年) 单位：万千瓦时

地区	全社会用电量(包括厂用电量及线损)	#工业用电量	#制造业	#城乡居民生活用电
全市	**3488544**	**2245547**	**2040686**	**698913**
市区	1286128	811624	742079	240555
直属局	210866	124069	113971	34206
椒江区	338807	212996	194003	64875
黄岩区	409366	284038	265219	69560
路桥区	327089	190520	168885	71914
三门县	194524	126777	114608	36889
天台县	174696	92972	79620	49366
仙居县	140724	70886	61806	39170
温岭市	624155	377042	340847	149491
临海市	545023	362507	332527	107034
玉环市	508112	388557	369200	76408

17-90 各县市区全社会单位生产总值能耗

(2020年)

地区	单位GDP能耗(吨标准煤/万元)	单位GDP能耗降低率(%)	单位GDP电耗(千瓦时/万元)	单位GDP电耗降低率(%)	规模以上工业增加值能耗降低率(%)
全市	**0.323**	**0.10**	**720**	**-1.88**	**-1.70**
椒江区	0.378	0.03	851	-1.35	4.29
黄岩区	0.311	0.67	805	-1.88	0.94
路桥区	0.235	1.91	559	-2.25	2.50
三门县	0.415	-0.52	955	-1.08	5.40
天台县	0.282	-2.76	634	-4.85	-2.99
仙居县	0.331	-2.44	587	-4.23	-5.69
温岭市	0.296	2.99	582	0.84	-2.68
临海市	0.313	-1.40	827	-3.25	-5.75
玉环市	0.344	0.58	857	-4.53	-6.79

17-91 各县市区规模以上工业主要能源消费量

(2020年) 单位：吨

地 区	原 煤	焦 炭	汽 油	柴 油	热力 (百万千焦)	电力 (万千瓦时)
全 市	**13553422**	**133**	**15958**	**62258**	**15256941**	**1499564**
市 区	2511789	133	7811	23677	3416603	515665
椒江区	2500773	133	2760	10021	2498480	271286
黄岩区	650		3706	4157	786100	140716
路桥区	10365		1345	9499	132022	103663
三门县	3745736		302	2581	39491	127226
天台县	79820		1280	4704	812153	66234
仙居县	76606		659	2013	1264252	49631
温岭市	184577		4242	14205	2457337	235715
临海市	207994		995	10237	7223531	249328
玉环市	6746900		668	4842	43575	255764

17-92 各县市区规模以上工业企业能源消费情况

(2020年) 单位：吨标准煤

地 区	综合能源消费量	万元产值综合能耗 (吨标准煤/万元)	节能量	万元产值综合能耗降低率 (%)
全 市	**8615571**	**0.164**	**326719**	**3.65**
市 区	2038591	0.106	111226	5.17
椒江区	1455142	0.175	78371	5.11
黄岩区	262174	0.055	5817	2.17
路桥区	321275	0.051	-1494	-0.47
三门县	1766614	0.529	248474	12.33
天台县	147314	0.064	5695	3.72
仙居县	138864	0.070	-14126	-11.32
温岭市	592566	0.073	-1792	-0.30
临海市	739329	0.080	-70217	-10.49
玉环市	3192293	0.378	91155	2.78

17-93 各县市区规模以上工业取水情况

(2020年)

单位：万立方米

地区	取水总量						外供水
		地表水	地下水	自来水	海水	其他水	
全市	**94585.18**	**76853.12**	**119.02**	**16139.05**	**1356.70**	**117.30**	**80779.34**
市区	62874.47	52469.26	5.59	10331.55		68.07	57951.19
椒江区	10291.90	3842.74	3.83	6390.20		55.13	8203.15
黄岩区	32267.08	31578.45	1.33	687.13		0.16	30225.41
路桥区	20315.49	17048.06	0.43	3254.22		12.78	19522.63
三门县	1003.46	325.40	33.77	537.15	105.84	1.30	
天台县	3084.20	2568.54	12.16	485.05		18.46	2232.47
仙居县	2461.55	2017.48	3.81	427.73		12.53	1840.32
温岭市	9341.37	7273.32	1.68	2055.10		11.27	7037.34
临海市	10381.69	8457.14	39.76	1879.16		5.63	8230.13
玉环市	5438.44	3741.97	22.26	423.31	1250.86	0.04	3487.89

17-94 各县市区限额以上批发业企业销售情况

(2020年)

单位：万元

地区	法人企业(个)	年末从业人数(人)	销售额			年末零售营业面积(平方米)
				批发额	零售额	
全市	**904**	**24657**	**19897863**	**19730920**	**155501**	**197808**
市区	382	10011	11803850	11704355	92001	105557
椒江区	143	4621	4102435	4069935	32500	24953
黄岩区	79	1924	2209001	2198939	6642	17725
路桥区	160	3466	5492415	5435481	52859	62879
三门县	20	326	325348	304573	20775	2150
天台县	25	433	208984	204527	509	3470
仙居县	32	1676	565246	558454	6792	6250
温岭市	248	5726	3619813	3603355	16458	8393
临海市	87	4180	2136858	2127002	9856	28679
玉环市	110	2305	1237764	1228655	9109	43309

17-95 各县市区限额以上零售业企业销售情况

(2020年) 单位：万元

地区	法人企业(个)	年末从业人数(人)	销售额			年末零售营业面积(平方米)
				批发额	零售额	
全市	**549**	**25110**	**5995725**	**1100367**	**4895143**	**1514322**
市区	202	11479	3634440	827442	2806783	847135
椒江区	76	5486	1956055	480622	1475433	437626
黄岩区	33	2034	487443	135024	352419	167548
路桥区	93	3959	1190943	211797	978931	241961
三门县	21	364	52309	8249	44060	44744
天台县	36	735	96158	10761	85398	39347
仙居县	21	677	54359	7132	47227	39873
温岭市	139	6315	1108591	88681	1019910	229764
临海市	77	3664	744065	125620	618445	221429
玉环市	53	1876	305802	32482	273320	92030

17-96 各县市区限额以上住宿业企业基本情况

(2020年) 单位：万元

地区	法人企业(个)	年末从业人数(人)	营业额			客房间数(间)	床位数(个)	餐位数(位)	年末零售营业面积(平方米)
				#客房收入	#餐费收入				
全市	**99**	**8163**	**140658**	**67601**	**66056**	**14627**	**22166**	**49807**	**360731**
市区	32	4036	68248	26861	37668	5508	8115	22688	130318
椒江区	19	2487	42412	16455	23495	3446	5107	13628	84513
黄岩区	7	1109	19051	7132	11115	1221	1729	4418	24173
路桥区	6	440	6785	3274	3059	841	1279	4642	21632
三门县	3	313	3817	2206	1548	586	1007	600	11001
天台县	10	786	12246	6367	5566	1364	2234	7275	23737
仙居县	8	525	5168	3923	830	1002	1619	2786	48884
温岭市	24	1018	22657	13311	8217	2652	3867	5732	60763
临海市	14	904	17880	9790	7421	2206	3352	6122	62915
玉环市	8	581	10642	5144	4806	1309	1972	4604	23113

17-97　各县市区限额以上餐饮业企业基本情况

(2020年)　　单位：万元

地　区	法人企业(个)	年末从业人数(人)	营业额			客房间数(间)	床位数(个)	餐位数(位)	年末零售营业面积(平方米)
				#客房收入	#餐费收入				
全　市	**171**	**8441**	**167655**	**10927**	**154381**	**2674**	**4903**	**70162**	**397393**
市　区	48	2482	50327	1640	48517	453	1133	18335	115369
椒江区	20	1184	25764		25759			6130	36618
黄岩区	10	315	7871		7837			4952	21930
路桥区	18	983	16691	1640	14921	453	1133	7253	56821
三门县	1	34	303		303			300	680
天台县	15	702	10902	1000	9573	350	819	6206	24080
仙居县	12	941	11941	2411	9457	843	1406	6674	67321
温岭市	50	1927	46632	3595	42043	671	1055	18779	109435
临海市	29	1337	27476	657	26321	134	167	8125	42700
玉环市	16	1018	20074	1624	18167	223	323	11743	37808

17-98　各县市区限额以上批发业企业财务状况(一)

(2020年)　　单位：万元

地　区	企业数(个)	流动资产合计		固定资产原价	累计折旧	
			#存货			#本年折旧
全　市	**904**	**6563355**	**982240**	**649741**	**277778**	**17360**
市　区	382	3256671	535710	266398	112601	10538
椒江区	143	1482461	202952	128154	61273	3012
黄岩区	79	585711	125097	62756	26788	3285
路桥区	160	1188499	207661	75487	24540	4241
三门县	20	168768	27811	27269	7218	1533
天台县	25	123960	17306	7537	1879	520
仙居县	32	159604	22817	13903	5053	831
温岭市	248	1409941	212274	172899	71726	8868
临海市	87	883042	90575	67203	29017	-11973
玉环市	110	561369	75748	94532	50284	7043

17-99　各县市区限额以上批发业企业财务状况(二)

(2020年)　　单位：万元

地　区	资产总计	负债合计	所有者权益	#实收资本	#个人资本	主营业务收入
全　市	**8474309**	**5865845**	**2607702**	**988729**	**501754**	**17610344**
市　区	3705046	2757046	947241	385468	198013	10562055
椒江区	1677202	1001777	675425	182884	91409	3709897
黄岩区	692026	531728	159686	114691	54389	1974471
路桥区	1335818	1223541	112130	87893	52215	4877687
三门县	279176	236605	42571	22002	19519	290260
天台县	133525	113350	20172	9374	4876	185336
仙居县	178704	151689	27015	17495	8660	506128
温岭市	1753080	1314784	438296	211448	100379	3087672
临海市	1460616	724415	736200	238734	126716	1836690
玉环市	964162	567955	396207	104207	43591	1142203

17-100　各县市区限额以上批发业企业财务状况(三)

(2020年)　　单位：万元

地　区	营业成本	税金及附加	其他业务利润	销售费用	管理费用
全　市	**16430931**	**173747**	**34884**	**545398**	**211650**
市　区	9912410	162303	5739	187990	105255
椒江区	3228960	157601	1961	72266	59341
黄岩区	1900118	1584	2155	48143	18182
路桥区	4783333	3118	1623	67582	27731
三门县	266612	495	63	7797	4765
天台县	185735	667		3241	4012
仙居县	403313	1291	106	90977	7174
温岭市	2932886	3243	4517	77929	38379
临海市	1691954	3457	21457	129356	30900
玉环市	1038021	2291	3003	48108	21166

17-101 各县市区限额以上批发业企业财务状况(四)

(2020年)

单位：万元

地 区	财务费用	#利息费用	营业利润	利润总额	应付职工薪酬	应交增值税
全 市	**75995**	**41303**	**398769**	**425613**	**218208**	**140779**
市 区	14332	30330	174018	182685	90773	76779
椒江区	-1500	19760	202425	206515	53143	56070
黄岩区	3912	4167	11276	12726	13925	6575
路桥区	11920	6403	-39683	-36556	23704	14135
三门县	15208	507	-4542	-4282	2248	4735
天台县	1732	172	2748	4376	2940	712
仙居县	1777	92	1880	2927	19410	11496
温岭市	19965	5963	29610	37891	44062	11099
临海市	8715	2438	170555	173276	38474	25262
玉环市	14266	1800	24500	28740	20301	10697

17-102 各县市区限额以上零售业企业财务状况(一)

(2020年)

单位：万元

地 区	企业数(个)	流动资产合计	#存货	固定资产原价	累计折旧	#本年折旧
全 市	**549**	**1669363**	**511299**	**601857**	**233445**	**36544**
市 区	202	893786	293538	322786	144966	22889
椒江区	76	357618	122487	175750	85030	9631
黄岩区	33	200556	51769	69473	28470	5305
路桥区	93	335612	119283	77563	31467	7952
三门县	21	14231	3480	8249	3166	316
天台县	36	28541	8216	9150	4687	365
仙居县	21	34291	8706	10173	4560	574
温岭市	139	310459	81071	127352	33692	5649
临海市	77	286172	75661	73282	25839	4116
玉环市	53	101884	40627	50864	16535	2635

17-103 各县市区限额以上零售业企业财务状况(二)

(2020年)

单位：万元

地区	资产总计	负债合计	所有者权益	#实收资本	#个人资本	主营业务收入
全市	**2441278**	**1788267**	**660420**	**571541**	**102332**	**5107719**
市区	1328686	951974	384105	351555	54896	3176245
椒江区	644841	373117	279087	226861	28570	1668517
黄岩区	261455	225762	35694	52463	9277	435733
路桥区	422390	353095	69324	72231	17048	1071996
三门县	22811	16861	5944	3610	347	34504
天台县	36610	25530	11080	6065	460	61659
仙居县	46447	58249	-11189	6289	1182	47422
温岭市	477679	344450	132638	101743	16981	882714
临海市	378768	278109	100659	78075	20928	628942
玉环市	150278	113094	37184	24205	7539	276234

17-104 各县市区限额以上零售业企业财务状况(三)

(2020年)

单位：万元

地区	营业成本	税金及附加	其他业务利润	销售费用	管理费用
全市	**4632179**	**11826**	**45878**	**297039**	**135646**
市区	2896274	6187	26135	163722	71315
椒江区	1513632	3331	13112	109447	29807
黄岩区	406558	1034	3696	14238	16964
路桥区	976083	1823	9327	40037	24544
三门县	31280	116	184	2664	1730
天台县	56247	168	564	2819	2902
仙居县	40981	102		4305	2431
温岭市	798474	3035	5767	61938	27985
临海市	582058	1307	12465	27563	21630
玉环市	226866	911	762	34028	7653

17-105 各县市区限额以上零售业企业财务状况(四)

(2020年) 单位：万元

地 区	财 务 费 用	#利息费用	营 业 利 润	利 润 总 额	应付职工 薪 酬	应 交 增值税
全 市	**56947**	**4807**	**97314**	**108575**	**170667**	**47589**
市 区	36584	1277	56810	62181	87684	26041
椒江区	29574	260	39898	42777	45439	14010
黄岩区	1383	68	2891	3975	13156	3944
路桥区	5627	949	14022	15429	29089	8087
三门县	94	66	1335	1318	1827	512
天台县	227	81	514	775	3813	618
仙居县	2919	60	-3255	-2813	3431	809
温岭市	6528	391	22969	25855	39068	9442
临海市	8854	2352	11258	12056	22261	5868
玉环市	1741	580	7683	9203	12585	4299

17-106 各县市区限额以上住宿业企业财务状况(一)

(2020年) 单位：万元

地 区	企业数 (个)	流动资产 合 计	#存 货	固定资产 原 价	累 计 折 旧	#本年折旧
全 市	**99**	**307489**	**5498**	**446082**	**217418**	**18050**
市 区	32	85680	2784	190641	92990	5940
椒江区	19	56503	1638	81080	58485	3411
黄岩区	7	18070	654	98973	26219	2265
路桥区	6	11107	492	10589	8286	264
三门县	3	784	110	5700	4755	272
大台县	10	30717	526	36117	10561	2038
仙居县	8	23174	142	9561	7414	416
温岭市	24	34840	624	47727	24682	2810
临海市	14	82877	544	66011	36730	2838
玉环市	8	49417	769	90325	40286	3735

17-107 各县市区限额以上住宿业企业财务状况(二)

(2020年)

单位：万元

地区	资产总计	负债合计	所有者权益	#实收资本	#个人资本	主营业务收入
全市	**853282**	**833445**	**21299**	**158305**	**37180**	**134302**
市区	235161	219646	14851	54709	28430	64695
椒江区	117184	93527	22992	32900	21721	39469
黄岩区	103680	116790	-13111	17234	5864	18676
路桥区	14297	9328	4969	4575	845	6550
三门县	2487	6318	-3831	1130		3765
天台县	103047	109941	-6894	8233	1560	12069
仙居县	91741	109764	-18023	9510	130	4689
温岭市	90463	69863	20600	18463	3287	22136
临海市	212027	183271	30885	34913	1300	16730
玉环市	118356	134644	-16288	31348	2473	10218

17-108 各县市区限额以上住宿业企业财务状况(三)

(2020年)

单位：万元

地区	营业成本	税金及附加	其他业务利润	销售费用	管理费用
全市	**58990**	**864**	**50322**	**48280**	**47872**
市区	26758	289	6603	24382	23921
椒江区	14887	194	6352	15080	16734
黄岩区	9144	69	250	6279	5917
路桥区	2728	25		3024	1271
三门县	2179	4		642	978
天台县	5413	95	2	5072	4342
仙居县	1386	29		1219	2776
温岭市	11073	285	1013	5249	4568
临海市	8228	60	42705	4343	8711
玉环市	3952	104		7374	2576

17-109 各县市区限额以上住宿业企业财务状况(四)

(2020年)　　单位：万元

地　区	财　务费　用	#利息费用	营　业利　润	利　润总　额	应付职工薪　酬	应　交增值税
全　市	**11343**	**9629**	**-24754**	**-23165**	**39163**	**678**
市　区	3734	3814	-7652	-7146	20277	581
椒江区	2043	2778	-4341	-4222	12729	279
黄岩区	1546	910	-2789	-2414	5884	199
路桥区	145	126	-523	-510	1664	104
三门县	240	236	-278	-212	1061	5
天台县	1525	1352	-4375	-3920	3510	-357
仙居县	1896	1770	-2231	-2175	1759	35
温岭市	1349	1028	300	470	5300	141
临海市	2322	1173	-6473	-6092	4079	153
玉环市	277	257	-4046	-4090	3178	120

17-110 各县市区限额以上餐饮业企业财务状况(一)

(2020年)　　单位：万元

地　区	企业数(个)	流动资产合　计	#存　货	固定资产原　价	累　计折　旧	#本年折旧
全　市	**171**	**60904**	**6004**	**137476**	**40442**	**5915**
市　区	48	18410	2059	14582	3805	594
椒江区	20	7967	793	3892	1338	165
黄岩区	10	2242	79	676	329	72
路桥区	18	8202	1188	10014	2138	357
三门县	1	113	20	259	80	6
天台县	15	4722	587	9128	4583	492
仙居县	12	8529	396	10879	6049	889
温岭市	50	11894	1394	73388	13033	2288
临海市	29	6899	1111	15877	5029	841
玉环市	16	10337	437	13363	7863	805

17-111 各县市区限额以上餐饮业企业财务状况(二)

(2020年)　　单位：万元

地　区	资　产总　计	负　债合　计	所有者权　益	#实　收资　本	主营业务收　　入
全　市	**219974**	**179905**	**42598**	**69844**	**14741**
市　区	44675	32565	14652	10800	2295
椒江区	14151	9761	4389	3869	1102
黄岩区	2965	1143	1822	1130	1070
路桥区	27560	21661	8440	5801	123
三门县	292		292	300	
天台县	13965	10868	3078	4636	1036
仙居县	23113	25265	-2152	5610	10
温岭市	87709	63412	24296	33917	1839
临海市	24906	25773	-860	7719	6516
玉环市	25315	22022	3293	6863	3045

17-112 各县市区限额以上餐饮业企业财务状况(三)

(2020年)　　单位：万元

地　区	营　业成　本	税金及附　加	其他业务利　　润	销　售费　用	管　理费　用
全　市	**96211**	**136**	**336**	**41631**	**23481**
市　区	30624	15	8	11038	5690
椒江区	16395	12		6140	2396
黄岩区	4118	0		1555	488
路桥区	10111	3	8	3342	2806
三门县	147	8			143
天台县	6708	22	225	2024	2852
仙居县	5999	24		2948	3183
温岭市	28233	33	103	11519	4823
临海市	15999	32		8782	3161
玉环市	8501	2		5320	3629

17-113 各县市区限额以上餐饮业企业财务状况(四)

(2020年) 单位：万元

地　区	财　务 费　用	#利息费用	营　业 利　润	利　润 总　额	应付职工 薪　酬	应　交 增值税
全　市	**1825**	**659**	**-4325**	**-3370**	**35665**	**-313**
市　区	433	166	21	422	10676	55
椒江区	185	138	578	754	5876	25
黄岩区	16	11	208	235	1242	4
路桥区	233	18	-765	-567	3558	26
三门县			4	4	91	
天台县	20	20	-864	-795	3083	32
仙居县	189	210	-1761	-1695	2640	-143
温岭市	659	4	10	85	8454	18
临海市	307	66	-936	-603	5767	71
玉环市	217	194	-800	-788	4955	-347

17-114 各县市区商品市场基本情况

(2020年)

地　区	市场数 (个)	#消费品市场	#生产资料市场	市场成交额 (亿元)
全　市	**357**	**298**	**59**	**1279**
市　区	145	116	29	685
椒江区	44	39	5	96
黄岩区	34	30	4	121
路桥区	63	44	19	452
市直属分局	4	3	1	17
三门县	16	15	1	18
天台县	17	15	2	32
仙居县	13	11	2	11
温岭市	77	61	16	449
临海市	51	46	5	52
玉环市	38	34	4	32

17-115 各县市区外贸进出口总额

(2020年) 单位：万元

地区	进出口总额	出口额	#欧盟	#东盟	#中东	进口额
全市	**18984818**	**17608621**	**4138012**	**1416698**	**941015**	**1376197**
市区	7244782	6405627	1373067	629751	324481	839155
椒江区	1648031	1537600	249717	196037	97506	110431
黄岩区	2008812	1919183	427890	116228	74378	89629
路桥区	2297010	1759716	512249	151330	71609	537294
市直属公司	40602	39814	8828	2247	1174	788
台州湾集聚区	1250327	1149314	174383	163909	79814	101013
三门县	697007	678881	132472	24586	56649	18126
天台县	584144	558351	167792	42921	31690	25792
仙居县	591856	573064	167514	24061	15070	18792
温岭市	4363968	4198018	714267	470905	321919	165950
临海市	2795995	2571342	877058	83253	35759	224653
玉环市	2707067	2623337	705844	141221	155447	83730

17-116 各县市区进出口贸易情况

(2020年) 单位：万元

地区	出口额中				进口额中			
	#一般贸易	#加工贸易	来料加工装配贸易	进料加工装配贸易	#一般贸易	#加工贸易	来料加工装配贸易	进料加工装配贸易
全市	**16314559**	**1292340**	**18765**	**1273575**	**1007521**	**348481**	**4863**	**343618**
市区	5656951	749631	5165	744466	656557	171772	3191	168581
椒江区	1484487	60248	1302	58946	77668	22507	1188	21319
黄岩区	1777904	137417	3291	134126	59640	28287	1791	26496
路桥区	1224885	529361		529361	429141	107746		107746
市直属公司	39423	390		390	509	272		272
台州湾集聚区	1130252	22215	572	21643	89599	12960	212	12748
三门县	665931	11299	1473	9826	14765	2931	798	2132
天台县	523960	34367	20	34347	18278	7347		7347
仙居县	555356	17692	1748	15944	10055	8705	295	8410
温岭市	4076670	120673	37	120636	138158	27315		27315
临海市	2297282	273875	6114	267760	117238	103971	578	103393
玉环市	2538409	84803	4208	80595	52470	26440		26440

17-117 各县市区出口贸易主要市场情况

(2020年) 单位：万元

地 区	合 计	欧 洲	亚 洲	北美洲	拉丁美洲	非 洲	大洋洲
全 市	**17608621**	**5972322**	**4774607**	**3915503**	**1498886**	**992048**	**455255**
市 区	6407216	2021034	2010302	1184314	634898	363845	192824
椒江区	1544949	364382	675911	199891	185595	101601	17569
黄岩区	1915419	578778	497506	504024	168205	90932	75974
路桥区	1754511	783546	384409	276674	162968	66698	80216
市直属公司	39814	12495	8048	13595	1725	2744	1207
台州湾集聚区	1152523	281833	444428	190130	116405	101870	17858
三门县	677249	200435	161503	187993	62056	40806	24456
天台县	558351	221545	128721	124797	39614	24917	18758
仙居县	573064	198583	165373	143035	46650	9057	10366
温岭市	4198018	1139411	1357180	843321	361997	427196	68913
临海市	2571385	1126154	464123	804318	89758	29781	57251
玉环市	2623337	1065161	487406	627727	263911	96446	82686

17-118 各县市区外贸出口主要商品(一)

(2020年) 单位：万元

地 区	家用电器	汽摩及部件	服装机械	塑料模具	医化产品	纺织服装	鞋 类	灯 具
全 市	**496058**	**908233**	**292190**	**1261222**	**2216161**	**674580**	**1026640**	**519077**
市 区	297428	221993	231874	686673	765267	123732	90647	204990
椒江区	215099	12398	176472	91455	441013	18619	28470	26215
黄岩区	14592	42905	12004	379576	306834	37411	8535	51017
路桥区	21566	133966	5372	102942	10462	12933	9493	92656
市直属公司	3340	74	90	3089	483	6587	193	1032
台州湾集聚区	42831	32650	37936	109611	6475	48182	43956	34070
三门县	5511	64470	61	78703	99872	71422	4024	2174
天台县	10644	46664	1418	80267	113877	119294	30658	8256
仙居县	8992	8653	74	26437	254481	32402	1357	10459
温岭市	136751	179560	25362	210042	26701	87731	672263	135661
临海市	16750	11342	2272	81027	922713	212792	222910	148773
玉环市	19983	375549	31128	98073	33249	27209	4781	8766

17-119 各县市区外贸出口主要商品(二)

(2020年) 单位：万元

地　区	农产品	阀门、龙头	家　具	工艺品	太阳能板	喷雾器	船　舶	液体泵
全　市	**548129**	**1456774**	**1444045**	**144367**	**103707**	**588355**	**10786**	**903997**
市　区	218049	308087	341465	72412	26250	514583	8362	144150
椒江区	16908	19741	49310	1741	2538	54560	7044	25669
黄岩区	168280	76063	95108	67422	22532	36123	1226	26981
路桥区	15548	129466	113954	108	57	234868	92	31387
市直属公司	2107	2161	8805	1045		621		599
台州湾集聚区	15206	80656	74288	2096	1123	188411		59514
三门县	14726	113421	26773	3030		472		5713
天台县	19639	1074	31331	8574		11097		57
仙居县	103413	1561	61307	43738	2	102		12536
温岭市	55525	58471	229710	3959	11139	47084	1257	667673
临海市	105838	11033	714282	12633	7809	6786	434	10587
玉环市	30938	963127	39178	20	58507	8231		63280

17-120 各县市区利用外资情况

(2019-2020年) 单位：万美元

地　区	2019年				2020年			
	利用外资企业数(家)	总投资	合同外资	实际利用外资	利用外资企业数(家)	总投资	合同外资	实际利用外资
全　市	**78**	**126675**	**149128**	**65118**	**78**	**151475**	**89984**	**36319**
市　区	29	61265	78055	27921	33	56346	34295	21253
椒江区	8	30324	60990	16999	10	3155	562	17189
黄岩区	6	12349	7142	7592	11	21730	20262	404
路桥区	6	2721	2634	484	5	10686	4527	3135
台州高新区	7	11271	4639	646				
台州湾集聚区	2	4600	2650	2200	7	20775	8944	525
三门县	9	20705	13915	4052			2064	2110
天台县	7	1897	8945	7415	1	513	330	1269
仙居县	2	-100	-1332	108	7	5146	4076	1701
温岭市	10	9062	13884	5231	13	47306	15270	5466
临海市	10	21806	13044	5097	9	10455	10069	3995
玉环市	11	12041	22617	15294	15	31707	23881	525

17-121　各县市区国际国内旅游情况

(2020年)　　单位：万人次

地　区	旅　游 总人数	国内旅游 人　　数	国际旅游 入境人数	旅　游 总收入 (亿元)	国内旅 游收入 (亿元)	国际旅游 (外汇)收入 (万美元)
全　市	**11415.30**	**11413.80**	**1.47**	**1247.16**	**1246.92**	**354.60**
市　区	2508.35	2507.86	0.49	274.06	273.98	111.84
椒江区	1448.96	1448.85	0.12	158.31	158.29	33.47
黄岩区	541.89	541.53	0.36	59.21	59.16	75.27
路桥区	517.50	517.49	0.01	56.54	56.54	3.10
三门县	579.73	579.71	0.02	63.34	63.33	5.04
天台县	1760.30	1760.28	0.02	192.31	192.31	2.15
仙居县	1449.69	1449.02	0.67	158.42	158.31	173.25
温岭市	1834.33	1834.21	0.13	200.41	200.39	37.08
临海市	2160.13	2160.07	0.06	236.00	235.99	13.85
玉环市	1118.65	1118.52	0.13	122.22	122.20	34.18

注：全市数据不等于各县(市、区)简单相加。

17-122　各县市区地方财政收入及分类(一)

(2020年)　　单位：万元

地　区	一般预算 收入合计	增值税	企　业 所得税	个　人 所得税	资源税	城市维护 建 设 税
全　市	**4012385**	**1524829**	**503249**	**192838**	**8940**	**222754**
市　区	1654041	561163	228388	82167	2761	100559
椒江区	443280	159738	64690	25612	7	24220
黄岩区	397974	172961	50561	17614	1080	26236
路桥区	383876	135281	69508	18340	1674	22059
市本级	428911	93183	43629	20601		28044
三门县	161600	71146	15799	6393	455	8326
天台县	203992	77608	28313	10071	1327	8140
仙居县	198237	82750	23638	8610	836	8472
温岭市	721157	261715	90660	37221	669	34802
临海市	594890	241750	66972	33723	1826	31242
玉环市	478468	228697	49479	14653	1066	31213

17-123 各县市区地方财政收入及分类(二)

(2020年) 单位：万元

地区	房产税	印花税	城镇土地使用税	土地增值税	车船税	耕地占用税	契税
全市	**119570**	**57180**	**56083**	**201651**	**59478**	**28911**	**381930**
市区	53153	27284	19150	86193	28885	8381	187101
椒江区	12389	7719	4516	36812	9164	58	61048
黄岩区	11127	4639	4430	18199	5036	2638	41052
路桥区	16722	6698	7018	9785	8606	3939	34922
市本级	12915	8228	3186	21397	6079	1746	50079
三门县	3205	2484	2372	5427	1623	2568	12268
天台县	5606	2686	1660	14175	3012	3042	19420
仙居县	3662	1953	1343	11539	2571	1020	16910
温岭市	27210	10725	16182	42817	11722	6215	63788
临海市	12755	6667	7369	31023	6731	7096	50683
玉环市	13979	5381	8007	10477	4934	589	31760

17-124 各县市区地方财政收入及分类(三)

(2020年) 单位：万元

地区	专项收入	行政事业性收费收入	罚没收入	国有资本经营收入	国有资源(资产)有偿使用收入	其他收入	基金收入	
							政府性基金	社会保险基金
全市	**289729**	**79095**	**203714**	**-37056**	**98601**	**16815**	**5863774**	**4014530**
市区	84313	42485	100221	-22733	56067	7558	3117166	1322754
椒江区	17411	14627	13368	-11300	1129	1867	745699	111734
黄岩区	18802	11378	8572	-4633	6254	1924	506851	164698
路桥区	27250	5839	17339	-4800	1145	1926	532143	82597
市本级	20850	10641	60942	-2000	47539	1841	1332473	963725
三门县	9536	3712	9851	-220	4885	728	140340	226420
天台县	11652	6291	6675	-1103	4071	1320	156822	318389
仙居县	10297	6950	17410	-3000	1488	1255	242427	293805
温岭市	70708	7055	31104	-6000	9337	4582	1141166	808652
临海市	37740	9085	32675		15928	1372	723395	698250
玉环市	65483	3517	5778	-4000	6825		342458	348535

注：2020年县市区上缴社会保险调剂金的缘故，县市区社会保险基金加总数与全市数据有差异。

17-125 各县市区地方财政支出及分类(一)

(2020年) 单位：万元

地 区	一般预算支出合计	一般公共服务支出	国 防 支 出	公共安全支 出	教 育 支 出	科学技术支 出
全 市	**7001415**	**835412**	**9449**	**514759**	**1491485**	**175336**
市 区	2583171	330687	3735	233920	549743	74796
椒江区	554913	78748	845	46096	120177	15530
黄岩区	589274	60457	1020	36610	138171	23189
路桥区	403911	52132	193	36667	96740	6216
市本级	1035073	139350	1677	114547	194655	29861
三门县	537850	66932	423	30010	100784	4957
天台县	532610	65294	595	31239	131248	8567
仙居县	534993	54394	2751	25197	101073	4095
温岭市	1074370	113048	111	84871	250952	20701
临海市	1053372	103246	961	63660	224256	29586
玉环市	685049	101811	873	45862	133429	32634

17-126 各县市区地方财政支出及分类(二)

(2020年) 单位：万元

地 区	文化体育与传媒支 出	社会保障和就业支出	医疗卫生与计划生育支出	节能环保支 出	城乡社区支 出	农林水支 出
全 市	**173899**	**760182**	**677722**	**158394**	**393326**	**744922**
市 区	64580	258371	252637	54071	126140	180036
椒江区	9389	72196	56386	7525	14858	41091
黄岩区	18049	95794	58234	8982	29932	57029
路桥区	11657	47186	38740	19080	22745	31206
市本级	25485	43195	99277	18484	58605	50710
三门县	9524	73040	50059	12289	32390	75510
天台县	12924	47188	58828	7044	39220	66288
仙居县	9060	80533	56002	15326	18951	65606
温岭市	35273	118954	87972	14414	52747	183318
临海市	26419	101032	113919	47190	71520	122354
玉环市	16119	81064	58305	8060	52358	51810

17-127 各县市区地方财政支出及分类(三)

(2020年)

单位：万元

地 区	交通运输支出	工业商业金融等支出	其他支出	基金支出	
				政府性基金	社会保险基金
全 市	**266493**	**211249**	**588787**	**6217032**	**5043041**
市 区	88881	138471	227103	3331511	1813590
椒江区	7754	18644	65674	884786	101447
黄岩区	19788	9173	32846	585935	133378
路桥区	8968	7385	24996	644428	77871
市本级	52371	103269	103587	1216362	1500894
三门县	25103	6256	50573	124822	261730
天台县	22581	3227	38367	196672	378355
仙居县	34284	8244	59477	302830	351831
温岭市	18864	20652	72493	1145648	1016413
临海市	30309	23669	95251	729351	769745
玉环市	46471	10730	45523	386198	453652

注：2019年县市区上缴社会保险调剂金的缘故，县市区社会保险基金加总数与全市数据有差异。

17-128 各县市区全部金融机构年末存贷款余额(一)

(2020年)

单位：万元

地 区	本外币存款余额	人民币存款余额合计	住户存款			非银行业金融机构存款
				活期存款	定期及其他存款	
全 市	**106303100**	**104520942**	**60248813**	**21530944**	**38717869**	**3453882**
市 区	49553907	48604984	24996961	8101032	16895929	3076337
椒江区	11980167	11799651	5100299	1728074	3372225	837865
黄岩区	11162058	10998326	7403443	2149455	5253988	93104
路桥区	13944331	13817379	8411869	2778528	5633341	1674007
市本级	10679046	10211578	2858492	1191042	1667449	466362
三门县	3536412	3493662	2137665	826278	1311387	1018
天台县	5072231	4989694	3210355	1346481	1863874	6188
仙居县	5572776	5497212	3185330	1171585	2013745	6231
温岭市	20558446	20287609	13078680	4989118	8089562	314639
临海市	13400639	13214046	8181349	2732961	5448388	12427
玉环市	8608689	8433735	5458471	2363489	3094982	37042

17-129　各县市区全部金融机构年末存贷款余额(二)

(2020年)　　单位：万元

地　区	非金融企业存款	活期存款	定期及其他存款	广义政府存款	财政性存款	机关团体存款
全　市	**25700731**	**9833907**	**15866824**	**15071523**	**1004672**	**14066851**
市　区	13933855	4659625	9274231	6575238	635963	5939274
椒江区	3875869	1074904	2800966	1980791	540033	1440758
黄岩区	2247518	974634	1272884	1246457	66383	1180075
路桥区	2635933	1004714	1631219	1091373	17206	1074167
市本级	4792071	1297489	3494582	2089048	12340	2076708
三门县	655708	406988	248720	698067	39396	658671
天台县	1125089	480047	645042	640909	48038	592872
仙居县	1044800	549757	495043	1259548	82366	1177182
温岭市	4041746	1804658	2237088	2846108	105067	2741041
临海市	3070648	1062691	2007957	1945194	70109	1875085
玉环市	1828885	870141	958744	1106459	23732	1082727

17-130　各县市区全部金融机构年末存贷款余额(三)

(2020年)　　单位：万元

地　区	本外币贷款余额	人民币贷款余额合计	住户贷款	短期贷款	消费贷款
全　市	**98722521**	**98324505**	**51829700**	**24633338**	**5285280**
市　区	44143178	43969344	20946662	9180511	2059816
椒江区	8851487	8828531	4674108	1757028	310151
黄岩区	8185572	8143306	4607880	2212368	364626
路桥区	10899098	10852405	6009236	3537427	681013
市本级	14440666	14381356	4854929	1398677	671844
三门县	5630016	5610898	2561443	1242255	277262
天台县	5279072	5277681	3757725	1765175	343274
仙居县	4747432	4705379	3180911	1744011	341213
温岭市	19317229	19279930	10901368	6374935	1347375
临海市	12399133	12311845	7044023	2786576	576122
玉环市	7206462	7169428	3437567	1539875	340218

17-131 各县市区全部金融机构年末存贷款余额(四)

(2020年) 单位：万元

地区	在住户贷款中：在短期贷款中：经营贷款	在住户贷款中：中长期贷款	在住户贷款中：中长期贷款：消费贷款	在住户贷款中：中长期贷款：经营贷款	非金融企业及机关团体贷款
全市	**19348058**	**27196362**	**19101749**	**8094613**	**46493389**
市区	7120696	11766151	9049774	2716377	23021799
椒江区	1446878	2917080	2286159	630921	4154162
黄岩区	1847742	2395512	1633257	762255	3535384
路桥区	2856415	2471809	1580211	891598	4843170
市本级	726833	3456252	3052774	403478	9525848
三门县	964993	1319188	760800	558388	3049454
天台县	1421901	1992551	1349881	642670	1519956
仙居县	1402798	1436900	1057701	379199	1524384
温岭市	5027560	4526433	2841747	1684686	8378514
临海市	2210454	4257447	2778703	1478744	5267438
玉环市	1199656	1897692	1263143	634549	3731845

17-132 各县市区全部金融机构年末存贷款余额(五)

(2020年) 单位：万元

地区	在非金融企业及机关团体贷款中：短期贷款	中长期贷款	票据融资	各项垫款
全市	**22248762**	**20882054**	**3352654**	**9919**
市区	10130286	10749256	2136377	5879
椒江区	2007160	1827191	319798	12
黄岩区	1937906	1454348	143110	20
路桥区	2142447	1436641	1262863	1218
市本级	3635997	5609773	275447	4630
三门县	822401	2215476	11547	30
天台县	795228	676295	48412	21
仙居县	557320	894815	72211	37
温岭市	5229228	2388277	757711	3299
临海市	2547612	2555937	163889	
玉环市	2166687	1401998	162507	653

17-133　各县市区养老保险基本情况

(2020年)

地　区	城镇职工养老保险参保人数(人)			收缴保险基金(万元)	支　付养老金(万元)
		职　工参保人数	离 退 休参保人数		
全　市	**2677807**	**1773788**	**904019**	**1308969**	**2926128**
市　区	1018435	690905	327530	501236	1068102
椒江区	256616	170918	85698	117412	297951
黄岩区	312860	195025	117835	134769	371168
路桥区	271167	173520	97647	118057	281839
市本级	177792	151442	26350	130998	117144
三门县	141505	99796	41709	79000	141595
天台县	218383	140333	78050	107555	242416
仙居县	153002	93401	59601	79468	197620
温岭市	514443	325607	188836	235492	582253
临海市	393176	260322	132854	193141	455349
玉环市	238863	163424	75439	113077	238793

17-134　各县市区城镇基本医疗保险基本情况

(2020年)

	期末参保人数(人)			收缴保险基金(万元)	支付保险基金(万元)
		职　工参保人数	离 退 休参保人数		
全　市	**1805909**	**1532023**	**273886**	**760306**	**569910**
市　区	725394	617967	107427	305075	231810
椒江区	187879	152812	35067	19565	17849
黄岩区	208625	171770	36855	17729	19997
路桥区	166638	144645	21993	14587	14041
市本级	162252	148740	13512	253194	179923
三门县	98166	83418	14748	43993	30932
天台县	133039	110883	22156	56248	36796
仙居县	101304	83774	17530	44036	33525
温岭市	317909	272724	45185	142375	98077
临海市	254609	212325	42284	97124	80795
玉环市	175488	150932	24556	71455	57975

17-135 各县市区失业和工伤保险基本情况

(2020年)

地 区	失业保险			工伤保险		
	期末参保人数(人)	收缴保险基金(万元)	支付保险基金(万元)	期末参保人数(人)	收缴保险基金(万元)	支付保险基金(万元)
全 市	**1127796**	**54165**	**125165**	**2440819**	**42144**	**68930**
市 区	468076	22328	52945	1024798	13900	21191
椒江区	111973	6638	14586			
黄岩区	126576	4030	14077			
路桥区	109892	3461	11788			
市本级	119635	8199	12494			
三门县	53633	2841	2565	112803	1799	4233
天台县	70896	3485	6175	135779	1847	3130
仙居县	57906	3318	4559	101576	1509	3720
温岭市	199274	9175	24786	428650	8069	17170
临海市	151587	7703	19594	283151	4464	8901
玉环市	126424	5315	14541	354062	10556	10585

注：2019年开始，工伤保险实行市区统筹，市区数据为三区与市本级之和。

17-136 各县市区城乡居民养老保险与城乡居民医疗保险情况

(2020年)

地 区	城乡居民养老保险			城乡居民医疗保险		
	期末参保人数(人)	收缴保险基金(万元)	支付保险基金(万元)	期末参保人数(人)	收缴保险基金(万元)	支付保险基金(万元)
全 市	**1931529**	**398219**	**200615**	**4219930**	**583635**	**513218**
市 区	443947	78490	39308	1064897	147165	143166
椒江区	83530	22892	10536	343924	45336	48436
黄岩区	193470	45022	18805	410969	57779	54564
路桥区	166947	10576	9967	310004	44050	40166
三门县	160492	18391	16824	311881	43554	35308
天台县	186736	31550	22900	433664	50758	46278
仙居县	150955	60377	19454	367452	52364	47912
温岭市	533848	112945	43872	887473	125286	99928
临海市	349835	56485	46347	865928	121161	99410
玉环市	105716	39982	11909	288635	43347	41216

17-137 各县市区分行业在岗职工工资总额(一)

(2020年) 单位：万元

地　区	在岗职工工资总额	采矿业	制造业	电力热力燃气及水生产和供应业	建筑业	批发和零售业	交通运输仓储和邮政业	住宿和餐饮业	信息传输软件和信息技术服务业
全　市	**7413216**	**3017**	**4479018**	**131953**	**1681680**	**361502**	**162013**	**73260**	**77218**
市　区	2548778	295	1471828	41443	445171	164893	96098	28686	67324
椒江区	1184198		612959	30154	162527	89385	78221	16575	62411
黄岩区	767682		453051	6201	199931	25534	7382	6544	3525
路桥区	596899	295	405818	5088	82713	49973	10495	5567	1388
三门县	332864	328	201626	37499	73911	3877	3934	1412	859
天台县	282271	480	205522	2862	36040	7186	6252	6877	1781
仙居县	326892	1339	187768	6236	95945	19364	1468	4857	
温岭市	1572708	479	849209	15426	495052	79488	15460	13552	3655
临海市	1359911	96	706851	8489	495097	56790	33447	9863	2724
玉环市	989792		856215	19999	40463	29905	5354	8014	875

17-138 各县市区分行业在岗职工工资总额(二)

(2020年) 单位：万元

地　区	房地产业	租赁和商务服务业	科学研究技术服务业	水利环境和公共设施管理业	居民服务修理和其他服务业	教　育	卫生和社会工作	文化体育和娱乐业
全　市	**164659**	**142937**	**60640**	**22943**	**22167**	**2559**	**18132**	**9519**
市　区	71200	90552	29088	6640	17754	971	9439	7398
椒江区	36953	35565	27579	2642	16483	971	4910	6863
黄岩区	22692	39797	219	358			2016	434
路桥区	11555	15190	1290	3640	1272		2514	100
三门县	5432	1421	738	475	225		1078	49
天台县	12095	1624	1001	408	115			30
仙居县	6152	887	1051	1131			693	
温岭市	38226	40582	13597	3114	1525	130	2072	1142
临海市	16534	1211	13642	5938	2412	1457	4850	510
玉环市	15020	6661	1523	5238	135			390

17-139 各县市区分行业在岗职工平均工资(一)

(2020年)

单位：元

地 区	在岗职工平均工资	采矿业	制造业	电力热力燃气及水生产和供应业	建筑业	批发和零售业	交通运仓储和邮政业	住宿和餐饮业	信息传输软件和信息技术服务业
全 市	**67568**	**68874**	**67837**	**150615**	**59540**	**73621**	**84219**	**48140**	**130812**
市 区	69435	55679	68247	147958	57546	78037	95222	47517	134809
椒江区	76880		70328	156726	66186	89898	102571	48706	141458
黄岩区	63183		67889	136577	52797	65472	65443	47941	87240
路桥区	65205	55679	65698	120291	55382	68579	78441	43871	77966
三门县	65164	71370	63586	194093	50802	61058	75505	42776	74687
天台县	70401	49958	75327	80390	50803	60946	62207	51016	133910
仙居县	61197	82166	61683	112563	55059	81258	63013	42903	
温岭市	64364	78459	65007	119952	60946	65998	65870	48747	130539
临海市	67489	50421	68533	106116	63746	73734	77676	47328	109398
玉环市	70887		70535	193787	56798	74206	73044	53180	66318

17-140 各县市区分行业在岗职工平均工资(二)

(2020年)

单位：元

地 区	房地产业	租赁和商务服务业	科学研究技术服务业	水利环境和公共设施管理业	居民服务修理和其他服务业	教 育	卫生和社会工作	文化体育和娱乐业
全 市	**97976**	**64880**	**127074**	**57894**	**56048**	**65943**	**77821**	**62056**
市 区	102328	68418	130088	67135	54378	59577	86361	73318
椒江区	116497	71574	138310	118995	53394	59577	86742	82000
黄岩区	87749	60436	64382	94132			76650	30350
路桥区	96293	90360	62010	49936	71449		95220	34621
三门县	97700	43070	93418	56512	64371		77000	24700
天台县	102066	97801	74141	47407	57700			37750
仙居县	104448	76491	72497	95025			60287	
温岭市	87998	57900	131881	68595	49997	92929	79065	42760
临海市	91198	67626	140349	48916	79069	69071	67363	42157
玉环市	110358	66879	87534	51501	54080			35798

17-141 各县市区居民人均可支配收入和住房情况(一)

(2020年)

单位：元

地 区	可支配收入			工资性收入			经营净收入		
	全体居民	城镇常住居民	农村常住居民	全体居民	城镇常住居民	农村常住居民	全体居民	城镇常住居民	农村常住居民
全 市	**50643**	**62598**	**32188**	**30130**	**36226**	**20721**	**9480**	**11022**	**7100**
市 区	54177	67041	32374	31354	37394	21118	9482	10680	7453
椒江区	57382	69053	33872	36073	42855	22412	7261	7161	7461
黄岩区	51224	63103	33102	30433	34897	23624	8472	10353	5603
路桥区	63086	76052	36888	31589	36982	20693	14887	16486	11657
三门县	38586	50538	28309	25222	33101	18448	8317	9711	7118
天台县	39837	50746	26370	20517	27347	12085	10438	12158	8314
仙居县	36485	45741	24454	20962	26564	13680	10888	12673	8569
温岭市	53596	65277	36244	27743	30182	24119	12805	16228	7721
临海市	46388	58319	32150	29457	36615	20915	6401	6553	6220
玉环市	61186	74492	37645	35584	41252	25557	12009	15245	6283

17-142 各县市区居民人均可支配收入和住房情况(二)

(2020年)

单位：元

地 区	财产净收入			转移净收入			年末现住房建筑面积(平方米)		
	全体居民	城镇常住居民	农村常住居民	全体居民	城镇常住居民	农村常住居民	全体居民	城镇常住居民	农村常住居民
全 市	**5711**	**8290**	**1729**	**5322**	**7061**	**2638**	**55.0**	**51.9**	**59.7**
市 区	7371	10548	1986	5969	8419	1816	51.5	48.4	56.6
椒江区	8792	11835	2662	5256	7202	1337	52.8	50.8	56.9
黄岩区	4695	7128	983	7623	10725	2892	49.3	41.9	60.5
路桥区	9854	13439	2611	6755	9145	1927	55.8	54.4	58.7
三门县	2723	5254	547	2325	2473	2197	56.4	50.4	61.6
天台县	3252	5677	259	5630	5564	5712	58.0	56.0	60.5
仙居县	2844	4687	448	1790	1816	1757	59.2	56.1	63.2
温岭市	6196	9537	1232	6852	9330	3172	55.6	55.3	56.2
临海市	4171	6451	1451	6358	8700	3564	50.9	39.9	64.1
玉环市	10036	14118	2813	3557	3877	2992	53.4	49.9	59.4

17-143 各县市区居民人均消费支出情况(一)

(2020年)

单位：元

地 区	消费支出			食品烟酒			衣 着		
	全 体 居 民	城镇常住居民	农村常住居民	全 体 居 民	城镇常住居民	农村常住居民	全 体 居 民	城镇常住居民	农村常住居民
全 市	**30969**	**36131**	**23001**	**9073**	**10564**	**6770**	**2282**	**2844**	**1415**
市 区	34632	40794	24189	10052	11837	7028	2838	3534	1658
椒江区	37130	42641	26030	10994	12845	7266	3216	3799	2041
黄岩区	29232	35138	20224	8083	9631	5721	2176	2905	1063
路桥区	34639	39618	24579	10093	11272	7710	2917	3507	1725
三门县	22765	27218	18937	5819	6628	5123	1553	2146	1043
天台县	22864	27518	17120	6651	7510	5590	1333	1789	770
仙居县	23363	27098	18508	6962	8100	5482	2083	2735	1235
温岭市	34525	41086	24778	10335	11750	8233	2531	3183	1562
临海市	29845	34646	24116	8494	9733	7016	2048	2662	1315
玉环市	36332	43046	24453	11687	13197	9015	3188	4098	1577

17-144 各县市区居民人均消费支出情况(二)

(2020年)

单位：元

地 区	居 住			生活用品及服务			交通通信		
	全 体 居 民	城镇常住居民	农村常住居民	全 体 居 民	城镇常住居民	农村常住居民	全 体 居 民	城镇常住居民	农村常住居民
全 市	**7357**	**8685**	**5308**	**1793**	**2226**	**1125**	**5051**	**5695**	**4056**
市 区	7691	9008	5459	2042	2533	1210	5988	6742	4709
椒江区	7309	8350	5212	2566	2828	2038	6403	7031	5137
黄岩区	7969	9456	5701	1364	1831	651	5151	5683	4339
路桥区	7175	8284	4933	2210	2803	1011	6146	7054	4312
三门县	5211	6851	3801	1537	2264	913	4284	4758	3877
天台县	5906	7255	4241	1448	1895	897	3533	4327	2552
仙居县	3951	4537	3190	1690	1742	1621	4763	6079	3052
温岭市	7886	10237	4394	1802	2103	1355	6010	7294	4102
临海市	7247	8637	5588	1672	2138	1115	4179	4510	3782
玉环市	6707	8221	4029	2678	3245	1676	5661	6654	3905

17-145　各县市区居民人均消费支出情况(三)

(2020年)　　单位：元

地　区	教育文化娱乐			医疗保健			其他用品及服务		
	全　体 居　民	城镇常 住居民	农村常 住居民	全　体 居　民	城镇常 住居民	农村常 住居民	全　体 居　民	城镇常 住居民	农村常 住居民
全　市	**2935**	**3382**	**2245**	**1754**	**1805**	**1675**	**724**	**930**	**407**
市　区	3311	3855	2390	1521	1757	1120	1190	1529	615
椒江区	3674	4250	2515	1513	1727	1083	1455	1811	739
黄岩区	2371	2964	1467	1181	1362	904	939	1306	378
路桥区	3244	3451	2826	1858	2096	1379	997	1151	684
三门县	2253	2296	2216	1516	1615	1430	591	660	532
天台县	2019	2569	1340	1640	1745	1510	335	428	220
仙居县	1616	1730	1469	1785	1509	2145	514	667	315
温岭市	2982	3270	2555	2268	2360	2132	710	889	445
临海市	3471	3819	3055	2107	2245	1942	628	900	303
玉环市	3545	4491	1872	1803	1885	1657	1063	1255	722

17-146　各县市区城市和县城建设基本情况

(2020年)

年　份	全年供 水总量 (万吨)	排水管 道长度 (公里)	铺设道 路面积 (万平方米)	绿化覆 盖面积 (公顷)	园林绿 地面积 (公顷)	公园绿 地面积 (公顷)	人均公园 绿地面积 (平方米)
全　市	**35746**	**6418**	**5884**	**14568**	**13510**	**3650**	**13.74**
市　区	17896	3019	3194	6962	6401	1697	13.02
椒江区	8265	873	1100	2577	2324	534	10.48
黄岩区	5798	1243	1147	1909	1803	479	14.13
路桥区	3833	568	561	1910	1793	483	18.21
三门县	1490	318	215	602	536	160	14.17
天台县	2602	313	350	1016	872	248	18.26
仙居县	2186	520	269	735	652	244	15.55
温岭市	4610	503	778	2100	1975	481	14.88
临海市	4369	679	734	1952	1919	499	12.07
玉环市	2592	1066	343	1200	1154	322	15.28

17-147 各县市区普通中学基本情况

(2020年) 单位：人

地 区	学校数(所)	招生数	在校学生数	毕业生数	专任教师
全 市	**277**	**103801**	**313353**	**102855**	**24208**
市 区	82	31646	94518	30089	7476
椒江区	14	5464	16565	5401	1203
黄岩区	26	6515	19632	6288	1454
路桥区	15	6209	18613	6010	1364
市本级	26	13001	38530	11971	3360
台州湾	1	457	1178	419	95
三门县	23	7004	20111	6706	1669
天台县	29	9777	30488	10757	2460
仙居县	24	9497	30778	9720	2165
温岭市	46	18395	54410	17741	4194
临海市	46	18913	58531	20789	4278
玉环市	27	8569	24517	7053	1966

17-148 各县市区中等职业学校基本情况

(2020年) 单位：人

地 区	学校数(所)	招生数	在校学生数	毕业生数	教职工数	#专任教师
全 市	**24**	**27790**	**74072**	**20704**	**4299**	**4023**
市 区	6	7329	21432	6464	1179	1120
椒江区	1	2057	6176	1843	493	466
黄岩区	2	2078	5837	1786	358	344
路桥区	1	1458	4348	1304	264	258
市本级	2	1736	5071	1531	64	52
三门县	1	1091	2472	508	179	170
天台县	3	2765	7482	1994	421	395
仙居县	1	2851	8110	2219	407	402
温岭市	3	3749	10422	2504	626	590
临海市	9	8174	19626	5671	1187	1058
玉环市	1	1831	4528	1344	300	288

注：中等职业学校包括普通中专、成人中专、职业高中。

17-149 各县市区小学基本情况

(2020年)　　单位：人

地　区	学校数(所)	招生数	在　校学生数	毕　业生　数	专任教师
全　市	**367**	**66526**	**425552**	**72156**	**24592**
市　区	84	23023	140545	21967	7922
椒江区	19	8273	47530	7198	2634
黄岩区	35	6917	42930	7002	2460
路桥区	24	6632	42223	6872	2364
市本级		128	1130	229	62
台州湾	6	1073	6732	666	402
三门县	28	4004	25878	4423	1502
天台县	40	4668	30416	5604	1917
仙居县	39	4152	28551	5964	1906
温岭市	55	13176	83718	13755	4701
临海市	90	10757	72648	13496	4206
玉环市	31	6746	43796	6947	2438

17-150 各县市区幼儿教育基本情况

(2020年)　　单位：人

地　区	幼儿园数(所)	班　数(个)	在　园幼儿数	教　职工　数	#专任教师
全　市	**1026**	**6595**	**192458**	**24414**	**12865**
市　区	360	2346	64671	8930	4710
椒江区	110	730	18243	2768	1473
黄岩区	112	730	21389	2650	1440
路桥区	116	720	20083	2886	1470
市本级	3	52	1581	226	110
台州湾	19	114	3375	400	217
三门县	69	369	11048	1343	678
天台县	77	467	14422	1674	879
仙居县	75	456	13254	1545	848
温岭市	175	1241	37914	4620	2517
临海市	182	1065	32316	3593	1966
玉环市	88	651	18833	2709	1267

17-151 各县市区全社会研究与试验发展(R&D)活动基本情况

(2020年)

地 区	R&D活动人员数(万人年)	每万人就业人员中R&D人员(人年)	研究与试验发展经费支出(亿元)	研究与试验发展经费支出相当于GDP比重(%)
全 市	**4.70**	**114.90**	**119.00**	**2.26**
市 区	1.36		39.72	2.07
椒江区	0.63	140.44	18.75	2.71
黄岩区	0.35	80.44	10.68	1.92
路桥区	0.38	92.28	10.29	1.54
三门县	0.20	88.49	5.80	2.12
天台县	0.29	107.87	6.18	2.05
仙居县	0.21	92.52	5.45	2.09
温岭市	1.01	108.23	22.91	2.02
临海市	0.68	102.13	22.66	3.07
玉环市	0.91	222.70	15.26	2.41

17-152 各县市区县级及以上政府部门属研究与开发机构基本情况

2020年 单位：万元

地 区	机构数(个)	职工人数(人)	#科技活动人员	经费收入总额	#政府拨款	经费支出总额	#人员费用
全 市	**11**	**529**	**435**	**22286**	**12298**	**17514**	**9421**
市 区							
椒江区	**5**	**253**	**194**	**13048**	**4814**	**8625**	**3697**
黄岩区	**1**	**74**	**57**	**2701**	**2000**	**3471**	**1691**
路桥区							
三门县							
天台县							
仙居县							
温岭市	**1**	**28**	**16**	**891**	**675**	**312**	**260**
临海市	**4**	**174**	**168**	**5646**	**4809**	**5106**	**3773**
玉环市							

17-153 各县市区科技成果和专利授权情况

(2020年)

地区	科技进步奖励	#省进步奖	#市进步奖	合同数(个)	成交额(万元)	专利申请受理量	专利授权量合计	发明	实用新型	外观设计
全市	**13**	**13**			**614328**	**40217**	**34830**	**4401**	**15174**	**15255**
市区	9	9			262644	19290	17337	2170	5720	9447
椒江区	2	2			60395	6814	5333	952	2595	1786
黄岩区	1	1			113041	7850	7821	434	1818	5569
路桥区					46730	4626	4183	784	1307	2092
市本级	6	6			42478					
三门县					54450	2186	1755	303	1224	228
天台县	1	1			62072	1968	1596	148	982	466
仙居县					59779	1278	786	113	369	304
温岭市					38697	5494	4891	658	2530	1703
临海市	3	3			30817	5450	4265	716	1909	1640
玉环市					105863	4551	4200	293	2440	1467

注：科技进步奖励按实际参与项目统计。

17-154 各县市区规模以上工业企业研究与试验发展(R&D)活动基本情况(一)

(2020年)

地区	有R&D活动企业数(个)	有研发机构企业数(个)	企业办研发机构(个)	发明专利申请数(件)	有效发明专利数(件)
全市	**2839**	**867**	**931**	**2157**	**6768**
市区	696	269	286	695	2638
椒江区	200	98	108	379	1303
黄岩区	170	107	110	147	782
路桥区	326	64	68	169	553
三门县	115	86	87	195	223
天台县	127	61	66	153	411
仙居县	72	31	38	110	418
温岭市	960	141	151	329	893
临海市	308	97	119	341	1138
玉环市	561	182	184	334	1047

17-155 各县市区规模以上工业企业研究与试验发展(R&D)活动基本情况(二)

(2020年)

地　区	R&D人员(人)	R&D人员折合全时当量(人年)	R&D经费内部支出(万元)	R&D经费外部支出(万元)
全　市	**62035**	**45217**	**1073229**	**108561**
市　区	16898	12643	346476	33472
椒江区	7104	5602	164725	14035
黄岩区	4652	3339	98767	1998
路桥区	5142	3702	82984	17439
三门县	3085	1980	55939	6062
天台县	3701	2855	59741	9421
仙居县	2643	2015	51382	10071
温岭市	14138	9895	210510	5918
临海市	9302	6704	204470	41409
玉环市	12268	9125	144712	2208

17-156 各县市区医疗卫生事业基本情况

(2020年)

地　区	医疗卫生机构数(个)	#医院、卫生院	医疗卫生机构床位数(张)	#医院、卫生院	医疗卫生机构技术人员数(人)	#医生	#护士	医院、卫生院诊疗人次数(万人次)
全　市	**3662**	**235**	**31594**	**30533**	**61341**	**20053**	**21081**	**3856**
市　区	1123	78	9755	9564	20983	6888	7043	1007
椒江区	454	30	4044	4044	9641	3216	3350	402
黄岩区	335	23	3302	3127	6152	2033	2050	308
路桥区	334	25	2409	2393	5190	1639	1643	297
三门县	186	18	1251	1242	3011	970	928	211
天台县	247	19	2434	2313	4199	1627	1363	315
仙居县	264	25	2237	2107	4084	1472	1547	279
温岭市	894	38	6584	6342	12161	4067	4189	721
临海市	651	38	6908	6690	12041	3404	4310	919
玉环市	297	19	2425	2275	4862	1625	1701	404

17-157 各县市区广播基本情况

(2020年)

地 区	公共广播节目套数(个)	广播人口覆盖率(%)	全年播音时间(小时)	自制节目制作情况(小时)
全 市	**10**	**100.00**	**77578**	**37654**
市 区	4	100.00	35040	18816
椒江区		100.00		
黄岩区	1	100.00	8760	1186
路桥区		100.00		
市本级	3	100.00	26280	17630
三门县	1	100.00	8500	1241
天台县	1	100.00	5892	4050
仙居县	1	100.00	5838	5108
温岭市	1	100.00	8760	4197
临海市	1	100.00	6248	1753
玉环市	1	100.00	7300	2489

17-158 各县市区电视基本情况

(2020年)

地 区	无线电视节目套数(套)	电视人口覆盖率(%)	全年播出时间(小时)	全年制作节目时间(小时)
全 市	**10**	**100.00**	**64985**	**13411**
市 区	4	100.00	28284	9002
椒江区		100.00		
黄岩区	1	100.00	6205	365
路桥区		100.00		
市本级	3	100.00	22079	8637
三门县	1	100.00	4860	1038
天台县	1	100.00	4364	350
仙居县	1	100.00	6230	220
温岭市	1	100.00	7360	1158
临海市	1	100.00	5127	980
玉环市	1	100.00	8760	663

17-159 各县市区民政事业基本情况

(2020年)

地 区	最低生活保障人数(人)	最低生活保障资金(万元)	社会福利院床位数(张)	收养类单位床位数(张)	结婚对数(对)	社会团体机构数(个)
全 市	**66759**	**52904**	**1892**	**48213**	**27271**	**2500**
市 区	14136	11506	902	14300	7589	1027
椒江区	4027	2728	500	4579	2863	177
黄岩区	7246	6314	100	6132	2601	268
路桥区	2863	2464	302	3289	2076	173
市本级				300	49	409
三门县	7806	5760	88	2724	1864	127
天台县	9617	7348	60	4434	2803	520
仙居县	9802	7446	300	3668	2854	166
温岭市	10885	8851	92	10375	4975	254
临海市	9254	7678		9068	5498	234
玉环市	5259	4315	450	3644	1688	172

18

乡镇经济社会基本情况

Social Economics by Village and Town

18-1 乡镇(街道)经济社会基本情况(一)

(2019年)

地 区	行政区域面积(公顷)	村委会数(个)	#通宽带村数	#通自来水村数	#通电视村数	#垃圾集中处理村数	#污水集中处理村数	#通公共交通村数
椒江区								
海门街道	2209	4	4	4	4	4	4	4
白云街道	1417	2	2	2	2	2	2	2
葭沚街道	3922	26	26	26	26	26	26	26
洪家街道	2885	31	31	31	31	31	31	31
三甲街道	3766	38	38	38	38	38	38	38
下陈街道	2378	30	30	30	30	30	30	30
前所街道	2918	31	31	31	31	31	31	31
章安街道	6266	38	38	38	38	38	38	38
大陈镇	1768	3	3	3	3	3	3	3
黄岩区								
东城街道	1744	7	7	7	7	7	5	5
南城街道	1927	12	12	12	12	12	12	12
西城街道	2400	17	17	17	17	17	17	17
北城街道	3311	19	19	19	19	19	14	19
新前街道	4745	22	22	22	22	22	22	22
澄江街道	3472	18	18	18	18	18	18	15
江口街道	3120	19	19	19	19	19	19	19
高桥街道	1990	12	12	12	12	12	12	12
宁溪镇	8912	21	21	21	21	21	21	8
北洋镇	11254	20	20	20	20	20	20	18
头陀镇	5850	24	24	24	24	24	24	18
院桥镇	7980	39	39	38	39	39	39	39
沙埠镇	4407	15	15	15	15	15	15	11
屿头乡	9888	11	11	11	11	11	11	11
上郑乡	9382	10	10	10	10	10	10	10
富山乡	5386	10	10	10	10	10	10	8
茅畲乡	3032	14	14	14	14	14	14	14
上垟乡	6444	11	11	11	11	11	11	7
平田乡	4033	9	9	9	9	9	9	9

注：2020年数据未出，下同。

18-1 续表 1

地　区	行政区域面　积(公顷)	村　委会　数(个)	#通宽带村　数	#通自来水村数	#通电视村　数	#垃圾集中处理村　数	#污水集中处理村　数	#通公共交　通村　数
路桥区								
路南街道	1710	16	16	16	16	16	12	16
路桥街道	930	9	9	9	9	9	9	9
路北街道	1127	12	12	12	12	12	12	12
螺洋街道	2028	12	12	12	12	12	12	12
桐屿街道	3311	16	16	16	16	16	7	14
峰江街道	2709	20	20	20	20	20	20	20
新桥镇	1380	11	11	11	11	11	11	9
横街镇	1493	14	14	14	14	14	14	14
金清镇	8140	42	40	40	40	40	29	40
蓬街镇	4520	30	30	30	30	30	30	30
三门县								
海游街道	10612	22	22	22	22	22	22	22
海润街道	11200	15	15	15	15	15	15	15
沙柳街道	4660	17	17	17	17	17	13	17
珠岙镇	8341	34	34	33	34	31	27	22
亭旁镇	13319	53	53	53	53	53	53	53
健跳镇	17202	39	39	39	39	39	30	29
横渡镇	11763	13	13	13	13	13	13	13
浦坝港镇	25320	60	60	60	60	60	56	40
花桥镇	8305	17	17	17	17	17	17	17
蛇蟠乡	2321	4	4	4	4	4	4	4
天台县								
赤城街道	7939	20	20	20	20	20	20	16
始丰街道	5700	32	32	32	32	32	32	32
福溪街道	8237	20	20	20	20	20	12	20
白鹤镇	14334	49	49	49	49	49	47	49
石梁镇	17020	21	21	21	21	21	21	21
街头镇	14273	29	29	29	29	27	29	29
平桥镇	17692	70	70	70	70	70	63	62

18-1 续表 2

地 区	行政区域面积(公顷)	村委会数(个)	#通宽带村数	#通自来水村数	#通电视村数	#垃圾集中处理村数	#污水集中处理村数	#通公共交通村数
坦头镇	8186	30	30	30	30	30	27	25
三合镇	5922	26	26	26	26	26	26	26
洪畴镇	3758	15	15	15	15	15	15	14
三州乡	4440	11	11	11	11	11	11	11
龙溪乡	7590	7	7	7	7	7	7	7
雷峰乡	8260	13	13	13	13	13	13	13
南屏乡	5285	14	14	14	14	14	14	14
泳溪乡	7018	17	17	17	17	1	17	17
仙居县								
安洲街道	4655	12	12	12	12	10	7	12
南峰街道	3883	7	7	7	7	7	7	7
福应街道	11389	18	18	18	18	18	14	15
横溪镇	21100	33	33	29	33	33	33	33
埠头镇	6966	12	12	8	12	11	9	9
白塔镇	10702	27	27	17	27	27	25	25
田市镇	9258	23	23	23	23	20	23	20
官路镇	7999	14	14	13	14	13	13	11
下各镇	8950	31	31	31	31	31	31	21
朱溪镇	18252	28	17		24	23	19	14
安岭乡	4865	13	13		13	13	13	5
溪港乡	6274	8	8		8	8	8	6
湫山乡	13008	14	14		14	7	5	12
淡竹乡	21139	11	11		11	5	2	9
皤滩乡	7020	10	10		10	10	10	9
上张乡	10284	10	10		10	10	10	8
步路乡	7240	12	12	7	12	12	12	9
广度乡	7936	9	9		9	9	9	7
大战乡	5905	10	10	10	10	10	10	10
双庙乡	6070	9	9	3	9	9	2	7

18-1 续表 3

地　区	行政区域面　积(公顷)	村　委会　数(个)	#通宽带村　数	#通自来水村数	#通电视村　数	#垃圾集中处理村　数	#污水集中处理村　数	#通公共交　通村　数
温岭市								
太平街道	3070	13	13	13	13	13	13	13
城东街道	4260	17	17	17	17	17	17	17
城西街道	1970	14	14	14	14	14	14	14
城北街道	1260	14	14	14	14	14	14	14
横峰街道	1630	23	23	23	23	23	23	23
泽国镇	6328	51	51	51	51	51	51	51
大溪镇	12950	70	70	70	70	70	65	58
松门镇	8270	48	48	48	48	48	48	46
箬横镇	11790	74	74	74	74	74	74	71
新河镇	7140	62	62	62	62	62	62	46
石塘镇	2820	34	34	33	34	33	28	20
滨海镇	6170	44	44	44	44	44	44	28
温峤镇	7750	35	35	35	35	35	33	35
城南镇	10910	49	49	48	49	49	43	49
石桥头镇	2840	16	16	16	16	16	16	12
坞根镇	3470	14	14	14	14	14	14	14
临海市								
古城街道	8100	17	17	17	17	17	17	17
大洋街道	4200	21	21	21	21	21	21	21
江南街道	8700	20	20	20	20	20	20	20
大田街道	6500	27	27	27	27	27	27	24
邵家渡街道	8800	30	30	30	30	30	30	29
汛桥镇	5300	14	14	14	14	14	14	14
东塍镇	16500	33	33	33	33	33	20	33
汇溪镇	5700	15	15	15	15	15	15	15
小芝镇	9000	21	21	21	21	21	21	21

18-1 续表 4

地 区	行政区域面积(公顷)	村委会数(个)	#通宽带村数	#通自来水村数	#通电视村数	#垃圾集中处理村数	#污水集中处理村数	#通公共交通村数
河头镇	10000	30	30	30	30	30	30	30
白水洋镇	21700	60	60	60	60	60	60	57
括苍镇	15600	29	29	29	29	29	29	29
永丰镇	15600	39	39	39	39	39	39	36
尤溪镇	13600	18	18	14	18	13	10	12
涌泉镇	11200	32	32	32	32	32	29	29
沿江镇	8816	30	30	30	30	30	30	30
杜桥镇	18600	107	107	107	107	107	107	107
上盘镇	9900	30	30	30	30	30	16	23
桃渚镇	12900	55	55	51	55	55	54	51
玉环市								
玉城街道	7230	35	34	35	31	33	30	34
坎门街道	2580	6	6	6	6	6	4	6
大麦屿街道	6688	28	28	28	28	28	28	28
清港镇	5421	28	28	28	28	28	28	28
楚门镇	3543	18	18	18	18	18	18	18
干江镇	2996	15	15	15	15	15	15	15
沙门镇	4954	18	18	18	18	18	18	18
芦浦镇	1955	12	12	12	12	12	12	12
龙溪镇	2415	12	12	12	12	12	12	12
鸡山乡	1051	6	4	6	5	4	4	
海山乡	2608	7	7	7	7	7	2	4

18-2 乡镇(街道)经济社会基本情况(二)

(2019年)

地　区	农民合作社个数(个)	设施农业占地面积(亩)	工业企业单位数(个)	建筑业企业单位数(个)
椒江区				
海门街道	5	82	278	16
白云街道	4	22	243	15
葭沚街道	89	208	501	5
洪家街道	14	763	618	
三甲街道	23	1328	645	1
下陈街道	15	807	679	3
前所街道	64	582	332	1
章安街道	99	1692	317	3
大陈镇	11		1	
黄岩区				
东城街道	15	53	543	61
南城街道	32	300	380	6
西城街道		145	700	88
北城街道	29	139	1472	59
新前街道	22	860	1005	22
澄江街道	43	395	380	18
江口街道	48	80	450	31
高桥街道	31	527	301	7
宁溪镇	54	789	106	2
北洋镇	62	865	129	4
头陀镇	65	203	165	11
院桥镇	69	1750	497	25
沙埠镇	28	469	217	1
屿头乡	20		5	1
上郑乡	3	154	11	
富山乡	39	395	1	
茅畲乡	29	286	28	1
上垟乡	6	581	7	
平田乡	32	325	2	1

18-2 续表 1

地 区	农民合作社个数(个)	设施农业占地面积(亩)	工业企业单位数(个)	建筑业企业单位数(个)
路桥区				
路南街道	18	594	360	
路桥街道		14	365	13
路北街道		90	236	18
螺洋街道	19	265	380	40
桐屿街道	16	372	442	15
峰江街道	17	953	450	
新桥镇	2	517	606	
横街镇	16	630	685	
金清镇	85	2855	1512	1
蓬街镇	39	2110	1027	1
三门县				
海游街道	34	130	328	36
海润街道	69	439	36	
沙柳街道	38	432	39	
珠岙镇	15	345	142	
亭旁镇	87	1204	97	1
健跳镇	87	1620	110	
横渡镇	143	488		
浦坝港镇	135	3260	461	
花桥镇	100	488	8	1
蛇蟠乡	28			1
天台县				
赤城街道	54	338	477	11
始丰街道	36	621	170	10
福溪街道	39	333	328	7
白鹤镇	97	1214	161	
石梁镇	37	998	24	
街头镇	65	950	41	
平桥镇	131	3015	364	2

18-2 续表 2

地 区	农民合作社个数(个)	设施农业占地面积(亩)	工业企业单位数(个)	建筑业企业单位数(个)
坦头镇	35	1077	578	
三合镇	22	938	106	
洪畴镇	9	368	95	
三州乡	27	187	15	
龙溪乡	16	215	4	
雷峰乡	67	316	4	
南屏乡	32	350	1	
泳溪乡	15	450		
仙居县				
安洲街道	72	220	252	20
南峰街道	215	205	317	6
福应街道	184	680	518	12
横溪镇	122	1677	110	
埠头镇	50	506	31	
白塔镇	91	1091	138	
田市镇	123	800	58	
官路镇	111	567	98	
下各镇	162	1480	202	
朱溪镇	66	337	14	
安岭乡	11	305	5	
溪港乡	31	201	1	
湫山乡	59	487	17	
淡竹乡	15	82	2	
皤滩乡	49	606	23	
上张乡	63	266	8	
步路乡	181	43	25	
广度乡	87	343	5	
大战乡	88	217	14	
双庙乡	48	276	16	

18-2 续表 3

地 区	农民合作社个数(个)	设施农业占地面积(亩)	工业企业单位数(个)	建筑业企业单位数(个)
温岭市				
太平街道	8	79	252	84
城东街道	5	502	561	105
城西街道	2	232	306	16
城北街道	1	326	1004	3
横峰街道	3	578	1792	1
泽国镇	24	2389	1690	27
大溪镇	38	2597	2243	9
松门镇	44	2792	673	21
箬横镇	99	5156	964	10
新河镇	26	3389	802	14
石塘镇	3	152	264	3
滨海镇	37	3037	313	20
温峤镇	36	1499	719	10
城南镇	71	2219	257	17
石桥头镇	20	814	111	14
坞根镇	48	931	106	7
临海市				
古城街道	39	350	431	29
大洋街道	48	373	495	28
江南街道	37	720	464	4
大田街道	48	753	360	3
邵家渡街道	100	1153	91	
汛桥镇	34	456	77	
东塍镇	102	2186	579	1
汇溪镇	28	742	30	1
小芝镇	127	1017	90	

18-2 续表 4

地 区	农民合作社个数(个)	设施农业占地面积(亩)	工业企业单位数(个)	建筑业企业单位数(个)
河头镇	101	652	39	1
白水洋镇	152	1680	127	
括苍镇	128	976	111	3
永丰镇	116	1142	133	1
尤溪镇	37	531	55	
涌泉镇	377	460	173	
沿江镇	90	1098	375	
杜桥镇	163	4665	1289	5
上盘镇	111	1346	196	1
桃渚镇	100	2715	118	
玉环市				
玉城街道	82	690	3264	29
坎门街道	8	411	2020	
大麦屿街道	40	1156	1566	
清港镇	156	1181	1729	1
楚门镇	44	410	2398	1
干江镇	48	366	386	
沙门镇	29	594	550	1
芦浦镇	44	198	375	
龙溪镇	53	211	866	
鸡山乡	10		5	
海山乡	42	184	6	

18-3 乡镇(街道)经济社会基本情况(三)

(2019年) 单位：个

地区	市场个数	50平方米以上的超市个数	住宿餐饮业企业个数	小学数(所)	幼儿园、托儿所个数	图书馆、文化站个数	医疗卫生机构个数(所)	医疗卫生机构床位数(床)
椒江区								
海门街道	8	42	31	7	23	2	40	1274
白云街道	5	88	112	7	24	1	95	1550
葭沚街道	10	55	22	9	29	1	46	330
洪家街道	15	70	11	6	16	2	44	47
三甲街道	6	94	3	5	18	1	30	30
下陈街道	2	56		8	16	1	28	15
前所街道	2	70		6	20	2	16	16
章安街道	2	64		12	23		31	64
大陈镇	1	7	15	1	1		1	10
黄岩区								
东城街道	10	32	64	7	18	2	18	1205
南城街道		14	10	4	7		8	8
西城街道	1	306	69	4	19	1	47	632
北城街道	5	39	26	4	13	1	13	
新前街道	2	55	13	5	14		25	99
澄江街道	1	29	2	2	6	1	17	5
江口街道	3	29	13	3	12	1	18	30
高桥街道	2	32	2	2	3	1	5	9
宁溪镇	1	6	2	1	3	2	16	30
北洋镇	1	4	1	2	3	1	14	21
头陀镇	3	60	2	1	7	1	12	15
院桥镇	5	31	8	4	10	1	32	86
沙埠镇	1	8	1	1	5	1	5	
屿头乡		3	3	1	1	1	1	1
上郑乡		2	1	1	1		2	5
富山乡	1	1		1	1	1	4	40
茅畲乡		13	1	1	1		4	4
上垟乡		7		2	2	1	6	8
平田乡		1	1	1	1		4	

18-3 续表 1

单位：个

地区	市场个数	50平方米以上的超市个数	住宿餐饮业企业个数	小学数(所)	幼儿园、托儿所个数	图书馆、文化站个数	医疗卫生机构个数(所)	医疗卫生机构床位数(床)
路桥区								
路南街道	5	29	2	4	10	1	23	270
路桥街道	18	93	101	6	20	2	58	975
路北街道	12	51	90	4	17		39	256
螺洋街道	1	150	1	4	10	2	11	
桐屿街道	5	60	3	4	9	2	13	880
峰江街道		37		6	19		24	
新桥镇		15	8	5	6	2	10	
横街镇	2	40	3	5	17	2	13	46
金清镇	7	83	14	10	26	1	58	306
蓬街镇	7	51	3	10	35	1	32	53
三门县								
海游街道	11	282	37	8	21	5	54	938
海润街道	1	14	1	1	8	1	4	
沙柳街道	1	11	4	1	1		7	20
珠岙镇		42		3	7	1	10	24
亭旁镇	2	18		2	6	1	8	40
健跳镇	4	260	6	4	13	1	24	70
横渡镇		8		2	2		3	15
浦坝港镇	5	31	5	8	23	1	24	80
花桥镇		16	2	2	5		4	20
蛇蟠乡	1	3	3	1	1		2	6
天台县								
赤城街道	7	26	137	8	25	3	46	1460
始丰街道	1	43	41	5	9	3	20	123
福溪街道	3	26	8	5	14	1	17	555
白鹤镇	1	50	29	7	12	1	17	20
石梁镇	1	10	12	1		1	5	7
街头镇	1	6	5	3	3	1	10	36
平桥镇	8	32	9	8	11	2	40	75

18-3 续表 2

单位：个

地区	市场个数	50平方米以上的超市个数	住宿餐饮业企业个数	小学数(所)	幼儿园、托儿所个数	图书馆、文化站个数	医疗卫生机构个数(所)	医疗卫生机构床位数(床)
坦头镇		67	1	5	7		11	50
三合镇	1	27		4	5	1	10	12
洪畴镇		8		1	4		1	3
三州乡	1	2	2	1	1		2	4
龙溪乡		2	6	1	1	1	2	2
雷峰乡		1	2	2	1	1	3	2
南屏乡		10		1	1		5	6
泳溪乡		6	2	1	1		4	10
仙居县								
安洲街道	7	25	19	6	11	1	25	250
南峰街道	1	86	48	4	15	1	33	490
福应街道	1	59	34	4	15	2	27	760
横溪镇		54	15	8	14	1	24	300
埠头镇		29	3	1	2	1	6	6
白塔镇	1	61	13	2	9	1	17	99
田市镇		19	5	5	2		9	15
官路镇	1	11	2	2	4	1	6	
下各镇		47		6	8	1	7	99
朱溪镇		8	1	1	1	1	10	10
安岭乡		3		1	1	1	5	10
溪港乡		2	2	1	1	1	4	10
湫山乡		8		1	1		2	2
淡竹乡		1	3	1	1	1	1	2
皤滩乡		7	2	2	2	1	3	3
上张乡		3	1	1	1	1	2	
步路乡		1	1	1	1	1	7	13
广度乡		5				2	3	3
大战乡		8		2	2		5	8
双庙乡		9		1	2		1	6

18-3 续表 3

单位：个

地区	市场个数	50平方米以上的超市个数	住宿餐饮业企业个数	小学数(所)	幼儿园、托儿所个数	图书馆、文化站个数	医疗卫生机构个数(所)	医疗卫生机构床位数(床)
温岭市								
太平街道	13	46	86	8	20	8	107	1386
城东街道	8	168	104	3	13	3	47	637
城西街道	3	28	48	2	9	3	32	1755
城北街道	3	61	10	3	8	1	21	102
横峰街道	4	115	2	3	9	1	34	
泽国镇	15	267	57	8	31	2	96	699
大溪镇	12	187	40	7	31	1	93	291
松门镇	11	105	41	5	14	1	74	448
箬横镇	12	149	44	5	14	1	93	173
新河镇	9	91	13	4	19	1	73	795
石塘镇	4	23	50	2	7	1	53	
滨海镇	4	15	10	3	9	1	49	45
温峤镇	5	58	9	4	11	1	40	100
城南镇	5	70	3	3	7	1	56	250
石桥头镇	1	4	4	1	1	1	15	
坞根镇	2	41	4	1	2	1	17	
临海市								
古城街道	14	619	119	9	22	4	111	3495
大洋街道	5	60	28	3	21	2	50	172
江南街道	7	45	7	2	7		12	70
大田街道	6	59	4	2	11	1	26	562
邵家渡街道	2	38	9	4	6	1	20	20
汛桥镇	1	17		2	2	1	15	25
东塍镇		69	1	6	12		51	51
汇溪镇	1	8	1	1	2		8	8
小芝镇		9	3	3	4		19	25

18-3 续表 4

单位：个

地 区	市 场 个 数	50平方米 以上的 超市个数	住宿餐 饮业企 业个数	小学数 (所)	幼儿园、 托儿所 个 数	图书馆、 文化站 个 数	医疗卫生 机构个数 (所)	医疗卫 生机构 床位数 (床)
河头镇	1	6	3	4	4	1	29	45
白水洋镇	6	42	3	6	8	1	39	70
括苍镇	1	57	3	4	5	1	19	35
永丰镇	1	74		6	5	1	16	16
尤溪镇	1	8	5	1	2	1	7	10
涌泉镇	1	41	1	3	8	1	20	25
沿江镇	1	70	2	4	8		36	50
杜桥镇	20	545	27	18	44	1	102	102
上盘镇	7	42	10	7	11		27	20
桃渚镇	8	105	4	7	20	1	42	100
玉环市								
玉城街道	12	208	47	10	28	1	83	1095
坎门街道	7	79	4	6	17		26	200
大麦屿街道	5	70	4	5	11	2	34	50
清港镇	1	116	8	3	8	2	31	120
楚门镇	14	201	18	3	22	1	32	615
干江镇		23	4	1	4		9	
沙门镇	1	23		2	5	1	12	
芦浦镇		38		2	4	1	8	
龙溪镇	2	29	1	2	3		11	
鸡山乡		3	1	1	1		2	
海山乡		1		1	1		2	

18-4 分乡镇街道户籍人口数

(2016-2020年)

单位：人

地 区	2016年	2017年	2018年	2019年	2020年
椒江区					
海门街道	85598	86181	86704	87236	87943
白云街道	73632	75117	76090	77008	78147
葭沚街道	75718	79487	83601	87227	91375
洪家街道	51346	51598	51957	52340	52655
下陈街道	42709	42859	43029	43167	43129
前所街道	53521	53933	54136	54213	54155
章安街道	86441	87159	87628	87826	87904
三甲街道	62199	62508	62584	62624	62617
大陈镇	3919	3929	3947	3935	3922
黄岩区					
东城街道	61863	62614	63050	63274	63859
南城街道	24634	24833	24938	24961	24917
西城街道	66717	67372	68152	68465	68662
北城街道	37003	37532	37975	38444	38927
新前街道	44804	45026	45179	45448	45633
澄江街道	33091	33069	33018	33056	32934
江口街道	35213	35483	35719	35906	35867
高桥街道	24133	24156	24272	24313	24260
宁溪镇	34642	34527	34387	34194	33952
北洋镇	33609	33544	33425	33226	33030
头陀镇	37366	37391	37322	37655	37473
院桥镇	73513	73742	74117	74386	74241
沙埠镇	24461	24459	24424	24420	24330
屿头乡	14099	14021	13912	13830	13727
上郑乡	12657	12623	12558	12500	12405
富山乡	11820	11828	11752	11666	11555

18-4 续表 1

单位：人

地　区	2016年	2017年	2018年	2019年	2020年
茅畲乡	13787	13693	13668	13528	13428
上垟乡	17690	17620	17507	17139	17017
平田乡	9921	9869	9822	9738	9632
路桥区					
路南街道	32513	32850	33165	33376	33609
路桥街道	57346	57247	57240	57189	57229
路北街道	24641	25586	26375	27110	27679
螺洋街道	25809	26261	26647	26885	27158
桐屿街道	37079	37592	37993	38265	38402
峰江街道	45111	45315	45432	45467	45385
新桥镇	28162	28224	28196	28211	28117
横街镇	28622	28786	28751	28697	28622
金清镇	107308	107501	107478	107333	106883
蓬街镇	68264	68702	68820	68868	68719
三门县					
海游街道	73354	74566	75280	75721	76078
海润街道	23090	23285	23453	23608	23797
沙柳街道	17595	17587	17489	17391	17314
珠岙镇	44394	44498	44403	44211	43958
亭旁镇	58585	58630	58275	57886	57469
健跳镇	68599	68985	69174	69108	69062
横渡镇	23137	23287	23213	23086	22900
浦坝港镇	106389	107181	107566	107624	107423
花桥镇	26813	26948	26986	26906	26758
蛇蟠乡	1617	1637	1652	1668	1683

18-4 续表 2

单位：人

地 区	2016年	2017年	2018年	2019年	2020年
天台县					
赤城街道	96776	97643	98045	99051	99588
始丰街道	49090	49920	50526	51119	51744
福溪街道	44925	45061	45530	45351	45090
白鹤镇	66201	66496	66226	66020	65557
石梁镇	16129	16062	15875	15738	15571
街头镇	38986	39129	39212	39085	38831
平桥镇	112030	112534	112504	112445	111911
坦头镇	46059	46278	46236	46154	45877
三合镇	41422	41903	41955	41990	41947
洪畴镇	21803	21942	22012	22000	21950
三州乡	9804	9784	9683	9616	9534
龙溪乡	8007	8028	8010	7988	7899
雷峰乡	16217	16228	16139	16058	15942
南屏乡	14765	14665	14351	14202	14039
泳溪乡	16279	16292	16216	16115	15980
仙居县					
安洲街道	31781	32386	32964	39869	34342
南峰街道	38402	38951	39753	33921	40397
福应街道	55410	56445	56822	57104	57271
横溪镇	51162	51764	51928	52115	52211
埠头镇	19953	20108	20188	20249	20320
白塔镇	43607	44014	44225	44323	44584
田市镇	29170	29417	29508	29556	29652
官路镇	22940	23068	23181	23346	23659
下各镇	52561	52904	52973	53037	53088
朱溪镇	31814	32069	32016	32009	31824
安岭乡	11838	11921	11999	12017	12087
溪港乡	8440	8460	8501	8521	8533

18-4 续表 3

单位：人

地　区	2016年	2017年	2018年	2019年	2020年
湫山乡	16892	16308	16322	16327	16272
淡竹乡	13350	13444	13446	13440	13444
皤滩乡	15773	16238	16260	16339	16356
上张乡	13675	13722	13715	13823	13734
步路乡	15392	15516	15510	15567	15551
广度乡	9579	9585	9547	9634	9582
大战乡	15985	16002	15888	15818	15739
双庙乡	12566	12652	12631	12614	12589
温岭市					
太平街道	115376	118288	120144	121796	125283
城东街道	53971	54280	54790	55121	55337
城西街道	29262	30253	31335	32315	33983
城北街道	20365	20386	20396	20397	20289
横峰街道	33209	33494	34085	34320	34414
泽国镇	128260	128557	128605	128690	128152
大溪镇	132212	132820	133068	133267	132896
松门镇	93689	93625	93372	92917	92023
箬横镇	147677	147274	146831	146418	145468
新河镇	122594	122332	122033	121688	120924
石塘镇	69832	69087	68248	67582	66530
滨海镇	75893	75674	75330	75067	74555
温峤镇	63699	63566	63400	63264	62945
城南镇	75427	75301	74955	74637	73888
石桥头镇	29094	29013	28799	28694	28380
坞根镇	26171	26140	25990	25895	25656
临海市					
古城街道	123241	123031	122583	121928	120098
大洋街道	57317	59023	61278	63160	64881
江南街道	28773	28989	29151	29328	29558

18-4 续表 4

单位：人

地 区	2016年	2017年	2018年	2019年	2020年
大田街道	41184	41411	41531	41745	41940
邵家渡街道	42498	42805	43191	43445	43820
汛桥镇	19868	19907	19885	19873	19855
东塍镇	65622	65655	65367	65088	64803
汇溪镇	21603	21379	20926	20558	20192
小芝镇	36471	36488	36435	36392	36196
河头镇	45009	44381	43824	43322	42851
白水洋镇	104514	104607	104207	103832	103348
括苍镇	46566	46625	46557	46467	46426
永丰镇	62157	62224	61969	61667	61527
尤溪镇	25764	25658	25560	25438	25301
涌泉镇	55013	55114	55005	54892	54716
沿江镇	49672	49806	49844	49859	49806
杜桥镇	218415	219621	220372	220381	220624
上盘镇	58260	58609	58884	59012	59068
桃渚镇	97901	98247	98368	98444	98302
玉环市					
玉城街道	104152	105578	106802	108482	110080
坎门街道	68088	67854	67605	67244	66808
大麦屿街道	56528	56476	56363	56015	55480
清港镇	51218	51386	51444	51460	51359
楚门镇	52131	52840	53383	53800	54189
干江镇	21795	21703	21707	21680	21532
沙门镇	25863	25884	25857	25821	25740
芦浦镇	18086	18181	18334	18427	18440
龙溪镇	18650	18660	18613	18571	18516
鸡山乡	7653	7632	7543	7474	7395
海山乡	7643	7669	7644	7615	7588

19

各市国民经济主要指标

Main Indicators of National Economy by City

19-1 各市国民经济主要指标(一)

(2020年) 单位：万人

地　区	土地面积(平方公里)	建成区面积(平方公里)	年末户籍总户数(万户)	年末户籍总人口	年出生人口	年死亡人口	年末常住总人口	其中：城镇常住人口
杭州市	16850	717	254.75	813.83	7.98	4.25	1196.5	996.6
宁波市	9816	554	240.04	613.66	4.35	3.89	942.0	734.8
温州市	12144	400	243.80	833.75	7.93	4.76	958.7	691.8
嘉兴市	4223	385	115.94	367.38	2.68	2.52	541.1	386.0
湖州市	5820	253	88.01	268.06	1.97	1.88	337.2	221.3
绍兴市	8279	409	164.01	447.64	2.97	3.18	529.1	374.3
金华市	10942	391	196.50	493.90	4.30	3.20	706.2	480.8
衢州市	8845	146	96.81	256.87	2.03	1.84	227.8	131.2
舟山市	1459	79	37.61	96.20	0.48	0.78	115.9	83.3
台州市	10050	319	194.24	606.98	4.71	3.79	662.7	410.7
丽水市	17275	117	109.37	270.74	2.28	1.72	250.8	155.0

19-2 各市国民经济主要指标(二)

(2020年) 单位：亿元

地　区	生产总值(当年价)					人均生产总值(元)
		第一产业	第二产业	第三产业	在生产总值中：工业	
杭州市	16105.83	326.22	4820.54	10959.07	4220.87	136617
宁波市	12408.66	338.43	5693.85	6376.38	5045.59	132614
温州市	6870.86	159.77	2834.53	3876.56	2268.40	71766
嘉兴市	5509.52	124.18	2861.09	2524.25	2560.40	102541
湖州市	3201.41	140.54	1587.58	1473.29	1420.13	95579
绍兴市	6000.66	219.26	2711.76	3069.64	2244.89	113746
金华市	4703.95	157.17	1814.00	2732.79	1555.07	67329
衢州市	1639.12	92.27	659.48	887.37	530.46	72192
舟山市	1512.11	152.94	590.15	769.02	532.37	130130
台州市	5262.72	294.78	2298.21	2669.73	1900.50	79889
丽水市	1540.02	104.61	555.19	880.22	434.37	61811

注：本表人均生产总值均按常住人口计算。

19-3 各市国民经济主要指标(三)

(2020年) 单位：亿元

地 区	工业企业单位数(个)	工业企业营业收入	工业企业营业成本	主营业务税金及附加	工业企业本年应交增值税
杭州市	5992	16629.49	13266.08	300.79	403.27
宁波市	8571	18430.47	15234.37	411.47	397.86
温州市	6724	5339.53	4397.92	24.39	143.84
嘉兴市	6364	10914.80	9324.66	47.90	249.27
湖州市	3792	5145.96	4307.19	27.68	141.69
绍兴市	4561	6623.44	5468.29	30.19	170.35
金华市	4629	4479.21	3809.48	20.24	114.42
衢州市	1131	2038.87	1725.55	8.94	47.38
舟山市	391	1525.80	1186.27	29.11	13.65
台州市	4611	5327.11	4309.88	33.11	132.73
丽水市	1207	1517.50	1298.88	6.26	39.47

注：本表统计范围为年主营业务收入2000万元及以上独立核算工业。

19-4 各市国民经济主要指标(四)

(2020年)

地 区	工业增加值(亿元)	工业企业利润总额(亿元)	境内公路里程(公里)	#高速公路
杭州市	3633.74	1302.40	16919	801
宁波市	4042.02	1502.74	11433	567
温州市	1106.51	367.91	15084	566
嘉兴市	2068.25	658.47	8276	419
湖州市	977.97	366.86	8139	418
绍兴市	1551.77	560.04	10381	535
金华市	920.63	214.23	13215	408
衢州市	413.61	147.34	8661	422
舟山市	497.93	174.60	1929	42
台州市	1194.80	393.96	13239	500
丽水市	297.20	117.51	15804	419

注：本表工业统计范围为年主营业务收入2000万元及以上独立核算工业。

19-5　各市国民经济主要指标(五)

(2020年)

地　区	民用汽车拥有量(万辆)	公　路客运量(万人)	公　路货运量(万吨)	水　运客运量(万人)	水　运货运量(万吨)
杭州市	285.85	4535	34837	339	6483
宁波市	297.14	2426	38860	138	30045
温州市	248.61	11152	13699	35	4952
嘉兴市	158.84	1359	16934	120	10653
湖州市	95.03	3455	12094	87	7649
绍兴市	161.15	1023	16053	57	1734
金华市	223.70	4961	15774	2	38
衢州市	49.95	2265	11743	0	20
舟山市	21.09	1162	7235	2480	31965
台州市	186.94	5570	15372	45	12401
丽水市	45.98	1447	5300	76	255

19-6　各市国民经济主要指标(六)

(2020年)

地　区	全社会用电量(亿千瓦时)	#工　业用　电	#生　活用　电	进口总额(亿元)	出口总额(亿元)
杭州市	807.97	409.19	143.97	2240.93	3693.23
宁波市	832.15	603.17	101.33	3379.91	6406.97
温州市	449.48	253.29	110.50	311.65	1878.09
嘉兴市	549.10	431.41	51.84	779.14	2273.18
湖州市	302.23	217.68	35.68	15.36	147.98
绍兴市	453.40	343.99	52.29	192.02	2386.04
金华市	403.84	261.47	66.95	253.34	4613.25
衢州市	187.97	143.88	21.21	104.81	253.59
舟山市	103.38	64.42	10.92	1079.21	588.10
台州市	348.85	224.55	69.89	137.62	1760.86
丽水市	118.10	73.97	22.89	42.94	300.71

注：杭州市进出口总额不包括省级公司。

19-7 各市国民经济主要指标(七)

(2020年)

地　区	邮政业务收　　入(亿元)	电信业务收　　入(亿元)	固定电话用 户 数(万户)	移动电话用 户 数(万户)	互联网宽带用户数(万户)
杭州市	450.00	212.10	204.55	1868.90	547.58
宁波市	129.72	118.78	241.80	1335.90	438.34
温州市	101.24	129.32	121.87	1193.81	401.83
嘉兴市	86.14	62.06	85.12	698.14	196.15
湖州市	37.86	40.79	64.14	444.87	222.28
绍兴市	9.09	58.42	106.20	664.28	224.45
金华市	28.71	85.70	74.56	918.74	301.94
衢州市	9.70	19.86	33.67	241.32	93.76
舟山市	1.69	15.55	22.13	192.72	59.91
台州市	11.54	77.71	97.45	895.49	261.19
丽水市	14.95	21.03	26.15	263.79	102.19

19-8 各市国民经济主要指标(八)

(2020年)

地　区	社　　会消 费 品零售总额(亿元)	国内旅游者人　　数(万人次)	国内旅游收　　入(亿元)	入境旅游人　　数(万人次)	国际旅游收　　入(万美元)
杭州市	6055.47	17558.83	3331.29	14.31	5903
宁波市	4238.26	12523.98	1998.36	5.60	1596
温州市	3497.79	11939.11	1293.11	2.90	1392
嘉兴市	2092.34	10104.10	1170.51	4.69	3036
湖州市	1424.43	11210.64	1284.16	1.82	972
绍兴市	2322.50	9720.50	1073.90	1.04	404
金华市	2611.93	11812.00	1297.16	4.59	2077
衢州市	751.82	5983.80	403.53	0.13	46
舟山市	511.72	5236.04	731.06	1.60	816
台州市	2396.07	11413.80	1246.92	1.47	355
丽水市	727.48	6586.10	655.94	0.19	73

19-9 各市国民经济主要指标(九)

(2020年) 单位：亿元

地区	财政总收入	地方财政预算内收入	地方财政预算内支出	年末金融机构人民币存款余额	#住户存款	年末金融机构人民币贷款余额
杭州市	3854.19	2093.39	2069.66	51893.03	14193.63	49184.60
宁波市	2835.60	1510.84	1742.09	23166.68	8522.07	25051.98
温州市	961.61	601.98	1027.17	15031.96	8550.37	13565.33
嘉兴市	1003.07	598.80	712.18	10489.04	4827.26	10026.16
湖州市	582.00	336.56	484.42	5856.70	2784.70	5923.47
绍兴市	853.02	543.52	667.16	10725.46	5236.76	10095.63
金华市	680.88	423.25	703.41	10990.27	6037.89	9949.31
衢州市	228.74	140.91	459.65	3108.21	1567.39	3030.13
舟山市	254.50	159.20	312.69	2479.31	1125.33	2703.25
台州市	682.83	401.24	700.14	10452.09	6024.88	9832.45
丽水市	240.15	143.86	527.10	3474.18	2099.57	2763.72

19-10 各市国民经济主要指标(十)

(2020年) 单位：元

地区	城镇常住居民人均可支配收入	城镇常住居民人均消费支出	农村常住居民人均可支配收入	农村常住居民人均消费支出	城镇居民人均住房建筑面积(平方米)	农村居民人均住房建筑面积(平方米)
杭州市	68666	41916	38700	25664	39.30	76.00
宁波市	68008	38702	39132	23481	47.11	58.00
温州市	63481	39860	32428	21544	50.66	59.66
嘉兴市	64124	36384	39801	24482	42.47	73.46
湖州市	61743	35488	37244	22984	42.10	68.50
绍兴市	66694	36392	38696	23135	52.90	68.70
金华市	61545	36828	30365	20112	48.60	61.20
衢州市	49300	26801	26290	15115	51.80	81.30
舟山市	63702	36478	39096	23915	38.17	56.47
台州市	62598	36131	32188	23001	51.89	59.68
丽水市	48532	31756	23637	18335	50.20	67.10

19-11 各市国民经济主要指标(十一)

(2020年)

地 区	学校数(个)			专任教师数(人)			在校学生数(万人)		
	普通高校	普通中学	小 学	普通高校	普通中学	小 学	普通高校	普通中学	小 学
杭州市	40	371	496	32801	34209	39330	46.60	37.40	64.53
宁波市	14	316	427	9271	25721	29294	16.83	31.01	51.73
温州市	11	439	571	6596	34362	37556	12.07	40.91	63.31
嘉兴市	6	165	153	4144	14464	15836	5.19	16.36	28.15
湖州市	4	117	131	1920	10306	10047	3.38	11.69	18.07
绍兴市	12	194	321	5839	19839	16606	11.67	22.21	26.80
金华市	9	260	384	5732	21902	25228	10.46	27.35	43.60
衢州市	2	88	200	761	9139	9074	1.69	10.84	13.26
舟山市	4	41	56	1469	3915	3797	2.52	3.39	5.06
台州市	4	277	367	2130	24208	24592	4.00	31.34	42.56
丽水市	2	102	202	1285	9372	10578	2.19	12.05	15.66

19-12 各市国民经济主要指标(十二)

(2020年)

地 区	医院数(个)	医 院 床位数(张)	执 业 医生数(人)	注 册 护 士(人)	绿化覆盖面 积(公顷)	公 园 面 积(公顷)
杭州市	353	84251	51135	58542	56955	3960
宁波市	195	38420	31891	34156	38933	3458
温州市	150	38678	31472	31386	17368	3168
嘉兴市	94	24206	15322	16960	19266	1982
湖州市	72	16826	9851	11685	12946	1782
绍兴市	96	24096	17831	17204	22165	4238
金华市	149	30883	19994	20929	21614	2312
衢州市	91	13655	7532	8237	6565	909
舟山市	35	6033	4027	4003	16971	1031
台州市	135	28286	20053	21081	14568	2804
丽水市	59	13016	8569	8884	6332	1152

20

长江三角洲各城市国民经济主要指标

Main Indicators of National Economy by YANGTZE DELTA's City

20-1 长江三角洲各城市国民经济主要指标(一)

(2020年) 单位：亿元

地区	生产总值(当年价)	第一产业	第二产业	第三产业	人均生产总值(元)	常住人口(万人)
上海市	**38700.58**	**103.57**	**10289.47**	**28307.54**	**155768**	**2487.1**
江苏省	**102718.98**	**4536.72**	**44226.43**	**53955.83**	**121231**	**8477.3**
南京市	14817.95	296.80	5214.35	9306.80	159322	932.0
无锡市	12370.48	128.10	5751.19	6491.19	165851	746.4
徐州市	7319.77	718.68	2931.61	3669.48	80673	908.4
常州市	7805.32	164.30	3616.15	4024.87	147939	528.0
苏州市	20170.45	196.40	9385.58	10588.47	158466	1275.0
南通市	10036.31	458.70	4765.85	4811.76	129900	772.8
连云港市	3277.07	386.10	1372.35	1518.62	71303	460.1
淮安市	4025.37	409.70	1630.98	1984.69	87479	455.9
盐城市	5953.38	661.20	2379.38	2912.79	88731	671.1
扬州市	6048.33	307.10	2786.35	2954.88	132784	456.1
镇江市	4220.09	149.50	1988.63	2081.96	131580	321.1
泰州市	5312.77	307.10	2541.10	2464.57	117542	451.7
宿迁市	3262.37	341.40	1367.35	1553.63	65503	498.8
浙江省	**64613.34**	**2169.23**	**26412.95**	**36031.16**	**100620**	**6468.0**
杭州市	16105.83	326.22	4820.54	10959.07	136617	1196.5
宁波市	12408.66	338.43	5693.85	6376.38	132614	942.0
温州市	6870.86	159.77	2834.53	3876.56	71766	958.7
嘉兴市	5509.52	124.18	2861.09	2524.25	102541	541.1
湖州市	3201.41	140.54	1587.58	1473.29	95579	337.2
绍兴市	6000.66	219.26	2711.76	3069.64	113746	529.1

注：生产总值均为初步数，人均生产总值均按常住人口计算。

20-1 续表

(2020年) 单位：亿元

地 区	生产总值(当年价)				人 均生产总值(元)	常住人口(万人)
		第一产业	第二产业	第三产业		
金华市	4703.95	157.17	1814.00	2732.79	67329	706.2
衢州市	1639.12	92.27	659.48	887.37	72192	227.8
舟山市	1512.11	152.94	590.15	769.02	130130	115.9
台州市	5262.72	294.78	2298.21	2669.73	79889	662.7
丽水市	1540.02	104.61	555.19	880.22	61811	250.8
安徽省	**38680.63**	**3184.68**	**15671.69**	**19824.26**	**63426**	**6105.0**
合肥市	10045.72	332.32	3579.51	6133.89	108427	937.0
芜湖市	3753.02	161.56	1787.28	1804.18	102964	365.0
蚌埠市	2082.73	255.01	835.19	992.53	63209	330.0
淮南市	1337.20	142.35	526.17	668.68	43557	303.0
马鞍山市	2186.90	99.19	1045.37	1042.34	101011	216.0
淮北市	1119.06	80.35	467.03	571.69	56661	197.0
铜陵市	1003.67	56.44	455.53	491.71	75748	131.0
安庆市	2467.68	240.29	1066.53	1160.86	58684	417.0
黄山市	850.40	67.21	294.98	488.21	63940	133.0
滁州市	3032.07	271.68	1477.82	1282.57	76087	399.0
阜阳市	2805.20	391.99	1039.86	1373.34	34399	820.0
宿州市	2044.99	310.42	719.61	1014.96	38368	533.0
六安市	1669.46	238.67	606.62	824.18	37899	440.0
亳州市	1806.01	256.34	631.50	918.17	36156	500.0
池州市	868.89	88.31	382.79	397.79	64843	134.0
宣城市	1607.54	161.72	758.48	687.34	64301	250.0

20-2 长江三角洲各城市国民经济主要指标(二)

(2020年)

地　区	全社会用电量(亿千瓦时)	工　业用电量(亿千瓦时)	自营进出口总　额(亿元)			实际利用外资(亿美元)
				自营进口总　额	自营出口总　额	
上海市	**1575.96**	**769.46**	**34828.47**	**21103.11**	**13725.36**	**202.33**
江苏省	**6373.71**	**4523.11**	**44500.50**	**17056.21**	**27444.30**	**283.84**
南京市	632.94	338.88	5340.21	1941.30	3398.92	45.15
无锡市	759.53	569.39	6075.60	2528.54	3547.05	36.21
徐州市	364.96	219.17	1067.16	201.86	865.30	22.01
常州市	522.62	400.18	2417.25	620.32	1796.93	27.17
苏州市	1523.34	1170.57	22321.43	9379.95	12941.49	55.40
南通市	477.29	323.52	2627.08	834.47	1792.61	27.12
连云港市	194.10	118.81	643.45	380.89	262.56	6.76
淮安市	193.81	117.62	344.38	106.68	237.70	10.80
盐城市	358.22	242.02	824.62	270.15	554.47	10.12
扬州市	264.66	174.54	770.20	190.17	580.03	14.70
镇江市	267.05	192.23	722.44	210.23	512.21	7.88
泰州市	306.88	221.14	1014.01	348.65	665.37	14.94
宿迁市	222.51	149.24	332.63	43.01	289.62	5.56
浙江省	**4829.68**	**3300.37**	**33807.99**	**8627.85**	**25180.14**	**157.85**
杭州市	807.97	409.19	5485.59	1997.74	3487.85	72.02
宁波市	832.15	603.17	9786.88	3379.91	6406.97	24.68
温州市	449.48	253.35	2189.74	311.65	1878.09	3.27
嘉兴市	549.10	431.41	3052.32	779.14	2273.18	26.47
湖州市	302.23	217.68	1132.17	106.39	1025.79	12.06
绍兴市	453.40	343.99	2578.28	191.92	2386.36	7.21

20-2 续表

(2020年)

地　区	全社会用电量(亿千瓦时)	工　业用电量(亿千瓦时)	自营进出口总　　额(亿元)			实际利用外资(亿美元)
				自营进口总　　额	自营出口总　　额	
金华市	403.77	261.48	4866.59	253.34	4613.25	3.25
衢州市	187.97	143.88	358.40	104.81	253.59	0.65
舟山市	103.38	64.42	1667.31	1079.21	588.10	4.02
台州市	348.85	224.55	1898.48	137.62	1760.86	3.63
丽水市	118.10	73.97	343.65	42.94	300.71	0.59
安徽省	**2427.50**	**1550.22**	**5406.37**	**2245.09**	**3161.28**	**183.05**
合肥市	382.55	189.98	2597.25	1016.48	1580.76	35.95
芜湖市	206.78	146.71	584.70	247.31	337.40	30.37
蚌埠市	93.02	46.65	130.59	69.54	61.06	12.05
淮南市	94.99	55.79	53.02	3.19	49.83	3.66
马鞍山市	213.90	176.99	402.29	229.76	172.53	28.15
淮北市	71.47	46.30	69.78	8.26	61.53	3.17
铜陵市	97.89	78.24	527.14	461.08	66.07	4.34
安庆市	120.47	71.11	130.12	27.22	102.90	3.44
黄山市	42.52	19.80	83.14	9.38	73.76	2.42
滁州市	214.63	155.73	267.56	65.42	202.15	15.97
阜阳市	168.76	72.32	115.56	21.22	94.34	4.95
宿州市	99.23	40.82	92.67	4.37	88.30	10.70
六安市	119.09	63.89	72.28	6.75	65.53	6.11
亳州市	81.79	24.79	73.97	9.69	64.28	4.34
池州市	83.32	64.76	71.86	55.58	16.28	4.56
宣城市	148.12	107.34	134.42	9.87	124.55	12.88

注：实际利用外资为部口径，与第九章口径不同。

20-3 长江三角洲各城市国民经济主要指标(三)

(2020年) 单位：元

地区	社会消费品零售总额(亿元)	居民人均可支配收入	城镇常住居民人均可支配收入	农村常住居民人均可支配收入	市区居民消费价格指数(%)
上海市	**15932.50**	**72232**	**76437**	**34911**	**101.7**
江苏省	**37086.06**	**43390**	**53102**	**24198**	**102.5**
南京市	7203.03	60606	67553	29621	102.4
无锡市	2994.36	57589	64714	35750	102.3
徐州市	3286.09	31166	37523	21229	102.8
常州市	2421.36	52080	60529	32364	102.5
苏州市	7701.98	62582	70966	37563	102.2
南通市	3370.40	42608	52484	26141	102.4
连云港市	1104.29	29501	36722	19237	102.5
淮安市	1675.85	31619	40318	19730	102.4
盐城市	2216.12	33707	40403	23670	102.3
扬州市	1379.29	38843	47202	24813	102.5
镇江市	1141.93	46180	54572	28402	102.4
泰州市	1333.26	39701	49103	24615	102.9
宿迁市	1258.08	26421	32015	19466	102.4
浙江省	**26629.81**	**52397**	**62699**	**31930**	**102.3**
杭州市	5972.83	61879	68666	38700	102.1
宁波市	4238.26	59952	68008	39132	101.9
温州市	3497.79	54025	63481	32428	102.0
嘉兴市	2141.11	54667	64124	39801	102.4
湖州市	1424.43	51800	61743	37244	102.3
绍兴市	2322.50	56600	66694	38696	102.4

20-3 续表

(2020年)　　单位：元

地　区	社会消费品零售总额(亿元)	全体居民人均可支配收入	城镇常住居民人均可支配收入	农村常住居民人均可支配收入	市区居民消费价格指数(%)
金华市	2611.93	50580	61545	30365	102.4
衢州市	757.00	37935	49300	26290	101.9
舟山市	532.78	55830	63702	39096	101.9
台州市	2396.07	50643	62598	32188	102.1
丽水市	735.11	37744	48532	23637	102.0
安徽省	**18333.69**	**28103**	**39442**	**16620**	**102.7**
合肥市	4513.76	41619	48283	24282	102.3
芜湖市	1584.35	36829	44588	24473	102.7
蚌埠市	1202.50	29247	39116	18016	102.6
淮南市	774.32	28780	37699	15419	102.3
马鞍山市	795.79	42392	51804	25421	102.8
淮北市	460.81	28127	36428	15218	103.0
铜陵市	350.33	29568	41180	17102	103.0
安庆市	1128.39	24647	35947	15567	102.7
黄山市	462.30	27916	38726	18311	102.1
滁州市	1182.59	25711	36051	15732	102.4
阜阳市	1836.56	22239	34562	14256	102.5
宿州市	1082.57	22105	34373	14369	102.3
六安市	935.04	22457	33647	14449	102.4
亳州市	991.71	22274	34159	15293	102.5
池州市	406.33	26404	35671	17323	102.5
宣城市	626.62	30746	42134	18928	102.4

20-4 长江三角洲各城市国民经济主要指标(四)

(2020年) 单位：亿元

地区	商品房销售面积(万平方米)	商品房销售额	地方财政预算内收入	地方财政预算内支出	年末金融机构本外币存款余额	年末金融机构本外币贷款余额
上海市	**1789.16**	**6046.97**	**7046.30**	**8102.11**	**155865.06**	**84643.04**
江苏省	**15426.99**	**19408.89**	**9058.99**	**13682.47**	**177978.00**	**156577.38**
南京市	1324.67	3269.50	1637.70	1754.62	40056.45	38189.99
无锡市	1550.56	2361.75	1075.70	1214.92	19400.95	15303.43
徐州市	1657.69	1478.51	481.82	958.07	9200.52	6957.80
常州市	1037.81	1443.34	616.60	726.34	12544.59	10259.02
苏州市	2192.17	3918.08	2303.00	2263.58	37683.85	35197.87
南通市	1999.63	2110.23	639.30	1080.50	15535.34	12154.89
连云港市	609.53	458.91	245.17	501.72	4260.62	4258.73
淮安市	926.27	682.97	264.21	568.48	4894.25	4643.50
盐城市	1071.52	851.90	400.10	974.16	8426.78	6969.34
扬州市	817.64	910.75	337.27	668.33	7691.30	6293.32
镇江市	632.23	573.44	311.74	498.91	6384.66	6133.63
泰州市	742.18	673.75	375.20	627.68	8022.45	6440.66
宿迁市	865.10	675.76	221.17	589.45	3876.23	3775.18
浙江省	**10250.30**	**17145.01**	**7248.00**	**10081.87**	**152233.51**	**143611.59**
杭州市	1699.34	4595.49	2093.39	2069.66	54246.47	49799.28
宁波市	1858.20	3049.52	1510.79	1742.03	23988.18	25451.63
温州市	1204.71	1905.53	601.98	1027.17	15270.38	13639.11
嘉兴市	1184.35	1667.58	598.80	712.18	10742.60	10166.70
湖州市	896.16	1100.09	336.56	484.42	5956.58	5940.01
绍兴市	1248.37	1815.88	543.52	667.16	10933.47	10134.87

20-4 续表

(2020年) 单位：亿元

地 区	商品房销售面积(万平方米)	商品房销售额	地方财政预算内收入	地方财政预算内支出	年末金融机构本外币存款余额	年末金融机构本外币贷款余额
金华市	660.37	1044.18	423.25	703.41	11240.30	10013.63
衢州市	214.71	264.43	140.91	459.65	3135.44	3046.65
舟山市	129.72	180.59	159.20	312.69	2539.99	2773.76
台州市	858.36	1122.23	401.24	700.12	10630.31	9872.25
丽水市	296.02	399.51	143.86	527.10	3549.78	2773.68
安徽省	**9534.13**	**7346.15**	**3215.96**	**7470.96**	**60468.34**	**52124.97**
合肥市	1486.11	2128.29	762.90	1164.80	18675.31	18166.57
芜湖市	552.71	483.95	331.37	485.38	4712.96	4101.48
蚌埠市	880.56	541.47	158.48	325.94	2473.35	2361.84
淮南市	299.66	190.61	104.02	288.12	2366.38	1715.60
马鞍山市	284.18	219.57	169.54	264.79	2778.85	2261.34
淮北市	251.27	164.69	80.07	183.84	1675.91	1278.59
铜陵市	248.85	137.84	81.76	182.48	1649.25	1396.68
安庆市	410.15	275.39	141.59	482.40	3763.51	2616.78
黄山市	183.41	133.09	83.93	206.32	1534.07	1090.35
滁州市	1089.78	676.90	226.02	462.94	3146.53	3020.56
阜阳市	1112.24	741.49	199.26	671.02	4613.64	3746.91
宿州市	807.32	455.97	133.19	486.01	2734.12	2332.20
六安市	657.75	421.32	132.88	505.23	3190.00	2604.96
亳州市	704.01	419.59	126.37	390.57	2503.03	2380.93
池州市	152.54	96.91	66.91	177.80	1233.86	860.90
宣城市	413.61	259.08	168.42	324.85	2189.93	1762.14

21

统计公报

Statistical Communique

台州市2020年国民经济和社会发展统计公报

台州市统计局　国家统计局台州调查队

（2021年5月12日）

2020年是极不平凡的一年。面对国内外形势的深刻复杂变化特别是突如其来的新冠肺炎疫情，台州坚持以习近平新时代中国特色社会主义思想为指导，认真贯彻习近平总书记考察浙江重要讲话精神，全面落实党的十九大和十九届五中全会精神，忠实践行“八八战略”，奋力打造“重要窗口”，全力打好疫情防控总体战、打赢经济发展翻身仗，扎实做好“六稳”“六保”工作，众志成城、克难奋进、奋勇争先，取得了“两战两赢”的重大胜利。全市经济社会保持了平稳健康发展的良好态势，发展质量稳步提升，人民生活福祉持续增进，各项社会事业繁荣发展，生态环境质量持续改善，“十三五”圆满收官，高水平小康社会建设取得决定性成就。

一、综　合

经济运行稳中向好。据初步核算，全年全市实现生产总值5262.72亿元[1]，按可比价格计算，比上年增长3.4%。其中，第一产业增加值294.78亿元，增长2.3%；第二产业增加值2298.21亿元，增长2.8%；第三产业增加值2669.73亿元，增长4.1%；三次产业结构为5.6：43.7：50.7。市区实现生产总值1918.66亿元，按可比价格计算，比上年增长3.2%。按照我国地区生产总值统一核算和数据发布制度规定，地区生产总值核算包括初步核算和最终核实两个步骤。经最终核实，2019年，台州市生产总值现价总量为5102.17亿元，按可比价格计算，比上年增长5.0%，三次产业增加值结构为5.5∶45.1∶49.4。

2020年初，突如其来的新冠肺炎疫情对台州经济影响明显。随着“两手硬、两战赢”工作深入推进，全市经济全面回升、逐季向好，一季度和上半年，全市GDP同比分别下降8.8%和0.4%；前三季度GDP增长1.7%，扭转了负增长的态势；全年GDP增长3.4%，交出了逐季向好的发展成绩单。

（图1　2015-2020年地区生产总值及增长速度，略）

二、农　业

农业生产保持稳定。全市实现农林牧渔业总产值526.74亿元，按可比价格计算，比上年增长2.4%。其中，农业产值169.89亿元，增长4.5%；林业产值6.93亿元，增长3.2%；牧业产值30.85亿元，下降15.0%；渔业产值312.44亿元，增长2.8%；农林牧渔服务业产值6.62亿元，增长10.9%。

全年农作物总播种面积200.34千公顷。全年粮食作物播种面积85.50千公顷，比上年增长3.5%；粮食总产量52.09万吨，增长3.7%。全年经济作物播种面积114.85千公顷。全年蔬菜产量225.02万吨，比上年增长2.8%；油料产量1.32万吨，增长0.4%；水果产量149.93万吨，增长1.2%。

全年完成造林更新面积5723公顷，其中，人工造林面积5596公顷。全市有森林面积602千公顷，森林覆盖率为61.37%。全市有自然保护区（含小区）33个，面积9.50千公顷。

全年水产品产量149.04万吨，比上年增长2.1%，其中，海洋捕捞产量83.98万吨，下降4.2%；海水养殖产量52.49万吨，增长7.1%。

全市注册登记的农民专业合作社7296家，其中省级示范性专业合作社101家。全市共认证有机食品63个，绿色食品209个，国家无公害农产品269个，浙江省无公害农产品产（基）地269个。国家级农业龙头企业2家，省级农业龙头企业45家，市级农业龙头企业共有210家。

全市完成河湖库塘疏浚清淤121万立方米，其中，市区57万立方米。治理水土流失面积40.57平方公里，新增高标田范围内高效节水灌溉面积8449亩。年末全市拥有农业机械总动力220.59万千瓦，全年农村用电量123.83亿千瓦时。

三、工业和建筑业

工业生产稳中有进。全市实现工业增加值1900.50亿元，按可比价格计算，比上年增长2.5%。全市规模以上工业企业（年主营业务收入2000万元及以上工业企业）家数为4426家，实现工业增加值1206.33亿元，比上年增长4.4%。

（图2　2015-2020年全部工业增加值及增长速度，略）

全市规模以上轻工业实现工业增加值409.83亿元，比上年增长1.4%；重工业实现工业增加值796.50亿元，增长6.0%。轻重工业比例为34.0：66.0。

全市规模以上工业增加值总量排在前五位的行业中，通用设备制造业、汽车制造业、医药制造业、电力热力生产供应业、橡胶和塑料制品业分别完成工业增加值178.36亿元、151.56亿元、134.93亿元、128.18亿元和101.54亿元，分别比上年增长8.5%、1.2%、7.8%、9.3%和0.7%。

表一　2020年规模以上工业主要产品产量及增长速度

产品名称	单位	产量	比2019年增长（%）
啤酒	万千升	29.19	-5.6
罐头	万吨	10.24	-2.8
冷冻水产品	万吨	46.27	0.5
电工仪器仪表	万台	240.78	-7.9
家具	万件	3613.85	4.1
服装	万件	139.80	-44.9
皮革鞋靴	万双	17054.10	-24.9
化学药品原药	万吨	6.22	0.4
塑料制品	万吨	200.83	4.2
白银（银锭）	千克	15093.20	-36.6
铜材	万吨	15.41	-1.1
金属切削机床	万台	4.37	14.8
交流电动机	万千瓦	1600.08	3.7
泵	万台	4534.05	23.0
水泥	万吨	493.48	-2.0
电动自行车	万辆	171.74	38.0
汽车	万辆	32.13	-11.8
摩托车整车	万辆	87.66	5.0
民用钢质船舶	万载重吨	69.88	43.3
变压器	万千伏安	2265.08	48.9
家用冷柜	万台	199.73	57.1
家用电冰箱	万台	91.87	30.7
彩色电视机	万台	0.76	-99.6
日用塑料制品	万吨	52.33	-4.7
眼镜成镜	万副	12409.57	-27.5
模具	万套	3.80	4.7
阀门	万吨	24.79	-2.1

全年规模以上高新技术产业实现增加值749.46亿元，比上年增长6.8%；规模以上装备制造业实现增加值610.31亿元，增长5.6%；规模以上战略性新兴产业实现增加值300.22亿元，增长10.9%；规模以上数字经济核心产业实现增加值54.17亿元，增长6.7%。

全市规模以上工业企业产品产销率为98.5%；新产品产值2027.69亿元，比上年增长8.9%；新产品产值率为38.5%，比上年提高2.3个百分点。

全市规模以上工业企业实现利税总额（不含台州电业局）551.69亿元，比上年增长9.6%，其中，利润总额384.07亿元，增长15.3%。

全市实现建筑业增加值399.10亿元，比上年增长4.7%。资质以上建筑企业完成房屋建筑施工面积11998.58万平方米，房屋竣工面积2684.24万平方米。

四、固定资产投资和房地产业

固定资产投资稳步增长。全市固定资产投资施工项目3899个，其中本年新开工项目1318个。全年固定资产投资比上年增长4.2%。其中，第一产业投资增长60.1%，第二产业投资下降7.9%，第三产业投资增长7.9%。固定资产投资中，工业性投资比上年下降7.8%；基础设施投资增长4.4%；民间投资增长1.2%。

重点工程建设取得重大突破。吉利发动机等项目建成投产，联化科技产业园等项目加快建设，星空智联卫星制造、北航长鹰无人机通航产业园、智能橡胶产业园等项目开工。杭绍台高速台州段、台金高速东延市区连接线、路泽太高架一期通车，金台铁路即将通车，台州机场改扩建、杭绍台铁路、市域铁路S1线等项目加快推进，台州中心站、甬台温高速至沿海高速温岭联络线、台州湾通用机场等项目开工建设，三门实现水上飞机首飞。栅岭汪排涝调蓄等工程基本完工，集聚区海塘提升、三门海塘加固等工程开工建设。

全年房地产开发投资比上年增长13.7%。房屋施工面积5032.54万平方米，比上年增长17.1%；房屋竣工面积368.82万平方米，增长35.4%。全年商品房销售面积858.36万平方米，比上年增长0.9%，其中，住宅销售面积668.15万平方米，增长6.1%。

五、交通和邮电业

全年交通运输、仓储和邮政业增加值为125.84亿元，比上年增长3.2%。

全年完成货物周转量1797.0亿吨公里，旅客周转量30.6亿人公里。全年台州港完成货物吞吐量5090.92万吨，其中外贸吞吐量562.48万吨；完成集装箱吞吐量50.32万标箱。民航完成旅客吞吐量108.7万人次，货邮吞吐量10388.1吨。全年铁路发送旅客801.8万人次。

年末全市公路总里程（含村道）13239.0公里，其中，高速公路500.0公里。年末全市汽车保有量达203.65万辆，比上年增加28.43万辆；其中，私人汽车170.57万辆，比上年增加10.75万辆。

全年邮电业务收入89.25亿元，比上年增长5.1%；其中电信业务收入77.71亿元，增长4.6%。年末国际互联网宽带接入用户261.19万户，比上年增加7.96万户；移动互联网用户753.54万户，比上年增加42.17万户。年末移动电话用户为895.49万户，城乡固定电话用户为97.45万户。

全年快递服务企业完成业务量10.94亿件，比上年增长32.6%；完成业务收入57.49亿元，增长30.5%。

六、国内贸易和旅游业

全市实现社会消费品零售总额2396.07亿元，比上年下降5.8%，扣除价格因素，实际下降7.2%。按消费类型分，商品零售额2098.02亿元，下降5.4%；餐饮收入298.05亿元，下降8.7%。按经营地分，城镇零售额1914.56亿元，下降6.5%；乡村零售额481.51亿元，下降2.9%。限额以上批发零售企业中，化妆品类零售额比上年增长11.3%;石油及制品类、汽车类、粮油食品类零售额分别比上年下降22.6%、21.4%和10.9%。

全年新设市场主体17.80万家，其中，新设企业4.07万家，新设个体工商户13.69万家。年末在册市场主体 69.52 万家，其中，企业 21.89 万家，个体工商户 46.58 万家。

年末全市拥有各类商品交易市场 357 家，成交额 1278.9 亿元，年成交额超亿元的市场有 133 家。全年网络零售额[2]1104.7 亿元，比上年增长 6.2%。全市已创设淘宝镇 50 个，淘宝村 298 个，电商产业园 23 个，活跃网络零售网店 4.8 万家。

市区居民消费价格总水平比上年上涨 2.1%，其中，消费品价格上涨 3.1%，服务项目价格上涨 0.6%。工业生产者出厂价格比上年下降 1.2%，工业生产者购进价格下降 2.7%。

表二　2020 年市区居民消费价格比上年涨跌幅度

指　　标	涨跌幅度（%）
居民消费价格总指数	2.1
一、食品烟酒	6.5
食品	8.9
其中：粮　食	1.6
鲜　菜	4.7
畜肉类	37.1
水产品	-0.3
烟酒	1.4
二、衣着	1.4
三、居住	持平
四、生活用品及服务	2.0
五、交通和通信	-3.0
六、教育文化和娱乐	1.9
七、医疗保健	0.2
八、其他用品和服务	2.7

椒江大陈岛景区、天台山大瀑布成功获批国家 4A 级景区，三门被列入省级全域旅游示范区。全年实现旅游总收入 1247.16 亿元，下降 15.2%，其中，国内旅游收入 1246.92 亿元，下降 15.0%；入境旅游收入 354.60 万美元，下降 92.4%。全市共有 5A 级旅游区 2 个，4A 级旅游区 17 个，3A 级旅游区 69 个，2A 级旅游区 13 个；共有星级饭店 37 家，客房 6701 间，床位 10521 张；旅行社 172 家，其中，星级品质旅行社 64 家。

七、对外经济

全年外贸进出口总额 1898.48 亿元，比上年增长 11.7%。其中，出口总额 1760.86 亿元，增长 12.5%；进口总额 137.62 亿元，增长 1.9%。全年外贸企业出口 392.92 亿元，比上年增长 38.9%；三资企业出口 124.53 亿元，下降 2.0%；生产企业出口 1243.41 亿元，增长 7.6%。在出口总额中，一般贸易出口 1631.46 亿元，比上年增长 9.6%；加工贸易出口 129.23 亿元，增长 68.0%。全年高新技术产品出口 139.5 亿元，增长 30.4%；机电产品出口 997.5 亿元，增长 15.0%。全年对美国出口 345.6 亿元，增长 24.0%；对欧盟出口 413.8 亿元，增长 15.2%；对“一带一路”沿线国家出口 613.5 亿元，比上年增长 5.3%。全年有进出口实绩企业 7072 家，其中有出口实绩企业 6688 家。全市进出口国家和地区为 223 个，其中出口国家和地区为 220 个。

全年新批外商投资项目 78 个，与上年持平。合同利用外资 9.00 亿美元，下降 24.8%；实际利用外资 3.63 亿美元，增长 35.2%。

全年新批境外投资企业 26 家，中方投资额 2.06 亿美元。全市累计境外投资项目 727 个，中方累计投资额 40.6 亿美元。

全年服务贸易进出口总额74.2亿元，其中出口额49.5亿元，前三大出口领域分别为运输服务、建筑及相关工程服务、计算机和信息服务。全年服务外包离岸合同执行额8008万美元，同比下降11.1%。

八、财政、金融和保险业

全年财政总收入682.83亿元，比上年下降6.4%；其中，地方财政收入401.24亿元，下降8.5%。

年末全市金融机构本外币存款余额10630.31亿元，比上年末增长12.4%；当年新增存款1172.92亿元。年末本外币住户存款余额6047.06亿元，比上年末增长12.9%；当年新增691.87亿元。年末金融机构本外币贷款余额9872.25亿元，比上年末增长15.6%；当年新增贷款1329.07亿元。年末金融机构本外币存贷款比率为92.87%，不良贷款率为0.68%。

全年新增上市公司7家，年末已有上市公司62家，其中，中小板上市公司25家，累计融资总额达到1411.79亿元。新三板在挂牌企业数48家。年末有小额贷款公司28家，注册资本金总额32.91亿元，全年发放贷款53.10亿元。

年末有证券营业部113家，全年股票交易额3.59万亿元，比上年增长61.5%。

全年保险业实现保费总收入219.25亿元，其中，财产险保费收入85.23亿元，人身险保费收入134.02亿元。全年各类赔款、给付支出70.91亿元，其中，财产险支出53.02亿元，人身险支出17.89亿元。

九、科学技术和教育

科技创新加快推进。出台《台州市关于加大研发投入激发科技创新活力的实施办法》，激励企事业单位加大研发投入。台州高新区入选国家创业创新特色基地，国家高新区创建工作进入冲刺阶段。玉环现代交通装备高新技术产业园区、天台交通装备制造高新技术产业园区获批省级高新园区。海正药业获批全国首个新冠肺炎治疗药物，华海药业获省疫情防控重点科研立项（全省仅2项）。积极融入长三角创新圈，与复旦大学初步达成共建复旦台州数字经济研究院等方面的合作意向。

全市共有省级企业研究院139家，省级高新技术企业研发中心435家；新增国家重点扶持的高新技术企业282家，累计1188家；新增省级科技型中小企业1050家，累计5566家。共有市级以上众创空间88家，其中，国家级5家，省级36家。全年申请专利40200件，专利授权34828件，其中发明4401件，比上年增长43.3%。全年实现技术交易额61.42亿元。

（图3　2015-2020年专利申请、授权量情况，略）

质量工作获国务院通报激励，临海伟星集团获得全市首个省政府质量奖。全市有“浙江制造”标准58项，地理标志保护产品12个，新增“品字标”认证企业48家，累计167家。全市有577家单位取得食品生产许可证。年末有各类检验机构151家，其中国家级检测中心2家，省级质检中心12家。全市被国家工商总局认定的驰名商标累计达到59件。

教育发展成效明显。创成省教育基本现代化市，跻身国家职业教育高地建设试点城市。新改扩建二级以上标准幼儿园67所，扎实推进城镇小区配套幼儿园建设，镇海中学台州分校、华师大附属台州学校投用，北大附中台州飞龙湖学校建成，台州学院进入2020中国应用型大学排行榜前十，17所职业院校入选省“双高计划”，技师学院实现“摘筹转正”。全市有幼儿园1026所，在园幼儿19.25万人；普通小学367所，在校生42.56万人；初中199所，在校生21.31万人；高中78所，在校生10.02万人，中等职业学校24所（不含技工学校），在校生7.41万人，高中段在校生17.43万人，初升高比例99.15%。全市特殊教育学校招生（不含随班就读）212人，在校生1388人。全市全日制普通高校招生13726人，在校生39955人，成人高校在校学生36160人。

十、文化、卫生和体育

年末全市有文化馆10个，博物馆53个，公共图书馆10个、图书总藏量924.74万册；自办广播节目10

套，自办电视节目10套；全市有线广播电视覆盖用户183.54万户，其中数字电视实际用户127.59万户。全年广播节目播出时间77578.30小时，电视节目播出时间64985.30小时。广播人口综合覆盖率和电视人口综合覆盖率均为100%。全市共建有农村文化礼堂2304家，和合书吧98家。年末全市拥有人类非物质文化遗产1项，国家级非物质文化遗产15项，省级106项，市级341项。

健康台州建设成效明显。公立医院综合改革评价结果列全省第二，县域医共体建设加快推进，医保省内刷卡结算全面开通。年末全市有各类医疗卫生机构3662家[3]，其中，社区卫生服务机构258家。大力推进社会办医，全市共有民营医院91家。全市医疗卫生机构床位31594张，各类卫生技术人员49445人，其中，执业医生和执业助理医生20053人，注册护士21081人。全年总诊疗6541.44万人次。全市甲、乙类传染病发病率为139.51/10万。全市五岁以下儿童死亡率3.15‰，其中，婴儿死亡率2.04‰，户籍孕产妇零死亡。全年有47556人次参加无偿献血。农村自来水普及率100%，卫生户厕普及率100%。

坚持一切以人民群众生命健康为重、一切为防疫让路，快速响应、果断决策，打赢了疫情防控攻坚战。全市确诊病例数全国城市排名从1月23日第3位降至2月16日第31位，本地病例续发比0.72，远低于省均。派出5批次177名医务人员紧急驰援武汉、荆门，派出1批次核酸检测应急机动志愿队支援新疆。截止年末，全市累计报告新型冠状病毒肺炎确诊病例147例，累计治愈出院病例147例，无死亡病例。全市共有44家医疗卫生机构提供新型冠状病毒核酸检测服务，总检测能力达到11.7万份/天。

成功举办台州市第五届运动会、2020台州马拉松等赛事。全市“四提升四覆盖”全民健身工程实现全覆盖。全市运动员参加国内各项赛事共夺得全国、全省锦标赛金牌109枚、银牌157枚、铜牌174枚。

全市共建有市、县级体育社团298个。全年销售各类体育彩票9.85亿元。

十一、能耗、环境保护和安全生产

全市万元生产总值综合能耗预计比上年下降0.1%。

全市省控以上断面Ⅰ-Ⅲ水质断面占比80.8%，地表水满足水域功能达标率为93.6%。城镇生活污水集中处理率为87.75%，城镇生活垃圾无害化处理率为100%。

我市城市空气质量综合指数2.68，比上年下降0.21。市区$PM_{2.5}$年均浓度为25微克/立方米，比上年下降2微克/立方米；市区环境空气质量达到二级标准以上的天数有346天，占全年总天数的94.5%。

全市共发生各类生产经营性安全事故57起，死亡53人，分别比上年下降29.6%和33.8%。

十二、人口、就业、社会保障和人民生活

截止2020年11月30日，全市户籍总人口606.98万人，其中，男性人口309.51万人，女性人口297.47万人，男女性别比为104.0∶100。全年共出生4.71万人，死亡3.79万人，人口出生率为7.76‰，死亡率为6.25‰，人口自然增长率1.51‰。市区户籍人口163.63万人。

健全稳岗补贴制度，全年城镇新增就业人数19.67万人，帮助2.71万名城镇失业人员实现再就业。年末城镇登记失业率为1.35%。

建立城乡居民基本养老保险待遇确定和基础养老金正常调整机制，最低生活保障实现区域一体化，全国居家和社区养老服务改革试点通过验收。年末全市职工基本养老保险、基本医疗保险、工伤保险、生育保险和失业保险参保人数分别达到267.78万人、180.59万人、244.08万人、129.02万人和112.78万人。全市有193.15万人参加城乡居民基本养老保险，有421.99万人参加城乡居民医疗保险。全年收缴各类保险基金310.66亿元，支出503.99亿元。

全市城乡居民最低生活保障人数为6.68万人，全年共投入低保资金4.38亿元。低保对象月人均补助为618元。全市共有各类养老机构304个，床位47672张，年末在院老人16088人。全市有城乡社区居家养老服务照料中心3236家。全年全市共医疗救助7.16万人，救助金额1.26亿元。全年发行各类福利彩票11.89亿元。

全市全体居民人均可支配收入 50643 元，比上年增长 5.5%，扣除价格因素实际增长 3.4%。城镇常住居民人均可支配收入 62598 元，增长 3.7%，扣除价格因素实际增长 1.6%；农村常住居民人均可支配收入 32188 元，增长 6.5%，扣除价格因素实际增长 4.3%。城乡居民收入差距倍数为 1.94。全体居民人均生活消费支出 30969 元，比上年下降 2.5%。城镇常住居民和农村常住居民人均生活消费支出分别为 36131 和 23001 元，下降 3.9% 和 1.6%，扣除价格因素实际下降 5.9%和 3.6%。

年末城镇常住居民和农村常住居民人均现住房建筑面积分别为 51.9 平方米和 59.7 平方米。城乡居民每百户家庭家用汽车、空调等高档耐用消费品拥有量继续增加。

表三　2020 年末城乡居民每百户家庭主要耐用消费品拥有量

指　　标	单位	城镇常住居民	农村常住居民
洗衣机	台	102	89
电冰箱	台	107	106
空调器	台	215	140
摩托车	辆	11	14
家用汽车	辆	69	51
彩色电视机	台	191	178
固定电话	部	28	18
移动电话	部	258	248
计算机	台	98	63

注：[1] 公报中生产总值、各产业增加值绝对数按现行价格计算，增长速度按可比价格计算。公报中所列各项数据为年度初步统计数据。部分数据因四舍五入的原因，存在着与分项合计不等的情况。

[2] 全年网络零售额因商务部门统计测算口径发生变化，与往年数据不可比。

[3] 卫生相关数据为快报数据。

资料来源：

本公报中造林面积、森林覆盖率、自然保护区数据来自市自然资源和规划局；水产品产量等数据来自市港航口岸和渔业管理局；港口货物吞吐量、集装箱吞吐量等数据来自市港航事业发展中心；专业合作社、有机食品、无公害农产品、农业龙头企业、高效节水灌溉面积等数据来自市农业农村局；河湖库塘清淤、水土流失治理面积、农村自来水普及率等数据来自市水利局；公路里程、货物周转量、旅客周转量等数据来自市交通运输局；民航运输数据来自浙江省台州机场管理有限公司；汽车拥有量、户籍人口等数据来自市公安局；快递业务量等数据来自市邮政管理局；市场主体、商品交易实体市场、交易额、驰名商标、地理标志保护产品、“品字标”认证企业、专利数、检验机构等数据来自市市场监管局；货物进出口、服务贸易进出口、外商直接投资、国外经济合作、网络零售额等数据来自市商务局；旅游、文化馆、公共图书馆、博物馆、广播电视、非物质文化遗产等数据来自市文化和广电旅游体育局；农村文化礼堂等数据来自市委宣传部；体育、体育彩票等数据来自市体育事业发展中心；财政数据来自市财政局；货币金融数据来自人行台州市中心支行；不良贷款率、商业保险数据来自台州银保监分局；上市公司、小贷公司、证券交易额来自市金融办；企业研究院、高新技术企业、科技型中小企业、众创平台、科技交易额等数据来自市科技局；教育数据来自市教育局；卫生数据来自市卫生健康委；减排数据、环境监测等数据来自市生态环境局；各类事故发生起数、死亡人数等数据来自市应急管理局；新增城镇就业、失业人员再就业、登记失业率、社会保障等数据来自市人力社保局；医疗保险、生育保险、医疗救助数据来自市医疗保障局；低保、养老机构、福利彩票等数据来自市民政局；城市污水处理、城市生活垃圾处理数据来自市综合行政执法局；城乡居民收支、住房面积、家庭耐用品拥有量、物价等数据来自国家统计局台州调查队；其它数据来自市统计局。

2020年浙江省国民经济和社会发展统计公报

浙江省统计局　国家统计局浙江调查总队

2021年2月28日

2020年极不平凡。面对国内外形势深刻复杂变化特别是突如其来的新冠肺炎疫情，在以习近平同志为核心的党中央坚强领导下，浙江坚持以习近平新时代中国特色社会主义思想为指导，全面贯彻党的十九大和十九届二中、三中、四中、五中全会精神，深入贯彻习近平总书记视察浙江重要讲话精神，忠实践行“八八战略”，奋力打造“重要窗口”，坚持“两手硬、两战赢”，扎实做好“六稳”工作，全面落实“六保”任务，为发展聚力、为企业赋能、为小康增色、为治理提效，三大攻坚战取得决定性成就，经济社会发展取得新成绩。

一、综合[1]

根据国家统一初步核算，2020年浙江省生产总值为64613亿元，按可比价格计算，比上年增长3.6%。分产业看，第一产业增加值2169亿元，增长1.3%；第二产业增加值26413亿元，增长3.1%；第三产业增加值36031亿元，增长4.1%。三次产业增加值结构为3.3∶40.9∶55.8。按照我国地区生产总值统一核算和数据发布制度规定，地区生产总值核算包括初步核算和最终核实两个步骤。经最终核实，2019年，浙江省生产总值现价总量为62462亿元，按可比价格计算，比上年增长6.8%，三次产业增加值结构为3.3∶42.1∶54.6。

（图1　2011-2020年全省生产总值及增长速度，略）

(图2　2020年各产业增加值占生产总值比重，略）

全年居民消费价格比上年上涨2.3%，其中食品类价格上涨9.5%。商品零售价格上涨1.2%。农业生产资料价格上涨6.1%。工业生产者出厂价格下降3.1%，购进价格下降4.1%。

(图3　2020年居民消费价格月度涨跌幅度〈%〉，略）

表1　2020年居民消费价格指数情况（上年＝100）

指　　标	全　省	城　市	农　村
居民消费价格指数	102.3	102.1	102.8
其中：食品烟酒	107.4	106.9	109.0
其中：食品	109.5	108.8	111.7
其中：粮食	101.7	101.7	101.5
衣着	100.5	100.5	100.5
居住	99.9	100.0	99.6
生活用品及服务	101.6	101.8	100.8
交通和通信	96.5	96.3	97.0
教育文化和娱乐	101.8	101.8	101.8
医疗保健	101.5	101.4	101.9
其他用品和服务	104.2	104.3	103.9

全年城镇新增就业 111.8 万人。年末城镇登记失业率为 2.79%。城镇调查失业率各季保持在 4.3%～4.9%，四季度为 4.3%。

供给侧结构性改革继续深化。全年规模以上工业企业平均产能利用率为 79.1%，其中四季度已恢复至 82.7%，高于上年全年 1.4 个百分点。规模以上工业中，高耗能行业增加值增长 3.8%，按可比价格计算占 33.2%，占比降低 0.6 个百分点。规模以上工业每百元营业收入中的成本为 82.86 元，比上年下降 0.71 元，资产负债率为 54.6%，下降 0.6 个百分点。规模以上服务业资产负债率为 55.6%。高新技术产业、生态环保城市更新和水利设施、交通投资分别增长 7.4%、2.0%和 6.1%，工业技改投资增长 2.6%。

数字经济逆势成长。全年以新产业、新业态、新模式为主要特征的“三新”经济增加值占 GDP 的 27.0%。数字经济核心产业增加值 7020 亿元，按可比价格计算比上年增长 13.0%。在规模以上工业中，数字经济核心产业、健康产品、节能环保、文化、高端装备、时尚制造业增加值分别增长 16.8%、14.3%、8.7%、7.9%、7.9%和 4.9%；高技术、高新技术、装备制造、战略性新兴产业增加值分别增长 15.6%、9.7%、10.8%和 10.2%；人工智能产业增长 16.6%。在战略性新兴产业中，新一代信息技术、新能源、生物、新材料产业增加值分别增长 21.0%、14.8%、11.5%和 5.2%。

表 2　2020 年规模以上工业分产业增加值及增速

产　业	增加值（亿元）	比上年增长（%）
规模以上工业增加值	16715	5.4
高技术产业	2606	15.6
高新技术产业	9961	9.7
装备制造业	7381	10.8
战略性新兴产业	5525	10.2
数字经济核心产业制造业	2430	16.8
节能环保制造业	2027	8.7
健康产品制造业	839	14.3
时尚制造业	1466	4.9
高端装备制造业	4231	7.9
文化制造业	771	7.9

表 3　2020 年规模以上服务业企业主要行业营业收入情况

行　业	营业收入（亿元）	比上年增长（%）
总　计	21633	10.8
交通运输、仓储和邮政业	4560	8.5
信息传输、软件和信息技术服务业	10043	16.3
房地产业(除房地产开发经营)	701	0.8
租赁和商务服务业	3264	3.3
科学研究和技术服务业	1841	22.7
水利、环境和公共设施管理业	295	-11.4
居民服务、修理和其他服务业	247	0.0
教育	90	0.2
卫生和社会工作	265	0.3
文化、体育和娱乐业	329	-19.0

发展质量稳步提升。全年全员劳动生产率[2]预计为 16.6 万元/人；规模以上工业劳动生产率 25.0 万元/

人，按可比价格计算，比上年提高 5.9%。财政总收入 12421 亿元，比上年增长 1.2%；一般公共预算收入 7248 亿元，增长 2.8%。其中，税收收入 6262 亿元，增长 6.1%，占一般公共预算收入的 86.4%。一般公共预算支出 10082 亿元，增长 0.3%。规模以上工业企业利润总额 5545 亿元，增长 14.7%，其中，高新技术、高技术、战略性新兴和数字经济核心产业利润总额分别增长 20.7%、22.1%、14.9%和 21.0%；营业收入利润率为 7.14%，提高 0.79 个百分点。规模以上服务业[3]企业营业收入 21633 亿元，增长 10.8%;利润总额 2833 亿元，增长 10.2%。

民营经济活力不断增强。全年民营经济增加值占全省生产总值的比重预计为 66.3%。规模以上工业中的民营企业增加值比上年增长 5.8%，增速高出规模以上工业 0.4 个百分点，增加值占比为 68.2%，比重提高 0.7 个百分点。规模以上服务业中的民营企业营业收入增长 11.8%，增速高出规模以上服务业 1.0 个百分点。民间投资占固定资产投资总额的 59.8%。民营企业货物出口 2.07 万亿元，增长 12.3%，进口 4947 亿元，增长 18.3%，分别占全省总额的 82.1%和 57.3%，比重比上年提高 2.3 和 3.4 个百分点。民营市场主体 776 万户，其中私营企业 260 万户，占企业总量的 92.3%。民营经济创造的税收占全省税收收入的 73.9%。

二、农业和农村

全年粮食播种面积 993 千公顷，比上年增长 1.6%，总产量 606 万吨，增长 2.3%；油菜籽播种面积 114 千公顷，下降 2.6%；蔬菜 660 千公顷，增长 2.1%;花卉 21 千公顷，与上年基本持平；中药材 50 千公顷，下降 5.8%；瓜果类 97 千公顷，下降 2.2%。

全年猪牛羊禽肉总产量 90 万吨，比上年下降 4.3%；水产品总产量 615 万吨，增长 2.5%，其中，海水产品产量 477 万吨，增长 2.0%；淡水产品产量 138 万吨，增长 4.1%。年末生猪存栏 628 万头，增长 46.9%，生猪出栏 665 万头，下降 12.0%。

高标准建设现代农业园区和粮食生产功能区。累计创建省级现代农业园区 69 个、特色农业强镇 113 个，建成单条产值 10 亿元以上的示范性农业全产业链 80 条。严格保护好 810 万亩粮食生产功能区。新增 34 个农产品地理标志，累计 138 个；新认定绿色食品 761 个，新增绿色食品基地面积 17.7 万亩；新建省级精品绿色农产品基地 10 个，累计 25 个。

“千万工程”深入推进。深化农村“三大革命”，设区市农村生活垃圾分类处理行政村覆盖率 85%，回收利用率 45%以上，资源化利用率达 90%以上，无害化处理率达 100%；建设（提标）农村规范化公厕 64842 座，平均每个行政村超过 3 座，创建省级星级公厕 2000 座，其中示范性公厕 200 座；农村生活污水处理设施行政村覆盖率 92.5%。创建美丽乡村示范县 45 个、美丽乡村示范乡镇 500 个、特色精品村 1500 个；新时代美丽乡村达标村 11290 个。健全自治法治德治智治“四治融合”的乡村治理机制，累计建成善治（示范）村 6036 个。统筹推进路、水、电、网、气、能等基础设施城乡互联互通、共建共享，新改建和改造提升农村公路 1.3 万公里，实现建制村客车“村村通”；农饮水累计完成提标人口 1054 万人，达标人口覆盖率 95%以上、水质达标率 90%以上、城乡规模化供水率 85%以上。加快城乡公共服务同标同质，全省乡镇公办中心幼儿园实现全覆盖，农村标准化学校达标率 98.61%；组建成县域医共体 161 家，村卫生室规范化率 74.5%；农村文化礼堂 1.78 万家，新时代文明实践中心建设试点 54 个，实现中心全覆盖，实践所、站覆盖率 70%；城乡居民基本养老保险代缴政策对象扩展到全体持证残疾人、低保边缘户，低收入农户医疗补充政策性保险实现全覆盖；符合社会救助条件的农村困难群众全部纳入社会救助范围；建成乡镇居家养老服务中心 683 家。

开展农村实用人才和高素质农民培训 12.5 万人次，线上课程学习 450 万人次，新增返乡留乡就业农民工 48.8 万人。

三、工业和建筑业

全年规模以上工业增加值 16715 亿元，比上年增长 5.4%。其中，国有及国有控股企业增长 3.8%，私营企业增长 4.0%；外商投资企业增长 5.7%，港澳台商投资企业增长 4.8%。17 个传统制造业增加值增长 2.3%。规模以上工业销售产值 73336 亿元，增长 1.8%，其中，出口交货值 12128 亿元，增长 0.5%。规模以上工业新产品产值率为 39.0%，比上年提高 1.3 个百分点。列入国家“三新”统计的 11 种新产品中，新能源汽车（77.7%）、碳纤维及其复合材料（58.7%）、光缆（50.8%）、工业机器人（43.6%）、太阳能电池（39.3%）、集成电路（21.2%）等产量快速增长。

表 4　2020 年主要工业产品产量

产品名称	单位	产量	比上年增长(%)
布	亿米	65.0	-15.8
化纤	万吨	2968.2	4.3
房间空调器	万台	1583.3	-18.5
发电量	亿千瓦时	3366.5	0.3
钢材	万吨	3806.7	7.2
水泥	万吨	13236.1	-1.4
发电机组	万千瓦	757.4	31.2
电工仪器仪表	万台	11274.8	-18.3
光纤	万米	5827.9	-45.4
光缆	万芯千米	4704.8	50.8
碳纤维及其复合材料	吨	9232.0	58.7
光电子器件	亿只（片、套）	644.5	9.0
锂离子电池	万只	41034.9	48.3
太阳能电池	万千瓦	2860.6	39.3
集成电路	亿块	174.1	21.2
电子元件	亿只	1018.2	3.5
微型计算机设备	万台	139.2	-49.9
移动通信手持机（手机）	万台	3704.6	2.5
其中：智能手机	万台	3487.9	5.1
汽车	万辆	88.4	-6.5
其中：新能源汽车	万辆	7.1	77.7
工业机器人	套	18670	43.6
3D 打印设备	台	529	-56.4
城市轨道车辆	辆	575	2.5

全年建筑业增加值 3812 亿元，占 GDP 的比重为 5.9%。

四、固定资产投资和房地产业

全年固定资产投资比上年增长 5.4%。非国有投资增长 3.7%，占 64.9%；民间投资增长 2.6%。工业投资、制造业投资和装备制造业投资分别增长 6.7%、3.4%和 12.6%。

全年房地产开发投资比上年增长 6.8%，其中住宅投资增长 4.7%，办公楼投资增长 14.3%，商业营业用房投资增长 2.4%。商品房销售面积 10250 万平方米，增长 9.3%；商品房销售额 17145 亿元，增长 19.5%。

五、国内贸易

全年社会消费品零售总额 26630 亿元，比上年下降 2.6%。按经营地统计，城镇消费品零售额 22336 亿元，下降 2.8%；乡村消费品零售额 4293 亿元，下降 1.8%。按消费类型统计，商品零售额 23843 亿元，下降 1.9%；餐饮收入 2787 亿元，下降 8.4%。

在限额以上批发零售企业商品零售额中，粮油食品、饮料和日用品零售额增速平稳，分别比上年增长 9.2%、8.1%和 4.8%；体育娱乐用品、烟酒、化妆品和文化办公用品类零售额增速较快，分别增长 30.9%、15.5%、13.1%和 12.6%。升级类商品消费需求持续释放，可穿戴智能设备、新能源汽车、计算机及其配套产品分别增长 40.8%、23.9%和 16.3%。批发零售企业通过公共网络实现的商品零售额增长 19.2%。

全省各类商品市场 3342 个，全年交易额为 2.12 万亿元，比上年下降 7.9%。其中，十亿级市场 253 个，百亿级市场 34 个，千亿级市场 2 个。

六、对外经济

全年货物进出口 33808 亿元，其中，出口 25180 亿元，进口 8628 亿元，分别比上年增长 9.6%、9.1%和 11.2%，分别占全国的 10.5%、14.0%和 6.1%，份额比上年提升 0.7、0.7 和 0.6 个百分点，进出口份额首次突破 10%，出口和进口份额均创历史新高。对主要市场出口增长较快，其中，对欧盟、美国、东盟、日本、韩国出口分别增长 9.9%、18.3%、14.6%、7.9%和 18.8%，合计占出口总额的 58.5%，拉动出口增长 7.7 个百分点。对“一带一路”沿线国家进出口增长 10.7%，拉动进出口总额增长 3.6 个百分点，增长贡献率为 37.6%。中欧（义新欧）班列开行 1399 列。推动中国（浙江）自由贸易试验区扩权，全年自贸区固定资产投资 458.5 亿元，新增注册企业 7357 家，新增油品企业 1880 家，新增杭州、宁波、金义三个片区。

表 5　2020 年货物进出口主要分类情况

指　　标	金额(亿元)	比上年增长(%)
货物进出口总额	33808	9.6
货物出口额	25180	9.1
其中：一般贸易	19863	8.8
加工贸易	1784	0.5
其中：机电产品	11361	14.9
高新技术产品	2028	26.4
货物进口额	8628	11.2
其中：一般贸易	6840	14.8
加工贸易	791	1.4
其中：机电产品	1458	6.4

全年新批外商直接投资项目 2821 个，合同外资 351 亿美元，比上年下降 19.6%，实际使用外资 158 亿美元，增长 16.4%。制造业实际使用外资 50 亿美元，增长 13.7%。第三产业投资项目 2386 个，占外商直接投资项目总数的 84.6%，合同外资 253 亿美元，下降 22.9%，占合同外资总额的 72.0%，实际使用外资 103 亿美元，增长 16.8%，占实际外资总额的 65.5%。

全年经备案核准的境外企业和机构 631 家，比上年减少 132 家。境外直接投资备案额 720 亿元，下降 13.4%。国外经济合作完成营业额 429 亿元，下降 21.3%。其中，对外承包工程完成营业额 364 亿元，下降 21.6%；新签合同额 256 亿元，下降 29.7%；共派出各类劳务人员 13939 人次，外派劳务人员实际收入 9 亿元。

表 6　2020 年对主要市场货物进出口情况

国家和地区	出口额（亿元）	比上年增长（%）	进口额（亿元）	比上年增长（%）
欧　盟	5510	9.9	910	4.3
美　国	4669	18.3	476	49.0
东　盟	2889	14.6	1535	20.2
日　本	942	7.9	675	-6.6
俄罗斯	688	5.4	219	36.8
韩　国	723	18.8	694	3.9
中国台湾	256	2.7	486	-9.2
中国香港	337	24.1	36	-32.4

七、交通运输、邮电和旅游

全年交通运输、仓储和邮政业增加值 1968 亿元，比上年增长 0.6%。

年末全省公路总里程 12.33 万公里，其中，高速公路 5096 公里，实现陆域县县通高速。共有民航机场 7 个，全年旅客吞吐量 4996 万人，其中发送量 2523 万人。铁路、公路和水运货物周转量 12323 亿吨公里，比上年下降 0.5%；旅客周转量 674 亿人公里，下降 40.3%。全省港口货物吞吐量 18.5 亿吨，增长 6.0% [4]，其中，沿海港口 14.1 亿吨，增长 4.5%。宁波舟山港货物吞吐量 11.7 亿吨，连续 12 年居全球第一，集装箱吞吐量 2872 万标箱，连续 3 年全球第三。

表 7　2020 年交通客货运输量

指　标	单位	绝对数	比上年增长（%）
货物周转量	亿吨公里	12323	-0.5
其中：铁路	亿吨公里	230	-2.2
公路	亿吨公里	2210	6.1
水运	亿吨公里	9883	-1.8
旅客周转量	亿人公里	674	-40.3
其中：铁路	亿人公里	465	-37.5
公路	亿人公里	205	-45.9
水运	亿人公里	5	-34.9
民航旅客吞吐量	万人	4996	-28.8

年末全省小型载客汽车保有量 1586 万辆，其中私家车（个人小型、微型载客汽车）保有量 1460 万辆。

全年邮政业务总量[5]4311 亿元，比上年增长 35.7%；电信业务总量[6]8309 亿元，增长 23.7%。年末移动电话用户 8585 万户，比上年减少 151 万户，其中 3G、4G、5G[7]移动电话用户 8577 万户。固定互联网宽带接入用户 2939 万户，增加 157 万户，其中固定互联网光纤宽带接入用户 2693 万户，增加 184 万户。移动互联网用户 7041 万户，减少 6 万户。快递业务量 179.5 亿件，比上年增长 35.3%。

全年旅游总收入 8275 亿元，比上年下降 24.2%，接待游客 5.7 亿人次，下降 21.5%，其中接待入境过夜游客 38.3 万人次，下降 91.8%。

八、金融、证券和保险

年末全部金融机构本外币各项存款余额 152234 亿元，比上年末增长 15.9%，其中人民币存款余额增长

15.1%。住户本外币存款余额 61569 亿元，增长 14.6%。全部金融机构本外币各项贷款余额 143612 亿元，增长 18.0%，其中人民币贷款余额增长 18.2%。主要农村金融机构（农村信用社、农村合作银行、农村商业银行）人民币贷款余额 20233 亿元，比上年末增加 3761 亿元。

表 8　2020 年金融机构本外币存贷款情况

指　　标	年末数（亿元）	比上年末增长（%）
各项存款余额	152234	15.9
其中：住户存款	61569	14.6
非金融企业存款	55528	22.4
各项贷款余额	143612	18.0
其中：住户贷款	60959	20.5
非金融企业及机关团体贷款	82089	16.2

年末境内上市公司 518 家，累计融资 13885 亿元。其中，中小板上市公司 145 家，占全国中小板上市公司的 14.6%；创业板上市公司 109 家，占全国创业板上市公司的 12.2%。

全年保险业保费收入 2868 亿元，比上年增长 9.1%。其中，财产险保费收入 940 亿元，增长 4.5%；人身险保费收入 1928 亿元，增长 11.6%。各类赔款及给付 908 亿元，增长 3.5%。其中，财产险赔付 578 亿元，人身险赔付 330 亿元。

九、人民生活和社会保障

根据城乡一体化住户调查，全年全省居民人均可支配收入为 52397 元，比上年增长 5.0%，扣除价格因素增长 2.6%。按常住地分，城镇和农村居民人均可支配收入分别为 62699 和 31930 元，增长 4.2%和 6.9%，扣除价格因素分别增长 2.1%和 4.0%。全省居民人均可支配收入中位数[8]为 46125 元，增长 4.4%。低收入农户人均可支配收入增长 14.0%。

表 9　2020 年居民人均收支主要指标

指　　标	全省居民		城镇常住居民		农村常住居民	
	绝对数（元）	比上年增长（%）	绝对数（元）	比上年增长（%）	绝对数（元）	比上年增长（%）
人均可支配收入	52397	5.0	62699	4.2	31930	6.9
工资性收入	30059	5.4	35370	5.1	19510	5.6
经营净收入	8313	-2.2	8672	-4.9	7601	4.2
财产净收入	6136	7.5	8747	6.7	949	11.4
转移净收入	7888	9.8	9910	7.7	3871	19.2
人均生活消费支出	31295	-2.3	36197	-3.5	21555	1.0

全省居民人均生活消费支出 31295 元，比上年下降 2.3%，扣除价格因素下降 4.5%。按常住地分，城镇居民人均生活消费支出分别为 36197 元，下降 3.5%，农村居民人均生活消费支出 21555 元，增长 1.0%，扣除价格因素分别下降 5.5%和 1.8%。

年末每百户居民家庭拥有家用汽车 48.2 辆；计算机 73.7 台，其中接入互联网的计算机 65.7 台；移动电话 247.9 部，其中接入互联网的移动电话 211.5 部；彩色电视机 176.1 台、电冰箱 106.5 台、洗衣机 93.7 台、空调 198.5 台、热水器 105.9 台。

年末全省参加基本养老保险人数 4355 万人，参加基本医疗保险人数 5557 万人，参加失业保险、工伤保险、生育保险人数分别为 1688、2547 和 2067 万人。城乡居民养老保险基础养老金最低标准提高到 165 元/月，因工死亡职工供养亲属抚恤金月人均提高 110 元。

年末在册低保对象 61.4 万人（不含五保），其中，城镇 6.2 万人，农村 55.2 万人。低保资金（含各类补贴）支出 58.4 亿元，比上年增长 21.5%；城乡低保同标，平均每人每月 886 元。中央和省财政投入补助资金 44.9 亿元，新增各类机构养老床位 1.3 万张。

全年发行各类福利彩票 117.6 亿元，比上年减少 36.3 亿元，筹集公益金 36.6 亿元。

十、教育和科学技术

年末全省共有幼儿园 8009 所，在园幼儿 198.6 万人，比上年增长 2.5%。共有小学 3308 所，招生 64.6 万人；在校生 372.7 万人，增长 1.5%，小学学龄儿童入学率为 99.99%。小学生均校舍建筑面积 10.2 平方米；生均图书 33.6 册；每百名学生拥有计算机 21.6 台；体育运动场（馆）面积达标的学校比例为 99.8%。共有初中 1748 所，招生 55.4 万人；在校生 163.6 万人，与上年持平，初中入学率为 99.99%。初中生均校舍建筑面积 22.1 平方米；生均图书 55.8 册；每百名学生拥有计算机 35 台；体育运动场（馆）面积达标的学校比例为 99.9%。全省各类中等职业教育学校 249 所（不含技工学校），招生 21 万人，在校生 56.9 万人；普通高中 622 所，招生 28.3 万人，在校生 80.9 万人，毕业生 25.5 万人。

全省共有普通高校 110 所（含独立学院及筹建院校）。研究生（含非全日制）、本科、专科招生比例为 1:4.2:4.3；高等教育毛入学率为 62.4%。全年研究生（含非全日制）招生 43064 人，其中，博士生 4694 人，硕士生 38370 人。

幼儿园专任教师 14.3 万人，比上年增加 0.8 万人；幼儿教师学历合格率为 99.99%。义务教育中小学专任教师 35.5 万人，增长 2.4%。中等职业教育（不含技工学校）专任教师 3.7 万人，生师比 15.6:1；专任教师学历合格率为 97.8%。双师型教师占专任教师和专业课教师的比例分别为 46.2%和 85.8%。普通高等学校专任教师中副高及以上职称教师比例为 44.7%；具有硕士及以上学位教师比例为 86.6%。

全年全社会研究和试验发展（R&D）经费支出与生产总值之比为 2.8%，比上年提高 0.13 个百分点。财政一般公共预算支出中科技支出 472.1 亿元。

全省有国家认定的企业技术中心 131 家（含分中心）。新认定高新技术企业 6450 家，累计有效高新技术企业 22158 家。新培育科技型中小企业 16032 家，累计 69119 家。全年专利申请量 53.1 万件；授权量 39.2 万件，其中发明专利授权量 5.0 万件，比上年增长 46.9%。科技进步贡献率为 65%。新增“浙江制造”标准 561 个。

十一、卫生和文化体育

年末全省卫生机构 3.44 万个(含村卫生室)，其中，医院 1429 个，卫生院 1069 个，社区卫生服务中心(站）4733 个，诊所（卫生室、医务室）12856 个，村卫生室 11300 个，疾病预防控制中心 103 个，卫生监督所（中心）99 个。卫生技术人员 54.8 万人，比上年末增长 5.3%，其中，执业（助理）医师 21.8 万人，注册护士 23.3 万人，分别增长 5.9%和 6.0%。医疗卫生机构床位数 36.1 万张，增长 3.0%，其中，医院 31.7 万张，卫生院 2.0 万张。医院全年总诊疗 25953 万人次，比上年下降 12.7%。

全年诊疗服务平台预约请求量 1049 万人次，预约成功量 796 万人次，分别比上年增长 3.8%和 8.2%，日均预约成功量 2.2 万人次；新增注册用户 460 万人，增长 115.9%，日均注册量为 1.3 万人；新接入医疗卫生机构 1053 家，累计接入医疗卫生机构 1901 家。

年末全省县级以上公共图书馆 105 个，文化馆 101 个，文化站 1378 个，博物馆 376 个，世界遗产 4 个，县级文化馆和图书馆覆盖率均达 100%，乡镇文化站和行政村文化活动室覆盖率均达 100%，公共图书馆虚拟网络基本全覆盖。广播人口覆盖率为 99.77%，电视人口覆盖率为 99.84%。全年制作影片 69 部，电影票房收入 14.9 亿元。图书出版社 14 家，公开发行报纸 66 种，出版期刊 235 种。

浙江运动员全年共获取全国一类比赛冠军 38 个。经常参加体育锻炼[9]（含学生）人数占总人口的 42%，城乡居民国民体质合格率保持在 93.5%以上。省级全民健身中心 33 个、中心村全民健身广场（体育休闲公园）798 个、社区多功能运动场 1087 个。国家级体育后备人才基地 18 个，省级体育后备人才基地 50 个。国家级体育传统项目学校 8 个。省级青少年体育俱乐部 413 所。国家体育产业示范基地（运动休闲示范区）9 个、体育旅游示范基地 1 个、国家级运动休闲特色小镇 3 个。省级运动休闲基地 25 个、运动休闲旅游示范基地 34 个。

全年销售体育彩票 132.2 亿元，比上年下降 15.4%。

十二、资源、环境保护和社会安全

全年平均降水量为 1701 毫米（折合降水总量 1783 亿立方米）。水资源总量为 1027 亿立方米。

全年完成造林更新面积 49.7 千公顷，其中迹地更新 6.8 千公顷。完成义务植树 2437 万株，新植珍贵树木 2235 万株。完成珍贵树种造林、珍贵彩色森林和大径材培育项目建设 28.1 万亩。根据 2020 年浙江省森林资源公告，森林覆盖率为 61.15%（含灌木林）。完成水土流失治理面积为 483.8 平方公里。

年末有新一代天气雷达站 12 个，气象卫星接收站 15 个，地面自动气象观测站 3348 个。全年霾平均日数 33 天，比上年减少 4 天。11 个设区城市环境空气 $PM_{2.5}$ 年均浓度平均为 25 微克/立方米，比上年下降 19.4%；日空气质量优良天数比例为 87.2%～98.9%，平均为 93.3%，比上年提高 4.7 个百分点。69 个县级以上城市日空气质量优良天数比例为 87.2%～100%，平均为 96.2%，提高 3.1 个百分点。

221 个省控断面中，Ⅲ类及以上水质断面占 94.6%，比上年提高 3.2 个百分点；满足水环境功能区目标水质要求断面占 98.2%，提高 2.3 个百分点。按达标水量计，11 个设区城市的主要集中式饮用水水源地水质达标率为 100%，提高 1.2 个百分点；县级以上城市集中式饮用水水源地水质达标率为 100%，提高 1.1 个百分点。按个数计，11 个设区城市的主要集中式饮用水水源地水质达标率为 100%，比上年提高 4.5 个百分点；县级以上城市集中式饮用水水源地水质达标率为 100%，提高 3.3 个百分点。145 个跨行政区域河流交接断面水质达标率为 98.6%，比上年提高 2.0 个百分点。近岸海域共发现赤潮 12 次，累计面积约 1528 平方公里，全年未发现有毒、有害赤潮。与上年相比，赤潮发现次数减少 10 次，累计面积减少 334.8 平方公里。

全年城市（县城）污水排放量 41.0 亿立方米，比上年增长 4.0%；污水处理量 39.9 亿立方米，增长 4.4%；污水处理率 97.3%，比上年提高 0.5 个百分点；城市（县城）生活垃圾无害化处理率 100%；用水普及率 100%；燃气普及率 99.1%。

累计建成国家生态文明建设示范市 1 个，国家生态文明建设示范县（市、区）24 个，国家“绿水青山就是金山银山”实践创新基地 8 个，省级生态文明建设示范市 7 个，省级生态文明建设示范县（市、区）61 个。

浙石化等项目单列计算后，全省规模以上工业能耗总量比上年下降 0.1%，单位增加值能耗下降 4.3%。其中，千吨以上和重点监测用能企业能源消费量分别下降 2.0%和 1.9%，单位增加值能耗分别下降 4.2%和 4.4%。

全年发生各类生产安全事故（包括工矿商贸企业、道路运输、水上交通、渔业船舶、铁路交通、海上交通事故）1141 起、死亡 1005 人，分别比上年下降 22.0%和 22.2%。其中，道路运输共发生事故 832 起、死亡 695 人，分别下降 25.1%和 22.6%。

注释：

[1]本公报所列各项数据均为年度初步统计数据。部分数据因四舍五入原因，存在与分项合计不等的情况。人口数据将根据第七次人口普查结果发布公报，与人口相关计算指标的数据暂缺。

[2]全员劳动生产率为地区生产总值（现价）与全部就业人员年平均人数的比率。

[3]辖区内年营业收入 2000 万元及以上服务业法人单位。包括：交通运输、仓储和邮政业，信息传输、软件和信息技术

服务业，水利、环境和公共设施管理业三个门类和卫生行业大类。辖区内年营业收入1000万元及以上服务业法人单位。包括：租赁和商务服务业，科学研究和技术服务业，教育三个门类，以及物业管理、房地产中介服务、房地产租赁经营和其他房地产业四个行业小类。辖区内年营业收入500万元及以上服务业法人单位。包括：居民服务、修理和其他服务业，文化、体育和娱乐业两个门类，以及社会工作行业大类。

[4]统计范围是全部港口。

[5]邮政业务总量按2010年不变价计算。

[6]电信业务总量按2015年不变价计算。

[7]5G移动电话用户目前指办理了5G套餐的用户。

[8]人均可支配收入中位数是指将所有调查户按人均可支配收入水平从低到高顺序排列，处于最中间位置的调查户的人均可支配收入。

[9]经常参加体育锻炼的人指每周参加3次及以上，每次锻炼时间30分钟以上、锻炼强度达到中等及以上的人。

资料来源：

本公报中财政数据来自省财政厅；城镇新增就业、登记失业率、社会保障等数据来自省人力社保厅；水产品产量、粮食生产功能区、现代农业园区、示范性农业全产业链、农村生活垃圾处理、美丽乡村建设、农民素质提升工程培训、农村公厕等数据来自省农业农村厅；商品交易实体市场和交易额、“浙江制造”标准、专利等数据来自省市场监管局（知识产权局）；货物进出口等数据来自杭州海关；外商直接投资、对外投资、国外经济合作、对外承包工程、外派劳务等数据来自省商务厅；公路里程、民航运输、货物周转量、旅客周转量、港口货物吞吐量、集装箱吞吐量等数据来自省交通运输厅；汽车拥有量等数据来自省公安厅；邮政业务、快递业务量等数据来自省邮政管理局；电信业务总量、电话用户、互联网用户等数据来自省通信管理局；公共图书馆、文化馆、博物馆、旅游等数据来自省文化和旅游厅；货币金融数据来自人民银行杭州中心支行；上市公司数据来自浙江证监局；保险业数据来自浙江银保监局；教育数据来自省教育厅；企业技术中心、高新技术企业、科技型中小企业、科技进步贡献率等数据来自省科技厅；卫生、诊疗数据来自省卫生健康委；广播电视数据来自省广电局；电影、出版数据来自省委宣传部；体育、体育彩票等数据来自省体育局；低保、社会服务、福利彩票等数据来自省民政厅；水资源、水土流失治理面积等数据来自省水利厅；森林资源数据来自省林业局；气象数据来自省气象局；生态建设、环境监测等数据来自省生态环境厅；城市污水处理、城市生活垃圾处理、用水和燃气普及率等数据来自省建设厅；各类事故发生起数、死亡人数等数据来自省应急管理厅；价格、粮食产量、生猪存出栏、城乡居民收支、家庭耐用品拥有量、调查失业率等数据来自国家统计局浙江调查总队；其它数据均来自于省统计局。

中华人民共和国2020年国民经济和社会发展统计公报[1]

国家统计局

2021年2月28日

2020年是新中国历史上极不平凡的一年。面对严峻复杂的国际形势、艰巨繁重的国内改革发展稳定任务特别是新冠肺炎疫情的严重冲击，以习近平同志为核心的党中央统揽全局，保持战略定力，准确判断形势，精心谋划部署，果断采取行动，付出艰苦努力，及时作出统筹疫情防控和经济社会发展的重大决策。各地区各部门坚持以习近平新时代中国特色社会主义思想为指导，全面贯彻党的十九大和十九届二中、三中、四中、五中全会精神，按照党中央、国务院决策部署，沉着冷静应对风险挑战，坚持高质量发展方向不动摇，统筹疫情防控和经济社会发展，扎实做好"六稳"工作，全面落实"六保"任务，我国经济运行逐季改善、逐步恢复常态，在全球主要经济体中唯一实现经济正增长，脱贫攻坚战取得全面胜利，决胜全面建成小康社会取得决定性成就，交出一份人民满意、世界瞩目、可以载入史册的答卷。

一、综合[2]

初步核算，全年国内生产总值[3]1015986亿元，比上年增长2.3%。其中，第一产业增加值77754亿元，增长3.0%；第二产业增加值384255亿元，增长2.6%；第三产业增加值553977亿元，增长2.1%。第一产业增加值占国内生产总值比重为7.7%，第二产业增加值比重为37.8%，第三产业增加值比重为54.5%。全年最终消费支出拉动国内生产总值下降0.5个百分点，资本形成总额拉动国内生产总值增长2.2个百分点，货物和服务净出口拉动国内生产总值增长0.7个百分点。分季度看，一季度国内生产总值同比下降6.8%，二季度增长3.2%，三季度增长4.9%，四季度增长6.5%。预计全年人均国内生产总值72447元，比上年增长2.0%。国民总收入[4]1009151亿元，比上年增长1.9%。全国万元国内生产总值能耗[5]比上年下降0.1%。预计全员劳动生产率[6]为117746元/人，比上年提高2.5%。

（图1　2016-2020年国内生产总值及其增长速度，略）

（图2　2016-2020年三次产业增加值占国内生产总值比重，略）

全年城镇新增就业1186万人，比上年少增166万人。年末全国城镇调查失业率为5.2%，城镇登记失业率为4.2%。全国农民工[7]总量28560万人，比上年下降1.8%。其中，外出农民工16959万人，下降2.7%；本地农民工11601万人，下降0.4%。

（图3　2016-2020年城镇新增就业人数，略）

全年居民消费价格比上年上涨2.5%。工业生产者出厂价格下降1.8%。工业生产者购进价格下降2.3%。农产品生产者价格[8]上涨15.0%。12月份，70个大中城市新建商品住宅销售价格同比上涨的城市个数为60个，下降的为10个。

（图4　2020年居民消费价格月度涨跌幅度，略）

年末国家外汇储备32165亿美元，比上年末增加1086亿美元。全年人民币平均汇率为1美元兑6.8974元人民币，比上年升值0.02%。

（图5　2016-2020年年末国家外汇储备，略）

表 1　2020 年居民消费价格比上年涨跌幅度

单位：%

指　　标	全国	城市	农村
居民消费价格	2.5	2.3	3.0
其中：食品烟酒	8.3	7.8	9.6
衣　着	-0.2	-0.2	-0.3
居　住[9]	-0.4	-0.4	-0.5
生活用品及服务	0.0	0.1	-0.1
交通和通信	-3.5	-3.6	-3.2
教育文化和娱乐	1.3	1.4	1.1
医疗保健	1.8	1.7	2.0
其他用品和服务	4.3	4.4	4.1

三大攻坚战取得决定性成就。按照每人每年生活水平 2300 元（2010 年不变价）的现行农村贫困标准计算，551 万农村贫困人口全部实现脱贫。党的十八大以来，9899 万农村贫困人口全部实现脱贫，贫困县全部摘帽，绝对贫困历史性消除。全年贫困地区[10]农村居民人均可支配收入 12588 元，比上年增长 8.8%，扣除价格因素，实际增长 5.6%。在监测的 337 个地级及以上城市中，全年空气质量达标的城市占 59.9%，未达标的城市占 40.1%。细颗粒物（PM2.5）未达标城市（基于 2015 年 PM2.5 年平均浓度未达标的 262 个城市）年平均浓度 37 微克/立方米，比上年下降 7.5%。1940 个国家地表水考核断面中，全年水质优良（Ⅰ～Ⅲ类）断面比例为 83.4%，Ⅳ类断面比例为 13.6%，Ⅴ类断面比例为 2.4%，劣Ⅴ类断面比例为 0.6%。年末全国地方政府债务余额控制在全国人大批准的限额之内。金融风险处置取得重要阶段性成果。

新产业新业态新模式逆势成长。全年规模以上工业中，高技术制造业[11]增加值比上年增长 7.1%，占规模以上工业增加值的比重为 15.1%；装备制造业[12]增加值增长 6.6%，占规模以上工业增加值的比重为 33.7%。全年规模以上服务业[13]中，战略性新兴服务业[14]企业营业收入比上年增长 8.3%。全年高技术产业投资[15]比上年增长 10.6%。全年新能源汽车产量 145.6 万辆，比上年增长 17.3%；集成电路产量 2614.7 亿块，增长 29.6%。全年网上零售额[16]117601 亿元，按可比口径计算，比上年增长 10.9%。全年新登记市场主体 2502 万户，日均新登记企业 2.2 万户，年末市场主体总数达 1.4 亿户。

城乡区域协调发展稳步推进。年末常住人口城镇化率超过 60%。分区域看[17]，全年东部地区生产总值 525752 亿元，比上年增长 2.9%；中部地区生产总值 222246 亿元，增长 1.3%；西部地区生产总值 213292 亿元，增长 3.3%；东北地区生产总值 51125 亿元，增长 1.1%。全年京津冀地区生产总值 86393 亿元，比上年增长 2.4%；长江经济带地区生产总值 471580 亿元，增长 2.7%；长江三角洲地区生产总值 244714 亿元，增长 3.3%。粤港澳大湾区建设、黄河流域生态保护和高质量发展等区域重大战略深入实施。

二、农业

全年粮食种植面积 11677 万公顷，比上年增加 70 万公顷。其中，稻谷种植面积 3008 万公顷，增加 38 万公顷；小麦种植面积 2338 万公顷，减少 35 万公顷；玉米种植面积 4126 万公顷，减少 2 万公顷。棉花种植面积 317 万公顷，减少 17 万公顷。油料种植面积 1313 万公顷，增加 20 万公顷。糖料种植面积 157 万公顷，减少 4 万公顷。

全年粮食产量 66949 万吨，比上年增加 565 万吨，增产 0.9%。其中，夏粮产量 14286 万吨，增产 0.9%；早稻产量 2729 万吨，增产 3.9%；秋粮产量 49934 万吨，增产 0.7%。全年谷物产量 61674 万吨，比上年增产 0.5%。其中，稻谷产量 21186 万吨，增产 1.1%；小麦产量 13425 万吨，增产 0.5%；玉米产量 26067 万吨，持平略减。

（图 6　2016-2020 年粮食产量，略）

全年棉花产量 591 万吨，比上年增产 0.4%。油料产量 3585 万吨，增产 2.6%。糖料产量 12028 万吨，减产 1.2%。茶叶产量 297 万吨，增产 7.1%。

全年猪牛羊禽肉产量 7639 万吨，比上年下降 0.1%。其中，猪肉产量 4113 万吨，下降 3.3%；牛肉产量 672 万吨，增长 0.8%；羊肉产量 492 万吨，增长 1.0%；禽肉产量 2361 万吨，增长 5.5%。禽蛋产量 3468 万吨，增长 4.8%。牛奶产量 3440 万吨，增长 7.5%。年末生猪存栏 40650 万头，比上年末增长 31.0%；全年生猪出栏 52704 万头，比上年下降 3.2%。

全年水产品产量 6545 万吨，比上年增长 1.0%。其中，养殖水产品产量 5215 万吨，增长 3.0%；捕捞水产品产量 1330 万吨，下降 5.0%。

全年木材产量 8727 万立方米，比上年下降 13.1%。

全年新增耕地灌溉面积 43 万公顷，新增高效节水灌溉面积 160 万公顷。

三、工业和建筑业

全年全部工业增加值 313071 亿元，比上年增长 2.4%。规模以上工业增加值增长 2.8%。在规模以上工业中，分经济类型看，国有控股企业增加值增长 2.2%；股份制企业增长 3.0%，外商及港澳台商投资企业增长 2.4%；私营企业增长 3.7%。分门类看，采矿业增长 0.5%，制造业增长 3.4%，电力、热力、燃气及水生产和供应业增长 2.0%。

（图 7　2016-2020 年全部工业增加值及其增长速度，略）

全年规模以上工业中，农副食品加工业增加值比上年下降 1.5%，纺织业增长 0.7%，化学原料和化学制品制造业增长 3.4%，非金属矿物制品业增长 2.8%，黑色金属冶炼和压延加工业增长 6.7%，通用设备制造业增长 5.1%，专用设备制造业增长 6.3%，汽车制造业增长 6.6%，电气机械和器材制造业增长 8.9%，计算机、通信和其他电子设备制造业增长 7.7%，电力、热力生产和供应业增长 1.9%。

表 2　2020 年主要工业产品产量及其增长速度[18]

产品名称	单位	产量	比上年增长（%）
纱	万吨	2618.3	-7.4
布	亿米	460.3	-17.1
化学纤维	万吨	6126.5	4.1
成品糖	万吨	1431.3	3.0
卷烟	亿支	23863.7	0.9
彩色电视机	万台	19626.2	3.3
其中：液晶电视机	万台	19247.2	3.0
家用电冰箱	万台	9014.7	14.0
房间空气调节器	万台	21035.3	-3.8
一次能源生产总量	亿吨标准煤	40.8	2.8
原煤	亿吨	39.0	1.4
原油	万吨	19476.9	1.6
天然气	亿立方米	1925.0	9.8
发电量	亿千瓦小时	77790.6	3.7
其中：火电[19]	亿千瓦小时	53302.5	2.1

续表

产品名称	单位	产量	比上年增长（%）
水电	亿千瓦小时	13552.1	3.9
核电	亿千瓦小时	3662.5	5.1
粗钢	万吨	106476.7	7.0
钢材[20]	万吨	132489.2	10.0
十种有色金属	万吨	6188.4	5.5
其中：精炼铜（电解铜）	万吨	1002.5	2.5
原铝（电解铝）	万吨	3708.0	5.6
水泥	亿吨	24.0	2.5
硫酸（折 100%）	万吨	9238.2	1.3
烧碱（折 100%）	万吨	3673.9	6.2
乙烯	万吨	2160.0	5.2
化肥（折 100%）	万吨	5496.0	-4.1
发电机组（发电设备）	万千瓦	13226.2	38.3
汽车	万辆	2532.5	-1.4
其中：基本型乘用车（轿车）	万辆	923.9	-10.2
运动型多用途乘用车（SUV）	万辆	905.0	2.6
大中型拖拉机	万台	34.6	23.0
集成电路	亿块	2614.7	29.6
程控交换机	万线	702.5	-11.1
移动通信手持机	万台	146961.8	-13.3
微型计算机设备	万台	37800.4	10.6
工业机器人	万台（套）	21.2	20.7

年末全国发电装机容量 220058 万千瓦，比上年末增长 9.5%。其中[21]，火电装机容量 124517 万千瓦，增长 4.7%；水电装机容量 37016 万千瓦，增长 3.4%；核电装机容量 4989 万千瓦，增长 2.4%；并网风电装机容量 28153 万千瓦，增长 34.6%；并网太阳能发电装机容量 25343 万千瓦，增长 24.1%。

全年规模以上工业企业利润 64516 亿元，比上年增长 4.1%[22]。分经济类型看，国有控股企业利润 14861 亿元，比上年下降 2.9%；股份制企业 45445 亿元，增长 3.4%，外商及港澳台商投资企业 18234 亿元，增长 7.0%；私营企业 20262 亿元，增长 3.1%。分门类看，采矿业利润 3553 亿元，比上年下降 31.5%；制造业 55795 亿元，增长 7.6%；电力、热力、燃气及水生产和供应业 5168 亿元，增长 4.9%。全年规模以上工业企业每百元营业收入中的成本为 83.89 元，比上年减少 0.11 元；营业收入利润率为 6.08%，提高 0.20 个百分点。年末规模以上工业企业资产负债率为 56.1%，比上年末下降 0.3 个百分点。全年全国工业产能利用率[23]为 74.5%，其中一、二、三、四季度分别为 67.3%、74.4%、76.7%、78.0%。

全年全社会建筑业增加值 72996 亿元，比上年增长 3.5%。全国具有资质等级的总承包和专业承包建筑业企业利润 8303 亿元，比上年增长 0.3%，其中国有控股企业 2871 亿元，增长 4.7%。

（图 8　2016-2020 年建筑业增加值及其增长速度，略）

四、服务业

全年批发和零售业增加值 95686 亿元，比上年下降 1.3%；交通运输、仓储和邮政业增加值 41562 亿元，增长 0.5%；住宿和餐饮业增加值 15971 亿元，下降 13.1%；金融业增加值 84070 亿元，增长 7.0%；房地产业增加值 74553 亿元，增长 2.9%；信息传输、软件和信息技术服务业增加值 37951 亿元，增长 16.9%；租赁和商务服务业增加值 31616 亿元，下降 5.3%。全年规模以上服务业企业营业收入比上年增长 1.9%，利润总额下降 7.0%。

（图 9　2016-2020 年服务业增加值及其增长速度，略）

全年货物运输总量[24]463 亿吨，货物运输周转量 196618 亿吨公里。全年港口完成货物吞吐量 145 亿吨，比上年增长 4.3%，其中外贸货物吞吐量 45 亿吨，增长 4.0%。港口集装箱吞吐量 26430 万标准箱，增长 1.2%。

表 3　2020 年各种运输方式完成货物运输量及其增长速度

指　标	单位	绝对数	比上年增长（%）
货物运输总量	亿吨	463.4	-0.5
铁路	亿吨	44.6	3.2
公路	亿吨	342.6	-0.3
水运	亿吨	76.2	-3.3
民航	万吨	676.6	-10.2
货物运输周转量	亿吨公里	196618.3	-1.0
铁路	亿吨公里	30371.8	1.0
公路	亿吨公里	60171.8	0.9
水运	亿吨公里	105834.4	-2.5
民航	亿吨公里	240.2	-8.7

全年旅客运输总量 97 亿人次，比上年下降 45.1%。旅客运输周转量 19251 亿人公里，下降 45.5%。

表 4　2020 年各种运输方式完成旅客运输量及其增长速度

指　　标	单位	绝对数	比上年增长（%）
旅客运输总量	亿人次	96.7	-45.1
铁路	亿人次	22.0	-39.8
公路	亿人次	68.9	-47.0
水运	亿人次	1.5	-45.2
民航	亿人次	4.2	-36.7
旅客运输周转量	亿人公里	19251.4	-45.5
铁路	亿人公里	8266.2	-43.8
公路	亿人公里	4641.0	-47.6
水运	亿人公里	33.0	-58.0
民航	亿人公里	6311.2	-46.1

年末全国民用汽车保有量 28087 万辆（包括三轮汽车和低速货车 748 万辆），比上年末增加 1937 万辆，其中私人汽车保有量 24393 万辆，增加 1758 万辆。民用轿车保有量 15640 万辆，增加 996 万辆，其中私人

轿车保有量 14674 万辆，增加 973 万辆。

全年完成邮政行业业务总量[25]21053 亿元，比上年增长 29.7%。邮政业全年完成邮政函件业务 14.2 亿件，包裹业务 0.2 亿件，快递业务量 833.6 亿件，快递业务收入 8795 亿元。全年完成电信业务总量[26]136758 亿元，比上年增长 28.1%。年末全国电话用户总数 177598 万户，其中移动电话用户 159407 万户。移动电话普及率为 113.9 部/百人。固定互联网宽带接入用户[27]48355 万户，比上年末增加 3427 万户，其中固定互联网光纤宽带接入用户[28]45414 万户，增加 3675 万户。全年移动互联网用户接入流量 1656 亿 GB，比上年增长 35.7%。年末互联网上网人数 9.89 亿人，其中手机上网人数[29]9.86 亿人。互联网普及率为 70.4%，其中农村地区互联网普及率为 55.9%。全年软件和信息技术服务业[30]完成软件业务收入 81616 亿元，按可比口径计算，比上年增长 13.3%。

（图 10　2016-2020 年快递业务量及其增长速度，略）

（图 11　2016-2020 年年末固定互联网宽带接入用户数，略）

五、国内贸易

全年社会消费品零售总额 391981 亿元，比上年下降 3.9%。按经营地统计，城镇消费品零售额 339119 亿元，下降 4.0%；乡村消费品零售额 52862 亿元，下降 3.2%。按消费类型统计，商品零售额 352453 亿元，下降 2.3%；餐饮收入额 39527 亿元，下降 16.6%。

（图 12　2016-2020 年社会消费品零售总额[31]，略）

全年限额以上单位商品零售额中，粮油、食品类零售额比上年增长 9.9%，饮料类增长 14.0%，烟酒类增长 5.4%，服装、鞋帽、针纺织品类下降 6.6%，化妆品类增长 9.5%，金银珠宝类下降 4.7%，日用品类增长 7.5%，家用电器和音像器材类下降 3.8%，中西药品类增长 7.8%，文化办公用品类增长 5.8%，家具类下降 7.0%，通讯器材类增长 12.9%，建筑及装潢材料类下降 2.8%，石油及制品类下降 14.5%，汽车类下降 1.8%。

全年实物商品网上零售额 97590 亿元，按可比口径计算，比上年增长 14.8%，占社会消费品零售总额的比重为 24.9%，比上年提高 4.0 个百分点。

六、固定资产投资

全年全社会固定资产投资[32]527270 亿元，比上年增长 2.7%。其中，固定资产投资（不含农户）518907 亿元，增长 2.9%。分区域看[33]，东部地区投资比上年增长 3.8%，中部地区投资增长 0.7%，西部地区投资增长 4.4%，东北地区投资增长 4.3%。

在固定资产投资（不含农户）中，第一产业投资 13302 亿元，比上年增长 19.5%；第二产业投资 149154 亿元，增长 0.1%；第三产业投资 356451 亿元，增长 3.6%。民间固定资产投资[34]289264 亿元，增长 1.0%。基础设施投资[35]增长 0.9%。

（图 13　2020 年三次产业投资占固定资产投资〈不含农户〉比重，略）

表 5　2020 年分行业固定资产投资（不含农户）增长速度

行　　业	比上年增长（%）	行　　业	比上年增长（%）
总　计	2.9	金融业	-13.3
农、林、牧、渔业	19.1	房地产业[36]	5.0
采矿业	-14.1	租赁和商务服务业	5.0
制造业	-2.2	科学研究和技术服务业	3.4
电力、热力、燃气及水生产和供应业	17.6	水利、环境和公共设施管理业	0.2
建筑业	9.2	居民服务、修理和其他服务业	-2.9
批发和零售业	-21.5	教育	12.3
交通运输、仓储和邮政业	1.4	卫生和社会工作	26.8
住宿和餐饮业	-5.5	文化、体育和娱乐业	1.0
信息传输、软件和信息技术服务业	18.7	公共管理、社会保障和社会组织	-6.4

表 6　2020 年固定资产投资新增主要生产与运营能力

指　　标	单位	绝对数
新增 220 千伏及以上变电设备	万千伏安	22288
新建铁路投产里程	公里	4933
其中：高速铁路	公里	2521
增、新建铁路复线投产里程	公里	3380
电气化铁路投产里程	公里	5480
新改建高速公路里程	公里	12713
港口万吨级码头泊位新增通过能力	万吨/年	30562
新增民用运输机场	个	3
新增光缆线路长度	万公里	428

全年房地产开发投资 141443 亿元，比上年增长 7.0%。其中住宅投资 104446 亿元，增长 7.6%；办公楼投资 6494 亿元，增长 5.4%；商业营业用房投资 13076 亿元，下降 1.1%。年末商品房待售面积 49850 万平方米，比上年末增加 29 万平方米。其中，商品住宅待售面积 22379 万平方米，减少 94 万平方米。

全年全国各类棚户区改造开工 209 万套，基本建成 203 万套。全面完成 74.21 万户[37]建档立卡贫困户脱贫攻坚农村危房改造扫尾工程任务。

表 7　2020 年房地产开发和销售主要指标及其增长速度

指　　标	单位	绝对数	比上年增长（%）
投资额	亿元	141443	7.0
其中：住宅	亿元	104446	7.6
房屋施工面积	万平方米	926759	3.7
其中：住宅	万平方米	655558	4.4
房屋新开工面积	万平方米	224433	-1.2
其中：住宅	万平方米	164329	-1.9
房屋竣工面积	万平方米	91218	-4.9
其中：住宅	万平方米	65910	-3.1
商品房销售面积	万平方米	176086	2.6
其中：住宅	万平方米	154878	3.2
本年到位资金	亿元	193115	8.1
其中：国内贷款	亿元	26676	5.7
个人按揭贷款	亿元	29976	9.9

七、对外经济

全年货物进出口总额 321557 亿元，比上年增长 1.9%。其中，出口 179326 亿元，增长 4.0%；进口 142231 亿元，下降 0.7%。货物进出口顺差 37096 亿元，比上年增加 7976 亿元。对“一带一路”[38]沿线国家进出口总额 93696 亿元，比上年增长 1.0%。其中，出口 54263 亿元，增长 3.2%；进口 39433 亿元，下降 1.8%。

（图 14　2016-2020 年货物进出口总额，略）

表 8　2020 年货物进出口总额及其增长速度

指　　标	金额（亿元）	比上年增长（%）
货物进出口总额	321557	1.9
货物出口额	179326	4.0
其中：一般贸易	106460	6.9
加工贸易	48589	-4.2
其中：机电产品	106608	6.0
高新技术产品	53692	6.5
货物进口额	142231	-0.7
其中：一般贸易	86048	-0.7
加工贸易	27853	-3.2
其中：机电产品	65625	4.8
高新技术产品	47160	7.2
货物进出口顺差	37096	—

表 9　2020 年主要商品出口数量、金额及其增长速度

商品名称	单位	数量	比上年增长（%）	金额（亿元）	比上年增长（%）
钢材	万吨	5367	-16.5	3151	-14.8
纺织纱线、织物及制品	—	—	—	10695	30.4
服装及衣着附件	—	—	—	9520	-6.0
鞋靴	万双	740137	-22.4	2454	-20.9
家具及其零件	—	—	—	4039	12.2
箱包及类似容器	万吨	201	-34.7	1429	-23.9
玩具	—	—	—	2317	7.7
塑料制品	—	—	—	5902	20.0
集成电路	亿个	2598	18.8	8056	15.0
自动数据处理设备及其零部件	—	—	—	14599	12.0
手机	万台	96640	-2.8	8647	0.4
集装箱	万个	198	-17.9	508	10.5
液晶显示板	万个	126747	-15.9	1370	-7.1
汽车（包括底盘）	万辆	108	-13.2	1090	-3.2

表 10　2020 年主要商品进口数量、金额及其增长速度

商品名称	单位	数量	比上年增长（%）	金额（亿元）	比上年增长（%）
大豆	万吨	10033	13.3	2743	12.5
食用植物油	万吨	983	3.1	515	17.7
铁矿砂及其精矿	万吨	117010	9.5	8229	17.8
煤及褐煤	万吨	30399	1.5	1411	-12.1
原油	万吨	54239	7.3	12218	-26.8
成品油	万吨	2835	-7.2	818	-30.4
天然气	万吨	10166	5.3	2315	-19.4
初级形状的塑料	万吨	4063	10.1	3628	-1.2
纸浆	万吨	3063	12.7	1088	-7.6
钢材	万吨	2023	64.4	1165	19.8
未锻轧铜及铜材	万吨	668	34.1	2988	33.4
集成电路	亿个	5435	22.1	24207	14.8
汽车（包括底盘）	万辆	93	-11.4	3242	-3.5

表 11　2020 年对主要国家和地区货物进出口金额、增长速度及其比重

国家和地区	出口额（亿元）	比上年增长（%）	占全部出口比重（%）	进口额（亿元）	比上年增长（%）	占全部进口比重（%）
东　盟	26550	7.0	14.8	20807	6.9	14.6
欧盟[39]	27084	7.2	15.1	17874	2.6	12.6
美　国	31279	8.4	17.4	9319	10.1	6.6
日　本	9883	0.1	5.5	12090	2.1	8.5
韩　国	7787	1.8	4.3	11957	0.0	8.4
中国香港	18830	-2.2	10.5	482	-22.9	0.3
中国台湾	4163	9.5	2.3	13873	16.2	9.8
巴　西	2417	-1.5	1.3	5834	5.8	4.1
俄罗斯	3506	2.1	2.0	3960	-6.1	2.8
印　度	4613	-10.5	2.6	1445	16.7	1.0
南　非	1055	-7.5	0.6	1422	-20.4	1.0

全年服务进出口总额 45643 亿元，比上年下降 15.7%。其中，服务出口 19357 亿元，下降 1.1%；服务进口 26286 亿元，下降 24.0%。服务进出口逆差 6929 亿元。

全年外商直接投资（不含银行、证券、保险领域）新设立企业 38570 家，比上年下降 5.7%。实际使用外商直接投资金额 10000 亿元，增长 6.2%，折 1444 亿美元，增长 4.5%。其中“一带一路”沿线国家对华直接投资（含通过部分自由港对华投资）新设立企业 4294 家，下降 23.2%；对华直接投资金额 574 亿元，下降 0.3%，折 83 亿美元，下降 1.8%。全年高技术产业实际使用外资 2963 亿元，增长 11.4%，折 428 亿美元，增长 9.5%。

表 12　2020 年外商直接投资（不含银行、证券、保险领域）及其增长速度

行　业	企业数（家）	比上年增长（%）	实际使用金额（亿元）	比上年增长（%）
总　计	38570	-5.7	10000	6.2
其中：农、林、牧、渔业	493	-0.4	40	4.9
制造业	3732	-30.8	2156	-10.8
电力、热力、燃气及水生产和供应业	260	-11.9	217	-9.4
交通运输、仓储和邮政业	592	0.2	347	12.1
信息传输、软件和信息技术服务业	3521	-18.0	1133	13.3
批发和零售业	10812	-21.9	819	33.3
房地产业	1190	13.3	1407	-12.5
租赁和商务服务业	7513	30.1	1838	22.6
居民服务、修理和其他服务业	447	23.8	21	-42.4

全年对外非金融类直接投资额 7598 亿元，比上年下降 0.4%，折 1102 亿美元，下降 0.4%。其中，对“一带一路”沿线国家非金融类直接投资额 178 亿美元，增长 18.3%。

表 13　2020 年对外非金融类直接投资额及其增长速度

行　业	金额（亿美元）	比上年增长（%）
总　计	1101.5	-0.4
其中：农、林、牧、渔业	13.9	-9.7
采矿业	50.9	-32.3
制造业	199.7	-0.5
电力、热力、燃气及水生产和供应业	27.8	10.3
建筑业	51.6	-39.4
批发和零售业	160.7	27.8
交通运输、仓储和邮政业	26.5	-52.3
信息传输、软件和信息技术服务业	67.1	9.6
房地产业	27.3	-43.4
租赁和商务服务业	417.9	17.5

全年对外承包工程完成营业额 10756 亿元，比上年下降 9.8%，折 1559 亿美元，下降 9.8%。其中，对“一带一路”沿线国家完成营业额 911 亿美元，下降 7.0%，占对外承包工程完成营业额比重为 58.4%。对外劳务合作派出各类劳务人员 30 万人。

八、财政金融

全年全国一般公共预算收入 182895 亿元，比上年下降 3.9%。其中税收收入 154310 亿元，下降 2.3%。全国一般公共预算支出 245588 亿元，比上年增长 2.8%。全年新增减税降费超过 2.5 万亿元。

（图 15　2016-2020 年全国一般公共预算收入，略）

年末广义货币供应量（M2）余额 218.7 万亿元，比上年末增长 10.1%；狭义货币供应量（M1）余额 62.6 万亿元，增长 8.6%；流通中货币（M0）余额 8.4 万亿元，增长 9.2%。

全年社会融资规模增量[40]34.9 万亿元，按可比口径计算，比上年多 9.2 万亿元；年末社会融资规模存量[41]284.8 万亿元，按可比口径计算，比上年末增长 13.3%，其中对实体经济发放的人民币贷款余额 171.6 万亿元，增长 13.2%。年末全部金融机构本外币各项存款余额 218.4 万亿元，比年初增加 20.2 万亿元，其中人民币各项存款余额 212.6 万亿元，增加 19.6 万亿元。全部金融机构本外币各项贷款余额 178.4 万亿元，增加 19.8 万亿元，其中人民币各项贷款余额 172.7 万亿元，增加 19.6 万亿元。人民币普惠金融贷款[42]余额 21.5 万亿元，增加 4.2 万亿元。

表 14　2020 年年末全部金融机构本外币存贷款余额及其增长速度

指　　标	年末数（亿元）	比上年末增长（%）
各项存款	2183744	10.2
其中：境内住户存款	934383	13.8
其中：人民币	925986	13.9
境内非金融企业存款	688218	10.8
各项贷款	1784034	12.5
其中：境内短期贷款	492682	4.3
境内中长期贷款	1137504	17.1

年末主要农村金融机构（农村信用社、农村合作银行、农村商业银行）人民币贷款余额 215886 亿元，比年初增加 25210 亿元。全部金融机构人民币消费贷款余额 495668 亿元，增加 55994 亿元。其中，个人短期消费贷款余额 87774 亿元，增加 7177 亿元；个人中长期消费贷款余额 407894 亿元，增加 48817 亿元。

全年沪深交易所 A 股累计筹资[43]15417 亿元，比上年增加 1883 亿元。首次公开发行上市 A 股 394 只，筹资 4742 亿元，比上年增加 2252 亿元，其中科创板股票 145 只，筹资 2226 亿元；A 股再融资（包括公开增发、定向增发、配股、优先股、可转债转股）10674 亿元，减少 370 亿元。全年各类主体通过沪深交易所发行债券（包括公司债、可转债、可交换债、政策性金融债、地方政府债和企业资产支持证券）筹资 84777 亿元，比上年增加 12791 亿元。全国中小企业股份转让系统[44]挂牌公司 8187 家，全年挂牌公司累计股票筹资 339 亿元。

全年发行公司信用类债券[45]14.2 万亿元，比上年增加 3.5 万亿元。

全年保险公司原保险保费收入[46]45257 亿元，比上年增长 6.1%。其中，寿险业务原保险保费收入 23982 亿元，健康险和意外伤害险业务原保险保费收入 9347 亿元，财产险业务原保险保费收入 11929 亿元。支付各类赔款及给付 13907 亿元。其中，寿险业务给付 3715 亿元，健康险和意外伤害险业务赔款及给付 3237 亿元，财产险业务赔款 6955 亿元。

九、居民收入消费和社会保障

全年全国居民人均可支配收入 32189 元，比上年增长 4.7%，扣除价格因素，实际增长 2.1%。全国居民人均可支配收入中位数[47]27540 元，增长 3.8%。按常住地分，城镇居民人均可支配收入 43834 元，比上年增长 3.5%，扣除价格因素，实际增长 1.2%。城镇居民人均可支配收入中位数 40378 元，增长 2.9%。农村居民人均可支配收入 17131 元，比上年增长 6.9%，扣除价格因素，实际增长 3.8%。农村居民人均可支配收入中位数 15204 元，增长 5.7%。城乡居民人均可支配收入比值为 2.56，比上年缩小 0.08。按全国居民五等份收入分组[48]，低收入组人均可支配收入 7869 元，中间偏下收入组人均可支配收入 16443 元，中间收入组人均可支配收入 26249 元，中间偏上收入组人均可支配收入 41172 元，高收入组人均可支配收入 80294 元。全国农民工人均月收入 4072 元，比上年增长 2.8%。

全年全国居民人均消费支出 21210 元，比上年下降 1.6%，扣除价格因素，实际下降 4.0%。其中，人均服务性消费支出[49]9037 元，比上年下降 8.6%，占居民人均消费支出的比重为 42.6%。按常住地分，城镇居民人均消费支出 27007 元，下降 3.8%，扣除价格因素，实际下降 6.0%；农村居民人均消费支出 13713 元，增长 2.9%，扣除价格因素，实际下降 0.1%。全国居民恩格尔系数为 30.2%，其中城镇为 29.2%，农村为 32.7%。

（图 16　2016-2020 年全国居民人均可支配收入及其增长速度，略）

（图 17　2020 年全国居民人均消费支出及其构成，略）

年末全国参加城镇职工基本养老保险人数 45638 万人，比上年末增加 2150 万人。参加城乡居民基本养老保险人数 54244 万人，增加 978 万人。参加基本医疗保险人数 136101 万人，增加 693 万人。其中，参加职工基本医疗保险人数 34423 万人，增加 1498 万人；参加城乡居民基本医疗保险人数 101678 万人。参加失业保险人数 21689 万人，增加 1147 万人。年末全国领取失业保险金人数 270 万人。参加工伤保险人数 26770 万人，增加 1291 万人，其中参加工伤保险的农民工 8934 万人，增加 318 万人。参加生育保险人数 23546 万人，增加 2129 万人。年末全国共有 805 万人享受城市最低生活保障，3621 万人享受农村最低生活保障，447 万人享受农村特困人员[50]救助供养，全年临时救助[51]1341 万人次。全年资助 8990 万人参加基本医疗保险，实施直接救助[52]7300 万人次。全年国家抚恤、补助退役军人和其他优抚对象 837 万人。

年末全国共有各类提供住宿的社会服务机构 4.1 万个，其中养老机构 3.8 万个，儿童服务机构 735 个。社会服务床位[53]850.9 万张，其中养老服务床位 823.8 万张，儿童服务床位 9.8 万张。年末共有社区服务中心 2.9 万个，社区服务站 39.3 万个。

十、科学技术和教育

全年研究与试验发展（R&D）经费支出 24426 亿元，比上年增长 10.3%，与国内生产总值之比为 2.40%，其中基础研究经费 1504 亿元。国家科技重大专项共安排 198 个项目（课题），国家自然科学基金共资助 4.57 万个项目。截至年末，正在运行的国家重点实验室 522 个，国家工程研究中心（国家工程实验室）350 个，国家企业技术中心 1636 家，大众创业万众创新示范基地 212 家。国家级科技企业孵化器[54]1173 家，国家备案众创空间[55]2386 家。全年授予专利权 363.9 万件，比上年增长 40.4%；PCT 专利申请受理量[56]7.2 万件。截至年末，有效专利 1219.3 万件，其中境内有效发明专利 221.3 万件，预计每万人口发明专利拥有量 15.8 件。全年商标注册 576.1 万件，比上年下降 10.1%。全年共签订技术合同 55 万项，技术合同成交金额 28252 亿元，比上年增长 26.1%。

（图 18　2016-2020 年研究与试验发展（R&D）经费支出及其增长速度，略）

表 15　2020 年专利授权和有效专利情况

指　　标	专利数（万件）	比上年增长（%）
专利授权数	363.9	40.4
其中：境内专利授权	350.4	42.6
其中：发明专利授权	53.0	17.1
其中：境内发明专利	43.4	22.5
年末有效专利数	1219.3	25.4
其中：境内有效专利	1111.5	27.9
其中：有效发明专利	305.8	14.5
其中：境内有效发明专利	221.3	18.8

全年成功完成 35 次宇航发射。嫦娥五号发射成功，首次完成我国月表采样返回。我国首次火星探测任务“天问一号”探测器成功发射。500 米口径球面射电望远镜（FAST）正式开放运行。北斗三号全球卫星导航系统正式开通。量子计算原型系统“九章”成功研制。全海深载人潜水器“奋斗者”号完成万米深潜。

年末全国共有国家质检中心852家。全国现有产品质量、体系和服务认证机构724个，累计完成对79万家企业的认证。全年制定、修订国家标准2252项，其中新制定1584项。全年制造业产品质量合格率[57]为93.39%。

全年研究生教育招生110.7万人，在学研究生314.0万人，毕业生72.9万人。普通本专科招生967.5万人，在校生3285.3万人，毕业生797.2万人。中等职业教育[58]招生644.7万人，在校生1663.4万人，毕业生484.9万人。普通高中招生876.4万人，在校生2494.5万人，毕业生786.5万人。初中招生1632.1万人，在校生4914.1万人，毕业生1535.3万人。普通小学招生1808.1万人，在校生10725.4万人，毕业生1640.3万人。特殊教育招生14.9万人，在校生88.1万人，毕业生12.1万人。学前教育在园幼儿4818.3万人。九年义务教育巩固率为95.2%，高中阶段毛入学率为91.2%。

（图19　2016-2020年普通本专科、中等职业教育及普通高中招生人数，略）

十一、文化旅游、卫生健康和体育

年末全国文化和旅游系统共有艺术表演团体2027个，博物馆3510个。全国共有公共图书馆3203个，总流通[59]56953万人次；文化馆3327个。有线电视实际用户2.10亿户，其中有线数字电视实际用户2.01亿户。年末广播节目综合人口覆盖率为99.4%，电视节目综合人口覆盖率为99.6%。全年生产电视剧202部7476集，电视动画片116688分钟。全年生产故事影片531部，科教、纪录、动画和特种影片[60]119部。出版各类报纸277亿份，各类期刊20亿册，图书101亿册（张），预计人均图书拥有量[61]7.24册（张）。年末全国共有档案馆4234个，已开放各类档案17659万卷（件）。全年全国规模以上文化及相关产业企业营业收入98514亿元，按可比口径计算，比上年增长2.2%。

全年国内游客28.8亿人次，比上年下降52.1%。其中，城镇居民游客20.7亿人次，下降53.8%；农村居民游客8.1亿人次，下降47.0%。国内旅游收入22286亿元，下降61.1%。其中，城镇居民游客花费17967亿元，下降62.2%；农村居民游客花费4320亿元，下降55.7%。

（图20　2016-2020年国内游客人次及其增长速度，略）

年末全国共有医疗卫生机构102.3万个，其中医院3.5万个，在医院中有公立医院1.2万个，民营医院2.4万个；基层医疗卫生机构97.1万个，其中乡镇卫生院3.6万个，社区卫生服务中心（站）3.5万个，门诊部（所）29.0万个，村卫生室61.0万个；专业公共卫生机构1.4万个，其中疾病预防控制中心3384个，卫生监督所（中心）2736个。年末卫生技术人员1066万人，其中执业医师和执业助理医师408万人，注册护士471万人。医疗卫生机构床位911万张，其中医院713万张，乡镇卫生院139万张。全年总诊疗人次[62]78.2亿人次，出院人数[63]2.3亿人。截至年末，全国累计报告新型冠状病毒肺炎确诊病例87071例，累计治愈出院病例82067例，累计死亡4634人。全国共有8177家医疗卫生机构提供新型冠状病毒核酸检测服务，总检测能力达到1153万份/天。

（图21　2016-2020年年末卫生技术人员人数，略）

年末全国共有体育场地[64]371.3万个，体育场地面积[65]31.0亿平方米，预计人均体育场地面积2.20平方米。全年我国运动员在3个运动大项中获得4个世界冠军，共创1项世界纪录[66]。全年我国残疾人运动员在6项国际赛事中获得24个世界冠军[67]。全年全国7岁及以上人口中经常参加体育锻炼人数比例[68]达37.2%。

十二、资源、环境和应急管理

全年全国国有建设用地供应总量[69]65.8万公顷，比上年增长5.5%。其中，工矿仓储用地16.7万公顷，增长13.6%；房地产用地[70]15.5万公顷，增长9.3%；基础设施用地33.7万公顷，增长0.3%。

全年水资源总量30963亿立方米。

全年完成造林面积 677 万公顷，其中人工造林面积 289 万公顷，占全部造林面积的 42.7%。种草改良面积[71]283 万公顷。截至年末，国家级自然保护区 474 个。新增水土流失治理面积 6.0 万平方公里。

初步核算，全年能源消费总量 49.8 亿吨标准煤，比上年增长 2.2%。煤炭消费量增长 0.6%，原油消费量增长 3.3%，天然气消费量增长 7.2%，电力消费量增长 3.1%。煤炭消费量占能源消费总量的 56.8%，比上年下降 0.9 个百分点；天然气、水电、核电、风电等清洁能源消费量占能源消费总量的 24.3%，上升 1.0 个百分点。重点耗能工业企业单位电石综合能耗下降 2.1%，单位合成氨综合能耗上升 0.3%，吨钢综合能耗下降 0.3%，单位电解铝综合能耗下降 1.0%，每千瓦时火力发电标准煤耗下降 0.6%。全国万元国内生产总值二氧化碳排放下降 1.0%。

（图 22　2016-2020 年清洁能源消费量占能源消费总量的比重，略）

全年近岸海域海水水质[72]达到国家一、二类海水水质标准的面积占 77.4%，三类海水占 7.7%，四类、劣四类海水占 14.9%。

在开展城市区域声环境监测的 324 个城市中，全年声环境质量好的城市占 4.3%，较好的占 66.4%，一般的占 28.7%，较差的占 0.6%。

全年平均气温为 10.25℃，比上年下降 0.09℃。共有 5 个台风登陆。

全年农作物受灾面积 1996 万公顷，其中绝收 271 万公顷。全年因洪涝和地质灾害造成直接经济损失 2686 亿元，因旱灾造成直接经济损失 249 亿元，因低温冷冻和雪灾造成直接经济损失 154 亿元，因海洋灾害造成直接经济损失 8 亿元。全年大陆地区共发生 5.0 级以上地震 20 次，成灾 5 次，造成直接经济损失约 18 亿元。全年共发生森林火灾 1153 起，受害森林面积约 0.9 万公顷。

全年各类生产安全事故共死亡 27412 人。工矿商贸企业就业人员 10 万人生产安全事故死亡人数 1.301 人，比上年下降 11.7%；煤矿百万吨死亡人数 0.059 人，下降 28.9%。道路交通事故万车死亡人数 1.66 人，下降 7.8%。

注释：

[1] 本公报中数据均为初步统计数。各项统计数据均未包括香港特别行政区、澳门特别行政区和台湾省。部分数据因四舍五入的原因，存在总计与分项合计不等的情况。

[2] 2020 年开展第七次全国人口普查，相关数据拟于 2021 年 4 月份发布，公报中不再单独发布人口和就业人员相关数据。公报中涉及的人均指标根据人口预计数计算得到。

[3] 国内生产总值、三次产业及相关行业增加值、地区生产总值、人均国内生产总值和国民总收入绝对数按现价计算，增长速度按不变价格计算。

[4] 国民总收入，原称国民生产总值，是指一个国家或地区所有常住单位在一定时期内所获得的初次分配收入总额，等于国内生产总值加上来自国外的初次分配收入净额。

[5] 万元国内生产总值能耗按 2015 年价格计算。

[6] 全员劳动生产率为国内生产总值（按 2015 年价格计算）与全部就业人员的比率。2020 年就业人员数据为预计数。

[7] 年度农民工数量包括年内在本乡镇以外从业 6 个月及以上的外出农民工和在本乡镇内从事非农产业 6 个月及以上的本地农民工。

[8] 农产品生产者价格是指农产品生产者直接出售其产品时的价格。

[9] 居住类价格包括租赁房房租、住房保养维修及管理、水电燃料等价格。

[10] 贫困地区包括集中连片特困地区和片区外的国家扶贫开发工作重点县，原共有 832 个县。2017 年开始将新疆阿克苏地区纳入贫困监测范围。

[11] 高技术制造业包括医药制造业，航空、航天器及设备制造业，电子及通信设备制造业，计算机及办公设备制造业，医疗仪器设备及仪器仪表制造业，信息化学品制造业。

[12] 装备制造业包括金属制品业，通用设备制造业，专用设备制造业，汽车制造业，铁路、船舶、航空航天和其他运输设备制造业，电气机械和器材制造业，计算机、通信和其他电子设备制造业，仪器仪表制造业。

[13] 规模以上服务业统计范围包括：年营业收入 2000 万元及以上的交通运输、仓储和邮政业，信息传输、软件和信息技术服务业，水利、环境和公共设施管理业，卫生行业法人单位；年营业收入 1000 万元及以上的房地产业（不含房地产开发经营），租赁和商务服务业，科学研究和技术服务业，教育行业法人单位；以及年营业收入 500 万元及以上的居民服务、修理和

其他服务业，文化、体育和娱乐业，社会工作行业法人单位。

[14]战略性新兴服务业包括新一代信息技术产业，高端装备制造产业，新材料产业，生物产业，新能源汽车产业，新能源产业，节能环保产业和数字创意产业等八大产业中的服务业相关行业，以及新技术与创新创业等相关服务业。2020年战略性新兴服务业企业营业收入增速按可比口径计算。

[15]高技术产业投资包括医药制造、航空航天器及设备制造等六大类高技术制造业投资和信息服务、电子商务服务等九大类高技术服务业投资。

[16]网上零售额是指通过公共网络交易平台（主要从事实物商品交易的网上平台，包括自建网站和第三方平台）实现的商品和服务零售额。

[17]东部地区是指北京、天津、河北、上海、江苏、浙江、福建、山东、广东和海南10省（市）；中部地区是指山西、安徽、江西、河南、湖北和湖南6省；西部地区是指内蒙古、广西、重庆、四川、贵州、云南、西藏、陕西、甘肃、青海、宁夏和新疆12省（区、市）；东北地区是指辽宁、吉林和黑龙江3省。

[18]2019年部分产品产量数据进行了核实调整，2020年产量增速按可比口径计算。

[19]火电包括燃煤发电量，燃油发电量，燃气发电量，余热、余压、余气发电量，垃圾焚烧发电量，生物质发电量。

[20]钢材产量数据中含企业之间重复加工钢材约30566万吨。

[21]少量发电装机容量（如地热等）公报中未列出。

[22]由于统计调查制度规定的口径调整、统计执法、剔除重复数据等因素，2020年规模以上工业企业财务指标增速及变化按可比口径计算。

[23]产能利用率是指实际产出与生产能力（均以价值量计量）的比率。企业的实际产出是指企业报告期内的工业总产值；企业的生产能力是指报告期内，在劳动力、原材料、燃料、运输等保证供给的情况下，生产设备（机械）保持正常运行，企业可实现并能长期维持的产品产出。

[24]货物运输总量及周转量包括铁路、公路、水路和民航四种运输方式完成量，2020年增速按可比口径计算。因新组建国家管网集团，部分油气运输管线统计归口发生变化等原因，管道运输相关数据尚在核实。

[25]邮政行业业务总量按2010年价格计算。

[26]电信业务总量按2015年价格计算。

[27]固定互联网宽带接入用户是指报告期末在电信企业登记注册，通过xDSL、FTTx+LAN、FTTH/O以及其他宽带接入方式和普通专线接入公众互联网的用户。

[28]固定互联网光纤宽带接入用户是指报告期末在电信企业登记注册，通过FTTH或FTTO方式接入公众互联网的用户。

[29]手机上网人数是指过去半年通过手机接入并使用互联网的人数。

[30]软件和信息技术服务业包括软件开发，集成电路设计，信息系统集成和物联网技术服务，运行维护服务，信息处理和存储支持服务，信息技术咨询服务，数字内容服务和其他信息技术服务等行业。

[31]根据第四次全国经济普查结果及有关制度规定，对2016-2019年社会消费品零售总额数据进行了修订。

[32]根据第四次全国经济普查、统计执法检查、统计调查方法改革和制度规定，对2019年固定资产投资数据进行修订，2020年增速按可比口径计算。

[33]见注释[17]。

[34]民间固定资产投资是指具有集体、私营、个人性质的内资调查单位以及由其控股（包括绝对控股和相对控股）的调查单位建造或购置固定资产的投资。

[35]基础设施投资包括交通运输、邮政业，电信、广播电视和卫星传输服务业，互联网和相关服务业，水利、环境和公共设施管理业投资。

[36]房地产业投资除房地产开发投资外，还包括建设单位自建房屋以及物业管理、中介服务和其他房地产投资。

[37]数据包括2019年全国64.16万户建档立卡贫困户存量危房和脱贫攻坚“回头看”排查新增的10.05万户建档立卡贫困户危房。

[38]“一带一路”是指“丝绸之路经济带”和“21世纪海上丝绸之路”。

[39]对欧盟的货物进出口金额不包括英国数据，增速按可比口径计算。

[40]社会融资规模增量是指一定时期内实体经济从金融体系获得的资金总额。

[41]社会融资规模存量是指一定时期末（月末、季末或年末）实体经济（境内非金融企业和个人）从金融体系获得的资金余额。

[42]普惠金融贷款包括单户授信小于1000万元的小微型企业贷款、个体工商户经营性贷款、小微企业主经营性贷款、农户生产经营贷款、建档立卡贫困人口消费贷款、创业担保贷款和助学贷款。

[43]沪深交易所股票筹资额按上市日统计，筹资额包括了可转债实际转股金额，2019年、2020年可转债实际转股金额分别为995亿元和1195亿元。

[44]全国中小企业股份转让系统又称“新三板”，是2012年经国务院批准的全国性证券交易场所。全年全国中小企业股份转让系统挂牌公司累计筹资不含优先股，股票筹资按发行报告书的披露日统计。

[45]公司信用类债券包括非金融企业债务融资工具、企业债券以及公司债、可转债等。

[46]原保险保费收入是指保险企业确认的原保险合同保费收入。

[47]人均收入中位数是指将所有调查户按人均收入水平从低到高（或从高到低）顺序排列，处于最中间位置调查户的人均收入。

[48]全国居民五等份收入分组是指将所有调查户按人均收入水平从低到高顺序排列，平均分为五个等份，处于最低20%的收入家庭为低收入组，依此类推依次为中间偏下收入组、中间收入组、中间偏上收入组、高收入组。

[49]服务性消费支出是指住户用于餐饮服务、教育文化娱乐服务和医疗服务等各种生活服务的消费支出。

[50]农村特困人员是指无劳动能力，无生活来源，无法定赡养、抚养、扶养义务人或者其法定义务人无履行义务能力的农村老年人、残疾人以及未满16周岁的未成年人。

[51]临时救助是指国家对遭遇突发事件、意外伤害、重大疾病或其他特殊原因导致基本生活陷入困境，其他社会救助制度暂时无法覆盖或救助之后基本生活暂时仍有严重困难的家庭或个人给予的应急性、过渡性的救助。

[52]包括医保部门实施的住院救助、门诊救助和其他有关部门实施的直接救助。

[53]社会服务床位数除收养性机构外，还包括救助类机构、社区类机构的床位。

[54]国家级科技企业孵化器是指符合《科技企业孵化器管理办法》规定的，以促进科技成果转化、培育科技企业和企业家精神为宗旨，提供物理空间、共享设施和专业化服务的科技创业服务机构，且经过科技部批准确定的科技企业孵化器。

[55]国家备案众创空间是指符合《发展众创空间工作指引》规定的新型创新创业服务平台，且按照《国家众创空间备案暂行规定》经科技部审核备案的众创空间。

[56]PCT专利申请受理量是指国家知识产权局作为PCT专利申请受理局受理的PCT专利申请数量。PCT（PatentCooperationTreaty）即专利合作条约，是专利领域的一项国际合作条约。

[57]制造业产品质量合格率是指以产品质量检验为手段，按照规定的方法、程序和标准实施质量抽样检测，判定为质量合格的样品数占全部抽样样品数的百分比，统计调查样本覆盖制造业的29个行业。

[58]中等职业教育包括普通中专、成人中专、职业高中和技工学校。

[59]总流通人次是指本年度内到图书馆场馆接受图书馆服务的总人次，包括借阅书刊、咨询问题以及参加各类读者活动等。

[60]特种影片是指采用与常规影院放映在技术、设备、节目方面不同的电影展示方式，如巨幕电影、立体电影、立体特效（4D）电影、动感电影、球幕电影等。

[61]人均图书拥有量是指在一年内全国平均每人能拥有的当年出版图书册数。

[62]总诊疗人次是指所有诊疗工作的总人次数，包括门诊、急诊、出诊、预约诊疗、单项健康检查、健康咨询指导（不含健康讲座）人次。

[63]出院人数是指报告期内所有住院后出院的人数，包括医嘱离院、医嘱转其他医疗机构、非医嘱离院、死亡及其他人数，不含家庭病床撤床人数。

[64]体育场地调查对象不包括军队、铁路系统所属体育场地。

[65]体育场地面积是指体育训练、比赛、健身场地的有效面积。

[66]受新型冠状病毒肺炎疫情影响，2020年国际级体育赛事大幅减少，我国运动员获世界冠军数和创世界纪录数比往年有所减少。

[67]2020年1-3月份的国际赛事数据（受新型冠状病毒肺炎疫情影响，2020年4月份以后停止参加国际赛事）。

[68]经常参加体育锻炼人数比例来源于2020年全民健身活动状况调查。经常参加体育锻炼的人是指每周参加体育锻炼频度3次及以上，每次体育锻炼持续时间30分钟及以上，每次体育锻炼的运动强度达到中等及以上的人。

[69]国有建设用地供应总量是指报告期内市、县人民政府根据年度土地供应计划依法以出让、划拨、租赁等方式与用地单位或个人签订出让合同或签发划拨决定书、完成交易的国有建设用地总量。

[70]房地产用地是指商服用地和住宅用地的总和。

[71]种草改良面积是指通过实施播种、栽种等措施增加牧草数量的面积以及通过压盐压碱压沙、土壤改良、围栏封育等措施使草原原生植被、生态得到改善的面积之和。

[72]近岸海域海水水质采用面积法进行评价。

资料来源：

本公报中城镇新增就业、城镇登记失业率、社会保障、技工学校数据来自人力资源和社会保障部；外汇储备、汇率数据来自国家外汇管理局；环境监测、万元国内生产总值二氧化碳排放等数据来自生态环境部；财政数据来自财政部；市场主体、质量检验、国家标准制定修订、制造业产品质量合格率数据来自国家市场监督管理总局；水产品产量、新增高效节水灌溉面积数据来自农业农村部；木材产量、造林面积、种草改良面积、国家级自然保护区数据来自国家林业和草原局；新增耕地灌溉面积、水资源总量、新增水土流失治理面积数据来自水利部；发电装机容量、新增 220 千伏及以上变电设备、电力消费量数据来自中国电力企业联合会；港口货物吞吐量、港口集装箱吞吐量、公路运输、水运、新改建高速公路里程、港口万吨级码头泊位新增通过能力数据来自交通运输部；铁路运输、新建铁路投产里程、增新建铁路复线投产里程、电气化铁路投产里程数据来自中国国家铁路集团有限公司；民航、新增民用运输机场数据来自中国民用航空局；民用汽车、道路交通事故数据来自公安部；邮政业务数据来自国家邮政局；通信业、软件业务收入、新增光缆线路长度等数据来自工业和信息化部；互联网上网人数、互联网普及率数据来自中国互联网络信息中心；棚户区改造、建档立卡贫困户脱贫攻坚农村危房改造数据来自住房和城乡建设部；货物进出口数据来自海关总署；服务进出口、外商直接投资、对外直接投资、对外承包工程、对外劳务合作等数据来自商务部；减税降费数据来自国家税务总局；货币金融、公司信用类债券数据来自中国人民银行；境内交易场所筹资数据来自中国证券监督管理委员会；保险业数据来自中国银行保险监督管理委员会；医疗保险、生育保险、资助参加基本医疗保险、实施直接救助数据来自国家医疗保障局；城乡低保、农村特困人员救助供养、临时救助、社会服务数据来自民政部；优抚对象数据来自退役军人事务部；国家科技重大专项、国家重点实验室、国家级科技企业孵化器、国家备案众创空间、技术合同等数据来自科学技术部；国家自然科学基金资助项目数据来自国家自然科学基金委员会；国家工程研究中心（国家工程实验室）、国家企业技术中心、大众创业万众创新示范基地等数据来自国家发展和改革委员会；专利、商标数据来自国家知识产权局；宇航发射数据来自国家国防科技工业局；教育数据来自教育部；艺术表演团体、博物馆、公共图书馆、文化馆、旅游数据来自文化和旅游部；电视、广播数据来自国家广播电视总局；电影数据来自国家电影局；报纸、期刊、图书数据来自国家新闻出版署；档案数据来自国家档案局；医疗卫生数据来自国家卫生健康委员会；体育数据来自国家体育总局；残疾人运动员数据来自中国残疾人联合会；国有建设用地供应、海洋灾害造成直接经济损失数据来自自然资源部；平均气温、台风登陆数据来自中国气象局；农作物受灾面积、洪涝和地质灾害造成直接经济损失、旱灾造成直接经济损失、低温冷冻和雪灾造成直接经济损失、森林火灾、受害森林面积、生产安全事故数据来自应急管理部；地震次数、地震灾害造成直接经济损失数据来自中国地震局；其他数据均来自国家统计局。

中国统计出版社有限公司最新图书简目

(仅供参考,以实际出版为准)